진인진

# 캠퍼스 임팩트 2021

김의영, 권현지, 김대현, 신혜란, 이건학, 박정민, 이준환 외 **지음**
사회혁신교육연구센터 **엮음**

진인진

# 캠퍼스 임팩트 2021

1판 1쇄 발행 | 2022년 3월 31일

지   음 | 김의영, 권현지, 김대현, 신혜란, 이건학, 박정민, 이준환 외
엮   음 | 사회혁신교육연구센터
편   집 | 배원일·김민경
발행인 | 김태진
발행처 | 진인진
등   록 | 제25100-2005-000003호
주   소 | 경기도 과천시 별양상가 1로 18 614호(별양동 과천오피스텔)
전   화 | 02-507-3077-8
팩   스 | 02-507-3079
홈페이지 | http://www.zininzin.co.kr
이메일 | pub@zininzin.co.kr

ⓒ 사회혁신교육연구센터 2022
ISBN 978-89-6347-498-4 93300

* 책값은 표지 뒤에 있습니다.
* 이 저서는 2018년 대한민국 교육부와 한국연구재단의 지원을 받아 수행된 연구임(NRF-2018S1A5A2A03034198).

# 서문

이 책은 서울대학교 사회과학대학(이하 '사회대') 사회혁신교육연구센터(이하 '센터')의 2020년~2021년 사회대 수업 프로젝트의 성과를 담고 있다. 센터는 '교육 혁신과 지역혁신을 통한 대학 주도의 사회혁신'을 비전으로 2019년 설립되었다. 대학의 사회혁신 교육-연구-실천 모델을 선도하고 서울대를 넘어 전국적으로 대학 주도 혁신 모델 확산을 위한 플랫폼을 형성하는 것을 목적으로, 매년 사회대 모든 전공에 개설되는 지역참여형, 사회문제해결형 수업 프로젝트를 지원하고 그 성과물을 출판하는 활동을 수행해오고 있다.

사회대 수업 프로젝트는 교육, 연구, 실천이라는 세 목표 측면을 중심으로 수행되어 왔다. 우선, 교육 측면에서는 딱딱한 강의실에서 두꺼운 교과서만을 다루는 기존의 방식에서 벗어나, 지역 현실과 사회 문제를 대상으로 현장에 뛰어들어 실제 사회 문제 해결을 위한 살아 있는 교육을 함께 실행함을 목표로 한다. 연구 측면에서는 사례연구, 인터뷰, 참여 관찰, 실행연구(action research) 등 다양한 연구방법론을 활용하여 출판할 만한 수준의 학술적 연구 결과를 목표로 학생들과 함께 공동 연구를 수행하는 것을 목표로 한다. 마지막으로 실천 측면에서는 위와 같은 교육 및 연구 경험을 통해 학생들의 공적, 시민적 의식과 역량, 리더십을 함양하고, 관련된 정보와 지식을 확산하여 정책적, 실천적 대안을 제시함으로써 지역사회 발전과 사회혁신에 실질적으로 이바지함을 목표로 한다. 이 과정에서 교수와 학생들 뿐 아니라 지자체나 지역 단체, 주민 등 지역사회의 다양한 행위자들이 함께 프로젝트에 참여한다는 점 역시 프로젝트의 중요한 특징이자 강점이라고 할 수 있다.

이 책은 사회대 수업 프로젝트의 위와 같은 목표 측면들이 잘 반영된 결과물이라고 할 수 있다. 이 책에는 2020년 2학기와 2021년 1학기

동안 정치외교학부, 지리학과, 언론정보학과, 사회복지학과, 사회학과
의 5개 전공, 7개 강좌를 통해 작성된 11편의 연구 보고서가 포함되었다.
한 강좌의 결과물이 하나의 장이 되도록 구성되었으며, 각 장에서는 우
선 수업의 취지와 방법론 및 내용에 대한 담당 교수진의 간략한 소개와
분석을 제시하고, 수강생들이 작성한 대표 연구보고서들을 소개하였다.
각 장의 내용을 여기서 모두 요약하기는 어렵지만, 다만 교육-연구-실
천이라는 사회대 수업 프로젝트의 세 목표 측면들을 훌륭히 반영한 연
구 보고서들이 포함되었다는 점을 밝혀두고 싶다.

　　2019년부터 시작되어 어느 정도의 성과를 누적해온 수업 프로젝트
로서, 향후 더 많은 전공으로 확대되어 가능한 모든 학생들이 지역참여
형, 사회문제해결형 수업을 수강하고 졸업할 수 있게 되길 기대한다. 나
아가 이 책에 직간접적으로 반영된 사회대의 시행착오와 솔선수범의 경
험이 새로운 대학의 교육-연구-실천 프로젝트 모델의 마련에 기여함으
로써, 서울대 전체는 물론 전국의 모든 대학들에서 새로운 교육이 이루
어지는 기반이 되길 바란다.

　　이 책이 출판되기까지 많은 분의 지원과 참여가 있었다. 지리학과
의 신혜란 교수님, 이건학 교수님, 김대현 교수님, 사회학과의 권현지 교
수님, 사회복지학과의 박정민 교수님, 언론정보학과의 이준환 교수님,
그리고 32명의 학생 저자들에게 감사의 마음을 전한다. 마지막으로 수
업 프로젝트의 개설, 운영, 지원, 책 출판 및 편집 등 모든 힘든 일을 성
공적으로 추진해 온 미우라 히로키 박사를 포함한 센터의 연구진과 스
태프들에게 감사의 마음을 전한다.

2022년 3월

집필진을 대신하여

서울대학교 사회혁신교육연구센터 센터장 김의영

# 목차

**1부**

# 사회혁신교육 프로젝트

학생 연구 보고서 – 2020년 2학기

# 1장 　지리학과 〈공간정치와 지정학〉

## I 수업 소개

### 1. 일반 개요

| 수업명<br>(부재) | The politics of space and geopolitics<br>(공간정치와 지정학) | 교수자명 | 신혜란 |
|---|---|---|---|
| 대학 명 | 서울대학교 | 학부/학과 명 | 지리학과 |
| 수업 유형 | 전공선택 영어강의 | 수강 인원 | 33 |
| 수업 목적 | 정치지리, 지정학 개념을 사용하여 관련한 사례(도시정치, 지정학)를 분석하고 정책적 함의를 논의함 | | |
| 주요 교재 | Flint, C. (2006). A framework for understanding geopolitics. Introduction to geopolitics. Routledge<br><br>Judge, D., Stoker, G., & Wolman, H. (Eds.). (1995). Theories of urban politics. Sage.<br><br>Klare, M. (2008). Crossing threshold. Rising powers, shrinking planet: Rising Powers, Shrinking Planet: The New Geopolitics of Energy. Ch. 8. 210-237<br><br>Logan, J. R., Molotch, H. L., Fainstein, S., & Campbell, S. (2013). The city as a growth machine. The Gentrification Debates: A Reader (edited by Brown-Saracino, J.) London, Routledge, 87-102.<br><br>Shin, HaeRan, (2010), Can One Actually Say What One Wants? – Adaptive Preferences in the Negotiation Process. Planning Theory and Practice. 11(3): 339-357.<br><br>Standing, G. (2016). The precariat: The new dangerous class. Bloomsbury Publishing<br><br>Wirth, C. (2018). Danger, Development and Legitimacy in East Asian Maritime Politics: Securing the Seas, Securing the State. Routledge. | | |

## 2.  수업 일정

<table>
<tr><td rowspan="2">수업<br>일정</td><td>

제1주-10주: 학기초에 다음 주제로 각 주에 짧은 강의 동영상 4-8개 올라<br>감. 학생들은 관심있는 강의부터 수강하고 에세이 주제를 정함. 각 동영상<br>에 코멘트 다는 것으로 출석 증명함.

제1주: 강의개요 (Course introduction - the course aims and assessments)<br>
제2주: 도시정치와 성장레짐 (Urban politics theories and growth regime)<br>
제3주: 문화정치와 신경제 (The cultural politics and new economy)<br>
제4주: 코로나, 불안정성, 이동의 정치 (COVID-19, precarity, and the politics of mobilities)

제4주-5주: 학생들 개인면담 - 교수와 에세이 주제 상담<br>
제5주: 도시브랜딩 -에코시티 사례로 (Urban branding- eco-cities)<br>
제6주: 동아시아 발전국가와 해상영토 정치(East Asian developmental states and the East Asian Maritime Politics)<br>
제7주: 지정학 (Geopolitics)<br>
제8주: 경계 지정학 (Bordering and the boundary geopolitics)<br>
제9주: 핵 지정학 (The geopolitics of nuclear energy)<br>
*학생들 에세이 초안 제출하고 교수의 코멘트 받음

제10주:  거버넌스 (Governance)

제11주-15주: 학생들 발표와 토론 (다른 학생들의 코멘트 받음)<br>
*학생들 최종 에세이 제출

</td></tr>
</table>

## 3. 팀/개인 프로젝트 개요

| | |
|---|---|
| **프로젝트 개요** | 각 학생이 수업에서 배운 개념을 선택하여 이론적 틀로 삼고 한 지역(동네, 도시, 나라, 지역)을 선택하여 비판적 에세이를 작성함. 상호작용을 통해 에세이를 발전시키기 위해, 1) 강의자와 개인면담하여 주제를 확정하고 2)초고를 제출하여 강의자에게 코멘트를 받고 3)구술발표 후 다른 학생들의 질문과 코멘트를 받아 에세이를 발전시켜 학기말에 최종본을 제출함. |
| **프로젝트 결과** | 31명의 학생들이 도시정치, 지정학 주제의 경험연구 에세이를 제출하였음. 대표적인 주제는 다음과 같음<br><br>- 파리 에코시티<br>- 영국 사회에 끼친 코로나 영향<br>- 용산공원 거버넌스<br>- 대전 철도관사촌의 기업주의 거버넌스와 성장연합<br>- 교육도시 브랜드 형성<br>- 영등포 쪽방촌을 둘러싼 공적 개입<br>- 도시공원의 공공성<br>- 지역성장연합과 대안세력<br>- 송현동 부지를 둘러싼 갈등<br>- 프랑스 안티마스크 운동<br>- 아제르바이젠 엑스클레이브 지정학<br>- 서울숲 거버넌스<br>- 동아시아 핵 지정학 |

## Ⅱ  수업 주제 해설: 〈공간 정치와 지정학 The Politics of Space and Geopolitics〉 – 장소 만들기 분석과 해결방안을 위한 상호작용

**신혜란**(서울대학교 지리학과 교수)

지리학과 있는 수업인 〈공간 정치와 지정학〉은 도시정치 (지방정치)와 지정학에 중점을 둡니다. 이 수업의 목적은 도시개발 프로젝트, 도시재생, 국경, 핵무기 개발과 같이 다양한 지리적 범위에서 중요한 의사결정을 하고 실행을 하는 과정을 이해하는 것입니다. 특히 그 장소 만들기 (place-making) 과정에서 나타나는 권력관계, 갈등, 협력 사례를 도시정치와 지정학 이론과 개념을 써서 이해합니다. 장소 만들기는 다양한 스케일의 장소와 공간을 어떤 곳이 되도록 할지 결정, 실행하는 활동을 말합니다. 장소와 공간의 성격을 결정짓고 그 과정을 좌지우지하는 것은 지극히 정치적인 과정입니다. 권력이 있어야 가능하고 그렇게 함으로써 권력을 더 갖게 됩니다. 이 수업에서 학생들은 그런 과정을 이해하기 위해 관련 개념을 배우고 실제 사례 분석을 합니다.

오늘날 작은 동네에서부터 세계적인 범위에 이르기까지, 공간과 장소의 쓰임새와 변화를 결정하는 과정은 무척 복잡합니다. 정부뿐 아니라 민간기업, 전문가, 시민단체, 시민 개인들이 개입하여 갈등과 파트너십이 각양각색으로 나타나기 때문입니다. 그래서 이런 주요 행위자들에 대한 연구는 주로 정부, 민간기업이 같이 도시성장을 추구한다는 것을 연합, 레짐(regime)이란 개념을 써서 성장연합, 성장레짐이라 부르고, 좀 더 민주적이고 참여적인 느슨한 집합을 부르는 거버넌스(governance)란 개념도 씁니다.

지정학 연구도 복잡합니다. 예전 지정학 연구처럼 국가간 관계, 전

쟁만 다루는 게 아니라, 늘 끊임없이 변하는 물리적, 상징적 경계를 일상
생활에서부터 국가간 관계에서도 다룹니다. 경계지역과 경계지역에 사
는 사람들의 정체성도 중요한 연구대상입니다.

영어강의인 이 수업에서 강의, 토론, 발표가 영어로 진행되었습니
다. 주로 지리학과를 비롯한 사회과학대, 인문대, 국제대학원에서 한국
인 학생들뿐 아니라 프랑스, 영국에서 온 외국 학생들도 수강했습니다.
처음에 영어에 자신이 없는 학생들도 매주 3시간 동안 강의를 듣고 많
은 토론을 하다 보면 시간이 지나면서 나아지는 편이었습니다. 그런데
2020년 2학기에는 코로나 상황 때문에 100% 온라인 강의로 바뀌면서
수업방식에 큰 변화가 왔습니다. 10주 간의 강의는 짤막하게 한 개념을
이해할 수 있는 효과적인 길이로 6분에서 12분 정도까지의 동영상을 각
주당 4개에서 10개까지 올렸습니다. 미리 한꺼번에 올렸기 때문에 학생
들이 학기 초에 그 중 주제를 고를 수 있었습니다.

이 수업에서 학생들의 과제는 사례연구였습니다. 도시개발, 재개발,
장소 마케팅(도시와 장소를 상품처럼 마케팅하는 도시개발), 도시재생(도시의 물
리적 환경뿐만 아니라 사회적 문화적으로 개선시켜 종합적인 삶의 질을 높이는 도
시개발), 지정학적 갈등과 같은 사례를 정하고 수업 시간에 배운 개념 중
한두 개를 선택해 그 개념에 기반해서 사례를 분석하는 에세이를 쓰는
것입니다.

사회문제, 공간정치에 관련한 주제로 에세이를 쓰는 학생들에게 상
호작용은 무척 중요합니다. 비대면 수업을 하면서 가장 고민했던 부분입
니다. 에세이를 쓰는 저자로서 학생들은 교수자인 저와 상호작용하고 현
장을 답사하면서 사례와 상호작용 속에 이해, 해석하고, 다른 학생들의
반응을 볼 수 있도록 다음 네 단계를 거쳤습니다.

첫 번째 단계는 줌(zoom) 온라인 일대일 면담이었습니다. 학생들은

4주 차에 저와 개인면담을 하면서 학생이 주제로 생각하는 사례와 주요 개념을 결정하는 의논을 했습니다. 이 과정에서 학생들은 관심 지역의 정치, 사회문제, 가능한 해결책에 대한 고민을 이야기하였고 저와 같이 논의하며 주제, 사례지역, 주요개념을 정했습니다. 학생들은 분석대상으로 자신이 자란 곳이거나 잘 알고 있는 사례를 선택합니다. 의사결정 과정을 파헤치고 분석하기는 힘든 일인데, 사례지역에 개인적으로 익숙하면 기본지식도 있고 개인적인 애착도 있기 때문입니다.

두 번째 단계로 사례를 정한 학생들이 현장답사를 하였습니다. 사례지역이 외국인 경우에는 불가능했고 이번에 코로나 상황 때문에 답사를 적극적으로 권유하지는 않았지만, 대부분 학생들은 답사를 하였습니다. 그 현장감과 경관을 이해하는 가장 중요한 현장과의 상호작용입니다. 현장을 방문하는 것에 사회혁신교육연구센터 지원금이 도움이 되었습니다. 학생들이 사례분석을 위해 주로 쓴 연구방법은 현장방문 외에도 신문기사, 공문, 개발사업 공고 등과 같은 아카이브 자료 분석과 면담이 었습니다. 몇 학생들은 정식은 아니지만 그 곳에서 만난 사람들과 이야기를 나누기도 하고 그 인터뷰 결과를 과제에 쓰기도 했습니다.

세 번째 단계는 9주차에 학생들이 초고를 제출했을 때 제 코멘트를 준 것입니다. 초안을 학기 중간에 내게 한 것은 학생들이 마감이 되어서 급하게 글 쓰지 않고 차근차근 발전시키게 하기 위해서였습니다. 학생들은 제 코멘트를 보고 다소 충격을 받은 것이 사실이나 읽는 사람들이 어떤 부분을 이해하지 못하거나 근거를 더 보고 싶어하는지 이해할 수 있었습니다. 그 타인의 의견을 존중하며 자신의 에세이를 수정, 발전시킬 수 있었습니다.

마지막 단계는 학생들과 다른 학생들의 상호작용이었습니다. 10주-15주에 각 학생이 10분간 발표를 하고 다른 학생들의 질문과 코멘트를 받았습니다. 이 소통을 통해 학생들은 단지 교수자의 반응 뿐만이 아니라 다른 학생들의 관점을 듣고 독자들의 시각을 이해하게 되었습니다. 흔히 자신이 아는 있는 사례는 다른 사람들도 이렇게 이해할 것이라고 짐작하고 하는 경우가 많은데 다른 학생들이 무엇을 이해하고 무엇을 더 궁금해 하는지 들을 수 있었습니다. 강의 동영상을 시청하는 학생들이 그 밑에 코멘트를 다른 것으로 출석 체크를 했는데 이 또한 적극적인 상호작용이었습니다.

사회문제에 대해 에세이를 쓸 때 겉핥기식으로 현장조사를 하고 '민주적으로 해야 한다', '참여를 보장해야 한다'는 식의 규범적인 원칙을 제시하기 쉽습니다. 그만큼 내부 매커니즘과 상황을 이해하는 성실한 분석이 힘들기 때문입니다. 이 강의에서 학생들은 적극적인 상호작용을 통해 그 사례분석을 할 수 있었습니다. 일단 거리를 유지한 채 사례를 분석하면서 핵심 참여자들의 역학관계를 면밀히 보고 맥락을 이해하고 분석했습니다. 그런 심도 깊은 이해를 기반으로 해 학술적 함의와 정책적 제안을 할 수 있었습니다.

# 공간적 상호작용에 의해 변화하는 영토
## : 팽성상인연합회의 안정리 영토화 과정을 중심으로

●


**여현모**

(서울대학교 지리학과)



본 보고서는 경기도 평택시 팽성읍 안정리 일대의 상인들로 구성된 "팽성상인연합회"가 하나의 공간적 주체로서 평택기지 확장 전후로 안정로데오거리라는 공간을 자신들의 정체성(identity)에 입각하여 영토화(territorialization)하는 양상과 그 과정을 밝히고자 한다. 또한 팽성상인연합회가 안정리에서 활동하는 진보 및 보수 정치단체들과 상호작용하며 일어나는 탈영토화(de-territorialization)와 이에 따르는 재영토화(re-territorialization)과정을 조명하고자 한다. 연구의 결과로 1) 상인회는 지역적 맥락에 의거해 생존권 사수, 지역성 확립을 추구하며 안정리를 영토화 2) 상인회는 주한미군 철수를 주장하는 진보단체의 탈영토화에 대응하여 보수적 정치성향을 획득하며 재영토화를 진행 3) 하지만 이는 어디까지나 지역적 의제에 한해서만 보수 정치담론을 따르는 지역적 맥락의 재영토화임을 도출하였다.


## I 들어가며

### 1. 연구 주제 및 방법

어떤 공간의 장소성은 그 장소를 바라보는 주체마다 다르게 인식된다. 서로 다른 주체는 동일한 장소를 자신들의 정체성에 입각하여 인식하고, 이러한 정체성을 공간에 실현시키기 위하여 각자의 방법으로 공간을 만들어나가는 '영토화'를 진행한다. 그리고 그 방식이 서로 다른 주체 간에 일치하거나 불일치할 때 이들은 협력하거나 갈등한다. 이러한 과정 속에서 기존의 영토가 해체되는 '탈영토화'와 새롭게 변화하는 '재영토화'가 일어난다.

이 글의 주제가 되는 공간인 경기도 평택시 팽성읍 안정리는 1952년 이 일대가 미 육군 기지인 캠프 험프리스로 지정되면서 형성되었다. 미군부대에 필요한 서비스를 제공하는 상업지대의 정체성 하에서 안정리의 주민들은 그들만의 정체성을 갖게 되었고, 이러한 정체성은 다시 현실의 공간에 투영되어 안정리의 물리적 환경과 장소성을 만들어냈다.

본 보고서는 안정리의 경제단체인 "팽성상인연합회"가 2006년 캠프 험프리스(평택 미군기지)의 확장 전후로 어떠한 공간적 활동을 통해 안정리를 어떻게 영토화하였는지를 관련 이론에 입각해 해석하려 한다. 이를 위해 먼저 팽성상인연합회의 정체성을 안정리라는 공간의 특성과 관련 지어 분석할 것이다. 또한 이러한 정체성을 바탕으로 팽성상인연합회가 안정리를 어떠한 공간으로 인식하는지, 그리고 그 인식을 안정리에 어떻게 투영하였는지를 사례를 통하여 서술할 것이다. 다음으로는 안정리에 나타난 새로운 주체인 정치단체들을 그 정치적 지향성에 따라 나누어 알아보고, 이들에 의한 각각의 영토화 양상과 그 과정에서 상인회와의 상호작용을 되짚어 볼 것이다. 또한 이 결과로 상인회가 획득한 새로운 정체성과 이에 따른 영토화 방식의 변화를 '정치적 지향성의 획득과 구체화'라는 관점에서 서술할 것이다.

연구는 대체로 수업에서 제시된 이론적 배경을 기반으로 신문기사를 통해 정보를 수집하고, 유튜브 영상을 통해 주요 행위자의 행위와 갈등 상황을 분석하여 진행되었다.

## 2. 연구 개괄

평택시 팽성읍 안정리의 경제조직인 팽성상인연합회는 안정리에서 자신들의 정체성을 투영하여 경제적 번영과 지역성의 정착을 위한 생존권 시위 및 지역 축제 개최 등의 활동을 전개하였다. 2006년에 평택기지가 확장되면서 안정리는 정치적 대결의 장이 되었고, 상인회는 이에 따라 새롭게 안정리에 나타난 진보 및 보수 정치단체와 상호작용하였다. 팽성상인연합회는 한미동맹 강화 및 주한미군의 존속이라는 점에서 보수단체와 의견이 일치하였고, 이에 따라 보수단체인 "한미자유연합"과 연합하여 인적 및 물적 지원을 주고받으며 미군 철수를 주장하는 진보단체를 안정리에서 몰아내려 시도하였다. 하지만 상인회와 한미자유연합은 곧 활동 방향 및 의제에서 갈등을 겪었고, 이후 상인회는 한미동맹만을 강조하는 집회 및 봉사활동 위주의 독자적인 정치조직을 출범하였다.

즉 지역적 스케일의 경제단체인 팽성상인연합회는 진보단체와 상호작용하여 탈지역적인 맥락의 보수적 정치지향성을 얻었다. 하지만 이들의 보수적 정치지향성은 해당 담론 전체에 동조하는 것이 아닌, 생활권과 경제권이라는 지역적 맥락에 의거해 형성된 그들만의 정체성인 것이다.


## Ⅱ 이론적 배경 및 해석의 틀

### 1. 영토화 개념 및 이론

본 연구에서 지속적으로 언급될 개념은 영토화(territorialization) 개념이다. 영토화란 점유, 물리적 구성, 담론의 생산 등을 통해 특정한 개인 또는 집단의 공간적 경계를 창출하고 이를 안정화시키는 활동[1]이며, 정치지리학적 개념으로서 다양한 행위자들이 정치적으로 상호작용하며 만들어낸 공간인 '영토(territory)'의 탄생 과정을 뜻하는 용어이다. 또한 공간 상의 행위자들은 장소에 기반한 정체성으로 이렇게 만들어진 영토의 경계와 고유성을 강화는 행위인 '영토성(territoriality)'을 만들어 자신과 타자를 구분지으려 한다.[2] 영토화 과정을 통해 장소는 공간적 행위자와 더 단단히 연결되며, 때로 이러한 현상은 다른 장소나 같은 공간의 다른 공간적 행위자와의 갈등을 일으킨다.[3]

이러한 영토화 개념은 정치지리학적 개념으로 발전하기 이전에 Deleuze & Guattari(1972) 에 의해서 탈영토화(de-territorialization)와 재영토화(re-territorializtion)개념으로 제기되었다.[4] 이들에 의하면 영토화란 '물질적이고 정신적인 존재들의 사회적인 관계맺음이 안정적이고 반복적으로 일어나는 상태'이다.[5] 또한 탈영토화란 안정된 영토에 새로운 행위자가 들어와 기존 구조와 상호작용하며 기존 영토의 성격을 변화시키는 것이며, 이런 과정의 결과로 새로운 영토가 다시 만들어지고 안정

---

**1**    신혜란. 2016. "기억의 영토화 : 세월호 기억공간 형성과정을 사례로". 『공간과사회』 제26권 3호. p.116.

**2**    R. D. Sack. 1986. *Human Territoriality: its Theory and History.* Cambridge: Cambridge University Press. p.57.

**3**    박배균. 2011. "Territorial Politics and the Rise of a ConstructionOriented State in South Korea". 『Korean Social Sciences Review』 제1권 1호. p.201.

**4**    Deleuze, G. and Guattari, F. 1983. *Anti−Oedipus trans. Robert Hurley, Mark Seem, and Helen R. Lane.* Minneapolis:University of Minnesota Press. p.1.

**5**    채상원. 2018. 『도시 빈민들의 공간 전략과 비공식 주거지의 영토화. 서울대학교 석사논문. p.26.

화되는 것이 재영토화이다. 또한 탈영토화된 요소는 다른 탈영토화된 요소와 결합하여 새로운 영토를 만들어낸다. 이에 더해, 이들은 어떤 계기로 인해 기존의 상태가 바뀔 때마다 탈영토와화 재영토화가 일어나 새로운 '배치'가 만들어지는 것을 지속적 되기(constant becoming)라는 용어로 설명한다. 그리고 서로 다른 정체성을 가진 주체들이 자신들의 정체성을 표현하려 할 때 이러한 '되기'가 빈번하게 발생하게 된다.

Deleuze와 Guattari의 영토화 개념은 개인의 세계나 사회구조의 형성 과정을 설명하기 위해 제안되었고 구체적인 공간 현상을 염두에 둔 것은 아니다. 하지만 어떠한 대상이 끊임없이 자극받아 변화한다는 설명이 공간의 역동적인 변화를 설명하는 데 유용했고, '영토'라는 용어 자체도 지리학에서 사용하기에 친숙하여 정치지리학에서 빈번하게 언급되는 개념이 되었다. 이 둘은 후속의 저서 "Thousand pleataus"에서 이 두개가 반드시 동시에 존재하는 것은 아니라고 언급하기도 하였으나,[6] 이 글에서는 연속적인 탈-재영역화 개념에 입각하여 연구 사례를 해석할 것이다.


## Ⅲ 연구지역 및 연구사례 소개

### 1. 안정리의 탄생

본 보고서의 공간적 연구 범위는 경기도 평택시 팽성읍 안정리이며, 2005년의 캠프 험프리스의 대규모 확장이 결정된 이후 지역에 큰 변화

---

6　Eugene W. Holland. 1991. *Deterritorializing "Deterritorialization": From the "Anti-Oedipus" to "A Thousand Plateaus"*. SubStance Vol. 20, No. 3, Issue 66: Special Issue: Deleuze & Guattari. p.58.

가 일어났다. 서론에서 밝혔듯이 안정리는 6.25 전쟁 중에 미군이 팽성읍 비행장 일대에 캠프 험프리스(Camp Humphreys)를 건설한 이후, 기지로부터의 상업수요를 충족시키기 위한 상점가와 주택가로서 탄생한 공간이다. 2000년대 초반까지 안정리는 소매점 및 음식점만이 기지의 주출입구 근처에 산재해 있고, 주거시설 또한 지역주민이 거주하는 오래된 연립주택이 대부분인 지역이었다.

안정리는 지역주민들의 경제활동의 장이자 삶의 터전이었다. 지역주민들로 이루어진 상인회는 미군과 경제적 문제, 치안 문제와 같은 안건을 중심으로 협력하고 갈등하며 안정리를 공간적으로 조직했고, 미군들은 주로 이용객의 입장에서 지역 주민들과 경제적, 문화적으로 교류하였다. 즉 이 시기까지의 안정리는 공간적으로는 외국인 대상의 상업지역으로, 장소적으로는 지역 주민들의 주거와 경제활동의 장이자 미군들의 여가공간으로 정의할 수 있을 것이다.

## 2. 기지 확장과 안정리의 변화

2005년 캠프 험프리스로 미군 사령부, 한미연합사, 유엔사 및 다수 전방부대의 이전이 결정됨에 따라 이러한 안정리의 공간적 '배치'는 모든 면에서 복잡하게 변화한다. 먼저 물리적 환경이 크게 변화하였다. 캠프 험프리스가 대규모로 확장되면서 새로운 상업수요가 창출되면서 기존의 식당에 더해 클럽과 같은 대규모 유흥업소가 생겨났고, 부대 내에 군인 가족 숙소의 공급이 부족함에 따라 독채형 아파트, 펜션, 주상복합 빌딩이 건설되며 이를 중개하는 공인중개사 또한 늘어났다.

기존에 일상적인 상업 공간이었던 안정리는 캠프 험프리스가 주한 미군의 상징적인 공간이 됨에 따라 정치적인 표현과 갈등의 장이 되었다. 2006년 진보단체가 미군 철수를 주장하면서 기지 확장을 위한 토지

수용에 반대하는 지역 주민과 연합[7]한 이래, 안정리는 한미동맹을 포함하는 국제관계 그리고 남북관계의 이념이 표출되는 공간으로 변화하였다. 김정은 집권 이후의 핵실험, 천안함 침몰 및 연평도 포격 사건, 트럼프와 김정은의 북미회담과 남북정상회담 등 국내외적 이슈가 있을 때마다 안정리에서는 진보 및 보수 정치단체가 집회를 벌이고 때로 물리적 충돌 또한 일어나고 있다. 이들은 평시에는 캠프 험프리스의 메인 게이트 삼거리에 위치한 정자와 광장에서 활동하다가 정치적 의제가 대두되면 안정로데오거리 및 기지 출입도로 앞에서 거리행진을 한다.

2020년 현재 안정리의 물리적 공간구조는 미군을 주 고객으로 하는 상점이 밀집해 있는 '안정로데오거리'를 중심으로 한 외국인 대상 상업지구와 배후의 한국인 주거지 및 상업지구, 새롭게 개발된 미군 가족의 영외 주거지로 구성되어 있다. 또한 안정리는 지역주민들에게는 삶의 터전, 미군들에게 여가공간인 것에 더해 주로 정치단체에 의한 이념적인 표현의 장이 되었다. 그리고 새롭게 추가된 이 장소성은 본 보고서의 연

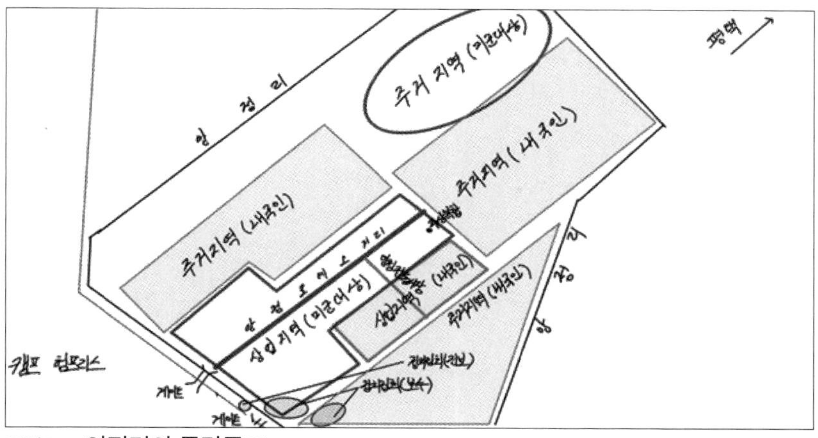


**그림1　안정리의 공간구조**
출처: 직접 작성

---

**7**　KBS. 2006년 2월 12일. "평택미군기지 확장 반대 평화시위."

구 사례를 발생시키게 되었다.

## Ⅳ 공간적 주체들의 안정리 영토화 : 팽성상인연합회를 중심으로

### 1. 팽성상인연합회의 안정리 영토화 : 경제적 이익과 지역성 확립

먼저 팽성상인연합회는 지역 상권의 대표자이자 경제적 행위의 주도자로 스스로를 인식하고 안정리를 영토화한다. 이 과정은 주로 캠프 험프리스와의 상호작용에서 일어난다. 상인회는 험프리스 기지사령부와의 월례 회의를 통해 기지 측으로부터 부대 내부의 편의시설 공사 현황과 안정리에 필요한 상업 및 주거 서비스를 전달받는다. 또한 미군 병사들에게 내려지는 출입금지명령(off-limit)에 의한 상인들의 경제적 피해를 호소하고, 명령의 범위와 지속 기간 단축을 요구한다. 이와 같이 상인회는 캠프 험프리스와 의제적 협력 관계에 있으나, 이러한 과정이 원만하게 해결되지 않는 경우 기지 정문 앞에서의 피켓 시위나 기자회견[8]을 벌여 요구사항을 관철하려 한다. 즉 상인회는 캠프 험프리스와의 의제적 협력 관계를 형성하고, 기지의 조치에 대응하여 때로는 집회와 저항이란 방법으로 영토성을 형성한다. 이를 통해 안정리는 상인회에게 경제적 이익 획득의 장으로 영토화됨을 알 수 있다.

상인회의 안정리에 대한 영토화는 경제적으로뿐만 아니라 경제적인 이해관계에 기반한 문화적 영역에서도 확인된다. 상인회는 평택국제교류재단 및 평택시와 함께 안정리 일대에서 열리는 한-미 문화 축제인

---

8　경기일보. 2016년 6월 7일. "툭하면 장병 출입금지… 지역상권 죽인다 美軍 횡포에 성난 평택 상인들".

마토예술제,**9** 한미 어울림축제**10** 등의 공동 주최자 및 후원자로 나선다. 또한 상인회는 미국의 문화적 전통 또는 다양한 문화적, 인종적 배경에 맞춘 행사를 기획하고 시행한다. 할로윈, 크리스마스, 추수감사절 시기에 안정로데오거리 일대를 소품으로 장식하고 코스튬 플레이 경연대회와 캐릭터 퍼레이드 등을 여는 것이 이러한 예이다.

이러한 상인회의 영토성은 문화적 행위를 통한 지역성의 확립뿐만 아니라 경제적 이익의추구를 목표로 한다. 마토예술제, 한미어울림축제 등을 통해 두 문화의 상호작용을 촉진하고, 이를 통해 안정리의 독특한 문화를 확립하고 표현하려는 의도로 해석할 수 있다. 반면 코스튬 플레이 대회와 시즌 행사 기획 등은 두 문화의 융합보다는 안정리의 주 소비층인 미국인들의 문화를 모방하고 재현함으로서 지역 상권을 활성화하고자 하는 의도로 생각된다. 미군들이 안정리를 방문해 문화적 체험을 함으로서 이곳에 장소적 애착과 공간적 소속감을 느끼게 하고, 이를 통해 안정리를 더 자주 방문하여 활발한 소비를 하도록 의도하는 것이다.

"미군들과 그 가족들이 여기가 미국이구나, 자신의 동네구나 하고 느껴서 더 많은 미군이 생활하고 돌아다니는 거리를 만들고자 합니다."

팽성상인연합회장

또한 상인회는 지역민들을 위한 기반시설과 환경개선의 책임자 중 하나로 스스로를 인식한다. 상인회는 평택시에 안정리 일대 낙후된 주

---

**9** 뉴스투데이. 2018년 10월 22일. "평택시 다국적 예술교류 축제, 할로윈·코스튬플레이 '마토예술제' 27일 개막."

**10** 메트로신문. 2019년 6월 23일. "평택시, 제1회 한미 어울림 축제 평가보고회 실시."

거환경의 재정비[11]를 요구하였으며 ,주차장 건립과 도로 재포장 등 기지 확장에 따라 늘어나는 기반시설을 확충하길 요구[12]하였다. 이에 더하여 상인회는 캠프 험프리스와 협력하여 기지 진입로와 상업시설 일대를 환경미화하고 방역하는 활동도 진행[13]하였다. 즉 상인회는 안정리를 지역 환경의 개선을 실현하는 장으로 인식하고 영토화하는 것이다.

정리하자면 상인회는 지역적인 스케일에서 경제적 이익과 지역성 확립을 추구하는 영토화를 진행한다. 캠프 험프리스와의 상호작용과 지역 인프라 확충 요구의 경우 직접적인 경제적 이익 추구라고 볼 수 있고, 지역 문화행사의 기획과 스폰서링은 미국 문화를 활성화시켜 상권과 지역을 활성화하려는 간접적 이익 추구 전략으로 볼 수 있다. 하지만 이러한 문화 행사 주도는 한-미의 문화가 중첩되어 있는 안정리의 지역 정체성을 확립하고 표현하려는 행위로도 볼 수 있다. 자신들의 공간을 정의하고 관리, 개선하려는 이러한 영토화는 상인회가 자발적으로 거리 청소를 하거나 지역 커뮤니티를 개선하려는 노력을 통해서도 확인할 수 있다. 결론적으로 이 모든 영토화와 이 과정에 동원된 담론들(경제적 이익 추구, 지역성의 확립)은 안정리라는 한정된 '지역적 스케일에서의 영토화'라고 볼 수 있을 것이다.

## 2. 진보단체의 안정리 탈영토화와 상인회의 재영토화 : 보수적 정치 지향성의 획득

앞서 설명하였듯이, 탈영토화란 영토화된 기존의 공간에 새로운 행

---


[11]  KBS. 2018년 8월 11일. "경기지역 9곳 2018년 정부 도시재생뉴딜 대상지 선정."

[12]  한국일보. 2018년 6월 27일. "미군 쇼핑시설도 없어… 부대 앞은 아직 공사판."

[13]  평택시국제교류재단. 2020년 5월 8일. "코로나19 함께 이겨내요!"

위자가 들어와 상호작용하면서 기존의 '배치'를 변화시키는 것이다. 이에 따라 공간은 다시 영토화되어 새롭거나 변화된 장소성을 갖는 영토로 재영토화된다. 이러한 탈-재영토화의 과정은 안정리에서 벌어진 정치적 갈등과 이에 따른 상인회의 대응 양상에서 잘 확인할 수 있다.

주한미군 주둔의 상징적 공간인 안정리에서 진보계열 정치단체들은 미군 철수, 북한과의 우호관계 발전 등을 요구하며 시위를 벌인다. 그리고 이러한 행위는 기존의 안정된 영토인 안정리의 공간적 배치를 변화시키는 탈영토화로 볼 수 있다. 상인회는 진보단체들의 행위를 자신들의 영토에 대한 위협으로 인식하고 시위 저지나 맞불 시위, 혹은 물리적 폭력을 행사하고, 나아가 진보세력의 제거라는 목적을 공유하는 보수단체와 연합한다.

이러한 영토성은 2006년의 기지 확장 반대시위 때 대표적으로 표현되었다. 기지 주변의 농촌 주민들이 진보진영과 평화행진단을 구성하여 공사를 저지하기를 시도하자, 상인회는 외부에서 기지로 향하는 주요 길목을 막고[14] 시위대의 안정리 진입을 저지하였으며 행진하는 시위대에게 단체로 폭력을 행사[15]하기도 하였다. 또한 2017년 캠프 험프리스에서 생화학무기의 운용을 반대하는 집회에 집회 해산 요구를 하며 마찰을 빚는 등[16] 안정리에서 일어나는 진보성향 시위를 적극적으로 저지하려는 모습을 보였다.

---

**14**　동아일보. 2006년 6월 18일. "범국민대책위, 평택 대추리집회 강행 곳곳서 경찰과 충돌."

**15**　천주교인권위원회. 2006년 7월 10일. "대추리를 향한 우리의 순례는 계속된다."

**16**　중도일보. 2017년 12월 26일. "평택시민행동연대, 주피터 시스템 설치 반대 촉구..안정리 상인회와 작은 충돌…기자회견 30분에 끝나."

"그 때 기지 방면 모든 곳이 다 뚫렸는데 팽성상인회가 맡은 안정리
방향만 지켜졌습니다."

팽성상인연합회장

이와 같은 상인회의 행위는 기존의 영토를 지키기 위한 영토성의
발휘라고 볼 수 있다. 시위대가 집회를 함으로서 지역에 긴장감이 높아
지게 되면 캠프 험프리스 기지사령부는 병사들에게 외출, 외박금지 명령
을 내릴 뿐만 아니라 영외에 거주하는 미군과 그 가족에게도 활동을 자
제하도록 한다. 이 결과로 안정리의 상인들은 경제적으로 타격을 입게
되고, 상인회의 '안정리는 경제적 번영의 장'이라는 영토화가 타격을 입
은 것이다. 이러한 과정을 통해 상인회는 안정리를 기존의 영토를 보호
하는 투쟁의 공간으로서 재영토화한다.

다음으로 진보성향 정치단체의 탈영토화에 따른 상인회의 재영토
화에서 주목할 점은, 상인회가 재영토화의 과정에서 보수성향 정치단체
와 연합한다는 것이다. 2006년의 시위에서 상인회는 보수단체들과 함
께 시위대를 규탄하는 집회를 열고 '친북 반미세력 물러가라'와 같은 플
랜카드를 내걸었으며,[17] 2017년에 트럼프 미 대통령이 캠프 험프리스를
방문하였을 때도 진보진영의 시위에 맞서 보수단체와 함께 맞불 시위를
하였다.[18] 이러한 행위는 상인회의 영토화가 기존의 미시적 영토화에서
정치적 지향성을 표출하는 탈지역적이고 거시적인 영토화로 스케일이
확장되었다고 해석할 수 있다. 상인회의 영토화에 동원되는 담론은 경

---

17  뉴데일리. 2006년 5월 20일. "평택서 친북좌파세력 몰아내자."

18  중앙일보. 2017년 11월 6일. "'트럼프 방한 반대' 기자회견 연 시민단체 대표 폭행
당해."

제적 권리와 지역성의 보존을 요구하는 생존권 보장 문제에 더해, 주한
미군 주둔과 한미동맹의 강화, 대북 강경정책의 시행 등을 외치는 정치
적 이념으로 그 성격이 확장되었다. 물론 이러한 지향성의 형성은 지역
의 안정과 경제적 이익을 위한 행위(미군기지의 존속 등)가 보수 정치담론
과 일치하여 일어난 결과라고 할 수 있다. 하지만 상인회 간부들의 발언
에서 보수적 정치성향이 이해관계에 기반한 일시적인 현상이 아니라 그
들의 정체성의 일부로 흡수된 것을 확인할 수 있었다.

> "친북 반미세력 몰아내기 위해 지역주민 대표로 솔선수범하기 위해⋯
> (중략)⋯대한민국 국민으로서 당연히 해야 할 일을 했다고 생각합니다."
>
> 팽성상인연합회장

　　상인회가 기존에 진행하던 영토화는 경제적 이익을 추구하고 지역
성을 확립, 관리하는 미시적이고 지역적 스케일의 영토화였다. 반면 진

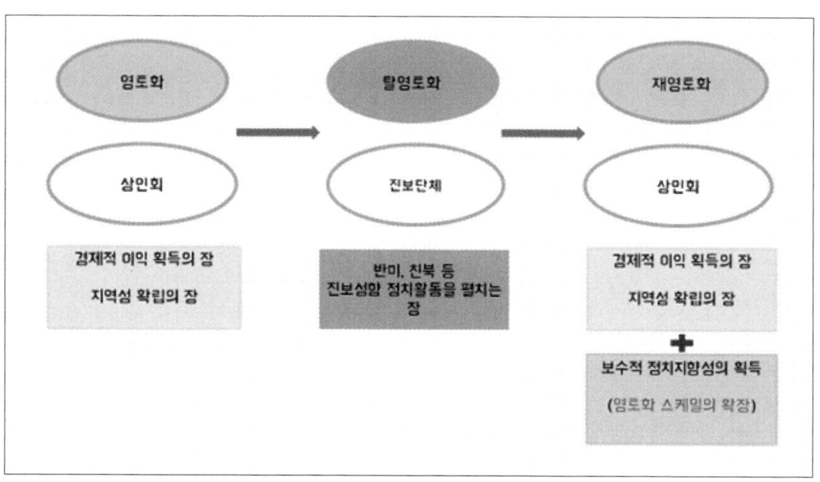


그림2　　진보단체의 안정리 탈영토화와 상인회의 재영토화

출처: 직접 작성

보단체의 시위에 따른 탈영토화와 재영토화 과정에서는 보수단체와 함께 집회를 하거나 정치적 구호를 내건다. 상인회의 영토화외 동원되는 담론은 미시적이고 지역적인 스케일의 생존권 문제에서 주한미군 주둔과 한미동맹의 강화, 대북 강경정책의 시행 등을 외치는 거시적이고 탈지역적인 정치적 지향의 표출로 확장된 것이다. 정리하자면 상인회는 안정리를 외부 세력에 맞서 기존의 영토를 보호하는 투쟁의 공간이자 한미동맹 강화로 대표되는 보수적 정치성향을 표현하는 공간으로 재영토화하고, 이 과정에서 영토화의 스케일 또한 확장된다.

### 3. 보수단체의 안정리 탈영토화와 재영토화 : 공간적 맥락에 제한받는 재영토화

그러나 정치적 담론을 포함하며 탈지역적이게 된 영토화 또한, 결국 공간에 기반한 기존의 지역적인 영토화에 의해 영향받고 제한된다. 이러한 과정을 상인회와 보수단체인 한미자유연합과의 연대와 결별 과정에서 확인할 수 있다. 2018년 6월 북미정상회담과 9월 남북정상회담이 이루어지면서 한반도에서는 비핵화 및 종전 선언과 같은 한반도 평화를 위한 과정이 활발히 논의되었다. 하지만 회담에서 합의한 사항의 이행과 다음 회담의 성사 결정이 지지부진하자, 진보계열 정당인 민중복지당은 2019년 1월 1일부터 캠프 험프리스 정문 앞에서 "북침전쟁 연습 중단하라", "미군 전면 철수하라"와 같은 피켓을 들고 24시간 철야 시위를 이어나갔다.[19] 이들이 시위를 시작하자 보수계열 정치단체인 '한미자유연합' 또한 안정리에서 텐트를 치고 맞불 농성을 이어나가기 시작하였

---

[19]    민중민주당. 2019년 11월 21일. "민중민주당, 평택캠프험프리스앞 철야시위 (11.16~11.20 324일째)"

다.[20]

　　한미자유연합은 박근혜 전 대통령의 무죄, 한미동맹과 반중정서의 강화를 활동 목적으로 하는 소규모 보수성향 정치단체로 2018년 1월경 안정리에서 반중친미 구호를 외치고 거리 행진을 하는 시위를 시작하였으며, 2018년 11월경에는 50~100여 명이 행진하는 규모로 발전하였다.[21] 이들은 안정리를 친미 및 반중정서를 한국인과 미군에게 표현하는 장소로 영토화를 진행하였다.

　　민중복지당의 철야시위가 시작되고 3일 후 팽성상인연합회는 한미자유연합과 연합하여 활동하기 시작하였다.[22] 상인회는 상인회의 이름이 적힌 부스를 한미자유연합 옆에 설치하고 진보단체를 몰아내기 위한 시위에 참가하였다. 이러한 과정까지는 이전에 진행되는 진보단체의 시위에 따른 탈영토화와 재영토화의 양상과 동일하였으나, 이는 곧 두 단체가 갈등하면서 달라지기 시작하였다.

　　한미자유연합은 친미에 더해 반중 활동을 병행하여 "NO CHINA", "HWAWEI OUT"과 같은 반중 구호를 선전하였다. 또한 "Let's bomb North Korea", "우리는 워마드를 거부합니다"와 같은 보수 정치 전반의 이슈를 활동에 포함하였고, 주 1회 진행하는 거리행진에는 성조기와 태극기뿐만 아니라 이스라엘기, 대만기까지 등장하였다. 즉 한미자유연합은 안정리라는 지역적 스케일을 벗어나는 거시적인 정치 담론을 펼치고 강화하는 공간으로 안정리를 영토화하였다.

　　반면 상인회는 반중 정서 자체에는 공감하였으나 활동 방향에 불만

---

**20**　조선일보. 2019년 2월 10일. "'떠나라'vs"안 된다" 맞불시위 속 속타는 상인들"

**21**　리버티코리아포스트. 2018년 11월 26일. "한미동맹을 지켜라!"

**22**　땅크tv. 2019년 1월 5일. "일촉즉발!! 캠프 험프리스!!"

을 제기했다. 고령화되고 낙후되고 있는 안정리가 중국 자본에 잠식되면 미군들이 방문을 기피하기 때문에 반중 운동을 하는 것이 맞으나, 중국 정부가 아닌 중국 전체를 대상으로 반대 투쟁을 하는 것은 중국계 미군의 반발을 부르므로 동의할 수 없음을 밝힌다.[23] 또한 상인회 간부는 어떤 방향으로건 시위가 계속되면 미군의 통행이 줄어들 뿐만 아니라, 이념적인 반중 구호보다는 미국에 대한 친화적 메시지를 표해야 지역이 안정되고 활성화된다고 말한다.[24] 이에 더해 상인회는 한미자유연합이 반중활동에 동참하지 않는 상인회를 '가짜 보수'로 규정하고 공격하는 것에 강한 불만을 표시하였으며,[25] 또한 지역적 맥락이 결여된 반중 활동을 안정리에서 진행하고 생활권을 위협하는 것에 대해서 강하게 반발하였다.

> "친미가 반중이지 반중이 친미냐, 이건 좌파식 인민재판이다…(중략)…중국대사관이나 차이나타운가서 하든지, 왜 평택 촌구석에서 이러고 있느냐. 우리의 생활권에 와서 반중하지 말라. 애국은 좋다만…"
>
> 상인회 간부

> "언제 우리가 대만까지 걱정하는가? 하나의 구호와 두개의 국기면 충분하다"
>
> 팽성상인연합회장

---

23  번개시장. 2019년 1월 28일. "평택 팽성상인연합회 K6 사수본부와 함께하는 정정당당 KOREA(번개시장, 정정당당TV)"

24  번개시장. 2019년 2월 12일. "팽성상인회 베이스 캠프"

25  번개시장, 2019년 2월 4일. "어설픈 반중에 대한 평택 팽성상인회 K6사수본부의 공식 입장"

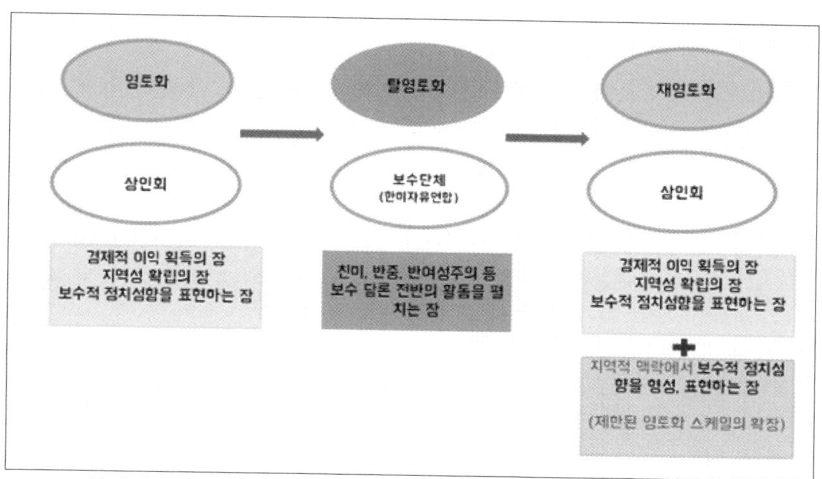

**그림3**　한미자유연합의 안정리 탈영토화와 상인회의 재영토화

출처: 직접 작성

　　즉 상인회는 한미자유연합과 마찬가지로 한미동맹 강화와 같은 보수 정치 담론을 펼치는 영토화를 진행한다. 하지만 상인회는 대규모 보수집회나 전면적 반중 활동을 지역적 맥락에 의해 진행된 기존의 영토화를 벗어나고 이를 위협하는 행위로 인식한다. 이러한 갈등의 결과로 두 단체는 2월 초순 공식적으로 결별하였으며, 이후에는 무상으로 지원하던 전기와 식수 등 물적 지원도 중단된다.[26] 동시에 상인회는 지역운동 및 한미동맹 강화 조직인 'k6사수운동본부'를 출범한다. 상인회 간부이자 운동본부장인 K씨는 인터뷰를 통해 '보수단체는 보수단체의 방식대로, 우리는 우리의 방식대로 한미동맹을 강화하기 위해 조직을 출범시켰다'고 밝힌다.[27] 이들은 마을 청소 및 미군과의 교류 활동, 미군 감사집회 등과 같은 지역적이고 온건한 방식의 활동을 전개한다. 이에 더해 주민 간의 결속과 이념적 구호에 대한 배격을 강조하며 안정리를 완전

---

**26**　한미자유연합방송. 2019년 4월 30일. "전기끊는 잔인한 상인회"

**27**　번개시장. 2019년 1월 30일. "팽성상인회 k6사수운동본부 출범"

한 '아메리카 타운'으로 만들어 지역을 활성화하겠다고 말한다.[28]

상인회는 지역의 주민, 지역의 상인으로서, 나아가 보수적인 정치 성향을 가진 이른바 '애국 시민'으로서 자신들을 정의한다. 그리고 이러한 정체성을 안정리에서 실현하기 위해 새로운 조직을 출범시키고 지역의 맥락에 기반한 정치적 집회와 지역환경 개선 활동을 펼쳤다. 상인회가 정치단체와의 교류를 통해 기존의 정체성에 기반하여 정치적 지향성을 구체화시키고, 새로운 조직을 설립하여 이를 공간 위에 실현하려 한 것이다. 영토화 이론에 따라 해석하자면, 한미자유연합의 탈영토화에 대해 상인회는 한미자유연합과의 결별과 새로운 조직의 출범이라는 영역성을 발휘하였다. 이를 통해 안정리는 상인회의 고유한 정치적 지향성을 실현하는 공간으로 재영토화된다. 새로운 재영토화는 한미동맹 강화, 애국과 같은 안정리의 스케일을 벗어나는 탈지역적 영토화를 동반하였으나, 이는 결국 지역성을 강화하고 지역 안정과 활성화를 목표로 하는 기존의 영토화, 그리고 이에 기반하는 정체성에 영향을 받아 만들어졌다. 즉 영토화의 순환과정에서 재영토화는 정치적 담론을 포함하며 지역적 맥락을 벗어나 더 큰 스케일로 확장되기도 하나, 이는 결국 공간에 기반한 해당 주체의 정체성과 영토화에 의해 제한되는 것이다.


## V  마치면서

### 1.  연구 요약

본 보고서는 팽성상인연합회가 안정리를 스스로의 정체성에 기반

---

**28**　번개시장, 위의 영상

하여 영토화하는 과정과 정치단체와의 상호작용을 통해 일어나는 재영토화의 양상을 분석하였다.

이를 위해 먼저 이론적 배경과 연구 공간에 대한 서술을 진행하였으며, 상인회의 정체성과 이를 실현하는 행위인 영토성, 이에 따른 결과적인 영토화를 범주화하여 설명하였다. 다음으로는 진보계열 정치단체의 탈영토화에 대응하는 상인회의 재영토화를 정치적 지향성의 형성이라는 측면에서 제시하였다. 마지막 장에서는 정치적 지향성이 같은 보수단체와의 상호작용을 통해 상인회가 정치 지향성을 구체화하고 새로운 영토화를 실행할 조직을 만드는 과정을 분석하였다. 연구를 통해 얻은 결론은 다음과 같다.

첫째, 지역적 조직의 영토화는 지역적 특성과 맥락에 기반하여 형성된다. 안정리 지역의 경제조직인 팽성상인연합회는 안정리를 삶의 현장이자 경제적 번영을 이루는 장소로 영토화한다. 상인회는 상권에 대한 미군기지와의 교섭과 갈등, 지역 축제에 대한 스폰서링과 평택시에 대한 지역 인프라 개선 등의 영토성을 보인다. 상인회는 이를 통해 지역성을 확립하고 지역을 발전시키며 경제적 이익을 늘리려 한다.

둘째, 서로 다른 행위자는 같은 공간을 다르게 영토화한다. 안정리에 대해 상인회, 진보계열 정치단체, 보수계열 정치단체는 모두 다른 영토화를 진행하였다. 상인회는 지역성을 확립하고 발전시키며 경제적 이익을 얻는 공간으로 안정리를 영토화한 반면, 정치단체들은 지역적 의제가 아닌 각자의 정치적 지향성 전반을 드러내고 강화하는 공간으로 영토화하였다. 이러한 영토화 양상의 차이는 때로 행위자 간의 갈등과 충돌을 일으켰다.

셋째, 서로 다른 영토화에 대한 노출은 행위자가 자신들의 정체성을 재정의하고, 영토화의 스케일과 내용을 변화시키도록 한다. 상인회와 정치단체들이 상호작용하는 과정에서 이를 확인할 수 있었다. 지역적인 정체성에 기반하여 안정리를 영토화하던 상인회는 진보단체의 탈영역화에 대응하여 정치적 지향성을 포함하는 재영토화를 발생시켰다. 이러한 정치 지향성은 이해관계에 기반한 일시적 현상이 아니라, 상인회가 가진 정체성의 일부로 포함된 형태로 나타난다. 상인회는 지역적 맥락의 기존 영토화에 더해 탈지역적인 정치 담론을 표현하는 공간으로 영토화의 스케일을 확장시켰다.

넷째, 하지만 이런 영토화의 확장 또한 지역적 특성과 맥락에 영향 받고 제한된다. 이는 한미자유연합과의 연대와 결별 과정에서 확인할 수 있었다. 상인회와 한미자유연합은 정치적 지향성이 같았으나 안정리를 영토화하는 방식에 차이를 보이고 갈등하였다. 상인회는 한미자유연합의 탈지역적인 정치구호에 맞서 자신들의 정치적 지향성을 구체화시켰고, 이를 실행할 새로운 조직인 k6사수운동본부를 출범하였다. 그리고 이 과정에는 생활권의 사수와 같은 지역적 스케일의 정체성과 영토화가 영향을 미쳤다.

## 2. 연구의 한계와 의의

본 연구는 여러 점에서 한계를 갖는다. 연구 사례는 현실의 공간 위에서 일어났으나 대부분의 연구를 문헌조사로 실시하였고, 이미 상황이 종료되어 시의성 있는 자료를 다수 확보하지 못하였다. 또한 상인회 간부진을 중심으로 상인회의 인식과 행위를 연구하였기 때문에 일반 회원이 연구 사례에 대해 가진 생각을 파악하지 못하였다. 연구에서 언급된 행위자들의 행위를 일으킨 복잡한 정치지리학적 배경 또한 최소한으로 언급하였다.

하지만 공간 상에서 행위자들에 의한 영토화 과정을 자세히 밝히고,

행위자들의 상호작용에 따른 영토화의 변화를 스케일의 변화와 그 내용의 측면에서 분석한 것에 의의가 있다. 또한 영토화의 형성과 변화에 결국 공간 자체와 그 맥락이 중요한 영향을 미친다는 것을 밝힌 것 또한 주요한 성취라고 생각한다.

연구를 통해 공간정치와 지정학의 개념과 이론을 현실에 적용하고 해석하는 연습을 했을 뿐만 아니라, 기존의 지식을 정리하고 발전시키는 경험을 한 것이 매우 의미 있었다고 생각한다.


## VI  참고문헌


KBS. 2018년 8월 31일. "경기지역 9곳 2018년 정부 도시재생뉴딜 대상지 선정" http://mn.kbs.co.kr/news/view.do?ncd=4032175

KBS. 2006년 2월 12일. "평택미군기지 확장 반대 평화시위" http://news.kbs.co.kr/news/view.do?ncd=1146264

경기일보. 2016년 6월 7일. ""툭하면 장병 출입금지… 지역상권 죽인다" 美軍 횡포에 성난 평택 상인들"
http://www.kyeonggi.com/news/articleView.html?mod=news&act=articleView&idxn==1188279&sc_code=&page=&total=

뉴데일리. 2006년 5월 20일. "평택서 친북좌파세력 몰아내자" http://www.newdaily.co.kr/site/data/html/2006/05/20/2006052000008.html

뉴스투데이. 2018년 10월 22일. "평택시 다국적 예술교류 축제, 할로윈·코스튬플레이 '마토 예술제' 27일 개막" https://www.news2day.co.kr/112895

동아일보. 2006년 6월 18일. "범국민대책위, 평택 대추리집회 강행 곳곳서 경찰과 충돌" https://www.donga.com/news/Society/article/

all/20060618/8319752/9

땅크tv. 2019년 2월 18일. "44박45일차 평택 미군 출근길, 땡큐 USA!!" https://
www.youtube.com/watch?v=eIXjj0qgy9w

땅크tv. 2019년 1월 5일. "일촉즉발!! 캠프 험프리스!!" https://www.youtube.
com/watch?v=m_r_1ly4FJ8&t=6084s

리버티코리아포스트. 2018년 11월 26일. "한미동맹을 지켜라!" https://www.
lkp.news/news/article.html?no=5410

메트로신문. 2019년 6월 23일. "평택시, 제1회 한미 어울림 축제 평가보고회 실
시" https://www.metroseoul.co.kr/article/2019062300005

민중민주당. 2019년 11월 21일. "민중민주당, 평택캠프험프리스앞 철야시위
(11.16~11.20 324일째)" http://pdp21.kr/?p=38110

박배균. 2011. "Territorial Politics and the Rise of a ConstructionOriented
State in South Korea".『Korean Social Sciences Review』제1권 1호.

번개시장. 2019년 1월 28일. "평택 팽성상인연합회 K6 사수본부와 함께하는 정
정당당 KOREA(번개시장,정정당당TV )"

https://www.youtube.com/watch?v=OfUAoBSvfqs&t=346s

번개시장. 2019년 2월 12일. "팽성상인회 베이스 캠프"

https://www.youtube.com/watch?v=hgZISvFPewE

번개시장. 2019년 2월 4일. "[번개뷰] 어설픈 반중에 대한 평택 팽성상인회 K6
사수본부의 공식 입장." https://www.youtube.com/watch?v=uRz-
N0U8Kkkk&t=2s

번개시장. 2019년 1월 30일. "[번개톡 / 특별방송] 평택 팽성상인회 K6 사수본
부 출범" https://www.youtube.com/watch?v=MN2xgvCJxCg

신혜란. 2016. "기억의 영토화 : 세월호 기억공간 형성과정을 사례로".『공간과
사회』제 26권 3호.

조선일보. 2019년 2월 10일. ""떠나라" vs "안 된다" 맞불시위 속 속타는 상인들"
https://www.chosun.com/site/data/html_dir/2019/02/08/20190
20801963.html

중도일보. 2017년 12월 26일. "평택시민행동연대, 주피터 시스템 설치 반대 촉구..안정리 상인회와 작은 충돌…기자회견 30분에 끝나" http://www.joongdo.co.kr/web/view.php?key=20171226010010526

중앙일보. 2017년 11월 6일. "'트럼프 방한 반대' 기자회견 연 시민단체 대표 폭행당해" http://www.hani.co.kr/arti/PRINT/817632.html

채상원. 2018. "도시 빈민들의 공간 전략과 비공식 주거지의 영토화". 서울대학교 석사논문

천주교인권위원회. 2006년 7월 10일. "대추리를 향한 우리의 순례는 계속된다",

평택시국제교류재단. 2020년 5월 8일. "코로나19 함께 이겨내요!" http://pief.or.kr/m/bbs/board.php?bo_table=pief_news&wr_id=126&page=0

한국일보. 2018년 6월 27일. "미군 쇼핑시설도 없어… 부대 앞은 아직 공사판" https://www.hankookilbo.com/News/Read/201806261417044251

한미자유연합방송. 2019년 5월 16일. "(속보)드디어 마각을 드러내기 시작인가?? 반중을 밀어내고 친중으로?? 반중을 가장한 친중으로??" https://www.youtube.com/watch?v=Z8ncd9KdBdM&t=173s

한미자유연합방송. 2019년 4월 30일. "전기끊는 잔인한 상인회" https://www.youtube.com/watch?v=NoB7tqDsMFg&feature=youtu.be

Holland, Eugene W. 1991. *Deterritorializing "Deterritorialization": From the "Anti-Oedipus" to "A Thousand Plateaus"*. SubStance Vol. 20, No. 3, Issue 66: Special Issue: Deleuze & Guattari.

Sack, R. D. 1986. *Human Territoriality: its Theory and History*. Cambridge: Cambridge University Press.

# 성장 연합과 반 성장 연합의 갈등
## : 대전 소제동 철도 관사촌을 사례로

•


장주은

(서울대학교 지리학과)



본 연구는 성장 연합과 반성장 연합이라는 개념적 구조를 바탕으로 소제동 철도관사촌을 둘러싸고 나타나는 다양한 행위 집단의 양상을 고찰하여 균열과 갈등의 양상을 진단하고자 한다. 이에 따라 연구의 초점은 구체적으로 다음과 같다. 첫째, 소제동 철도관사촌을 둘러싸고 첨예하게 대립하고 갈등하는 다양한 행위 집단을 성장 연합과 반성장 연합이라는 거시적인 틀로 묶어 내어 각 집단이 최우선적으로 지향하는 가치를 규명하고자 한다. 둘째, 성장 연합과 반성장 연합을 실질적으로 작동하게 만드는 기제를 파악함으로써 타협의 여지와 가능성을 포착해보고자 한다. 결과적으로 본 연구는 지역 공동체가 민주적으로 운용되기 위하여 서로 다른 갈래의 목소리가 터져 나온다는 불가피성을 인정하고, 그 과정에서 나타나는 구성적 담론을 포착하여 갈등을 봉합할 수 있는 여지를 확보한다는 점에서 의미가 있다.


## I  들어가며

본 연구는 대전 소제동 철도 관사촌을 둘러싼 갈등을 성장 연합과 반성장 연합이라는 개념을 적용하여 살펴봄으로써 개별적인 행위 집단들을 개념의 연속선 위에서 두 개의 서로 다른 연합으로 배치하여 거시적인 틀로 엮어내 보고자 한다. 이를 통해 두 연합이 추구하는 최우선 가치를 명쾌하게 조망함과 동시에 각각의 연합 내에서 갈라지는 다양한 목소리를 포착할 것이다. 더불어 두 세력의 첨예한 갈등과 경합에 가리워져 소제동을 떠나야 했던 원거주민의 모습까지 포착함으로써 철도관사촌을 둘러싼 다양한 목소리를 한데 아울러 보고자 한다.

소제동 철도관사촌은 본래 일제강점하에 철도 건설과 관련된 노동자를 위해 지어진 공동주택이었으나 시간이 지남에 따라 대전 조상들의 손때가 묻은 공간으로 변모하였다. 이후 수차례 역세권 개발 사업이 좌절되면서 텅 빈 마을이 되어버렸지만 최근 인스타그램 핫플레이스로 변화하여 많은 이들의 발길을 사로잡았다. 하지만, 대전시가 혁신도시로 지정됨에 따라 역세권 개발에 박차를 가하면서 소제동 철도관사촌의 존폐를 둘러싼 논쟁에 불길이 붙었다.

그 결과, 철도관사촌을 둘러싼 행위 주체들이 제각기 상이한 반응을 보였다. 가령, 대전시 정부와 재개발 조합은 낙후된 철도관사촌을 밀어버리고 그 자리에 새로운 아파트 단지를 지음으로써 소제동의 교환가치를 높이고자 하는 성장연합으로 부상하였다. 하지만, 성장연합은 해당 지역을 '투자'의 대상이 아닌 역사적, 문화적으로 잠재력이 있는 '보존'의 공간으로 바라보고 그 가치를 보존해야 한다며 공간의 사용 가치에 방점을 두는 반성장 연합을 출연시키기도 하였다. 성장 연합과 반성장 연합이 첨예하게 갈등을 빚는 사이 동질 집단으로 인식되는 원거주민 가운데에서도 임대인은 보유한 부동산이 투자지역으로 선정됨에 따라 집값 상승과 같은 경제적 부수효과를 기대하며 지방 정부의 계획에 동조하는 이들이 존재하는 한편, 더 열악한 주거 공간으로의 이전과 실업과 같은 생계 문제에 직면한 임차인은 도시 재개발을 부정적으로 인식하기도 하였다.

이에 따라 본 연구는 1) 소제동 철도관사촌을 둘러싼 여러 행위 집단을 성장 연합과 반성장 연합이라는 개념을 통해 각각의 연합이 실질적으로 작동되는 기제를 구체적인 양상을 통해 확인해보고자 하며, 2) 두 연합이 각축전을 벌이는 가운데 포착할 수 있는 타협과 협력의 여지를 드러내어 보고자 한다.


## Ⅱ  이론적 배경 : 성장 연합

'성장 연합'은 지역이 개발되는 과정에서 도시를 교환 가치를 함유한 상품으로 간주하고 부동산 및 금융과 관련된 이해관계를 강조하는 연합체이다.[1] 성장연합은 도시 개발과 밀접한 이해관계를 공유하는 지역 엘리트, 기업가, 자본가, 부동산 중개업자, 건설회사, 금융기관, 도시 정부 등으로 구성되며 성장전략을 내세워 지역개발 과정을 통제함으로써 이익을 극대화하고자 한다.[2] 이러한 목적을 실현하기 위해 성장 연합은 자본가와 정치적으로 타협하고 공직자와 결탁함으로써 조직적이면서 정당화된 권력을 형성하며 형성된 권력을 토대로 작동한다.[3]

특히 성장 연합의 구성원 중에서 가장 중추적인 행위 주체로 '지방

---

**1** Logan & Molotch. 1987. *Urban Fortunes.* Univ. of California Press. p.32.; 이성호. 2008.『새만금 간척과 지역 성장정치 : 성장연합의 대응방식 변화를 중심으로』. 한국지역사회학회. 지역사회연구 제16권 제4호. p. 57.

**2** 백일순. 2020. "성장 연합에서 지방정부의 역할 변화와 이데올로기의 조응".『문화역사지리』제32권 제2호. p.97.

**3** 백일순. 2020. p.97.

정부'가 호명된다. 지방 정부는 실질적으로 정책을 수립하고 집행할 수 있는 막강한 행정적 권한을 가지고 있으며, 이러한 권한을 바탕으로 경제적 이익을 극대화하고 정치적 전략을 선점하여 자신의 이해를 극대화할 수 있기 때문이다. 더불어 지방 정부는 그 역할이 토지의 교환가치를 높여 이윤을 극대화하려는 기업가이자 지역 엘리트와 협력하는 행위자이며 중앙 정부의 결정을 보조하는 기관으로 다양하게 변주된다.[4]

지방 정부를 핵심으로 하는 성장 연합은 성장과 개발이 지역 주민 전체에 이익이 된다는 성장 이데올로기를 유포함으로써 지역 발전 의제를 장악한다. 이때 '성장 이데올로기'란 지역의 성장을 다른 가치보다 우선시 되어야 한다는 이념적 토양으로 낙후된 지역 정체성을 극복해야 하는 대상이자 선제적으로 해결해야 하는 과제로 투영한다.[5] 따라서 성장 이데올로기를 기본 전략으로 취한 경우 성장 지향적인 행위를 추동시키기 유리하며 개발 여론을 합의하기에 수월하다.[6] 이처럼 성장 이데올로기에 근거한 성장 연합은 도시의 교환 가치를 상승시키려는 궁극적인 목표를 달성하기 위해 형식적 민주주의를 동원하는 식의 전략을 구사하여 개발의 정당성을 확보하고 지역 내 여론을 조직적으로 활용한다.[7]

하지만 성장 연합이 강조하는 성장전략은 공간의 사용을 둘러싸고 상이한 이해관계를 발생하여 개발에 반대하는 목소리를 자아내기도 한다. 성장전략에 위기가 발생하는 까닭은 성장 연합이 추구하는 성장 이

---

4  백일순. 2020. p.97.

5  백일순. 2020. p.109.

6  백일순. 2020. p.109.

7  백일순. 2020. p.97.

데올로기가 성장의 혜택을 실질적으로 누리기 어려운 계층까지 확산되기 때문이다.[8] 쉽게 말해, 성장 이데올로기는 개발의 효과가 전 지역으로 확산된다는 믿음에 기초하여 성장이 지역 경제를 활성화하고 고용을 증대하여 소득 수준이 높아질 것이라는 기대를 불어넣지만, 성장으로 인한 혜택은 실제로 선택받은 일부 거주자에게 돌아간다는 것이다.[9] 즉, "성장의 이데올로기는 모두의 이익이라고 호명되고, 비용 부담과 분배에 대한 의문들이 은폐"[10]될 뿐만 아니라, 성장의 이익이 특정 계층에 집중된다는 사실로 인해 성장의 공공성에 대한 반문이 제기된다.

더불어 성장 연합의 의도에 역행하는 흐름이 발생하는 또 다른 까닭은 공간의 교환가치를 강조하는 성장 연합과 다르게 공간의 사용 가치에 방점을 두자는 목소리도 존재하기 때문이다.[11] 가령, 해당 지역의 낙후가 역사문화자산이라는 점에서 아파트를 비롯한 산업 자본으로 환원될 수 없으며, 이에 따라 낙후를 보존해야 한다는 의견이 제기될 수도 있다. 또는, 낙후된 지역의 모습에서 새로운 예술적 가치를 발견하고 재창조함으로써 새로운 공간으로 재탄생시키고자 하는 움직임도 나타날 수 있다. 이처럼 동일한 공간에 대한 공간적 인식이 항상 동일한 방향으로 합의되는 것은 아니기에 도시 성장전략에 분기가 발생한다.

이같이 성장 연합의 성장전략과 다른 갈래의 목소리를 자아내는 이들은 성장 기제를 해체하고 본인의 의견을 관철하기 위해 성장 연합에

---

**8**　이성호. 2008. "새만금 간척과 지역 성장정치 : 성장연합의 대응방식 변화를 중심으로". 『지역사회연구』. 제16권 제4호. p.58.

**9**　백일순. 2020. p.99.

**10**　백일순. 2020. p.99.

**11**　정필립·우명제. 2014. "성장기제이론의 재고:전남도청 이전을 둘러싼 성장연합들의 갈등을 중심으로". 『한국도시행정학회 학술발표대회 논문집』. p.135.

대항하는 '반(反)성장연합'을 구성한다. 이들은 지역사회가 공유하는 자원의 사용 가치가 보존될 수 있도록 다양한 전략을 구사하며 지역 운동이나 시민운동의 형태로 담론을 형성해 나간다. 궁극적으로 반성장연합은 "성장연합이 주창하는 성장의 공공효과에 의문을 제기함으로써 지방 정부에 의해 조작되는 성장 이데올로기의 허구성을 폭로하는 역할을 담당한다".[12]

지금까지 논의된 내용을 정리해보자면, 지방 정부를 중심으로 하는 성장 연합은 지역사회 내에서 강력한 정치적 연합으로 기능하면서 성장 이데올로기를 자신들의 성장전략으로 채택하여 개발을 정당화한다. 한편, 성장 연합의 존재는 성장전략에 반문을 던지는 반성장 연합 세력을 동시에 촉발한다. 반성장연합은 지역사회의 특정한 공간의 사용가치에 방점을 두고 그 가치를 보존하기 위한 방법을 강구함으로써 성장연합과 대립각을 보인다. 이렇듯 성장 연합과 반성장 연합이 자아내는 분열과 갈등은 모두를 위해 더 나은 성장 방안이 고안될 수 있도록 자극하며, 성장관리를 모색하는 과정에서 성장연합과 반성장연합이 타협할 수 있도록 유도한다.[13]

이상의 논의를 바탕으로 사례 연구에서는 1) 대전시 소제동 철도관사촌이 공간적으로 변이되는 과정을 살펴봄으로써 소제동을 구성하는 공간적 층위를 파악하고, 2) 그 과정에서 형성된 성장 연합과 반성장연합의 관계를 입체적으로 고찰해보고자 한다.

---

**12**　R.K.Vogel & B.E.Swanson. 1989. "The Growth Machine versus The Anti-Growth Coalition – The Battle of Our Communities", Urban Affairs Quarterly 25(1); 이성호 재인용. 2008. p.59.

**13**　이성호. 2008. p.59.

## Ⅲ 사례 배경 : 대전 소제동 철도관사촌

### 1. 대전 소제동 철도관사촌은 어떤 공간이었나?

소제동 철도관사촌은 대전 역사의 시작점인 철도의 발달과 함께 형성되었다. 1905년 대전을 관통하는 경부선 철도가 놓이면서 철도 개통을 전후로 철도기술원과 역무원을 비롯해 많은 철도 기술자들이 대전으로 유입되었다.[14] 그 결과, 2010년 대전역 주변에 남관사촌과 북관사촌이, 1920년대에는 소제동에 동관사촌이 지어졌다.[15] 하지만 남관사촌과 북관사촌은 한국전쟁으로 파괴되어 그 흔적이 거의 남지 않았으며, 동관사촌만 지금까지 그 모습을 유지할 수 있게 되었다.[16]

사실 일제강점기 당시의 관사는 일본인 기술자를 위한 공동주택으로 계획된 주거공간이었으나, 해방 이후 부자들이 해당 주택을 매입하면서 부촌으로 변모하였다.[17] 하지만 1990년대 둔산 신도시가 조성되어 인구 유출이 일어났으며,[18] 소제동에는 떠나지 못하는 사람들만이 남았다.

대전시는 원도심을 활성화하기 위해 2008년 대전역세권 개발 사업을 단행하였다. 하지만 시에서 추진하는 재개발 사업으로 인해 소제동은 오히려 더 심각한 수준으로 슬럼화되었다. 재개발 소식이 들려오자 시

---

14 길애경. 2020년 9월 28일. "향토기업 CEO 질문 "미래세대에 아파트만 남길건가?"". 『헬로디디』.

15 길애경. 2020년 9월 28일.

16 길애경. 2020년 9월 28일.

17 반기웅. 2019년 11월 16일. "'뉴트로 감성' 도시재생 "돈으로 입힌 패션일 뿐"". 『경향비즈』.

18 이상문. 2020년 10월 19일. "대전역세권 개발 12년만에 주인 찾았다". 『중도일보』.

세차익을 노린 외지인이 집을 마구잡이로 사들였으나 별도의 보수 비용을 들이고 싶지 않아 세입자를 받아들이지 않았으며, 이로 인해 소제동 내 주택의 절반 가까이 공가(空家)로 남았기 때문이다.[19] 2008년 글로벌 금융위기와 부동산 경기 침체로 시행되지 못했던 재개발 사업은 적절한 민간사업자를 찾지 못해 10년 이상 지연되었다.[20] 그 사이 소제동 일대는 더이상 사람이 살지 않는 동네가 되어버렸다.

## 2. 대전 소제동 철도관사촌의 현주소

2020년 현시점에서 소제동은 어떠한 공간인가 질문을 한다면, 공동화 현상으로 사람의 흔적을 거의 찾아볼 수 없는 과거와 다르게 변화의 바람을 맞아 많은 공간적 변화가 일어나고 있는 역동적인 공간이라고 할 수 있다. 실제로 소제동은 인스타그램에서 '핫플레이스'로 각광받고 있으며, '서울촌놈'이라는 방송 프로그램에도 소개될 정도가 되었다. 도대체 무엇이 소제동을 이토록 변화시킨 것일까?

죽은 소제동 마을을 핫플레이스로 살리려는 움직임은 민간자본으로부터 촉발되었다. 서울의 도시재생[21] 전문업체 '익선다다'는 과거 익선동을 되살렸던 경험을 바탕으로 소제지구에 다양한 영역과 장르를 교차하고 결합하여 개별화된 거리를 만들고자 하였다.[22] 이에 따라 '익선

---

**19**　이상문. 2020년 10월 19일.

**20**　이상문. 2020년 10월 19일.

**21**　도시재생이란, 도시 인구의 증가나 산업 기술의 발달로 이미 만들어진 도시 환경이 그 구실을 제대로 할 수 없게 되어 가는 것을 막고, 변화에 계속 적응할 수 있도록 계획적으로 개선하는 사업으로, 건축물이 전반적으로 낡은 지역이나 배치 상태가 아주 좋지 못한 지역의 기존 건물을 철거하고 시가지를 정리하여 토지 효용을 높이는 것을 목적으로 한다.

**22**　익선다다. ABOUT US. "익선다다는." http://www.iksundada.kr/about/.

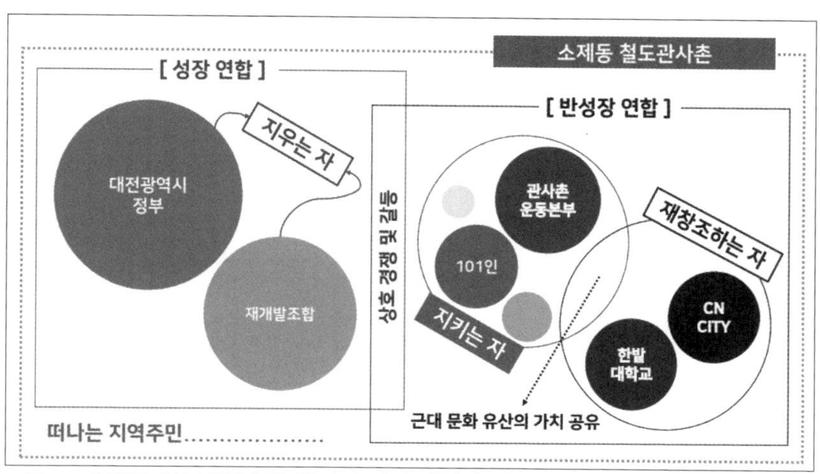


**그림1**  소제동 철도관사촌을 둘러싼 성장 연합과 반성장 연합의 갈등 도식화

다다'는 지난 2017년 소제동 일대 건물 30채를 매입하였고, 이 가운데 10곳을 카페와 레스토랑으로 운영하여 마중물 붓기에 도입하였다.[23] 결과적으로 빈집과 폐건물을 개조하여 뉴트로 감성을 입히려는 그들의 노력은 소셜미디어를 통해 빠르게 퍼져나갔으며 소제지구의 인상적인 공간 변화를 자아냈다.

하지만 뉴트로 열풍에 힘입은 소제동 철도관사촌은 앞으로도 굳건하게 제 자리에 남아있을 수 있을지 미지수이다. 최근 소제동 일대를 포함한 대전역세권이 '혁신도시'로 지정됨에 따라 대전시에서 그동안 지체되었던 역세권개발에 힘을 가하고 있기 때문이다. 더불어 철도 관련 인프라에서 시작되었지만 70여 년간 대전 시민의 발자취가 담기며 다양한 시간적, 공간적 층위가 얽히고 복합적으로 형성된 철도관사촌 경관 변화의 의미를 되새기며 보존하자는 목소리도 동시에 터져 나오고 있다. 이로 인해 철도관사촌이라는 공간이 구조적으로 어떻게 변할 것인가 여전

---

[23]  반기웅. 2019년 11월 16일.

히 가늠할 수 없는 상태이다. 지금과 같이 인스타그램에서 유명한 핫플레이스로 고착될 수도 있고, 또는 역세권개발에 따라 대규모 아파트 단지가 될 수도 있다. 그것도 아니라면 관사촌의 가치를 재조명한 근대 문화역사지구가 될 가능성도 열려있다. 그렇다면 다음 장을 통하여 철도관사촌을 둘러싼 행위 주체들의 상이한 인식 차이를 면밀히 살펴보며 소제동의 미래를 내다보도록 하자.

## Ⅳ  사례 연구 : 소제지구를 둘러싼 성장연합과 반성장연합의 갈등

소제동 철도관사촌을 둘러싼 성장 연합과 반성장연합의 관계와 권력의 차이를 도식화하면 다음과 같다. 원의 크기는 권력의 크기를 표상하며, 원이 크면 클수록 행정적 권한이나 정치적 영향력이 큰 것을 의미하며, 결과적으로 철도 관사촌과 관련된 의제에 관한 결정 권한이 크다는 것을 상징한다. 먼저 성장 연합에는 철도관사촌의 낙후된 흔적을 지우고 새로운 아파트와 산업 편의 시설을 들여오려는 대전시와 재개발조합이 있다. 이에 대항하는 반성장 연합은 기본적으로 철도관사촌을 근대역사문화 공간으로 바라보고 그 가치를 높이 평가함으로써 성장연합의 성장전략에 제동을 걸지만, 공간의 사용 전략에 있어서 추구하는 방향이 여러 갈래로 나뉜다. 철도관사촌 운동본부와 근대건축물을 사랑하는 101인 모임은 기존의 철도관사촌이 가지는 역사적 가치를 보존하는 데 주력하는 한편, CNCITY와 한밭대학교는 철도관사촌에서 문화적 가치를 발굴하여, 이를 현대적으로 재창조하려는 데 중점을 둔다. 이처럼 성장연합과 반성장연합이 철도관사촌을 두고 본인의 입장을 관철하기 위해 상호 경쟁하는 과정에서 철도관사촌에 살던 원거주민 일부와 임차인들이 자본의 논리에 쫓겨 삶의 터전을 떠나야 하는 상황이 발생하기도 하였다. 그렇다면 각각의 행위 집단에 대한 자세한 설명을 이어서 나가 보도록 하겠다.

### 1. 성장 연합

#### 1) 철도관사촌의 흔적을 지우는 자 : '대전시' 그리고 '재개발조합'

대전시는 쇠락한 대전역세권을 살리고자 소제동 일대 재개발에 박차를 가하고 있다. 2008년부터 추진되었던 역세권개발의 움직임이 그동안 부진하다가 무려 12년 만에 본궤도에 진입한 것이다.[24] 사실 대전시는 도시균형발전과 원도심 활성화를 위해 코레일과 함께 2008년, 2015년, 2018년 3차례에 걸쳐 민간사업자를 공모하였으나 글로벌 금융위기, 부동산 경기 침체, 지역 주민과 협상 결렬 등 대내외적인 이유로 난항을 겪었다.[25] 하지만 민선 7기에 들어서면서 도로, 공원을 비롯한 기반시설을 확충하기 위해 2,382억 원을 투자하겠다는 계획을 수립하였으며, 사업성을 개선하고 동시에 공익성을 보장하기 위해 건설, 쇼핑, 유통 등의 민간투자를 활성화하고, 지역 상인과 상생협약을 맺으며 돌파구를 마련해왔다.[26] 소제동 일대의 원도심은 역세권 개발로 대대적인 변혁이 이루어지리라 예상되며, 그동안의 낙후된 지역이라는 이미지를 벗어버리는 계기가 될 것이다. 대전시는 2025년까지 컨벤션, 문화공간, 랜드마크 주거 타워를 탄생시키리라는 포부를 가지고 있으며, 해당 재개발 사업으로 1조 8,000억 원의 생산을 유발하고, 1만 1,200명의 일자리 문을 열어 지

---

24    대전광역시 시정뉴스. 2020년 10월 16일. "대전역세권 개발 12년 만에 사업자 선정"

25    이상문. 2020년 10월 19일.

26    대전광역시 시정뉴스. 2020년 10월 16일.

역경제에 호재를 불러올 것으로 예측하고 있다.[27]

　　하지만 역세권개발이 본격화됨에 따라 대전시의 기업주의적 헤게모니[28]가 강화되었고, 이로 인해 '철도관사촌'이 존폐의 기로에 섰다. 대전역세권 재정비촉진 지구 중 삼성 4구역에 철도관사촌 일부가 포함되었기 때문이다.[29] 아래의 지도(**그림2**와 **그림3**)에서 볼 수 있듯이 삼성 4구역과 소제동 관사의 위치는 정확히 겹친다. 이로 인해 재개발의 움직임은 낙후된 동네 판자촌을 밀고 대규모 아파트 단지가 들어올 수 있도록 관사를 철거해야 한다는 여론이 낙후 이데올로기와 성장 이데올로기를 바탕으로 강하게 형성되고 있다.

**그림2**　대전역세권 재정비촉진지구 삼성 4구역
출처: 대전 시정뉴스. 2020년 7월 6일.
"12년 만에 주인 찾은 대전역세권 개발사업".

**그림3**　삼성4구역 관사
출처: 카카오맵

---

**27**　대전광역시 시정뉴스. 2020년 10월 16일.

**28**　기업주의적 헤게모니란 쉽게 말해 수익성을 쫓는 기업가적인 면모를 통해 주도권을 장악하는 것을 의미한다. 이때 도시가 기업주의적이라는 이야기는 도시의 다양한 운영 주체(특히 지방 정부)가 도시의 경제적 부를 추적하기 위해 혁신적인 활동을 지원하는 제도적 구조와 전략을 추진한다는 것을 의미한다. 즉, 다른 도시와의 경쟁에서 우위를 점하기 위해 경제 성장을 촉진하는 것을 목표로 한다.

**29**　길애경. 2020년 10월 13일. "문화예술인 101명 "관사촌 대전 역사의 가치, 보존 *必*"". 『헬로디디』.

　　물론 대전시도 100년간의 역사가 담긴 건물을 단번에 소멸해버릴 생각은 아니기에 2018년부터 '도시기억 프로젝트'를 진행하고 있다. 도시기억 프로젝트란 재개발로 사라지는 마을을 면 단위로 조사하고, 개별건축물을 기록화하는 작업이다.[30] 그들의 목표는 "손이 닿는 과거부터 지금까지의 건축, 경관, 사람들, 유무형의 기록을 수집하고 조사해 기록으로 남기는" 것이다.[31] 이에 따라 프로젝트팀은 소제동에 남아있는 가옥의 실측도면과 모형을 제작하는 것에서 시작하여 소제동을 주제로 하는 글이나 음악을 제작하고, 사진 촬영에 다큐멘터리까지 제작하고 있다.[32] 심지어 3차원 스캐닝 장비를 장착한 드론을 도입해 항공 스캐닝을 하였으며, 철도관사촌을 포함한 주변 재개발 구역의 세부적인 모습까지 구석구석 스캐닝할 정도로 프로젝트가 여러 방면에서 포괄적으로 이루어지고 있다.[33]

　　이미 기록화 작업이 상당히 진행되었다는 점을 미루어 볼 때, 대전시는 소제동 일대를 재개발하려는 입장을 유보하지 않으리라 짐작할 수 있다. 더불어 최근 대전시에 불어닥친 여러 변화의 바람은 더더욱 대전시가 입장을 변경하지 않으리라는 사실을 자명하게 보여준다. 그 변화의 바람이란 첫째, 역세권개발구역이 혁신 도시로 지정되었다는 것이다. 대전은 2005년 혁신도시에서 제외되었지만, 2020년 3월 국가균형발전 특별법의 개정으로 지역의 광역시가 혁신도시를 지정할 수 있게 됨에 따라 대전 혁신 도시 지정안을 제출하였으며, 국가균형발전위원회의 심

---

30　김대중. 2020년 09월 12일. "'소제동 철도관사촌'으로 오세요".『중도일보』.

31　김대중. 2020년 09월 12일.

32　김대중. 2020년 09월 12일.

33　정태경. 2020년 10월 13일. "대전시, 소제동 철도관사촌 일원 3차원 스캐닝 작업 완료".『신아일보』.

의와 국토부 장관의 승인으로 대전역세권지구와 연축지구를 혁신도시로 지정하는 데 성공하였다.[34] 특히 원도심을 혁신도시로 지정하는 것은 전국 최초의 이례적인 행보라는 점에서 주목받고 있으며, 대전시는 이를 적절히 활용해 '지역 성장'의 이미지를 고취하려는 의도를 보인다. 하지만 동시에 해당 혁신도시 내부에는 기존의 철도관사촌이 위치해 있기 때문에, 철도관사촌이 직접적인 철거의 위기에 직면하게 되었다.

둘째, 대전역세권개발은 이미 시작되었다. 삼성 4구역과 맞닿아 있는 복합 2구역은 이미 ㈜한화건설 컨소시엄을 개발사업자로 선정하였으며, 초고층 랜드마크 주거타워, 국제회의를 위한 프리미엄 비즈니스 호텔, 문화거점 조성을 위한 뮤지엄, 컨벤션센터 등 복합문화시설을 조성한다는 사업 계획을 발표해 역세권이 기업주의적인 경관으로 변모하리라는 것을 엿볼 수 있다.[35] 더불어 대전역 동쪽 지역 신안동길과 삼가로는 도로확장 공사를 끝마쳐 역세권 교통 인프라 구축의 시발점을 알렸으며, 이는 복합 2구역과 삼성 4구역을 비롯한 인근 지역의 재개발사업이 가속화될 것임을 시사한다.[36] 결과적으로 대전시가 진행하는 사업의 추세대로라면 철도관사촌은 예정된 계획에 따라 그대로 철거될 위기에 처해있다.

하지만 개발의 입장을 고수하는 대전시는 철도관사촌 존치 논란을 둘러싼 논쟁에서 비판을 면치 못하였다. 2020년 9월 24일에 열린 '대전역세권 재정비촉진지구 개발계획(변경)' 공청회에서 패널로 참여했던 시

---

**34**　대전MBC. 2020년 3월 9일. "'혁신도시' 지정 무엇이 달라지나?".

**35**　대전광역시 시정뉴스. 2020년 10월 16일.

**36**　문승현. 2020년 10월 11일. "대전역세권 신안동길 및 삼가로 확장구간 개통".『대전일보』.

민들은 시가 공청회에서 제기된 의견과 상관없이 아파트를 건설하기 위한 행정절차에만 몰두하고 있다고 비판하였으며, 대전역세권 개발계획에 소제동 철도관사촌의 보전방안을 반영할 것을 요구했지만 시가 묵묵부답으로 일관하였다며 목소리를 높였다.[37]

대전시는 비판의 여론을 잠재우기 위하여 철도관사촌의 일부 시설을 별도로 이전하여 활용하겠다는 일종의 중재안을 제시하였다. 구체적으로 허태정 대전시장은 2020년 6월 3일에 열린 시의회 시정질의 답변을 통해 "철도관사 중 원형 보전 상태가 좋은 건물은 이전방안을 추진 중"이라고 밝혔으며[38] "사업 주체가 재개발조합인 만큼 관사 존치 문제에 관여하기가 어렵지만, 보존 가치가 있는 철도 관사 7곳은 보존구역으로 이전할 계획"[39]이라며 합의의 제스처를 보내 민주적으로 문제를 해결하려는 모양새를 갖추었다.

한편, '재개발조합'은 역세권개발을 추진하기 위해 대전시의 행정력을 뒷받침하는 정치적 지지자로서 그 역할을 톡톡히 해내고 있다. 대전 동구 삼성4구역 재개발 조합원은 조합원 340명과 주민을 대상으로 철도관사 존치에 대한 의견서를 3주 동안 받았으며, 그 결과 80% 이상이 철도관사를 헐거나 다른 곳으로 이전해야 한다고 답했다고 전했다.[40]

더불어 대다수 조합원은 철도관사를 일제의 잔재로 규정하고 문화

---


**37**  김용언. 2020년 9월 23일. "도심 재개발 계획에 사라질 위기 100년 역사 철도관사촌". 『대전일보』.

**38**  김재중. 2020년 8월 11일. "존치논란 대전 철도관사촌, 문화재 될까". 『디트news24』.

**39**  KBS 뉴스. 2020년 9월 24일. "대전역 관사촌 일대 재개발 '재심의'"

**40**  박현석. 2020년 9월 10일. "대전 삼성4구역 재개발 조합 '철도관사 존치 반대'". 『충청투데이』.

재 지정 심의 절차를 거치고 있는 관사에 관한 조합의 입장을 문화재청에 전달하였다.[41] 또한, 재개발조합 측은 구역 내 일부 주민들도 식민지 근대문화유산인 철도관사를 없애고 재개발을 속히 추진하기를 바란다고 전했다.[42] 더불어 "일부 소수 이익을 위한 의견을 반영해 문화재 가치가 없는 철도관사 1~2개를 문화재 지정 존치하게 된다면 구역 일대가 판자촌 등으로 그대로 남아있어 대전역세권 개발에 흉물스러운 건물들만 남게 되어 대전시의 도시개발계획 등에 차질이 생기며 슬럼화에서 빠져나오지 못할 것"이라고 우려를 표했다.[43] 이들은 최근 대전역 부근의 지가 상승에 힘입어 하루빨리 개발을 추진하고자 하며, 이를 위해 대전시와 이해관계를 공유하는 성장 연합으로 강력하게 활약하고 있다.

## 2. 반성장 연합

### 1) 철도관사촌의 역사적 가치를 지키는 자: '철도관사촌 살리기 운동본부'와 '대전 근대건축물을 사랑하는 101인'

대전시와 재개발조합이 민간자본 유치를 통해 막강한 경제력을 등에 업고 역세권개발 사업에 정치적, 행정적 추진력을 촉발하려는 한편, 그들의 성장 이데올로기에 반기를 들며 소제동 철도관사촌에서 '낙후'의 이미지를 걷어내고, '역사'의 가치를 덧입히고자 하는 시도가 제기되었다.

성장 연합에 대항하는 행위 집단으로서 '철도관사촌 살리기 운동본부'는 철도관사촌이 가지는 가치를 조명하여 관사촌이 가지는 역사적 중요성을 널리 알림과 동시에 관사촌을 보존하기 위해 조직되었다. 운동본

---


41  박현석. 2020년 9월 10일.

42  박현석. 2020년 9월 10일.

43  박현석. 2020년 9월 10일.

부가 조직 목표를 실현하기 위해 추진하는 대표적인 사업은 바로 '철도 관사촌 문화재등록'이다. 이들은 철도관사촌의 보존 가치를 확인하고 이를 시민들과 공유하기 위해 관사 소유주들이 문화재청에 문화재로 등록할 수 있도록 도왔으며, 그 결과 풍뉴가, 관사 16호, 마당집, 두충나무집까지 총 4채의 관사가 문화재등록 후보지가 되었다.[44] 해당 관사들에 대해서는 이후 대전시와 문화재청이 문화재 지정 적합성 여부를 조사하는 행정절차가 기다리고 있다고 전해졌다. 문화재청은 "대전 소제동 관사촌은 일제강점기인 1930년대 조성되어 현재 30여 채의 일정강점기 철도관사가 남아있어 일제강점기 철도 관사연구는 물론 해방 이후의 한국인의 주거연구에도 중요한 자료"라고 긍정적인 답변을 보낸 상태이다.

　　한편, 대전시의 입장에서 관사의 문화재등록은 그리 달가운 소식이 아니다. 대전역세권 재정비촉진계획은 관사촌의 가치가 재조명되기 전에 수립되었기 때문에 현재까지 관사촌을 법적으로 보전할 의무가 없으나, 문화재 지정으로 보전 의무가 생기면 재개발에 제동이 걸리기 때문이다.[45] 재개발에 차질이 빚어질 것을 염려한 대전시는 '이전 후 존치' 중재안을 제안했지만, 시 차원의 보존 논리에 '지속가능성'이라는 중요한 가치가 배제되었다는 점에서 운동본부는 강도 높게 비판하였다.

　　철도관사촌 살리기 운동본부는 본부의 존재성 자체로 인해 대전시와 대립각을 세울 뿐만 아니라, 보존하려는 건축물의 의미와 사업의 진정성에 대해서도 많은 비판이 제기되었다. 먼저 운동본부가 보전하고자 하는 근대건축물을 일제 식민지배의 잔재로 호명하고 이를 제거해야 하

---

[44]　한지혜. 2020년 9월 23일. "대전 소제동 관사촌을 둘러싼 '오해와 진실'".『디트news24』.

[45]　김재중. 2020년 8월 11일. "존치논란 대전 철도관사촌, 문화재 될까".『디트news24』.

는 대상으로 보는 시각과 마찰을 빚었다. 철도관사촌을 근대 식민의 산물로 보는 해석은 철도 관련 일본인 종사자들이 보금자리를 마련하며 형성된 공간이라는 데에서 기인한다. 하지만 관사촌의 형성 과정을 돌이켜보면, 단순히 제국주의 시대의 부산물이라고 치부될 수 없음을 알 수 있다. 물론 일본인들이 처음 공간의 기틀을 닦은 것은 맞지만, 현재의 소제동은 일본인이 떠난 후 관사 사이에 집을 짓고 살았던 대전의 선조들의 손길이 더욱 짙게 묻어있기 때문이다. 더욱이 소제동이 대전의 철도 역사와 함께 성장한 곳이라는 점에서 관사촌은 일제강점기의 역사라기보다는 대전의 역사로 간주해야 타당할 것이다. 실제로 관사의 건축법에는 한국인의 손길이 많이 묻어있다. 가령, 지붕 서까래에 한옥 건축법이 남아있고, 시간이 지나며 2층으로 증축하여 한국식 건축법이 덧입혀져 있기 때문이다.[46] 쉽게 말해, 철도관사촌은 한옥식 적산가옥이며 근대의 역사를 여실히 드러내는 하나의 공간에 압축적으로 담아낸 곳이라 할 수 있다.

앞서 살펴보았던 건축물의 의미뿐만 아니라, 사업 자체에 진정성이 있는가에 관해 의문을 제기하는 이들도 있다. 현재 문화재등록 절차를 거치고 있는 철도관사 4채는 행정절차를 거친 후 '등록문화재'로 지정되는데, '등록문화재'의 경우 문화재로 등록한 이후 소유자가 훼손 가능하다는 점에서 투기에 악용될 수 있기 때문이다.[47] 운동본부는 사업 진정성에 의혹이 제기되자 철도관사촌살리기 운동본부장 L씨는 관사 보존에 대한 확고한 의지를 보여주기 위해 4채 중 1채를 '지정문화재'로 신청하

---

**46**    한지혜. 2020년 9월 23일.

**47**    이해미. 2020년 10월 19일. "철도관사촌 투기 의혹 논란… 4곳 중 1곳만 지정문화재 신청". 『중도일보』.

겠다고 밝혔다.[48] 그러나 남은 3채는 여전히 언제든지 철거 가능한 '등록 문화재'로 신청하였다는 점에서 관사를 문화재적 가치를 상승시킨 후 사적 이익을 위해 되팔 수 있다는 위험이 있다.[49]

이처럼 철도관사촌 살리기 운동본부는 사업을 진행하는 데 있어서 많은 도전을 받고 있다. 그 도전은 운동본부의 존재론적 목적, 관사의 의미, 사업의 진정성에 관해 제기된 것으로 운동본부의 사업 추진력을 잃게 만드는 원인이다. 관사촌 살리기 운동본부에 대항하는 실질적인 행위 주체와 그들의 발언을 규합해보면 기저에 운동본부의 힘을 약화하는 기제가 작동하고 있음을 알 수 있다.

하지만 철도관사촌 보전을 위해 철도관사촌 살리기 운동본부만 외로운 싸움을 하는 것은 아니다. 대전의 문화예술인들이 모여 구성된 '근대건축물을 사랑하는 101인' 모임 역시 철도관사촌을 보존해야 한다고 입장을 피력하고 있다. 그들은 철도관사촌이 대전 100년의 역사를 그대로 간직하고 있다는 점에서 그 가치를 인정하고 보존해야 한다고 입장문을 발표했으며, "20년 전에 확정된 재개발계획을 명분으로 철도 교통도시 대전 역사의 시작인 관사촌 건물을 철거하는 것은 역사 왜곡"이라고 지적하였다.[50] 더불어 박헌오 한국시조문학회 이사장은 "그동안 근대건축물은 은행, 관공서 등 단일 건축만 지정해 보존했는데 관사촌은 일반인이 거주한 근대 건축물이면서 집단화 돼 있는 마을로 그 가치가 높다"라며 "아파트가 명소가 되는 사례는 없다. 하지만 관사촌은 그 가치만으로 명소 가능성이 높다"라고 밝혔다.[51]

---

48    이해미. 2020년 10월 19일.

49    이해미. 2020년 10월 19일.

50    길애경. 2020년 10월 13일.

51    길애경. 2020년 10월 13일.

근대건축물을 사랑하는 101인의 모임 외에도 '관사촌을 사랑하는 사람들의 모임'이나 '소제동 청년모임'과 같이 생명력 있는 근대건축물의 존치를 위해 크고 작게 보존의 목소리를 내는 집단 세력들이 있다.[52] 하지만 이들이 성장연합체로 공고히 자리매김한 대전시와 재개발조합에 대항하는 데에는 한계가 있다. 실질적인 행정 집행 권한이 부족하고, 정치적 의사결정체도 아니며, 경제적 이해관계를 관철시킬 수 있는 힘도 부재하기 때문이다. 그럼에도 불구하고 소제동의 지역 발전을 '개발'이라는 성장 이데올로기와 동일시하려는 시도에 가해지는 적절한 반격이며, 이 반격은 거버넌스 의사결정에 분열을 가하는 부정적인 목소리가 아니라 더 나은 도시개발을 지향하는 협의의 발판이 될 것이다.

### 2)  철도관사촌의 문화적 가치를 재창조하는 자: 'CNCITY'와 '한밭대학교'

철도관사촌을 둘러싼 논란은 단순히 보존과 개발이라는 이분법적인 시각의 역학 관계라고 볼 수 없다. 물론 '개발론자'는 도시의 사업성과 이익을 최우선 가치로 둔다는 점에서 기업주의적 태도로 일관하지만, '보존론자'들은 제각기 철도관사촌에 서로 다른 가치를 투영하여 색다른 이미지를 생성하고 경쟁하기 때문에 상이한 인식 체계를 보인다.

이전에 보았던 '철도관사촌의 역사적 가치를 지키는 자'들은 근대문화역사 공간으로서 소제동을 바라본다는 점에서 집단적 이해관계를 공유하지만, 서로가 추구하는 가치의 지향점이 상이하다. 지금부터 살펴볼 반성장 연합은 소제동의 예술적 가치에 방점을 찍어 소제동을 복합문화 공간으로 발전할 수 있는 잠재력에 주목하고 옛 철도관사촌을 '소제동 아트벨리'라는 복합문화타운으로 재탄생시키려는 데 목표가 있다.

---

[52]  김용언. 2020년 9월 23일.

　　소제동을 창조의 공간으로 조성하고자 하는 대표적인 기업은 'CNCITY마음에너지재단'(이하 마음재단)으로 옛 충남도시가스인 'CNCI-TY에너지'의 산하 재단이다. CNCITY에너지는 사기업이지만 도시가스라는 품목의 공공성이나 도시가스의 공급방식에 비추어보았을 때 공공의 민간기업이자 향토기업이라고 할 수 있다.[53] 해당 재단은 미래를 만들어갈 청년의 성공을 지원하고 문화예술을 통해 지역사회의 지속가능한 발전에 기여하는 것을 목표로 한다.[54]

　　마음재단은 재단 설립 목적을 그저 명목상 제시하지 않았으며, 실제적인 행동으로 도시재생에 기여하는 바를 보여주었다. 그 대표적인 예가 바로 '소제동 아트벨리' 조성 사업이었다. 마음재단의 황인규 회장은 대전의 정체성을 보여주는 장소가 소제동 관사촌이라고 생각하였기에 철도관사를 복원하여 문화공간으로 조성하였다.[55] 그들은 관사 건물의 특징을 살려 각각에 이름을 붙이고(가령, 마당집, 핑크집, 두충나무집처럼) 특징에 맞는 전시관을 열었다.[56] 소제동 아트벨리는 첫 번째 프로젝트로 '오늘 오는 꿈(Dream of The Day)'이라는 주제로 복합문화예술행사를 개최하였다. 이 행사는 전시와 더불어 설치, 공연, 교육, 관객참여 프로그램까지 조화를 이루어 시각예술과 공연예술 등이 아울러졌으며, "과거에

---

**53** 길애경. 2020년 9월 28일. "향토기업 CEO 질문 "미래세대에 아파트만 남길건가?"". 『헬로디디』.

**54** CNCITY마음에너지재단. "PROJECT : 소제동 아트벨트". https://cncitymaum.org/.

**55** 김효원. 2020년 7월 13일. ""대전 소제동을 아시나요?" 낡은 골목에 예술이 활짝". 『스포츠서울』.

**56** 한권수. 2020년 6월 11일. "CNCITY 마음에너지재단 '소제동 아트벨트' 개관". 『충청타임즈』.

대한 기억과 미래에 대한 상상을 바탕으로 현재의 의미를 찾는 예술가들의 통찰력 있는 질문"을 테마로 담아내었다.[57] 그 테마란 '지금 이 순간만이 진정한 내 것', '먹고 자고 사랑하고', '자유롭게 훨훨', '자연을 바주하고 시간을 가꾸다'로 총 4개로 구성되었다.[58] 이처럼 관사촌을 문화공간으로 활용함으로써 소제동의 골목길 특색이 살아나고 사람들이 찾고 즐기는 명소가 되었다.

물론 소제동 아트벨리 프로젝트가 철도관사촌 일대를 대규모 아파트 단지로 밀어붙이려는 힘 앞에서 얼마나 지속성을 가질지는 장담할 수 없다. 그러나 적어도 소제동의 문화적 가치를 발굴하고 시민이 참여하는 예술공간으로 철도관사촌을 재창조하려 했다는 노력은 분명 가치 있는 행보이다.

한편, 소제동의 문화적 가치를 발굴하려는 시도로써 CNCITY 재단의 사업을 긍정적으로 검토한 '한밭대학교 LINC+사업단'이 그 뜻에 동참하기 시작하였다. 사업단은 지역사회의 발전에 기여하기 위하여 대학의 지역공헌사업으로써 소제동 도시재생에 나선 것이다. 구체적으로 그들은 소제동 아트벨트를 직접 현장 답사하면서 추가적인 교직원들의 아이디어를 모아 추가적인 지역사회공헌 프로그램을 추진하기로 하였으며, 사업단을 구성하는 한밭대학교 시각디자인학과와 디자인학과는 공공디자인 프로젝트를 추진한 후 결과물을 소제동 아트벨리에서 전시하기로 계획하였다.[59] 실제로 산업디자인과 학생들은 '오늘 오는 꿈'이라

---

**57** 한권수. 2020년 6월 11일.

**58** 한권수. 2020년 6월 11일.

**59** 윤지수. 2020년 8월 31일. "한밭대 LINC+사업단, 소제동 도시재생 지역사회공헌 프로그램 시동".『충청투데이』.

는 주제 속에서 진행되었던 작가 K씨의 'Narrative Walks'라는 관객참
여 교육 프로그램에 참여하기도 했으며, '우리는 어떤 공간에 놓였을 때
어떤 장치를 사용하여 기록할 수 있을 것인가'라는 질문에 답하기 위하
여 소제동 일대를 돌아다니며 수집한 것을 슬라이드 필름으로 만들어
생각을 공유하는 시간을 가지기도 했다.[60] 이처럼 소제동의 숨겨진 가치
를 발견해 철도관사촌을 공공예술공간으로 바꾸고 지역사회에 긍정적
인 관점을 도입하려는 시도는 실로 인상적이다.

### 3)  반성장 연합과 성장 연합의 타협 가능성

처음에는 반성장 연합이 성장 연합의 무서운 질주에 브레이크를 걸
수 있는지 가늠할 수 없었지만, 그들의 목소리는 도시재정비위원회에 닿
아 철도 관사촌 일부를 보호하는 성과를 이룩하였다. 도시재정비위원회
의 결정에 따르면, 기존의 삼성 4구역 재개발 사업을 위한 촉진 계획 변
경안이 '재개발 구역 내 소제동 철도관사촌 일부를 보존해 역사문화공간
으로 조성해야 한다'라는 조건을 걸고 통과되었다.[61] 이로 인해 관사촌
을 통하는 4차선 도로확장 계획이 보류되었으며, 카페촌 근처의 관사 4
채를 보존하기로 하였다. 더불어 이 외에도 이전할 가치가 있는 관사가
있는지 추후에 가려내기로 결정되었다.

물론 여전히 반성장연합이 성장 연합과의 경합에서 완전한 우위를
차지함으로써 철도관사촌 보존을 관철할 수는 없을 것이다. 여전히 모든
세력을 규합하고 호령하는 가장 지배적인 목소리로 그 위세를 떨치는

---

**60**  김정미. 2020년 10월 7일. "한밭대 학생들, 소제동 공공디자인 프로젝트 시동".『중
부매일』.

**61**  김준호. 2020년 10월 30일. "철거 위기 '대전 소제동 철도관사촌' 일부 보존 가
닥".『연합뉴스』.

행위 주체는 정치적, 경제적, 행정적 실권을 장악하는 성장 연합이기 때문이다. 그럼에도 불구하고 소제동에 일격된 성장 이데올로기를 벗겨내고 새로운 가치를 창출하려는 시도는 계속되어야 할 것이며 반성장 연합은 그 과정에서 충분히 괄목할 만한 성과를 보여주었다.

### 3. 성장 연합과 반성장 연합의 공간 만들기 결과, 철도관사촌을 떠나는 소제지구 임차인과 원거주민

철도 관사촌을 둘러싼 논의 가운데 재개발을 주장하는 목소리가 매우 강하게 터져나오고 있다. 실제로 관사촌 인근 주민 중에 재개발을 지지하는 목소리가 압도적이라는 사실은 토지소유권자 340명 중 75%가 일반적인 재개발에 찬성하고 있다는 사실로부터 입증되고 있다.[62] 이처럼 재개발에 무게가 쏠리는 까닭은 그동안 대전시의 역세권 재정비촉진 계획이 장기화되면서 해당 지역이 심각하게 노후화되었기 때문에 재개발이 이른 시일 안에 이루어져야 한다는 요구가 커졌기 때문이다. 이에 따라 많은 지역 주민들은 역세권 정비 사업이 본궤도에 오른 현재의 속도대로 재개발이 이루어지기를 바라고 있다.[63]

하지만 동시에 철도관사촌의 존치 여부를 둘러싸고 벌어지는 팽팽한 의견 대립에 가려져 실질적으로 도움이 필요한 원주민들이 복지의 사각지대로 내몰리고 있다. 원거주자들에게 역세권개발은 단순히 철도관사촌을 보존함으로써 보류되는 것, 또는 철도관사촌을 철거함으로써 성사될 수 있는 것이 아니다. 그들에게 중요한 것은 역세권이 개발된 이후 자신들이 직면하게 삶이며, 실제적인 생존의 문제이다. 아래의 발화

---

62　이성진. 2019년 9월 23일. "'제2의 익선동' 대전 소제동 개발 논란". 『주간조선』.

63　이성진. 2019년 9월 23일.

는 역세권개발에 관련된 사안을 다루는 공청회에서 이루어진 것이다.

> "보존이나 개발 논리를 떠나 주거권도 중요한 문제다. 행정청에서 마
> 을 상·하수도 정비나 도로 환경 문제를 지금껏 방치해왔다. 아파트가
> 계획대로 지어지더라도, 남은 지역은 원룸촌이 될 것이 불 보듯 뻔하
> 고, 마을조합 등을 통해 소제동에서 창출되는 경제적 이익을 분배하
> 는 문제도 남아있다.
> 재개발을 백지화해달라는 요구가 아니다. 용적률을 높이든지 계획을
> 다시 검토해서 최대한 살릴 수 있는 범위를 넓혀보자는 제안이다. 10
> 년 묵은 재개발계획을 그대로 수용하기엔 그간 소제동이 많이 변했
> 다. 새로운 협의체를 구성해 문제를 제대로 논의해달라." [64]

주민공청회

원거주민들이 진정으로 원하는 것은 상하수도 정비, 도로 교통 개
선 등 생활과 직결된 삶의 문제를 해결하는 것이다. 더불어 그들은 재개
발이 된 이후에 소제지구가 직면할 공간적 변화를 예측하고, 이에 대응
할 수 있는 여건을 확보하고자 한다. 결국, 단순히 대규모 택지 개발로
물리적으로 공간을 바꾼다는 것만으로 도시 성장이 이루어지는 것이 아
니며 주민들의 삶의 질을 높일 수 있는 실질적인 방안이 강구된다.

한편, 개발 논리를 내세우는 대전시와 재개발조합 측에서는 주민들
의 주거권, 재산권 행사를 중요한 문제로 인식하고 개발을 통해 이루어
지는 경제적 이득 속에 이들을 편입시키고 회유하고자 하였다. 예컨대,
대전역 북쪽에 주거복지와 도시재생을 결합한 쪽방촌 공공주택을 건립

---

[64]  한지혜. 2020년 9월 23일.

하여 원거주민이 이주할 수 있도록 대책을 마련하였다.[65]

　　원거주민의 삶을 옥죄는 위협은 공적으로 행해지는 재개발 사업뿐만 아니라 사적으로 이루어지는 자본의 투자로도 이루어진다. '익선다다'에서 시작한 도시재생은 민간자본으로 행해지는 사업으로 재생에 있어서 지역 주민의 역할을 제거하는 경향이 있다.[66] 예컨대, 민간자본이 도시를 재생하기 위해서는 자본이 요구하는 건물이나 공가를 선택하여 웃돈을 주고 매입하면 준비가 끝난다.[67] 쉽게 말해, 주민협의를 비롯해 주민들의 참여를 독려하는 과정이 일체 사라진다는 것이다. 게다가 그동안 부동산 거래가 많지 않아 거주지를 떠나지 못했던 원주민은 시세보다 높은 가격을 부르면 선뜻 거래에 응하게 된다.[68] 실제로 정태일 대전도시재생지원센터장은 "외부업체에서 소제동 일대 부동산을 집단 매집하면서 부동산 가격이 평당 300만원 대에서 1,000만원 대까지 올랐다"며 "부동산에 관심이 없던 지역 주민들까지 이 기회에 한몫 잡아 빨리 떠나는 상황"이라고 밝혔다.[69] 게다가 부동산과 임대료는 계속 상승하고 이미 오른 시세는 잘 하락하지 않기 때문에[70] 소제지구의 임차인들은 심각한 주거 불안정성에 직면하게 되었다. 결국, 주거의 안정성을 잃어버린 소제동 주민들에게 재개발이란 외지인의 자본이 침투해 마을을 텅 빈 공간으로 만드는 것이며, 또한 그 빈집에 들어와 땅값을 올리는 일이

---

[65]　대전광역시청. Story대전. 2020년 10월 16일. "대전역세권 개발사업 신호탄 올랐다!".

[66]　반기웅. 2019년 11월 16일.

[67]　반기웅. 2019년 11월 16일.

[68]　반기웅. 2019년 11월 16일.

[69]　반기웅. 2019년 11월 16일.

[70]　반기웅. 2019년 11월 16일.

다.[71] 결국, 핫플레이스로 뜨고 있는 소제동에서 장사하는 사람들은 돈을 반짝 벌고 챙겨서 나갈 사람들이었던 것이다.

이처럼 소제동 거주민 사이에서도 철도관사촌을 둘러싼 입장이 양분되고 있으며 재개발에 더욱 무게가 실리고 있음을 파악할 수 있다. 구체적으로 집의 소유 여부와 각자의 경제적 상황에 따라 성장 연합과 반성장 연합 중 어떠한 노선을 택하는지 구분되겠지만, 현 상태에서는 대부분의 지역 주민이 성장 연합과 결을 같이 하고 있으며, 성장 연합과 반성장 연합의 갈등 속에서 자본의 논리에 순응하여 거주지를 떠나는 이들도 존재한다는 사실을 확인할 수 있다.


## V 나오며


본 연구는 대전 소제동 철도관사촌을 둘러싸고 성장 연합과 반성장 연합의 양상을 고찰했으며, 두 집단 사이에서 형성되는 균열과 협력의 양상을 다면적으로 서술하였다. 특히 대전시와 재개발 조합으로 구성된 성장 연합은 강력한 행정적·정치적 영향력을 바탕으로 담론에서 우위를 점하였으며, 본인의 이해를 관철하기 위하여 낙후된 철도 관사촌을 걷어냄으로써 공간의 교환가치를 높이고자 성장 이데올로기를 이념적 기반으로 적절히 활용하였다. 더불어 개발과 성장을 합치하는 관점은 혁신도시 지정이라는 중앙 정부의 결정으로 인해 더욱 강력한 추진력을 확보할 수 있었다. 게다가 성장연합은 공청회를 통해 주민들의 의견에 경청하는 포지션을 취하여 민주적 정당성을 획득하였을 뿐만 아니라, 재

---

71  반기웅. 2019년 11월 16일.

개발에 반대하는 지역 주민을 위해 쪽방촌 공공주택 건립과 같은 대안을 제시함으로써 재개발 사업을 통한 이득으로 반대의 목소리를 회유하고 포섭하려는 전략을 구사하였다. 한편, 반성장 연합은 성장 담론에 대항하는 원심력으로 철도관사촌을 근대문화유산으로 간주하고 보존해야 한다는 목표를 공유하였다. 그들은 성장 연합이 성장 담론을 수정하도록 사회적 압력을 가한다는 점에서 마치 하나의 집단인 것처럼 동질적으로 그려지지만, 실상 내부를 들여다보면 그들이 서로 다른 가치를 최우선으로 하고 있으며 추구하는 공간의 이용방식도 또한 다름을 알 수 있었다. 가령, '철도관사촌살리기 운동본부'와 '근대건축물을 사랑하는 101인 모임' 등은 철도관사촌의 '역사적 가치'에 주목하여 이를 유지하고 보존해야 한다고 주장한다. 반면, 'CNCITY마음에너지문화재단'과 '한밭대학교 LINC+사업단'은 철도관사촌을 철도관사촌의 '예술적 가치'를 살리기 위해 해당 공간을 복합문화예술공간으로 변모시키고자 하였다.

강력한 보존과 개발의 목소리가 난립하는 가운데 반성장연합과 성장연합이 타협할 수 있는 여지도 확인하였다는 점에서 사회적 함의를 발견할 수 있다. 성장연합의 도도한 행진은 반성장연합의 꾸준한 노력으로 타선을 변경하였으며 그 결과 일부 철도관사촌을 근대역사문화공간으로 남겨두겠다는 중재안이 마련되었다. 이는 관사촌으로서 가치가 있는 가택도 보존될 수 있는 가능성이 확보되었다는 점에서 큰 의미를 가지며, 하나의 결론으로 규합할 수 없을 것만 같았던 성장 연합과 반성장 연합의 갈등이 서서히 봉인될 것으로 예측할 수 있게 되었다.

한편, 장기간 무력화되었던 역세권 개발이 활기를 얻으며 재개발을 요구하는 지역 주민의 목소리가 다수를 차지하고 있지만, 재개발의 혜택을 온전히 누릴 수 없는 원거주민도 존재하였다. 그들은 경제적인 이해관계를 관철시킬 수 있는 힘과 재개발 사업을 번복할 수 있는 권한도 없기에 반자발적으로 난처한 위치에 놓이게 되었지만, 대전시가 내놓은 쪽방촌 구상 계획을 통해 성장의 경제적 이득에 편승할 수 있는 가능성을 확인하였다.

지금까지 본 연구는 철도관사촌을 둘러싼 다양한 이해관계가 만들어내는 파열음을 진단하고, 협의 과정에서 무엇을 최우선 가치로 두는지 그 정치적 논리 과정을 추적하였다. 성장 연합과 반성장 연합을 주축으로 형성되는 사회 집단 간의 균열과 조화를 그려내는 분석적 과정은 철도관사촌이 직면한 존치의 문제에서 개발과 보존이라는 양자택일적 시각을 걷어내고 철도관사촌이 함의하는 바를 복잡하고 다층화된 상호작용 속에서 이해하였으며, 주도적인 지배 경관을 형성하는 원인과 기제를 탁월하게 설명했다는 점에서 의의가 있다. 더불어 지역 공동체가 민주적으로 운영되기 위해 의사결정 과정에서 나타나는 대립의 불가피성을 인정하고 타협의 가능성을 포착하였다는 점에서 시사하는 바가 크다. 하지만, 이 연구도 분명 한계가 존재했다. 첫째, 철도관사촌을 둘러싼 논의를 서술하는 과정에서 대표성을 가지는 행위 집단을 선택하였기 때문에 논의에 공백이 존재할 가능성이 있다. 둘째, 철도관사촌 존폐를 둘러싼 논란은 현재 진행 중인 사업에 관한 사안이기 때문에 그 미래를 예측하는 데 다소 어려움이 있다. 따라서 해당 사안에 다양한 목소리가 포함될 수 있도록 보다 다양한 행위 집단을 망라하고, 앞으로 진행되는 일의 양태에도 지속적으로 주목하는 후속 연구가 이루어질 필요가 있다.


## VI  참고문헌

CNCITY마음에너지재단. "PROJECT : 소제동 아트벨트". https://cncitymaum.

org/. (검색일 : 2020.10.25.)

KBS 뉴스. 2020년 9월 24일. "대전역 관사촌 일대 재개발 '재심의'" https://
www.youtube.com/watch?v=2SaHYVUFd6A (검색일 : 2020.10.
24.)

Logan & Molotch. 1987. Urban Fortunes. Univ. of California Press.

R.K.Vogel & B.E.Swanson. 1989. "The Growth Machine versus The An-
ti-Growth Coalition – The Battle of Our Communities", Urban
Affairs Quarterly 25(1)

길애경. 2020년 10월 13일. "문화예술인 101명 "관사촌 대전 역사의 가치, 보존
必"". 『헬로디디』. (검색일 : 2020.10.24.)

길애경. 2020년 9월 28일. "향토기업 CEO 질문 "미래세대에 아파트만 남길건
가?"". 『헬로디디』. (검색일 : 2020.10.23.)

김대중. 2020년 09월 12일. "'소제동 철도관사촌'으로 오세요". 『중도일보』. (검
색일 : 2020.10.24.)

김용언. 2020년 9월 23일. "도심 재개발 계획에 사라질 위기 100년 역사 철도관
사촌". 『대전일보』. (검색일 : 2020.10.24.)

김재중. 2020년 8월 11일. "존치논란 대전 철도관사촌, 문화재 될까". 『디트
news24』. (검색일 : 2020.10.24.)

김정미. 2020년 10월 7일. "한밭대 학생들, 소제동 공공디자인 프로젝트 시
동". 『중부매일』. (검색일 : 2020.10.25.)

김준호. 2020년 10월 30일. "철거 위기 '대전 소제동 철도관사촌' 일부 보존 가
닥". 『연합뉴스』. (검색일 : 2020.12.15.)

김효원. 2020년 7월 13일. ""대전 소제동을 아시나요?" 낡은 골목에 예술이 활
짝". 『스포츠서울』. (검색일 : 2020.10.25.)

대전MBC. 2020년 3월 9일. "'혁신도시' 지정 무엇이 달라지나?". (검색일 :
2020.10.24.)

대전광역시 시정뉴스. 2020년 10월 16일. "대전역세권 개발 12년 만에 사업자
선정". (검색일 : 2020.10.24.)

대전광역시청. Story대전. 2020년 10월 16일. "대전역세권 개발사업 신호탄 올 랐다!". (검색일 : 2020.10.25.)

문승현. 2020년 10월 11일. "대전역세권 신안동길 및 삼가로 확장구간 개통". 『대전일보』. (검색일 : 2020.10.24.)

박현석. 2020년 9월 10일. "대전 삼성4구역 재개발 조합 '철도관사 존치 반대'". 『충청투데이』. (검색일 : 2020.10.24.)

반기웅. 2019년 11월 16일. "'뉴트로 감성' 도시재생 "돈으로 입힌 패션일 뿐"". 『경향비즈』. (검색일 : 2020.10.23.)

백일순. 2020. "성장 연합에서 지방정부의 역할 변화와 이데올로기의 조응".『문 화역사지리』 제32권 제2호.

윤지수. 2020년 8월 31일. "한밭대 LINC+사업단, 소제동 도시재생 지역사회공 헌 프로그램 시동".『충청투데이』. (검색일 : 2020.10.25.)

이상문. 2020년 10월 19일. "대전역세권 개발 12년만에 주인 찾았다".『중도일 보』. (검색일 : 2020.10.23.)

이성진. 2019년 9월 23일. "'제2의 익선동' 대전 소제동 개발 논란".『주간조선』. (검색일 : 2020.12.15.)

이성호. 2008. "새만금 간척과 지역 성장정치 : 성장연합의 대응방식 변화를 중 심으로".『지역사회연구』. 제16권 제4호.

이해미. 2020년 10월 19일. "철도관사촌 투기 의혹 논란… 4곳 중 1곳만 지정문 화재 신청".『중도일보』. (검색일 : 2020.10.24.)

익선다다. ABOUT US. "익선다다는." http://www.iksundada.kr/about/. (검 색일 : 2020.10.23.)

정태경. 2020년 10월 13일. "대전시, 소제동 철도관사촌 일원 3차원 스캐닝 작 업 완료".『신아일보』. (검색일 : 2020.10.24.)

정필립·우명제. 2014. "성장기제이론의 재고:전남도청 이전을 둘러싼 성장연합 들의 갈등을 중심으로".『한국도시행정학회 학술발표대회 논문집』.

한권수. 2020년 6월 11일. "CNCITY 마음에너지재단 '소제동 아트벨트' 개 관".『충청타임즈』. (검색일 : 2020.10.25.)

한지혜. 2020년 9월 23일. "대전 소제동 관사촌을 둘러싼 '오해와 진실'". 『디트 news24』. (검색일 : 2020.10.24.)

# 2장 지리학과 〈컴퓨터 지도학〉

## I 수업 소개

### 1. 일반 개요

| 수업명<br>(부재) | 컴퓨터 지도학 | 교수자명 | 이건학 |
|---|---|---|---|
| 대학 명 | 서울대학교 | 학부/학과 명 | 지리학과 |
| 수업 유형 | 전공선택 | 수강 인원 | 32명 |
| 수업 목적 | 본 수업의 목적은 지도학의 주요 개념과 원리, 주제도 표현 기법 등을 살펴봄으로써 지리학 연구뿐 아니라 지역에 기반한 사회과학적 이슈들을 분석하고 설명하는데 필요한 지도를 보다 올바르고 적절하게 활용할 수 있는 역량을 함양하는데 있음. 또한 매핑 소프트웨어를 이용하여 각종 주제도를 직접 제작할 수 있는 능력을 통해 다양한 사회 문제 및 현안을 과학적으로 진단하고 시각화함으로써 복잡한 사회 현상에 대한 깊이 있는 통찰과 해법을 제시하는데 있음. | | |
| 주요 교재 | 이건학, 김감영, 김영호, 김영훈, 신정엽, 이상일 역. 2014.『지도학과 지리적 시각화』. 시그마프레스.<br>신정엽, 김감영, 이건학 역. 2013.『지도와 디자인』. 시그마프레스.<br>이희연. 2007.『지도학: 주제도 제작의 원리와 기법』. 법문사.<br>권동희. 2007.『지형도 읽기』. 한울 아카데미.<br>손일 역. 1998.『지도와 거짓말』. 푸른길.<br>손일 역. 2006.『지도 전쟁: 메르카토르도법의 사회사』. 책과함께.<br>이용주 역. 2007.『지도와 권력』. 알마.<br>Arthur H. Robinson, Joel L. Morrison, Phillip C. Muehrcke, A. Jon Kimerling, Stephen C. Guptill. 1995. Elements of Cartography. Wiley.<br>Jeremy W. Crampton. 2010. Mapping: A critical introduction to cartography and GIS. Wiley-Blackwell. | | |

## 2. 수업 일정

<table>
<tr><td rowspan="30">수업<br>일정</td><td>1주차: 강의 개요 설명</td></tr>
<tr><td>2주차: 지도학의 본질과 지도학 발달사 학습</td></tr>
<tr><td>3주차: 지도학 원리 학습 Part 1</td></tr>
<tr><td>　　　 - 축척(scale), 지도학적 일반화, 지구좌표시스템</td></tr>
<tr><td>4주차: 지도학 원리 학습 Part 2</td></tr>
<tr><td>　　　 - 지도 투영법(map projection)</td></tr>
<tr><td>5주차: 매핑 프로젝트 팀 구성 및 브레인스토밍(4인 1팀, 총 8개팀)</td></tr>
<tr><td>6주차: 지도학 원리 학습 Part 3</td></tr>
<tr><td>　　　 - 데이터 분류, 기호화(symbolization), 지도 디자인</td></tr>
<tr><td>7주차: 주제도 매핑 기법 학습 및 실습 Part 1, 팀 프로젝트 수행</td></tr>
<tr><td>　　　 - 단계구분도(choropleth map), 대시메트릭 매핑(dasymetric map)</td></tr>
<tr><td>　　　 - 팀별 매핑 프로젝트</td></tr>
<tr><td>8주차: 주제도 매핑 기법 학습 및 실습 Part 2, 팀 프로젝트 수행</td></tr>
<tr><td>　　　 - 도형표현도(symbol map), 점묘도(dot map)</td></tr>
<tr><td>　　　 - 팀별 매핑 프로젝트</td></tr>
<tr><td>9주차: 주제도 매핑 기법 학습 및 실습 Part 3, 팀 프로젝트 수행</td></tr>
<tr><td>　　　 - 카토그램(cartogram), 유선도(flow map)</td></tr>
<tr><td>　　　 - 팀별 매핑 프로젝트</td></tr>
<tr><td>10주차: 팀별 매핑 프로젝트 제안 발표</td></tr>
<tr><td>11주차: 매핑 프로젝트 제안서 검토 및 피드백</td></tr>
<tr><td>12주차: 지리적 시각화 기법 학습 및 실습 Part 1, 팀 프로젝트 수행</td></tr>
<tr><td>　　　 - 지형 시각화, 탐색적 공간데이터 분석(ESDA)</td></tr>
<tr><td>　　　 - 팀별 매핑 프로젝트</td></tr>
<tr><td>13주차: 지리적 시각화 기법 학습 및 실습 Part 2, 팀 프로젝트 수행</td></tr>
<tr><td>　　　 - 웹 매핑, 가상/증강현실, 최신 주제도 매핑</td></tr>
<tr><td>　　　 - 팀별 매핑 프로젝트</td></tr>
<tr><td>14주차: 기말고사</td></tr>
<tr><td>　　　 - 국내외 전문 학술 연구 논문 리뷰</td></tr>
<tr><td>15주차: 팀별 매핑 프로젝트 최종 발표</td></tr>
</table>

 **팀/개인 프로젝트 개요**

| | |
|---|---|
| **프로젝트 개요** | 프로젝트의 목적은 수업을 통해 학습한 매핑 및 공간정보 시각화 기법을 활용하여 각종 사회 문제 및 현안을 분석하고 시각화함으로써 복잡한 사회 현상을 능동적으로 이해하고 실현가능한 해결책들을 탐색하는데 있음. 팀 협업을 통해 다양한 현실 세계의 문제들을 보다 효과적으로 접근할 수 있도록 하였으며, 공간정보 분석 및 시각화 툴(ArcGIS, QGIS 등), 통계 분석 패키지(R studio) 등을 활용하여 과학적인 분석과 탐구가 될 수 있도록 함. 사회 문제 탐색 및 해결에 관한 주제적 창의성과 도전, 사회적 기여성, 매핑 기법, 지도학적 디자인, 데이터 정확성 등을 종합적으로 고려하여 최종 연구 결과를 평가함. |
| **프로젝트 결과** | 총 8개 팀이 다양한 지역 사회 문제들에 대한 공간 분석 및 시각화를 수행하였음.<br><br>1. MAPSTER 팀: 서울시 1인 가구 주거 현황 분석을 통한 주거복지 필요 지역 선정<br>2. ㄱㅁㅅ 팀: 강남구 불법 주정차 현황을 통해 본 주차환경 개선 방안<br>3. MAPsos 팀: 우도면의 공간이용 변화 분석: 관광지화와 오버투어리즘을 중심으로<br>4. Maptist 팀: 전동 킥보드 안전지도 및 Negative 거치지도<br>5. 셜록홈즈 팀: 관악구 주거비용 부담 분석 및 교외 기숙사 입지 선정<br>6. Maphack 팀: 인구소멸위험지수의 대안: 흡인력 지수<br>7. 지도자 팀: 코로나19 발생 이후 서울시 인구 분포 및 이동의 변화<br>8. Calientacabezas 팀: 뚜벅이들을 위한 서울대학교 관악캠퍼스 접근성 분석 |

## II 수업 주제 해설: 지오비주얼라이제이션(geovisualization) 기반 사회문제해결 프로젝트: 공간적 커뮤니케이션을 넘어 시각적 사고로의 전환

이건학(서울대학교 지리학과 교수) · 김지우(서울대학교 지리학과 박사과정)

서울대학교 지리학과의 「컴퓨터 지도학 수업」은 지리학 연구에 있어 필수적 도구이자 방법론이라 할 수 있는 지도에 대한 원리와 개념을 익히고 주제도 매핑 기법을 실습하는 과목이다. 지리학의 가장 독특한 언어라고도 할 수 있는 지도는 원시 시대의 그림에서부터 오늘날 첨단 과학기술과 결합된 디지털 지도에 이르기까지 지리 정보의 가장 효과적인 재현 수단이자 우리의 일상생활에 없어서는 안 될 중요한 생활 도구로 유용하게 활용되어 왔다. 이러한 지도를 주요 연구 대상으로 다루고 있는 지도학은 지도 제작과 디자인을 비롯하여 지리 정보의 수집, 처리, 분석, 표현과 같은 활동들에 대한 이론적, 철학적 기반을 제공한다. 특히, 지리정보시스템(GIS)의 이론적, 방법론적 토대가 되고 있으며 최근에는 과학적 시각화(scientific visualization) 기술을 접목하면서 지리 정보에 대한 보다 다양한 주제 표현과 새로운 지식 발견을 위한 시각화 방법론의 핵심 분야로 각광받고 있다. 본 수업의 목표는 지도학의 주요 개념과 원리, 주제도 및 시각화 기법 등을 학습함으로써 지리학 연구뿐 아니라 지역에 기반한 다양한 사회과학적 이슈들을 분석하고 설명하는데 필요한 지도를 보다 효과적으로 활용할 수 있는 능력을 함양하는데 있다. 이러한 목적을 효과적으로 달성하기 위해서는 견고한 이론적 기반을 가지고 있어야 하는 동시에 실세계 문제들을 직접 다뤄볼 수 있는 실습이 함께 이루어져야 한다. 따라서 본 수업은 이론을 통해 지도학적 지식을 쌓고 GIS 및 매핑 소프트웨어(ArcGIS, QGIS 등), 통계 패키지(R studio 등)를 이용하여 학습자가 스스로 공간 데이터를 처리하고 시각화할 수 있도록 실습 시간을 부여하고 있다. 또한 실습을 통해 다진 실세계 문제해결 역량을 토대로 '매핑 프로젝트'를 수행하도록 하여 실제 사회 문제 및 이슈들을 진단하고 시각화함으로써 복잡한 사회 현상에 대한 과학적 통찰이나 실제적인 해법을 제시할 수 있는 실무적 경험을 쌓을 수 있도록 하고 있다.

지도는 인간이 살고 있는 실세계와 장소에 대한 자연 및 인문 환경에 대한 각종 지리 정보를 담고 있는 보고라 할 수 있다. 이러한 공간에 대한 중요 정보는 사람들 사이에서 손쉽고 정확하게 공유되고 이용될 수 있을 때 보다 빛을 발할 수 있다. 이러한 이유로 지도는 오랫동안 지도를 만든 사람과 사용자 사이의 커뮤니케이션 수단으로 인식되어 왔으며 이를 위한 지도 만들기(making)와 읽기(reading)의 다양한 측면들이 연구되어 왔다. 하지만 최근 들어 공간에 대한 '커뮤니케이션(communication)' 도구로써 지도의 가치를 넘어 '시각적 사고(visual thinking)'의 효용성이 더욱 부각되고 있다. 즉, 지도를 통해 다양한 실세계 현상에 대한 이해와 사고를 고취하고 새로운 지식 창출에 초점을 두고 있는 지오비주얼라이제이션(geovisualization)으로의 패러다임 전환이 이루어지고 있다. 4차 산업혁명의 핵심 기반이라 할 수 있는 빅데이터 시대가 도래하면서 정보에 대한 시각화는 빅데이터 분석론에 못지않게 복잡한 현상에 대한 이해와 통찰에 중요한 역할을 함으로써 다양한 공공 및 민간 영역에서 이미 그 중요성을 인정받고 있다. 지리공간 정보에 대한 시각화 분야인 지오비주얼라이제이션은 정보 시각화의 대중적 부각이 있기 이전부터 오랫동안 지도학의 주요 주제였으며 많은 학문적 성과를 쌓아왔다. 본 수업은 이러한 지오비주얼라이제이션의 시각적 사고의 효용성에 초점을 맞추어 학생들로 하여금 실세계 문제해결을 위한 매핑 프로젝트를 수행하도록 하였다. 이른바 '지오비주얼라이제이션 기반 사회문제해결 프로젝트'로 데이터에 기반한 '문제해결형' 시대의 사회적 가치와 인재 지향성에 부합하는 교육 활동이라 할 수 있다. 지오비주얼라이제이션 기반 사회문제해결 프로젝트는 팀 과업으로 기획하여 여러 학생들의 협업을 통해 보다 효율적인 프로젝트 수행이 가능하도록 하였으며, 집단 지성을 통해 보다 시의성을 가진 사회적 이슈를 발굴하고 가장 효과적인 대안이 도출될 수 있도록 유도하였다.

　수업의 구조 역시 이론-실습-프로젝트를 유기적으로 연계하여 학생들이 탄탄한 이론 기반과 문제해결 역량을 갖춘 후 실세계의 문제들을 다루는 경험을 쌓을 수 있도록 하였다. 보다 구체적으로 1주차에서부터 6주차까지는 지도 축척, 지구좌표체계, 지도 투영법, 데이터 분류, 지도디자인 등의 지도학 개념과 원리를 이론적으로 학습하고 연계된 실습을 통해 개념을 정립할 수 있도록 하였다. 7주차부터 11주차까지는 각종 주제도 매핑 기법에 대한 이론을 학습하고 GIS 소프트웨어 실습을 바탕으로 개별 매핑 역량을 키우도록 하였다. 12주차부터 15주차까지는 지오비주얼라이제이션의 이론과 여러 컴퓨터 툴을 활용한 실습을 수행하였다. 매핑 프로젝트는 수업 전반에 걸쳐 추진되었으며, 개별 팀 구성 후 대면 및 비대면(zoom 등) 자체 회의를 통해 프로젝트를 추진하였다. 10주차, 11주차에는 팀별 프로젝트 제안서 발표를 하면서 각 팀별 주제를 서로 공유하고 피드백하는 시간을 가졌으며, 마지막 15주에는 최종 프로젝트 발표회를 통해 연구 결과에 대해 정리하는 시간을 가졌다.

　지오비주얼라이제이션 기반 사회문제해결 매핑 프로젝트의 구체적인 목적은 매핑 및 공간정보 시각화 기법을 활용하여 각종 사회 문제 및 현안을 분석하고 시각화함으로써 복잡한 사회 현상을 능동적으로 이해하고 실현가능한 해결책들을 탐색하는데 있다. 프로젝트 주제는 사회 문제 및 이슈가 되고 있는 어떠한 현상도 다룰 수 있으며, 팀별로 자율적인 논의를 통해 정하도록 하였다. 주제가 정해지면 도로망, 행정경계 데이터, 지형도, 각종 기본 공간 데이터를 비롯하여 주제를 탐구하는데 필요한 통계 자료나 현장 조사 데이터 등을 개별적으로 취득하도록 하였다. 분석 및 시각화를 위해서는 ArcGIS와 같은 전문 매핑 소프트웨어 뿐 아니라 R, SPSS와 같은 통계 분석 패키지 등을 두루 활용하여 다각적인 측면에서 문제를 인식하고 해결할 수 있도록 유도하였다. 프로젝트 결과는 사회 문제 탐색 및 해결에 관한 주제적 창의성과 도전, 사회적 기여성, 매핑 기법, 지도학적 디자인, 데이터 정확성 등을 종합적으로 고려하여 평가하였다. 이번 학기 매핑 프로젝트는 총 8개 팀이 진행하였으며, 주거 문제, 불법주정차 문제, 관광 문제, 인구 문제, 개인 모빌리티 기기 사용, 교통 접근성 등 사회 전반에 걸쳐 지역 사회의 다양한 문제 인식이 반영된 연구들이 수행되었다(표 1 참고).

MAPSTER 팀과 셜록홈즈 팀은 청년 및 1인 가구의 주거난에 대한 인식을 바탕으로 서울시의 주거 실태를 실증적으로 진단하고 적절한 해법을 모색하고 있다. MAPSTER의 경우 1인 가구에 대한 주거 수요와 비용을 분석하여 주거복지가 우선적으로 필요한 지역을 선정하여 그 결과를 시각화하여 보여주고 있으며, 셜록홈즈 팀은 서울대학교를 사례로 대학가의 주거 환경을 분석하여 서울대학교 주변 지역의 대학생 주거비용 지수를 도출함으로써 주거 공급 현황을 살펴보고 교외 기숙사 입지와 같은 해결 대안을 제시하고 있다. 한편, MAPsosa 팀은 관광지의 오버투어리즘 문제를 직시하여 국내외 관광 수요가 가장 높은 제주도 우도면을 사례로 오버투어리즘 진행 정도를 진단하고 관련한 정책적 대안을 제시하고 있다. Maphack 팀은 인구 감소에 따른 지방 중소도시의 소멸

**표1　팀별 매핑 프로젝트 주제 및 결과물**

| 팀 | 주제 | 지역 | 주요 결과물 |
| --- | --- | --- | --- |
| MAP-STER | 서울시 1인 가구 주거 현황 분석을 통한 주거복지 필요 지역 선정 | 서울시 | 비용 측면 1인 가구 주거복지 필요 지도, 질적 측면 주거 복지 필요 지도 |
| ㄱㅁㅅ와 아이들 | 강남구 불법 주정차 현황을 통해 본 주차환경 개선 방안 | 서울시 강남구 | 강남구 불법 주정차 핫스팟 지도, 강남구 공영 주차장 최적 입지 |
| MAPsos | 우도면의 공간이용 변화 분석: 관광지화와 오버 투어리즘을 중심으로 | 제주도 우도면 | 우도 관광지화율, 우도 오버 투어리즘 지표 지도 |
| Maptist | 전동 킥보드 안전지도 및 Negative 거치지도 | 서울시 관악구 | 킥보드 안전지도, 킥보드 주차 금지 네거티브 거치지도 |
| 셜록홈즈 | 관악구 주거비용 부담 분석 및 교외 기숙사 입지 선정 | 서울시 관악구 | 대학가 주거비용 지수, 교외 기숙사 최적 입지 |
| Maphack | 인구소멸 위험지수의 대안: 흡인력 지수 | 전국 시군구 | 전국 인구소멸 위험지수, 전국 인구 흡인력 지수 |
| 지도자 | 코로나19 발생 이후 서울시 인구 분포 및 이동의 변화 | 서울시 | 코로나19 전후 지하철 승하차 및 생활인구 변화 |
| Calienta-cabezas | 뚜벅이들을 위한 서울대학교 관악캠퍼스 접근성 분석 | 서울시 관악구 | 서울대학교 캠퍼스 시간거리 지도, 서울대학교 캠퍼스 대중교통 접근성 지도 |

에 대한 문제 인식을 바탕으로 우리나라 시군구 단위의 인구소멸 위험 지수를 살펴보고, 인구 이동과 같은 사회적 증감에 따른 인구 변화를 보다 잘 반영할 수 있는 지역 흡인력 기반의 지수를 시군구 단위로 시각화하고 있다. Maptist 경우에는 최근 사회적 이슈가 되고 있는 개인형 공유 모빌리티 장비인 전동 킥보드에 대한 시의성 있는 문제를 다루고 있는데, 서울시 관악구를 사례로 도로 경사, 과속방지턱, 도로망 데이터를 기반으로 전동 킥보드가 안전하게 운행할 수 있는 안전지도를 작성하고 나아가 무분별하게 방치되는 킥보드 주차 문제에 대한 해법을 제시하고

있다. 지도자 팀은 최근 세계 경제와 현대 사회 전반에 걸쳐 엄청난 영향을 미치고 있는 코로나19와 관련하여 우리나라의 주요 방역 정책과 이에 따른 도시 인구 분포 변화를 시간대별로 살펴봄으로써 코로나 대응 정책 수립에 의미 있는 시사점을 제시하고 있다.

한편, ㄱㅁㅅ와 아이들 팀과 Calientacabezas 팀은 지오비주얼라이제이션 기반 사회문제해결 프로젝트의 취지에 가장 적합한 연구 결과를 보여주고 있는데 지도학적 원리가 올바르게 적용된 매핑 결과와 더불어 문제에 대한 실현가능한 보다 현실적인 해법을 제시하고 있다는 점에서 높은 평가를 받았다. ㄱㅁㅅ 팀은 지자체 민원의 대부분을 차지하고 있는 불법 주정차 문제를 살펴보고 있으며, 강남구를 사례로 불법 주정차 발생 현황을 분석하고 불법 주정차가 가장 빈번하게 발생하는 핫스팟(hot spot) 지역을 도출함으로써 공영 주차장을 위한 입지 대안을 모색하고 있다. 차량 통행 방해, 도시 미관 저해 등을 넘어 교통 사각지대 형성으로 인해 교통사고의 주요 유발 원인으로 지목되고 있는 불법 주정차는 차량 운행이 많고 밀도가 높은 도시의 고질적인 문제로 다양한 해법이 필요한 사안이라 할 수 있다. 서울시에서 주정차위반이 가장 많은 강남구를 대상으로 2019년 29만 여건의 단속 위치를 지도화하여 나타내고 이 중 상습 불법 주정차 지역 핫스팟을 도출하였다. 또한 유동인구, 지하철역 분포, 토지이용도 등을 시각화하여 상습 불법 주정차 지역과 중첩함으로써 핫스팟의 지역 환경적 특성을 도출하였다. 나아가 분석 결과를 토대로 불법 주정차 문제를 실제적으로 개선하기 위해 공영 주차장의 추가 입지를 위한 최적 대안을 비롯하여 스마트 공유 주차, 기존 시설물 활용 등과 같은 정책적 대안을 제시하고 있다. 한편, Calientacabezas 팀은 하루 유동 인구가 5만 명에 달해 소도시 캠퍼스 타운과 같은 인구 이동량을 보여 항상 출퇴근 교통 체증이 발생하고 있지만 대중교통 접근성이 좋지 못한 것으로 평가받고 있는 서울대학교의 캠퍼스 접근성을 고찰하고 있다. 서울대학교는 서울 소재 여러 대학 중 캠퍼스의 면적이 상대적으로 크며, 관악산 자락에 위치하고 있는 지리 환경적 특성으로 인하여 근접한 지하철역으로부터의 접근성이 매우 낮고 캠퍼스 내 건물들간의 이동 시간이 길다. 이러한 이유로 서울대학교 캠퍼스 내외의 대중교통 접근성이 결과적으로 낮게 나타나고 있음을 공간 분석 결과를 통해 체계적으로 보여주고 있다. 캠퍼스 주변의 주요 결절지별 대중교통 접근성 지도를 시각화하여 보여줌으로써 대학 구성원 뿐 아니라 외부 방문객들의 이동 편의성을 높일 수 있는 유용한 정보를 제공하고 있으며, 나아가 시각적 진단을 통해 캠퍼스 대중교통 접근성을 개선할 수 있는 현실적 대안들을 제시하고 있다는 점에서 의의가 있다.

지오비주얼라이제이션 기반 사회문제해결 프로젝트는 시각적 사고를 통해 현실 세계의 다양한 문제들을 이해하고, 탐구하며, 해결책을 모색하는 데 그 목적이 있다. 학부생으로 구성된 프로젝트 팀은 실제로 코로나, 주거, 관광, 교통 접근성 등 오늘날 청년 세대가 함께 공유하고 고민하고 있는 중요한 사회적 문제의식이 무엇인지를 매핑 결과물을 통해 잘 보여주고 있다. 오늘날 지도는 우리가 살아가고 있는 '공간에 대한 효율적인 커뮤니케이션'을 넘어 '공간을 이해하기 위한 시각적 사고'를 촉진하는 매우 훌륭한 매개물이다. 보다 최근에는 웹, 모바일 등 다양한 플랫폼을 기반으로 새로운 진화를 거듭하고 있다. 이러한 측면에서 지오비주얼라이제이션 기반 사회문제해결 프로젝트는 시각적 사고를 위한 지도의 도구적 가치와 현실적인 해결방안을 통한 사회적 기여를 실증적으로 보여줄 수 있는 좋은 교육 모델이라 할 수 있다.

# Ⅲ 사진

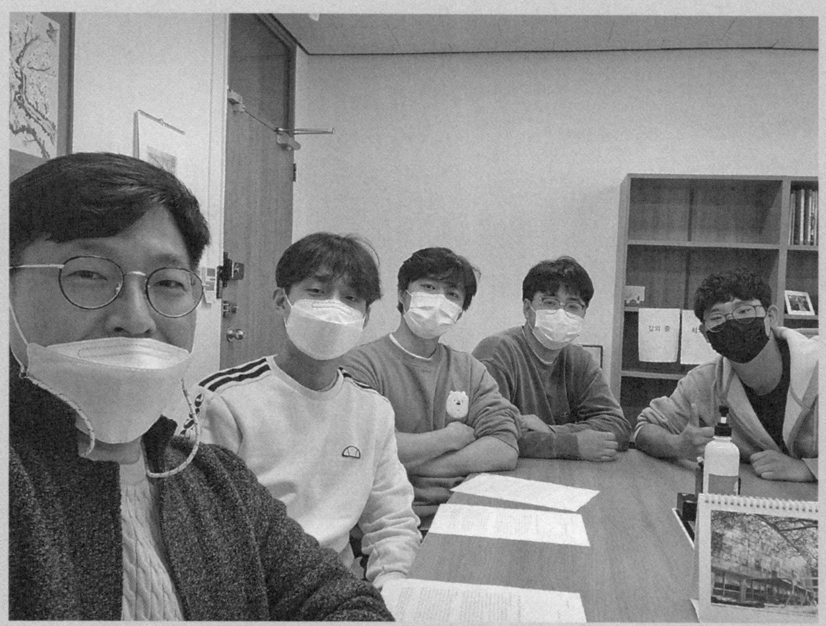

그림1　매핑 프로젝트 오프라인 미팅(ㄱㅁㅅ와 아이들 팀)

그림2　매핑 프로젝트 온라인 줌 미팅(Calientacabezas 팀)

# 강남구 불법 주정차 현황을 통해 본 주차환경 개선 방안

강민수, 김민성, 임지헌, 곽지호

(서울대학교 지리학과)

2018년 서울시 전체 민원 중 불법 주정차 관련 민원은 무려 38.8%를 차지하였다. 불법 주정차는 시민들의 보행환경을 위협하고 차량 통행에 불편함을 주며, 긴급 상황에 도로를 막기도 하여 큰 사회적 파장을 일으키기도 한다. 특히 강남구는 2019년 한 해 동안 약 30만 건의 불법 주정차단속이 이루어져 서울시 1위를 차지하였다.

본 연구에서는 강남구를 연구 대상지로 선정하고 불법 주정차단속 건수 데이터와 공영주차장 데이터, 단위면적당 생활인구 데이터, 지하철역 데이터 등을 중첩하여 분석을 진행하였다. GIS 소프트웨어를 통해 불법 주정차단속 건수 도형표현도, 열지도(heatmap), 생활인구 단계구분도, 공영주차장 도형표현도 등을 제작하였고 이를 바탕으로 각 변수간의 상관관계를 규명해 내고자 하였다. 또한 로컬 모란지수와 최대커버링 입지모델(MCLP) 목적함수를 기반으로 공영 주차장의 최적 입지를 제시하였다.

연간 100건 이상의 단속이 이루어진 상습 불법자 주정차 지점 366곳을 추출하여 도형표현도로 나타냈다. 특히 대치동 일대(한티역~은마아파트사거리), 역삼역 테헤란로 일대, 압구정 로데오거리 외곽은 불법 주정차단속이 빈번한 지역에 해당한다. 대치동 일대에는 학원가가 밀집되어 있어 학부모들의 일시 주정차로 단속 건수가 높게 나타나고 있다. 역삼역 일대는 단위면적당 생활인구가 가장 높은 지역 중 하나일 뿐만 아니라 업무 지역에 해당하기 때문에 이용자들의 불법 주정차가 빈번한 것으로 나타났다. 또한 압구정 로데오거리 외곽은 반경 700m 내에 지하철역이 존재하지 않고, 일대에서 불법 발레파킹이 성행하여 불법 주정차단속 건수가 높은 것으로 나타났다.

이러한 불법 주정차 문제에 대한 현실적인 대안을 모색하기 위해 먼저 로컬 모란지수로 불법 주정차단속의 공간적 자기상관이 나타나는 클러스터를 파악하고 MCLP 목적함수를 바탕으로 공영주차장의 최적 입지를 제시하였다. 나아가 불법 주정차 문제를 해소하기 위해 학교, 병원, 백화점 등 기존 주차 공간 활용, 스마트 공유주차 등의 다른 대안도 가능하며, 불법 주정차의 심각성에 대한 인식 개선 등 다각적 차원의 노력 역시 필요함을 역설하고 있다.

## Ⅰ 문제 제기 및 연구 목적

2018년 서울시 전체 민원 중 불법 주정차 관련 민원은 무려 38.8%를 차지하였다.[1] 불법 주정차는 시민들의 보행환경을 위협하고 차량 통행에 불편함을 주며 도시 미관을 해치는 심각한 사회문제로 이를 해소하기 위한 주차환경 개선이 시급하다. 전국에서 불법 주정차 문제가 가장 심각한 지역은 강남구이다. 지난해 서울시에서만 2,766,338건의 주정차위반이 적발되었는데 강남구는 289,885건으로 그중 1위를 차지하였다.[2]

불법 주정차는 주위의 공간적 변수가 영향을 미치는 공간 문제이다. 따라서 본 연구의 목적은 지리적 시각화(geovisualization)와 공간분석이라는 연구 방법론을 통해 강남구에서 불법 주정차가 자주 발생하는 지역을 파악하고 해결 방안을 도출하는 것이다. 먼저 강남구에서 주정차위반으로 적발된 지점의 위치 데이터를 활용하여 불법 주정차의 발생 빈도가 가장 높은 구역을 파악하고, 이를 바탕으로 한 최적의 공영주차장

---

1  천관율. 2018년 4월 10일. "서울시 민원 38.8%는 바로 이 문제". 『시사IN』.

2  서울특별시 도시교통본부. 2020. "교통위반단속 통계자료".

입지를 제언하고자 한다. 또한, 생활인구, 토지이용, 대중교통 등의 변수
와 불법 주정차 간의 상관관계를 파악하여 기존 공영주차장의 운영 시
간 확대나 인근 공공시설의 야간 개방 등 지역 특성을 고려한 실질적인
주차환경 개선 방안을 제언하고자 한다.


## Ⅱ  관련 연구 동향

불법 주정차와 관련된 연구는 21세기 들어 차량 보유 대수가 급격
히 증가하면서 정책적, 법제적, 기술적 측면 등 다양하게 이루어져 왔
다. 정책 수립을 위해 진행된 선행연구로 먼저 장재민은 불법 주정차의
문제점인 사고 유발, 혼잡 가중, 긴급차량 길 막음 등이 초래하는 사회
적 비용을 추산하였다. 특히 서울시 주택가의 주차장 보급률이 떨어진다
는 분석 결과를 바탕으로 주차장 미확보 운전자들에게 세금을 부과하는
방안을 통해 주차면 추가 공급을 위한 예산을 확보할 것을 제안하였다.[3]
불법 주정차의 발생 요인을 파악하고 그에 따른 정책을 제안한 선행연
구로 이상원은 동대문구와 중랑구의 사례를 분석하여 '서울시 불법 주차
영향요인 모형'을 개발하였다. 차로 수, 진·출입로 개수, 버스 정류소 개
수, CCTV 유무, 상업지역 비율 등의 변수를 현장 조사를 통해 파악하였
고, 음이항 회귀 모형과 겉보기 무관 음이항 모형으로 모델링하여 불법
주정차를 유발하는 요인들을 예측하였다.[4] 김태호는 빅데이터를 이용하

---


**3**　장재민. 2017. "불법주정차의 사회적 비용에 기반한 주차정책방향에 대한 연구".『교
통연구』제24권 3호. pp.45-59.

**4**　이상원. 2018.『불법 주정차 영향요인 분석 - 서울시 자치구를 대상으로』. 서울시립
대학교 석사학위논문. pp.41-42.

여 불법 주정차와 연관된 사고 유형과 손실 금액을 분석하였다. 또한, 지역별로 불법 주정차 발생 패턴을 파악하였는데 강남구에서 불법 주정차가 가장 많이 발생하는 이유로 주변 상업 시설의 주차장 이용료가 비싸다는 점을 제시하고 지역별 과태료 차등화 방안 도입을 주장하였다.[5]

위의 세 연구는 불법 주정차의 사회적 비용이나 유발 요인을 정량적으로 분석하고 이를 바탕으로 불법 주정차 문제 해결 방안을 제시하였다는 공통점을 지닌다. 이를 통해 대략적인 불법 주정차 실태를 객관적으로 파악할 수 있도록 하였다는 점에서 주목할 만하다. 특히 불법 주정차 유발 요인으로 제시된 항목들은 본 연구에서 중첩 분석을 시행하기 위한 변수를 선정할 때 참고가 되었다.

한편, 2018년 김해시에서 정책 연구의 하나로 이루어진 "데이터 기반 주차난 분석"은 실제 단속이 이루어진 위치 데이터를 활용하여 공간적 패턴이 드러나지 않았던 기존 연구의 한계를 극복한 시도였다. 김해시는 불법 주정차 단속 데이터와 주차 면수 데이터를 이용해 '주차관리지수'를 산정, 주차난이 심각한 6개 지역을 도출한 뒤, 각 지역에서 시간대별로 주차공간 공유가 가능한 공간을 제시하여 홈페이지에 게시하였다.[6]

본 연구는 서울시에서 2017년경부터 제공하고 있는 불법 주정차 단속 위치 공공데이터를 지도상에 시각화하여 불법 주정차의 분포와 유발 요인을 공간적으로 설명하고, 이를 바탕으로 구체적인 신설 주차장 입지를 제안하고자 한다. 다만 공간적 자기상관을 기반으로 하는 로컬모란지

---

**5**  전종헌. 2016년 12월 13일. "불법 주정차로 인한 사고 가장 많은 지역은?". 『매일경제』.

**6**  김해시 공공데이터 플랫폼. 2018. "데이터 기반 주차난 분석".

수와 최적화 알고리즘을 이용해 문제 지역과 공영주차장 입지를 제안하였다는 점에서 차별성을 지닌다.

## Ⅲ 데이터 수집 및 분석 방법

### 1. 데이터 수집 및 가공

주제도 제작을 위해 사용된 속성 데이터는 '서울시 강남구 주정차 위반 단속 위치 현황' 데이터로, '공공데이터포털(data.go.kr)'에서 내려받았다. 집계 연도, 단속일시, 단속동, 단속장소, 단속 구분(CCTV. PDA, 스마트앱, 생활불편앱) 등의 정보가 제공된다. 연도별로 유사한 패턴을 보일 것이라는 가정에 따라 2017년부터 2019년까지 총 998,591건의 단속 현황 중 2019년에 집계된 290,042건의 단속 현황만을 분석 대상으로 삼았다. 이후 경위도 좌표로의 지오코딩(geocoding)을 위해 각각의 필드로 구분된 시군구와 상세주소를 통합하는 작업을 거쳤다.[7] 그러나 약 30만 건의 데이터를 각각의 점으로 지도상에 표현할 경우 패턴이 잘 보이지 않게 된다. 따라서 데이터를 누적하여 연간 100건 이상의 단속 건수가 집계된 '상습 불법 주정차 지역' 366곳을 도출해 지도에 나타내었다. 한편, 본 연구에서 사용한 지오코딩 프로그램은 도로명까지만 명시되어 있고 행정동이 다른 데이터를 하나의 도로중심좌표로 지오코딩한다는 문제점이 있었다. 이 경우 현지답사를 통해 도로가 지나가는 행정동의 대표점 하나를 선정하여 새롭게 좌표를 부여하였다.[8]

---

[7] 지오코딩은 ㈜비즈GIS에서 제공하는 Geocoding Tool (v.20.10.15.)을 이용하였다.

[8] 예를 들어 '서울특별시 강남구 청담동 도산대로 부근'과 '서울특별시 강남구 신사동

　　그 밖에 중첩 분석을 위하여 '서울 열린데이터 광장(data.seoul.go.kr)'에서 '행정동별 서울 생활인구' 데이터, '서울특별시 강남구 공영주차장 정보' 데이터를 내려받아 활용하였다. 먼저 서울 생활인구란, '서울시와 KT가 공공빅데이터와 통신데이터를 이용하여 추계한 서울의 특정 지역, 특정 시점에 존재하는 모든 인구'를 뜻한다.[9] 생활인구 데이터는 시간대별로 기록되는데, 본 연구에서는 임의로 선정한 2019년 10월 8일 13시와 18시의 행정동별 생활인구를 합산한 뒤 행정동 면적으로 나누어 시각화하였다. 강남구 공영주차장 정보는 강남구도시관리공단과 서울시설공단에서 관리하는 노외·노상·부설 공영주차장 54개소의 위치와 주차 구획 수, 급지 구분이 기재된 것으로, 지오코딩을 통해 지도상에 공영주차장 위치를 표시하는 데 이용하였다.

## 2. 지도 제작

　　한국지역정보개발원 도로명주소 DB에서 제공하는 국가기본도를 베이스맵으로 활용하였다. 앞서 구축한 데이터를 이용해 강남구 내의 불법 주정차 단속 현황을 나타내는 지도를 단계적 도형표현도와 열 지도(heatmap)로 제작하였다. 단위면적당 생활인구 지도는 단계구분도로 제작하였고, 공영주차장 위치는 주차 구획 수에 비례하도록 심볼을 제작하여 지도 위에 나타내었다. 토지이용현황도는 국토지리정보원에서 제공하는 벡터 형식의 공간 데이터를 래스터로 변환한 뒤 각각의 토지 분류 항목에 대해 알맞은 색상을 선택하고, 38개로 세분된 항목을 6가지

----

도산대로 부근'은 동일하게 도산대로 도로중심좌표(37.521343, 127.0355280)로 지오코딩된다.

**9**　서울 열린데이터 광장. 2020. "서울 생활인구 현황".

항목(일반주택지, 고층주택지, 상업업무지, 나대지 및 인공녹지, 공업시설, 교육/군사시설)으로 간추려 사용하였다. 지도 제작에는 ArcGIS Desktop 10.3과 QGIS를 사용하였다.

### 3. 분석 방법

#### 1) 중첩 분석

앞서 제작한 지도 파일을 GIS 레이어로 활용하여 중첩 분석을 시행하였다. 강남구 불법 주정차 단속 현황 도형표현도와 생활인구 단계구분도, 지하철역 지도, 공영주차장 지도, 토지이용도를 중첩하여 불법 주정차와 각 변수 간의 어떤 상관관계가 있는지 시각적으로 파악하였다. 또한, 정량 분석을 통해 도출될 몇 군데의 불법 주정차 주요 발생지역에 대하여 그 지역의 어떤 변수들이 불법 주정차를 발생시키는 원인으로 작용하였는지 알아보았다. 이러한 국지적 특성에 대한 분석 결과를 바탕으로 각 지역에 맞는 불법 주정차 해소 방안을 제시하였다.

#### 2) 정량 분석

##### a. 로컬모란지수(local Moran's I)

분석 결과를 객관적으로 도출하기 위하여 본 연구에서는 두 가지의 정량적 분석기법을 활용하였다. 첫 번째로 로컬모란지수이다. 루크 안셀린(Luc Anselin)이 고안한 로컬모란지수는 공간적 객체가 클러스터(cluster)를 이루어 분포하고 있는지를 알아보기 위한 대표적인 국지적 공간통계기법이다.[10] 지점 $i$의 로컬모란지수 $I_i$를 수식으로 나타내면 다음과 같다.

---

[10] 손정렬. 2011. "모란 및 국지모란지수를 이용한 도시용수 이용의 공간패턴과 그 변화 분석". 『지역연구』. 제27권 2호. p.85.

$$I_i = \frac{x_i - \overline{X}}{S_i^2} \cdot \sum_{j=1, j \neq i}^{n} w_{ij} \cdot (x_j - \overline{X})$$

$$x_j = \text{인접 지점} \qquad j = 1, ..., n \text{의 속성 변수}$$

$$\overline{X} = x \text{의 평균} \qquad S_i^2 = x \text{의 분산}$$

$$w_{ij} = \text{공간가중치매트릭스}$$

로컬모란지수의 특징은 공간적 집적을 파악할 때에 지리학의 제1법칙인 공간적 자기상관관계를 고려한다는 점이다. 위 식을 참조하면 로컬모란지수는 공간가중치매트릭스 $w_{ij}$를 통해 지점 $i$와 거리가 더 가까운 지점일수록 더 큰 값을 가지도록 하면서 $x_i$와 $x_j$의 표준화된 차이를 나타내는 지표임을 확인할 수 있다.[11] 단순히 공간적 객체 간의 거리만이 아니라, 두 지점이 가지고 있는 속성값의 차이를 비교하여 주변과 차이가 작은, 즉 주변과 높은 유사성을 지닌 지점을 '클러스터'로 규정하는 것이다.[12]

본 연구에서는 불법 주정차 주요 발생지역을 선정하기 위해 로컬모란지수가 사용되었다. 연간 누적 단속 횟수만을 근거로 불법 주정차 주요 발생지역을 선정할 경우 단속이 집중적으로 이루어진 특정 구역의 지점들만이 선정되는 편향이 발생할 수 있다. 그러나 불법 주정차 현상은 공간적 자기상관, 즉 단속 횟수가 높은 지점은 높은 지점끼리 군집하여 분포하는 경향을 보인다. 따라서 주요 발생지역을 선정할 때에는 공간적 자기상관관계를 고려한 로컬모란지수를 사용해 높은 값의 클러스터를 도출해내는 것이 가장 합리적인 방법이다. 본 연구에서는 95% 신

---

11  본 연구에서는 공간가중치매트릭스를 와 간의 거리의 역수로 정의하였다.

12  강호제. 2008. "핫스팟 분석기법(Hot Spot Analysis): 공간분석의 기초, 최근린군집분석과 국지모란지수의 이해와 활용". 『국토』. 2008년 10월호 (통권 324호). pp.119-120.

뢰수준에서 유의한 값이 관측되는 17곳의 '높음-높음(H-H)' 클러스터를 도출하였고, 이를 세 가지 구역으로 분류하였다.

b. 최적화 모델

불법 주정차 문제를 해소하기 위한 방안으로 본 연구에서는 공영 주차장 입지를 제안하고 있다. 이를 위해 최대커버링 입지모델(Maximal Covering Location Problem: MCP)을 활용할 예정이며, python으로 최적화 알고리즘을 구현하였다.[13] 17곳의 클러스터 지점을 수요지점으로 설정한 뒤, 공영주차장의 커버리지 반경을 150m로 하여 가장 많은 수요를 커버할 수 있는 지점을 선정하였다. 이론적으로 가장 수요를 커버할 수 있는 지점을 찾는 것을 제1 목적으로 하였으나, 현실에 도움이 되는 결과를 제시할 수 있도록 입지의 현실성과 효율성을 고려하여 알고리즘을 구성했다.

## Ⅳ 데이터 중첩 분석

**그림1**은 강남구 불법 주정차 단속 지점 중, 연간 100건 이상 단속된 상습 불법 주정차 지점을 366곳을 도형표현도로 표시하였다. 모든 지도는 1:53000의 축척을 이용하였다. Natural Break (Jenks) 기법을 활용하여, 5개의 단계로 불법 주정차 발생 건수 데이터를 구분하였다. **그림2**는 왼쪽의 강남구 불법 주정차 단속 건수를 ArcGIS Desktop 10.3 프로그

---

[13]  이건학. 2018. "공공 CCTV의 공간 분포 특성과 가시 커버리지에 기반한 최적 입지". 『대한지리학회지』. 제53권 제3호. pp.409-410.

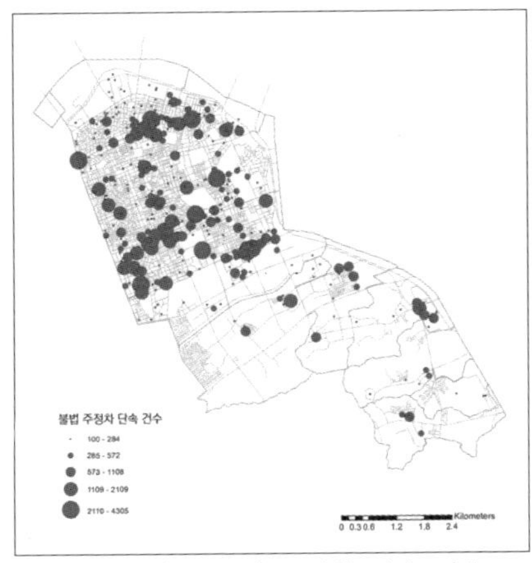

그림1    강남구 불법 주정차 단속 건수

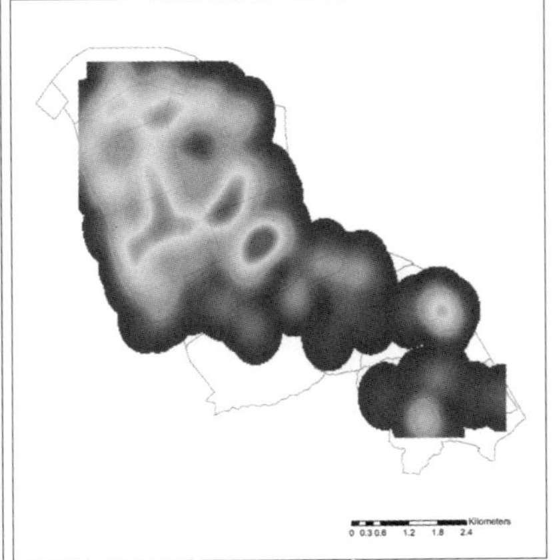

그림2    강남구 불법 주정차 히트 맵

램을 통해 열 지도로 변환한 결과물이다. 빨간색에 가까워질수록 불법 주정차 발생이 잦은 지역이고, 파란색에 가까워질수록 불법 주정차 발생이 드문 지역이다. 왼쪽의 강남구 불법 주정차 단속 건수 지도의 패턴을 시각적으로 명확하게 나타낸 것이 오른쪽의 강남구 불법 주정차 히트 맵이다.

지도 분석 결과, 강남구 내의 불법 주정차 다발 지역은 몇 개의 클러스터 형태로 나타난다. 즉, 강남구 전역에 걸쳐 불법 주정차가 발생하는 양상이 아닌, 특정 지역을 중심으로 불법 주정차 문제가 심각하다는 의미이다. 특히, 한티역부터 은마아파트 사거리 사이의 밀집지, 역삼역 주변을 중심으로 한 테헤란로 일대, 압구정 로데오거리 외곽에서 눈에 띄는 불법 주정차 단속 밀집지가 나타난다. 그 외에, SRT 수서역 일대, 언주로 일대 등에서도 불법 주정차 단속 건수가 높게 나타난다. 개포동, 도곡 2동, 세곡동, 일원동 등에서는 불법 주정차 단속 건수가 낮은 것을 확인할 수 있다.

한티역부터 은마아파트 사거리 사이에서 불법 주정차 단속 건수가 가장 높게 나타나며, 히트 맵 기준으로는 가장 빨갛게 나타난다. 이는 이

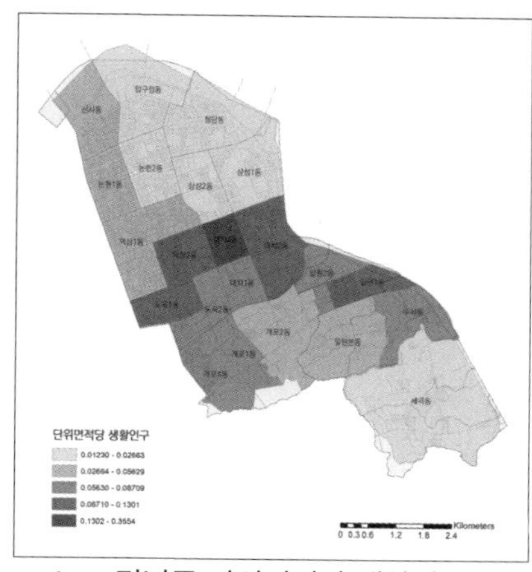
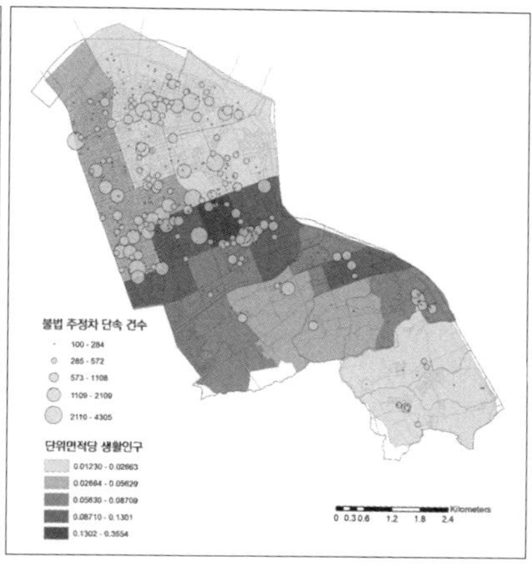




**그림3**  강남구 단위면적당 생활인구   **그림4**  불법 주정차, 생활인구 중첩지도

른바 대치동 학원가 일대이다. 구체적으로 불법 주차 발생 원인과 결과를 분석하기 위해, 생활인구, 지하철역, 공영주차장, 토지이용 데이터를 **그림1**, **그림2**와 중첩하여 살펴보았다.

**그림3**은 2019년 10월 8일 13시, 18시의 강남구 행정동별 생활인구를 합산하여 행정동 면적으로 나눈 후, Natural Break(Jenks) 기법을 활용하여 단계 구분도로 표현한 것이다. **그림4**는 **그림3**의 지도에 **그림1**의 지도를 중첩하여 시각화한 것이다. 파란색이 짙을수록 단위면적당 생활인구가 많은 것인데, 대치 4동, 대치 2동, 역삼 2동에서 생활인구가 밀집된 것으로 나타난다. 이 행정동들의 공통점은 지하철 2호선이 통과하는 행정동이라는 점이다.

역삼 2동의 단위면적당 생활인구가 많은 것은 13시, 즉 주간 생활인구가 많기 때문으로 나타났고, 대치 4동은 18시, 즉 야간 생활인구가 많기 때문으로 나타났다. 이는 역삼 2동의 경우, 주간에 업무 시설을 이용하는 유동 인구, 대치 4동의 경우 야간에 학원가를 이용하는 유동 인구 및 기타 상주인구로 인해 단위면적당 생활인구가 많은 것으로 파악할 수 있다. 이를 불법 주정차 단속 건수와 중첩하여 분석한 결과, 일반적으로 단위면적당 생활인구가 많은 곳과 불법 주정차 단속 건수가 많은 곳이 일치하는 것을 확인할 수 있다.

특히, 대치 4동과 역삼 2동은 각각 앞서 파악했던 불법 주정차 밀집 클러스터 지역 중 한티역부터 은마아파트 사거리 사이, 역삼역 주변을 중심으로 한 테헤란로 일대에 해당한다. 이를 통해, 생활인구와 불법 주정차 발생 사이의 유의미한 양의 상관관계가 존재한다고 분석할 수 있다. 단위면적당 생활인구가 가장 높은 대치 4동에서 가장 많은 불법 주정차가 발생했다는 점에서 특히 그러하다. 생활인구가 많을수록, 자가용을 이용하는 인구가 늘어날 것이고, 주차의 수요가 늘어나기 때문에 주차장을 찾지 못한 초과 수요분이 불법 주정차로 나타나는 것이라고 추론할 수 있다.

**그림5**는 강남구의 지하철역과 **그림1**의 강남구 불법 주정차 단속 건수 지도를 중첩한 지도이다. 나아가, **그림6**은 강남구의 지하철역과 **그림2**의 강남구 불법 주정차 히트 맵을 중첩한 지도이다. 지하철과 불법 주정차 사이의 상관관계를 파악하기 위해 중첩하여 분석을 시도하였다.

일반적으로, **그림5**에서 파악할 수 있듯, 지하철역 주변에서 불법 주정차 단속 건수가 높게 나타난다. 이는, 지하철역이 있는 곳은 유동 인구가 많은 경우가 잦기 때문에, 많은 유동 인구로 인한 불법 주정차가 나타나는 것이라고 파악할 수 있다. 특히, 2호선이 지나가는 테헤란로 일대는 불법 주정차가 심하게 나타나는 밀집 지역이다. 주로 업무 시설이 모여있는 2호선 일대에서 높은 생활인구 밀도가 나타나며 불법 주정차가 다발하는 것이다. SRT 수서역 주변에서도 불법 주정차 단속 건수가 많은 것으로 나타난다. SRT를 이용하는 승객과 수서역을 이용하기 위해 일시 정차한 차량이 많기 때문에, 불법 주정차가 많은 것으로 분석할 수 있다.

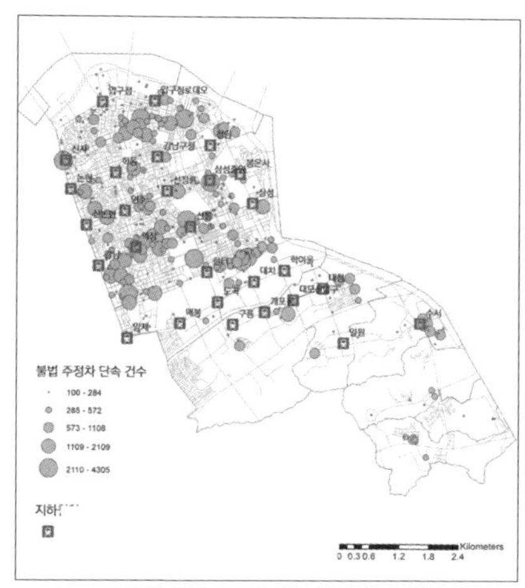


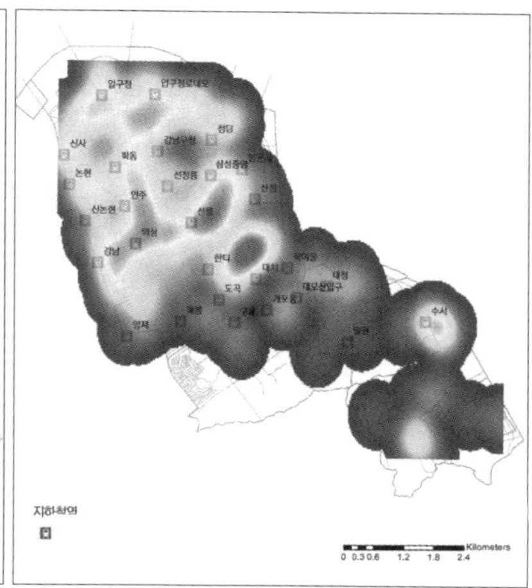

**그림5**  지하철역, 불법 주정차 중첩지도  **그림6**  지하철역, 불법 주정차 히트 맵

그러나 예외적인 경우도 있다. 지하철역이 존재하지 않는 압구정 로데오 외곽 불법 주정차 밀집 지역은 주변에 지하철역이 존재하지 않는다. 청담 씨네씨티 CGV를 기준으로, 주변 약 700m가량 지하철역이 존재하지 않음을 확인할 수 있다. 이는 유동 인구가 많은 압구정 로데오 상권 근방에 지하철이 존재하지 않아 대중교통 접근성이 떨어지고, 더 많은 유동 인구가 자가용을 이용해 방문하면서 불법 주정차가 늘어나는 것으로 분석할 수 있다. 3호선, 분당선 일대는 상업, 업무 지역보다는 주거 지역이 많기 때문에, 유동 인구보다 상주인구가 많아 불법 주정차가 단속 건수가 낮게 나타난다. 요약하자면, 상업, 업무 지역을 지나는 지하철이 있는 곳은 높은 유동 인구에 기인한 불법 주정차 밀집이 나타나지만, 예외적인 지역도 존재한다.

**그림7**은 강남구의 공영주차장 주차 대수 도형 표현도와 **그림1**을 중첩한 지도이다. **그림8**은 강남구 공영주차장 주차 대수 도형 표현도와 **그림2**를 중첩한 지도이다. 실질적인 불법 주정차 발생 원인을 파악하기 위해, 주차의 대표적 공급에 해당하는 공영주차장 주차 대수와 불법 주정차를

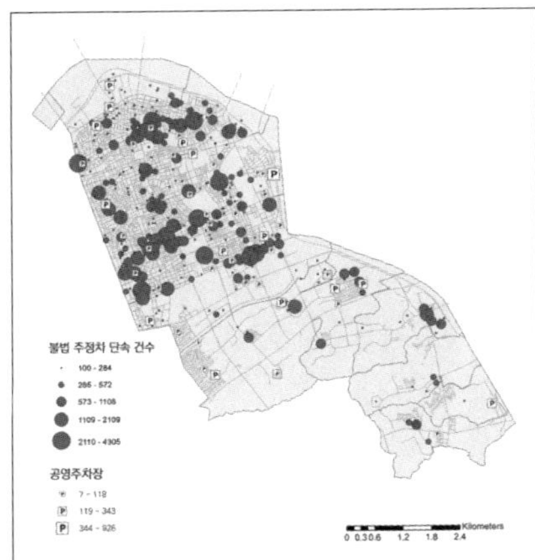


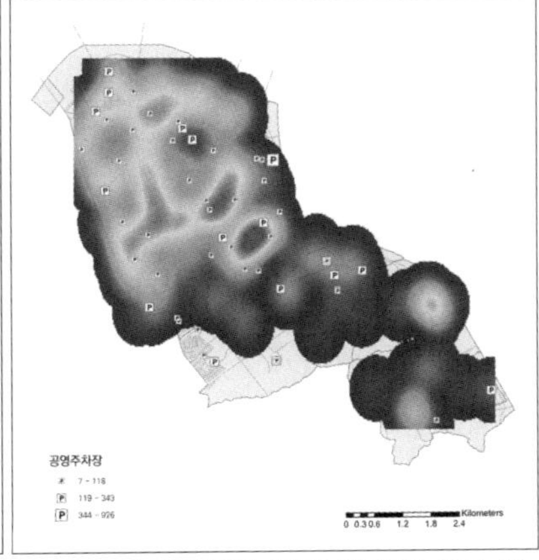


**그림7**　　공영주차장, 불법 주정차 중첩지도　**그림8**　　공영주차장, 불법 주정차 히트 맵

중첩하여 분석을 시도하였다.

　　**그림7**과 **그림8**에서, 불법 주정차 단속 건수가 많은 지역에서는 공통적으로 공영주차장이 부재한 것으로 나타난다. 특히 역삼역 일대 테헤란로의 경우, 높은 생활인구 밀도와 불법 주정차 단속 건수에도 불구하고 대규모의 공영주차장이 부재한 것으로 나타난다. 한티역부터 은마아파트 사거리 사이, 압구정 로데오 외곽도 마찬가지로 대규모의 공영주차장이 부재한 것으로 나타난다. 여기에 더해, 압구정 로데오 외곽의 경우에는 공영주차장의 부재와 불법 발레파킹 성행이 맞물리며 불법 주정차 집중 발생지역이 되었다고 분석하였다.

　　**그림8**을 보면, 전반적으로 대규모의 공영주차장이 존재하는 곳은 파란색 계열로 나타난다. 특히, 강남구청역 주변은 대규모의 공영주차장이 존재하여, 공영주차장 주변으로 버퍼와 같이 파란색의 불법 주정차 단속 건수가 낮은 지역이 나타난다. 지도를 더욱 확대하여 살펴보면, 불법 주정차 단속 건수가 높은 지역도 공영주차장이 위치하면 그 주변으로는 불법 주정차 단속 건수가 낮아지는 현상을 확인할 수 있다.

　　이를 기반으로, 공영주차장 주차 대수와 불법 주정차 단속 건수 간의 유의미한 상관관계가 있다고 분석하였다. 주변의 공영주차장 주차 대수가 많을수록, 불법 주정차 단속 건수가 눈에 띄게 줄어든다는 것이다. 이는 현재 공영주차장 주차 대수 부족에 따라 불법 주정차가 발생하고 있다고 분석할 수 있다. 따라서, 불법 주정차 문제 해결을 위한 최적 공영주차장 입지를 도출하는 것을 목표로 하였다.

**그림9**는 강남구의 토지이용을 나타내는 지도이다. **그림10**은 강남구의 토지이용과 불법 주정차 단속 건수를 중첩한 지도이다. 강남구는 전반적으로 한강 일대의 고층주택지, 도곡로를 기준으로 위쪽은 일반주택지 및 상업 업무지, 아래는 고층주택지로 토지이용이 나뉘어 있다.

상업 업무지는 주로 테헤란로를 따라서 형성되어 있는데, 상업 업무지 일대에 불법 주정차가 집중적으로 나타난다. 반면, 한티역에서 은마아파트 사거리 사이를 제외하면 일반주택지나 고층주택지 주변에는 불법 주정차가 밀집되지 않는 모습을 보인다. 즉, 강남구의 불법 주정차 문제는 주로 주거 지역보다는 비즈니스 지역에서 발생하고, 이는 상주인구보다는 유동 인구에 의한 불법 주정차 문제가 심각하다는 점을 의미한다. 특히, 일반주택지 및 고층주택지로 분류된 은마아파트 사거리 일

**그림9**　　강남구 토지이용도

**그림10**　　불법 주정차, 토지이용 중첩지도맵

대도 주거 지역에서의 주차공간 부족으로 발생한 문제보다는, 학원을 이용하는 강남구 내외의 유동 인구에 의해 발생한다. 이 점을 고려하였을 때, 강남구의 불법 주정차 문제 해결을 위해서는 장기적인 주차를 위한 주차장보다는 유동 인구를 위해 일시적 주차공간을 제공하는 공영주차장이 필수적이라는 결론에 도달할 수 있다.

본 결과 분석에서는 강남구 불법 주정차 단속 지점 데이터를 생활인구, 지하철역, 공영주차장, 토지이용 데이터와 중첩하여 분석해보았다. 그 결과, 생활인구가 많을수록 불법 주정차 단속 건수가 많았고, 이는 특히 역삼 2동과 대치 4동에서 두드러지게 나타났다. 지하철역은 특히 2호선의 비즈니스 지역을 따라 불법 주정차 단속 건수가 높은 것으로 나타났다. 공영주차장의 경우, 주차 대수가 많을수록 주변의 불법 주정차 단속 건수가 유의미하게 낮은 것으로 나타났다. 토지이용의 경우, 상업 업무지를 중심으로 불법 주정차 단속 건수가 높게 나타났다. 이 결과를 기반으로 최적의 신설 공영주차장 입지를 분석해보았다.

## V  공영주차장의 입지 최적화

### 1.  알고리즘의 아이디어 및 설정

불법 주정차 문제는 주차의 수요가 있는 지점에 주차장 공급이 부족해서 발생한다는 수요와 공급의 문제로 해석할 수 있다. 즉, 해당 문제에 대한 근본적인 해결책은 공영주차장의 공급일 것이다.

불법 주정차 문제를 가진 지점은 여러 지점에서 클러스터를 이루고 있으므로 주차장 공급을 위해선 여러 지점을 선정해야 한다. 이에 적합한 방법론을 이건학(2018)의 공공 CCTV 입지 최적화 연구에서 아이디어를 차용하였다.[14] 이 연구는 CCTV의 감시 커버리지를 최대화하는 동시에 효율성을 달성할 수 있는 CCTV 입지를 결정하기 위해 셋커버링 입지모델(Location Set Covering Problem: LSCP))과 최대커버링 입지모델 (MCLP)을 활용하고 있다. 이 둘은 모두 커버리지 모델을 구성할 때 쓰이는 함수들로 해당 연구에서는 다음과 같이 설명한다.

> "LSCP는 완전한 감시 커버리지 네트워크 구축을 고려할 때의 최적 입
> 지 대안을 살펴보기 위함이며, MCLP는 고비용 설비에 따른 예산상의
> 제약이 발생할 수 있는 현실적인 조건을 고려한 입지 대안을 보여주
> 기 위함이다."[15]

이후 위의 연구는 CCTV의 감시 거리를 설정하고 수요의 분포, 입지 후보지를 공간적으로 재현한 뒤, 두 함수를 이용한 접근을 통해 수요지점들을 효율적으로 커버할 수 있는 CCTV의 최적 입지를 결정한다.

본 연구에서 다루는 불법 주정차 문제의 경우, 불법 주정차 단속 지점이라는 명확한 수요지점이 있고, 이를 커버할 수 있는 수단으로서 공영주차장의 입지가 중요한 상황이다. 따라서 위 연구에서 활용한 방법론을 바탕으로 커버리지 모델을 구성하여도 문제가 없을 것으로 판단하였다. 선행 연구와 다른 점이 있다면, 강남의 지대를 고려했을 때 상식적인 예산 내에서 주차장을 설치하기 힘들 것이기 때문에 이론적으로 이상적인 지점을 제시하는 것에 집중하였다는 것이다. 대신 어느 정도 현실감과 효율성을 달성하기 위해 MCLP 접근에 집중하여 알고리즘을 구현하였다.

---

**14**　이건학, 2018.

**15**　이건학, 2018, p.409.

## 2. 수요분포와 입지 후보지의 공간적 재현

본 작업에서 대상으로 하는 수요지점은 불법 주정차 단속 지점이다. 불법 주정차 문제가 특별히 심각한 지역에 집중하기 위해 로컬모란지수를 이용해서 대표지점을 도출했다.

모란 지수는 전체를 기준으로 밀도가 높은 지역을 보여주는 열지도와는 달리, 지점들을 클러스터로 구분하고 클러스터 내에서 상대적으로 높은 수치를 가진 지점을 파악할 수 있는 개념이다. 이를 통해 불법 주정차 건수가 높은 H-H 클러스터에서도 그 건수가 높은 대표지점을 다음과 같이 얻을 수 있었다.

앞에서 참고한 선행 연구에서는 CCTV의 입지 후보지를 결정하기 위해 일정 간격으로 점을 찍은 그리드를 설정하였다. 본연구 또한 그리드를 고려하였으나, 공영주차장은 토지의 용도를 바꾸는 작업이기 때문에 임의의 지점을 설정하는 그리드보다는 토지이용을 고려해서 후보지를 설정하는 방식이 현실적이라고 판단하였다.

따라서 본연구에서는 기존의 토지이용 중 빌딩의 센트로이드를 입

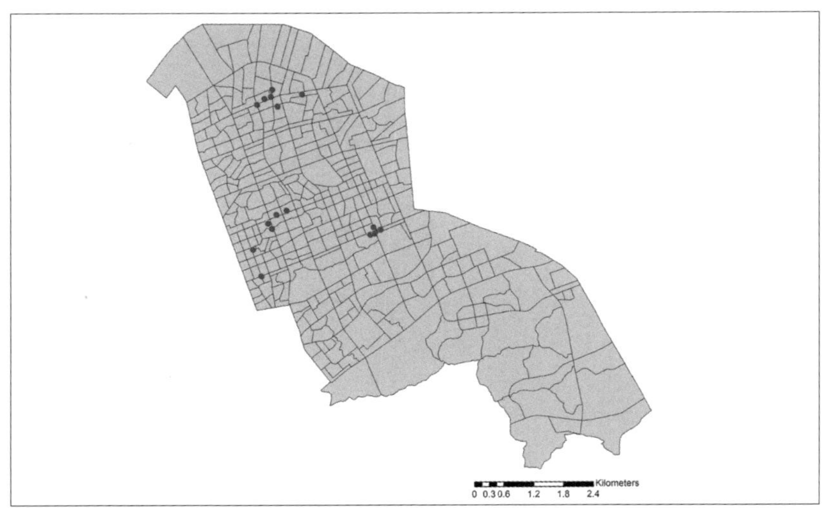

**그림11**　　로컬모란지수를 이용해 얻은 수요지점

지 후보지로 설정하였다. 빌딩이라면 주차장을 설치했을 때 지하 주차장을 넓히는 등의 방법을 통해 토지이용에 큰 영향을 주지 않는다. 또한 강남구의 빌딩은 수요지점 주변에서 비교적 균질적으로 분포하는 모습을 보이기 때문에 공영주차장 입지 후보지로 문제가 없었다. 도로명주소 DB에서 내려받은 국가기본도 중에서 빌딩 폴리곤의 센트로이드를 사용하였고 결과는 다음과 같다.

### 3. 입지 최적화 작업

위에서 설정한 주차장 수요지점, 입지 후보지에 대해 MCLP 접근을 실현하려면 마지막으로 주차장의 커버리지 거리를 정의해야 한다. 커버리지 거리란 주차장에 대한 수요가 있는 사람이 주차한 후에 다시 수요지점으로 기꺼이 걸어갈만한 거리를 의미한다. 해당 변수는 걸어서 가기에 부담이 없고, 눈앞에 목적지가 보이는 정도의 거리인 150m로 팀원 간의 논의를 통해 결정하였다.

입지 최적화 알고리즘은 python을 이용하여 구현하였다. 알고리즘

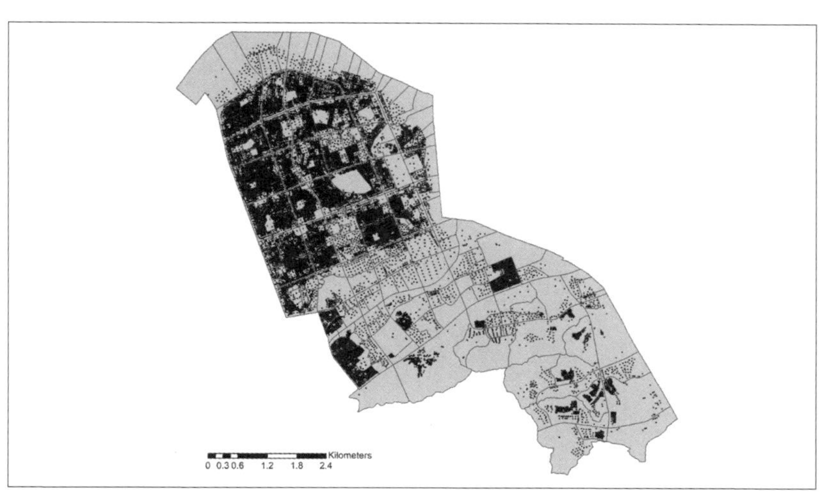

**그림12**　빌딩을 이용해 얻은 공영주차장 입지 후보지

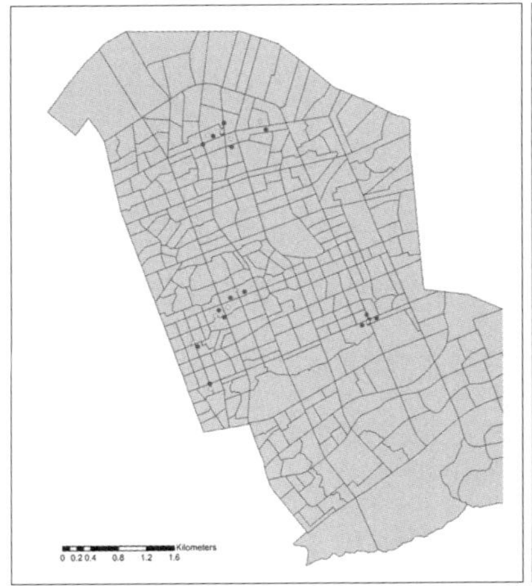
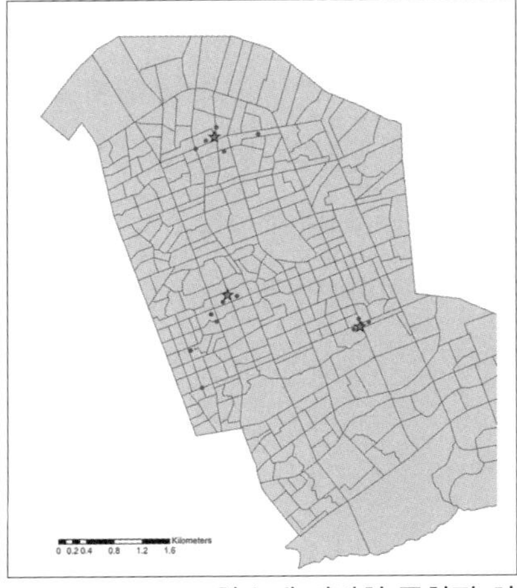



**그림13**  공영주차장 입지 LSCP 접근 결과 **그림14**  MCLP 함수에 기반한 주차장 최
적입지[16]

은 앞서 설정한 수요지점과 입지 후보지의 좌표를 정리한 텍스트 파일을 이용하여 수요지점에서 150m 내에 있는 후보지를 찾고 해당 지점에서 커버되는 수요지점을 리스트로 저장한다. 이후 고유한 커버리지 리스트끼리 비교해서 포함관계에 있는 리스트를 정리한 뒤 각 커버리지 리스트별로 대표 지점을 선정하였다. 해당 과정을 거쳐서 다음과 같은 결과를 얻었다.

**그림13**에서 수요지점인 H-H 클러스터와 주차장의 최적 입지가 각각 빨간 점, 노란 점으로 표현되었다. 빨간 점은 18개, 노란 점은 10개가 존재하는데, 지도를 자세히 관찰하면 남동쪽의 클러스터를 제외한 지역에서 빨간 점과 노란 점이 2대1 관계를 이루고 있는 것을 볼 수 있다. 현재까지의 결과가 모든 유형의 커버리지 리스트를 담은 지점들이기 때문인데, 이는 완전한 커버리지를 이루면서 그 지점을 최소화할 수 있는

---

**16**  수요지점은 빨간 점, MCLP 최적 입지는 초록 별로 표시했다.

LSCP 접근에 가깝다.

해당 결과에서 효율성을 고취하면서 연구의 주목적인 MCLP 접근을 실현하기 위해 위의 작업 이후 클러스터별로 큰 커버리지 값을 가진 후보지를 선정하도록 하였고, 결과적으로 세 개의 최적 입지를 선정하였다.[17]

## Ⅵ 불법 주정차 문제의 해결방안

### 1. 공영주차장을 활용한 불법 주정차 문제 해소

앞에서 살펴본 바와 같이 공영주차장의 설치를 통해 불법 주정차 문제의 해소를 도모할 수 있다. 강남구에서의 불법 주정차 단속 건수와 공영주차장 설치 현황을 중첩 분석해본 결과 공영주차장이 설치된 지역에서 불법 주정차 단속 건수가 낮게 나타나는 것을 확인할 수 있었다. 강남구청 인근의 200대 규모 공영주차장 주변에서 불법 주정차 단속 건수가 낮게 나타나는 것이 대표적인 사례라고 할 수 있다.

불법 주정차 문제는 '주차'할 공간이 없기 때문에 발생하는 문제이다. 따라서 공영주차장을 설치하고 주차 대수를 확대하는 것이 근본적인 해결방안 중 하나라고 할 수 있다. 본 연구에서는 로컬 모란지수를 통해 강남구 내 불법 주정차 문제가 가장 심각한 지역을 도출해내고, 최적 입지 알고리즘을 통해 불법 주정차 문제를 해소하기 위한 최적의 입지를

---

[17] 이때 남서쪽 클러스터의 극단에 있는 두 후보지 사이의 거리를 클러스터의 최대 크기(a)로 설정했고, 해당 값을 이용하여 클러스터를 구분했다. 미터 기준으로 $a^2=$ 2215463.666184767이다.

찾아내었다. 그러나 강남구는 인구가 매우 많고 서울에서 지가가 가장 높은 지역 중 하나이기 때문에 공영주차장을 신설하는 것에 현실적으로 어려움이 따른다. 따라서 기존 공영주차장을 활용하여 해결방안을 제시하는 것이 합리적이다.

먼저 기존의 공영주차장 주차 가능 대수를 확대하는 방안이 있다. 주차 가능한 대수가 증가한다면 늘어난 주차 수요에 상응하는 공급을 할 수 있게 되기 때문이다. 하지만 이 또한 제한된 강남구의 토지이용으로 인해 주차장 신설이 가지는 한계와 맥락을 같이한다고 할 수 있다.

공영주차장이 존재하더라도 비용이 높다면 사람들은 공영주차장을 이용하지 않으려 할 것이다. 주차장의 효율적인 이용을 도모하기 위하여 급지(요금)를 조정하면 더욱 효과적으로 불법 주정차 문제를 해소할 수 있을 것이다.[18]

## 2. 스마트 공유주차를 통한 불법 주정차 문제 해소

주거 지역에는 거주자 우선 주차장이 설치되어 있어 거주민 대부분은 이 제도를 이용하고 있다. 도심의 건폐율이 높은 서울의 특성상 거주지 우선 주차장이 활발히 이용되고 있지만, 이 또한 수요에 상응하는 공급이 이루어지지 못하여 효율적으로 이용되지 못하다고 할 수 있다.[19]

기존에 설치된 거주자 우선 주차장을 효율적으로 사용하기 위하여 '스마트 공유주차 서비스'가 고안되었다. 거주자 우선 주차장이 사용되고 있지 않은 시간대에 다른 사람에게 그 공간을 제공함으로써 주차 공

---

**18** 최영훈 외. 2017. "인천시 공영 주차 회전율 영향요인에 관한 연구". 『대한교통학회 학술대회지』. p.152.

**19** 김성회 외. 2019. "블록형 거주자우선주차제의 주차효율성에 관한 연구". 『대한교통 학회지』. 제 37권 1호. p.2.

간의 확대를 도모하는 것이다. 지정구획 배정자가 주차장을 비우는 시간대를 등록하면 다른 이용자가 시간별로 비어있는 공간을 사전 결제 후 이용할 수 있는 서비스이다.[20]

지정구획 배정자는 주차 공간을 제공함으로써 여러 인센티브를 제공받고, 이용자는 비어있는 주차 공간을 활용할 수 있기 때문에 모두에게 도움이 되는 제도라고 할 수 있다.

특히 본 연구의 대상지인 강남구에서는 '더강남', '파킹프랜즈' 등의 앱을 통해 스마트 공유주차 서비스를 제공하고 있다. 이 제도를 활용한다면 주정차 수요를 유인해 불법 주정차 문제를 해소하는 데에 큰 도움이 될 것이다.

### 3. 기존 시설물 활용을 통한 불법 주정차 문제 해소

기존의 시설을 활용하여 주차 수요를 분산하고, 이를 통해 불법 주정차 문제를 해결하는 것도 한 가지 방법이 될 수 있다. 고질적인 주차난을 겪어온 강남 세브란스 병원은 도곡중학교 운동장 지하에 주차장을 신설하는 협약을 맺어 주차 공간을 확대하고자 하였다. 강남구는 가용 토지가 제한되어 있기 때문에 기존의 공간을 활용하거나 다른 기관과의 협력을 통해 주차 공간을 확보하고자 하는 노력이 이루어지고 있는 것이다.[21]

롯데백화점 강남점에서 실시하는 '학부모 클럽'도 불법 주정차 해소의 대안으로 주목받고 있다. 앞에서 살펴보았듯이 대치동 학원가 일대는 자녀를 기다리는 학부모들의 불법 주정차가 빈번하기 때문에 불법 주정

---

20　강남구 홈페이지. "거주자우선주차제 '스마트공유주차서비스' 주민 참여 방법은?"

21　동아일보. 2016년 2월 15일. "학교 체육관 지어 줄게 지하 주차장 터를 다오."

차 단속 건수가 매우 높게 나타나는 지역 중 하나이다. 롯데백화점 강남점은 학부모를 대상으로 학부모 클럽 회원제를 시행하여 총 499대 규모의 주차장에 주차 수요를 유인하고 있다.[22]

이뿐만 아니라 구청, 공공기관 등과 민간 기업의 협력을 통해 유휴 주차 공간을 공영주차장으로 활용함으로써 주차 공간을 확보하고 있다. 송파구청은 롯데월드몰과의 협약을 통해 평일 유휴 주차 공간을 활용하기도 하였으며, 동래구청은 도시재생사업의 일환으로 홈플러스 동래점의 주차 공간을 확보하였다.[23]

포화된 도시 공간에서는 기존 시설물을 활용하여 주차 공간을 확보하는 것이 효율적이다. 지자체와 민간 기업이 협력하여 주차 공간을 확대하는 것이 필수적이다.

### 4. 단속 활성화 및 인식 개선을 통한 불법 주정차 문제 해소

불법 주정차 문제는 주로 단속 차량, CCTV, 민원 등으로 이루어지고 있다. 그러나 기존의 불법 주정차 민원 처리는 평균 일주일이 걸릴 정도로 업무의 효율성이 낮았다. 따라서 불법 주정차 단속을 위해 효율적인 방법들이 고안될 필요가 있다.

주정차 단속 알림 시스템(WIZSHOT)은 불법 주정차 단속 구역에 차량이 진입하면 즉시 안내 메시지를 발송하여 불법 주정차를 막는다. 또한 시내버스에 불법 주정차 단속 카메라를 설치하여 더욱 효율적인 단속을 도모하기도 한다. 실제 울산 시내버스를 통해 불법 주정차 단속을

---

22   파이낸셜투데이. 2019년 8월 4일. "롯데百 강남 '학부모 클럽', 대치동학원가 주차난 '구세주' 될까."

23   리더스경제. 2020년 10월 19일. "홈플러스 동래점, 11월부터 주차장 개방."

하면서 약 18%의 불법 주정차 단속 건수의 감소를 이루어내었다.[24]

또한 시민들이 불법 주정차 문제의 심각성에 대해 인지해야 한다. 대부분의 사람들은 불법 주정차가 심각하지 않은 문제라고 생각하고 있다. 하지만 불법 주정차가 일으키는 파장은 큰 사회문제로 대두되고 있다. 불법 주정차 차량에 의해 소방차가 진입하지 못하여 큰 피해가 발생했던 사례를 쉽게 찾아볼 수 있을 정도로 심각한 문제라는 것이다. 이러한 인식적 측면에서 개선이 이루어진다면 불법 주정차의 단속 건수가 줄어들 것이라 기대된다.


## Ⅶ 연구 정리 및 의의

불법 주정차는 매우 심각한 사회문제로 대두되고 있다. 특히 강남구에서의 불법 주정차 단속 건수는 서울시 전체 단속 건수의 약 10%에 달할 정도로 매우 심각하다. 본 연구에서는 강남구를 연구 대상지로 선정하고 불법 주정차 단속 건수 데이터, 생활인구 데이터, 공영주차장 데이터 등을 사용하여 중첩 분석을 진행하였다.

불법 주정차 단속 건수 데이터를 바탕으로 도형 표현도와 히트맵을 제작하여 그 패턴을 시각화하였다. 이를 생활인구 단계구분도와 중첩하여 생활인구가 많은 대치동, 역삼동 일대에서 유의미한 상관관계를 찾아볼 수 있었다. 또한 공영주차장 데이터 도형 표현도와 중첩하여 공영주차장 수용 대수가 많을수록 주변에서 불법 주정차 단속 건수가 낮게 나타난다는 것을 확인하였다.

---

[24] 연합뉴스. 2015년 5월 7일. "불법 주차단속 시내버스에 맡겼더니… 적발 건수 '뚝'."

또한 로컬 모란지수를 활용하여 불법 주정차의 공간적 자기상관을 정량적으로 찾아내었고 클러스터화된 지점을 추출하였다. MCLP 목적함수의 선형정수계획법을 참고하여 알고리즘을 제작하였고 최적의 공영주차장 입지를 도출해내었다.

분석 결과를 바탕으로 불법 주정차 문제의 해결방안에 대해 고민해보았다. 알고리즘에 기반하여 공영주차장 최적 입지를 제시하였고 불법 주정차 문제를 해결하기 위한 정책적·제도적 현황을 조사하였다. 불법 주정차 문제를 해결하기 위해 지자체와 민간 기업의 협력, 인식적 개선의 필요성을 제시하였다.

본 연구는 강남구 일대의 불법 주정차 단속 현황을 다각적으로 분석하였고, 그 해결방안을 제시했다는 데에 의의가 있다. 특히 정량적인 기법으로 알고리즘을 제작하여 '공영주차장'의 최적 입지를 제시하였다는 점에서 이전의 연구와 차별성을 지닌다. 또한 강남구 일대에서 이루어진 실제 사례를 바탕으로 해결방안에 대해 고민해보는 기회를 가질 수 있었다. 불법 주정차 단속 현황에 대한 다각적인 분석 결과를 통해 강남구의 불법 주정차 문제를 완화할 수 있을 것이라 기대한다.

## Ⅷ 참고 문헌

강남구 홈페이지. "거주자우선주차제 '스마트공유주차서비스' 주민 참여 방법은?" https://www.gangnam.go.kr/board/B_000063/1070962/view.do?mid=FM0211 (검색일: 2020.12.19.)

강호제. 2008. "핫스팟 분석기법(Hot Spot Analysis): 공간분석의 기초, 최근린 군집분석과 국지모란지수의 이해와 활용". 『국토』. 2008년 10월호 (통권 324호). pp.119-120.

김민희. 2019년 8월 4일. "롯데百 강남 '학부모 클럽', 대치동 학원가 주차난 '구세주' 될까." 『파이낸셜투데이』. https://www.ftoday.co.kr/news/articleView.html?idxno=110356 (검색일자: 2020.12.19.)

김성회 외. 2019. "블록형 거주자우선주차제의 주차효율성에 관한 연구". 『대한교통학회지』. 제 37권 1호.

김윤지. 2020년 10월 19일. "홈플러스 동래점, 11월부터 주차장 개방." 『리더스경제』. http://www.leaders.kr/news/articleView.html?idxno=216601 (검색일: 2020.12.19.)

김해시 공공데이터 플랫폼. 2018. "데이터 기반 주차난 분석". https://stat.gimhae.go.kr/home/content.do?menu=112 (검색일: 2020.12.10.)

서울 열린데이터 광장. 2020. "서울 생활인구 현황". https://data.seoul.go.kr/dataVisual/seoul/seoulLivingPopulation.do (검색일: 2020.12.12.)

서울특별시 도시교통본부. 2020. "교통위반단속 통계자료". https://news.seoul.go.kr/traffic/archives/35239 (검색일: 2020.11.12.)

손정렬. 2011. "모란 및 국지모란지수를 이용한 도시용수 이용의 공간패턴과 그 변화 분석". 『지역연구』. 제27권 2호.

이건학. 2018. "공공 CCTV의 공간 분포 특성과 가시 커버리지에 기반한 최적 입지". 『대한지리학회지』. 제53권 제3호.

이상원. 2018. 『불법 주정차 영향요인 분석 – 서울시 자치구를 대상으로』. 서울시립대학교 석사학위논문.

이상현. 2015년 5월 7일. "불법 주차단속 시내버스에 맡겼더니… 적발 건수 '뚝'." 『연합뉴스』. https://www.yna.co.kr/view/AKR20150507085900057 (검색일: 2020.12.10.)

장재민. 2017. "불법주정차의 사회적 비용에 기반한 주차정책방향에 대한 연구". 『교통연구』 제24권 3호.

전종헌. 2016년 12월 13일. "불법 주정차로 인한 사고 가장 많은 지역은?". 『매일경제』. https://www.mk.co.kr/news/society/view/2016/12/861603/ (검색일: 2020.12.18.)

천관율. 2018년 4월 10일. "서울시 민원 38.8%는 바로 이 문제". 『시사IN』.
　　https://www.sisain.co.kr/news/articleView.html?idxno=31596
　　(검색일: 2020.11.12.)

최영훈 외. 2017. "인천시 공영 주차 회전율 영향요인에 관한 연구". 『대한교통
　　학회 학술대회지』.

최예나. 2016년 2월 15일. "학교 체육관 지어 줄게 지하 주차장 터를 다오." 『동
　　아일보』. http://www.donga.com/news/article/all/20160215/764
　　42284/1?comm (검색일: 2020.12.18.)

# 뚜벅이들을 위한 서울대학교 관악캠퍼스 접근성 분석


김민주, 윤한도, 김민지, 유정인

(서울대학교 지리학과)



본 연구의 목적은 서울대학교 관악캠퍼스의 접근성 문제에 대한 인식을 토대로 캠퍼스 내외의 교통 접근성을 체계적으로 분석하고 시각화함으로써 서울대학교 캠퍼스 접근성 개선을 위한 기초 자료를 마련하고자 함에 있다. 관악캠퍼스에 대한 낮은 접근성은 대학 구성원의 삶의 질, 이동권, 교육권에 부정적인 영향을 끼치고 있다. 이러한 캠퍼스 접근성을 저해하는 주요 요인으로 대학이 입지하고 있는 위치, 지형 고도, 캠퍼스 면적을 고려하였다. 또한 선행 연구를 통해 특정 시설에 대한 접근성을 '목적지까지 이동하기 편리한 정도'와 '목적지까지 이동할 수 있는 서비스 기회의 정도'로 정의하고 이를 산출하여 지도상에 시각화하였다. 구체적으로, 캠퍼스의 접근성 현황을 파악하기 위해 도보 시간거리 지도, 정류장별 버스 운행 지도, 주요 결절지와 캠퍼스 간 대중교통 접근성 지도를 제작하였다. 건물 중심 도보 시간거리 지도를 통해서는 건물 간의 고도 변화에 가장 영향을 많이 받았음을 확인할 수 있었으며, 정류장별 버스 운행 지도를 통해서는 공과대학과 관악사삼거리 사이의 정류장들이 대체로 가용 노선이 많다는 점을 확인할 수 있었다. 주요 결절지와 캠퍼스 간 접근성의 경우 가용 노선 수뿐만 아니라 도로 혼잡도에 의해 결정되었는데, 특히 주중과 주말의 접근성 격차는 통근·통학의 여부, 즉 교통 혼잡의 여부에 기인하는 양상을 보였다. 접근성, 시간거리 등이 다소 임의적으로 계산되었고 버스와 도보 이외의 교통수단을 연구 범위에 포함시키지 못했다는 점이 한계로 지적될 수 있겠으나, 실제 일상에서의 중요한 교통 접근성 문제를 미시적 차원에서 살펴보고 그 대안을 시각화하여 보여주고 있다는 점에서 연구의 의의를 찾을 수 있다.

# Ⅰ 연구 배경 및 목적

　　서울대학교 관악캠퍼스의 낮은 대중교통 접근성 문제는 과거부터 꾸준히 제기되어왔다. 카카오의 모빌리티 서비스의 이용 데이터를 바탕으로 작성된 『카카오모빌리티 리포트 2018』에서 서울대학교는 카카오T 택시 전국 인기 출발지 5위를 기록하였다. 이는 타 대학들은 물론 유동인구가 많은 강남이나 홍대의 주요 지점보다 높은 순위에 해당하며, 이 결과는 관악캠퍼스의 대중교통 이용 불편을 재조명하는 사례이다. 관련된 문제의식이 이전부터 계속 존재했으며 그에 따른 교통편 개선이 끊임없이 시도되어 왔다는 점을 고려해볼 때, 이 순위는 관악캠퍼스가 가진 교통 문제가 고질적이며 심각하다는 사실을 여과 없이 보여준다.

　　관악캠퍼스의 접근성 저해 요인으로 가장 크게 손꼽히는 것 중 하나는 캠퍼스의 위치이다. 서울대학교의 정문은 가장 가까운 역인 지하철 2호선 서울대입구역으로부터 1.9km가량 떨어져 있다. 도보로 30분 이상 소요되는 거리라는 점과 자전거를 이용하긴 어려운 높은 경사도를 고려했을 때 실질적으로 교외에서 정문까지 도달하는 방법이 자차와 택시 이외에는 버스밖에 없다. 이러한 상황을 생각해보았을 때 '서울대입구역'의 역명을 '서울대저멀리역'으로 바꾸어야 한다든가, '서울대 3대 바보' 중 하나가 '서울대입구역에서 서울대학교까지 걸어가는 사람'이라는 등의 우스갯소리는 매일 학교에 가야 하는 사람들의 쓸쓸한 현실을 반영한다. 버스의 이용 역시 간단하지 않다. 서울대입구역에서 서울대 정문까지 운행하는 복수의 시내버스 노선이 존재하며, 서울대학교 측에서도 서울대입구역, 낙성대, 대학동 그리고 사당역까지 다양한 노선으로 셔틀버스를 운행하고 있지만, 여전히 부족하다는 불만이 계속되고 있다. 강남순환로의 개통으로 관악로의 교통체증이 심해진 것 역시 이용자들에게 불편을 주는 요소로 작용하였다. 지난 2018년에는 전 관악구청 국장 A씨가 "유동인구가 시(市) 수준에 육박하는 서울대는 하루 2만 대의 차량이 출입해 심각한 교통 문제를 일으킨다"고 주장하기도 했다(대학신문, 2018). 구성원의 수가 약 3만 명에 달하는 대규모의 학교임에도 불구하고 학교로 진입하는 방법은 굉장히 한정되어있는 데서 발생하는 문제이다.

관악캠퍼스에서는 학교 내에서의 이동 역시 화젯거리가 된다. 서울대학교 관악캠퍼스의 대지면적은 여의도의 절반가량에 해당하며, 정문과 제1공학관(301동) 간의 거리(약 2km)는 정문에서 서울대입구역까지의 거리(약 1.9km)보다 더 멀다. 단순히 부지가 넓은 데서 그치지 않는다. 관악산 자락에 자리를 잡은 캠퍼스 부지의 특성상 그 경사도 전혀 작지 않다. 교내에서 가장 높은 곳에 있는 제1공학관 건물의 높이는 해발고도약 258m로, 이는 남산의 해발고도 262m에 맞먹는 높이이다. 이렇게 넓은 캠퍼스 내에는 건립 중인 건물을 포함하여 약 230개의 건물이 있다. 거대한 캠퍼스의 규모는 이용자들에게는 교통에 불편을 미치는 또 다른 요인으로 작용한다. 정문이나 기숙사에서 가까운 건물의 경우에는 큰 문제가 되지 않지만, 공과대학처럼 멀리 떨어져 있는 건물의 경우에는 교내에서도 버스나 개인 모빌리티 등의 교통수단을 이용해야만 하는 상황이다. 매번 새 학기가 되면 학교 커뮤니티에 몇 동에서 몇 동까지 몇 분안에 이동 가능한지 물어보는 게시글이 우후죽순으로 올라오는 모습이나, 수업 간 이동이 힘들어 학기 초에 수강 취소를 하는 모습은 이제는일상이 되었다.

교내·외 캠퍼스의 낮은 대중교통 접근성이 문제가 되는 이유는 이것이 본질적으로 자차를 이용하지 않는 캠퍼스 구성원의 삶의 질을 저해하는 결과를 낳기 때문이다. 캠퍼스 이용에 있어 교통은 매우 중요한 요소 중 하나이다. 나아가 교내 기숙사가 전교생을 수용할 수 없고, 교내 정기 주차권 발급 불가 등의 이유로 대다수의 학생이 자차를 이용하지 못하는 상황에서 낮은 대중교통 접근성과 불편한 교통 상황은 캠퍼스 구성원의 이동권과 교육권을 침해하는 원인이 된다. 또한 이는 캠퍼스 방문객들의 이동에도 불편이 되기도 한다.

서울대학교 관악캠퍼스의 교통문제와 관련된 논의는 과거부터 계속 이루어지고 있었으나 이는 대부분이 설문조사 결과 제시와 통계 작성 및 분석에만 그쳤으며, 별도의 시각화 자료가 제작되어 이용자들에게 배포된 사례는 존재하지 않았다. 또한 서울대학교 캠퍼스맵 어플리케이션이 제작되는 등 이동 안내와 관련된 방안은 다양하고 꾸준하게 제시되고 있는 반면 학교 전 지역에서의 교내·외 접근성을 한 눈에 비교할 수 있는 방법은 존재하지 않는 것으로 보인다.

따라서 본 연구에서는 자차를 이용하지 않고 버스와 도보만으로 교내외를 이동하는 일명 '뚜벅이' 캠퍼스 구성원의 입장에서 서울대학교 관악캠퍼스 건물의 교내·외 접근성을 분석한 뒤 이를 다양한 매핑 기법을 이용하여 시각화하고자 한다. 캠퍼스 내 건물 간의 고도, 시간 거리를 바탕으로 하여 건물 간의 접근성을 분석하고, 교내에서 교내 타 지역 또는 교외로 이동하기 위하여 이용할 수 있는 대중교통의 접근성을 분석하여 나타내고자 하였다. 이는 캠퍼스의 접근성 향상을 위한 개선책 논의의 기반이 될 뿐만 아니라 본 연구의 결과물로서 제작된 지도는 학생을 비롯한 캠퍼스 구성원과 방문객의 이동 편의 증진에 직접적으로 기여할 수 있을 것이다.

## Ⅱ 이론적 배경

교통 분야에서의 접근성(accessibility)이란 일반적으로 (1) 목적지까지 이동하기 용이한 정도와, (2) 목적지까지 이동할 수 있는 서비스 기회의 정도를 일컫는다. 그러나 접근성의 정의는 연구 방법에 따라 다소 자의적으로 정의되는 경향이 있다. Lei et al.(2010)은 접근성을 대중교통 시설까지 접근하기 쉬운 정도, 목적지까지 이동하기 용이한 정도, 목적지까지 이동할 수 있는 서비스 기회의 정도로 정의하였다. 이때 목적지까지의 이동 용이성은 이동에 걸리는 시간을 바탕으로, 서비스 기회는 이용 가능한 교통 서비스의 종류와 경로 수를 바탕으로 측정할 수 있다. 하지만 이는 대중교통의 '공급' 측면의 접근성만을 측정한 것이기 때문에, 서비스가 형평성 있게 제공되는지를 파악하기 위해서는 이를 대중교통의 수요와 함께 보는 것이 필요하다.

대중교통의 수요를 측정하기 위해 우왕희(2014)는 교통카드 데이터와 건축물 단위의 인구, 출퇴근 통행 OD(Origin-Destination) 데이터를 이용해 블록 단위의 수요를 측정하는 방식을, 백종한(2016)은 딥러닝을 바탕으로 교통카드 데이터와 정류장 주변 시설물 데이터를 이용해 정류장 단위의 버스 수요를 측정하는 방식을 사용하였다. 형평성의 관점에서 대중교통 접근성을 바라보는 연구들은 수요와 공급을 비교하여 교통의 개선이 필요한 취약지나 사회적 약자가 배제되는 교통 소외지역을 도출하려는 경향을 보인다. 양현재·남현우·전철민(2018)은 정류장 단위의 OD를 분석하여 미시적 단위의 공급과 수요 불균형을 분석하였다. 이들은 대중교통의 공급을 측정하기 위해 정류장 수, 노선의 수, 이동 시간이나 이동 가능성을, 수요는 지역의 거주인구, 등록차량대수, 지가 등으로 추정한 잠재적 수요와 교통카드 데이터를 이용하였다.

여러 선행연구에 따르면 대중교통의 접근성은 (1) 시간거리의 측정 방식, (2) 서비스 이용자, (3) 교통수단의 종류에 따라 다양하게 산정될 수 있다. 이민혁·전인우·전철민(2019)은 거리 대비 이동시간을 바탕으로 상대적 시간거리를 도출하여 접근성을 산정한 반면, 박종수·이금숙(2017)은 서울 대도시권 대중교통망 그래프의 링크와 노드 가중치를 이용하여 시간 거리를 설정하였다. 서비스 이용자의 측면에서는 조대헌(2014)이 대중교통수단에 대한 의존성이 높은 고령인구의 분포를 중심으로 접근성을 도출하여 승객 특성을 고려한 새로운 접근성 개념이 상정된 바 있다. 연구자가 설정한 교통수단의 종류에 따라서도 접근성이 다르게 나타날 수 있다. 김태호·최형선·김창의·장윤정(2012)은 GIS 버퍼 공간 분석을 통해 역세권 소외지역 비율을 측정하여 도시철도의 접근성을 수치화하였다. 이와 달리 서울시 강동구 버스 이용자를 대상으로 한 버스이용 접근성을 산출해 교통 취약지를 분석한 박지영(2008)의 연구도 존재한다.

대중교통 접근성 선행 연구를 종합해보면, 접근성 연구는 대체로 대중교통의 수요와 공급을 비교하여 형평성 제고를 위한 교통 취약지를 도출해내는 경향을 보인다. 또한 연구 목적에 따라 이동 시간거리의 산정 방식, 주요 서비스 이용자 혹은 특정 지역, 특정 교통수단을 바탕으로 다양한 유형의 접근성이 산출되는 것을 알 수 있다. 이에 본 연구에서는 서울대학교 관악캠퍼스 구성원이라는 서비스 이용자의 캠퍼스 내·외부 접근성을 분석하는 것을 목표로 한다. 이때 공급 측면의 접근성을 수치화하기 위해 정류장별 가용 버스 노선 수와 이동 시간을 사용하였으며, 버스 교통카드 데이터를 이용해 수요를 측정하였다. 이동 시간거리는 대중교통 이용과 도보 이동으로 나누어 고려하였는데, 각각 시간대별 도로 교통량과 고도를 가중치로 두고 산정하여 연구를 진행하였다.

## Ⅲ 서울대학교 관악캠퍼스 알아보기

### 1. 관악캠퍼스의 고도

관악캠퍼스는 서울시, 안양시, 과천시에 걸쳐 있는 관악산 자락에 위치하고 있다. 관악캠퍼스 내에서 가장 높은 곳에 위치한 건물은 제1공학관(301동, 그림 1의 ② 위치)으로, 부지의 해발고도만으로도 189.3m에 달하며 건물 높이까지 포함한 고도는 258m로 남산과 63빌딩의 해발고도와 엇비슷하다.[1] 관악캠퍼스 정문(그림 1의 ① 위치)에 도착해 캠퍼스를 바라보면 점차 고도가 높아지며 제1공학관이 우뚝 솟아있는 모습을 볼 수 있다. **그림1**을 통해 캠퍼스의 동쪽, 특히 남동쪽의 고도가 높음을 알 수 있는데 이는 동일한 직선거리를 가지더라도 이동에 소요되는 시간이 항상 동일하지는 않음을 의미한다. 따라서 본 연구에서는 캠퍼스 내 접근성 분석을 위하여 시간거리에 고도 변화를 포함함으로써 현실성을 높이고자 했다.

### 2. 관악캠퍼스의 위치

관악캠퍼스는 서울 소재 대학 가운데 타 지역으로의 접근성이 낮은 축에 속하는데, 이는 도시철도역과의 거리에 기인한다. 도시철도는 버스에 비해 많은 인원을 수송하고, 넓은 지역을 연결하며, 정시성이 높으면서도, 배리어프리 수준이 높은 교통수단이기에, 공간에 대한 접근성을 좌우한다고 볼 수 있다. **그림2**에서 볼 수 있는 것처럼 캠퍼스 내에 머무르고 있는 구성원이 지하철을 이용하기 위해서는 대부분 가장 가까운 서울대입구역과 낙성대역으로 향하는데, 도보보다는 주로 버스나 택시를 이용하게 된다. 서울대입구역과 가장 가까운 정문이나 낙성대역과 가장

---

[1] 송성환. 2009년 10월 26일. "서울대의 최대 최고 최다."

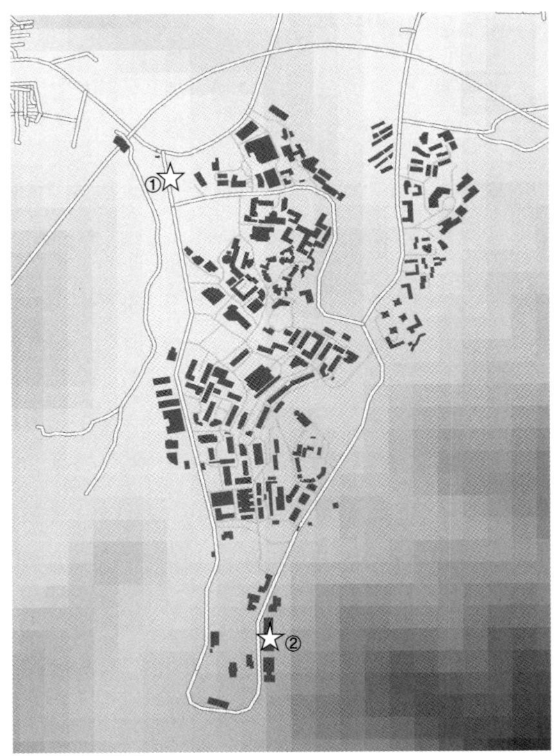

**그림1**    관악캠퍼스 고도 지도

* 진한 색일수록 고도가 높음을 의미, ① : 정문 / ② : 제1공학관

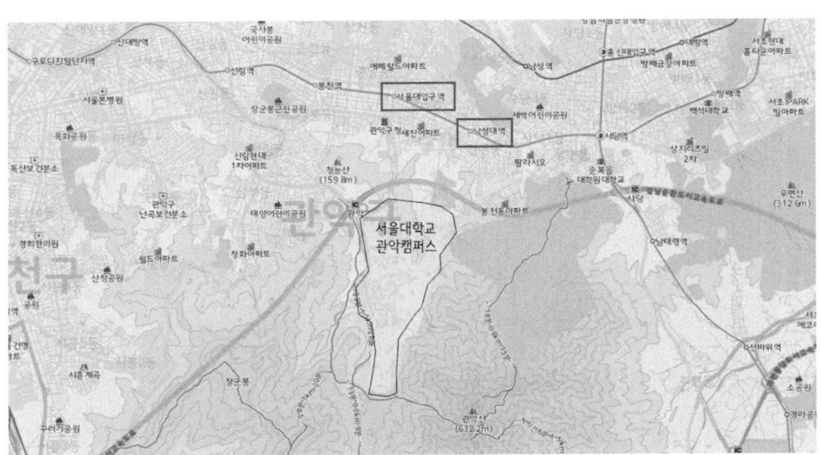

**그림2**    서울대학교 관악캠퍼스의 위치

출처: 국토정보플랫폼

가까운 관악학생생활관에서 출발하더라도 도보로 최소 20~30분이 소요되기 때문이다. 따라서 지하철을 이용하려는 캠퍼스 구성원에게는 추가적인 비용(도보를 이용할 경우 시간과 체력, 버스나 택시를 이용할 경우 금전)이 필연적으로 발생하게 된다. 캠퍼스 밖에서 캠퍼스 내로 들어오는 과정 또한 녹록치 않은데, 특히 평일 오전 서울대입구역에서 캠퍼스로 향하는 버스는 항상 가득 차 있고, 이는 캠퍼스 구성원의 삶의 질을 떨어뜨리는 주요한 원인이 되기도 한다. 캠퍼스의 낮은 접근성은 캠퍼스의 면적에도 기인한다. 관악캠퍼스의 면적은 4.109$km^2$로, 국내 대학교 캠퍼스 중 넓은 편에 속한다.[2] 이는 캠퍼스 외부의 지점과 캠퍼스 내 건물 간의 접근성 차이를 가져온다. 동일한 캠퍼스 내에 위치하고 있다고 하더라도, 서울대입구역-사회과학대학(16동)과 서울대입구역-제1공학관(301동)의 접근성은 완전히 다르다는 것이다.[3]

본 연구에서는 관악캠퍼스의 접근성 분석을 위하여 세 가지 주제의 지도를 제작하였다. 캠퍼스 내 접근성 분석을 위한 건물 중심 시간거리 지도와 정류장별 버스 운행 빈도 지도, 캠퍼스 외 접근성 분석을 위한 주요 결절지와 캠퍼스 간의 대중교통 접근성 지도이다. 지도화에는 주로 범용 소프트웨어인 QGIS[4]를 이용하였고, 추가적인 시각화에는 R의 ggplot2 패키지와 파이썬의 Matplotlib 라이브러리를 활용했다.

---

2  서울대학교. "대학현황 〉 시설." https://www.snu.ac.kr/about/overview/fact.

3  16동(사회과학대학)은 관악캠퍼스 정문에서 가장 가까운 건물 중 하나다.

4  QGIS는 데이터 분석, 편집, 시각화를 위한 오픈 소스 지리 정보 시스템 프로그램이다.

## Ⅳ 서울대학교 관악캠퍼스의 접근성 분석

들어가기에 앞서, 선행연구에서 언급했듯이 접근성은 '목적지까지 이동하기 편리한 정도'와 '목적지까지 이동할 수 있는 서비스 기회의 정도'로 정의된다. 본 연구에서는 이동하기 편리한 정도를 소요 시간으로,[5] 이동할 수 있는 서비스 기회의 정도를 버스 노선 수와 운행 빈도로 측정하였다. 첫 번째 정의는 건물 중심 시간거리 지도에, 두 번째 정의는 정류장별 버스 운행 빈도 지도에 적용되었으며 주요 결절지점과 캠퍼스 간의 대중교통 접근성 지도는 두 정의 모두와 연결된다.

### 1. 건물 중심 도보 시간거리 지도

일반적으로는 거리 측정 시 측정의 용이함을 이유로 직선거리가 사용되며, 이 경우 교통망이 복잡하지 않다면 실제 경로거리와의 차이가 미미하다. 하지만 관악캠퍼스는 도로망이 다소 복잡할뿐더러 건물별로 고도 차이가 심하기 때문에 직선거리만을 이용해 접근성을 파악한다면 현실과의 괴리가 발생할 것으로 예상했다. 따라서 OpenStreetMap을 기반으로 실제 경로를 도출해주는 OpenRouteService API를 활용하여 실제 도보 시간거리를 측정하고, 고도 변화 정도를 시간거리에 더하는 방식으로 접근성을 도출해냈다.[6] 고도 변화는 양방향으로 고려했는데, 휠체어 등의 이동 보조 기기를 이용하는 구성원의 경우 경사의 방향과 무관하게 경사 자체가 제약으로 작용할 것이기 때문이다. 총 15개의 건물

---



**5**　목적지까지 이동하기 편리하다는 것은 그만큼 이동하는데 낮은 비용이 소요된다는 것이며, 소요 시간은 비용의 일부이기 때문에 이 접근성을 소요 시간으로 측정하였다.

**6**　시간거리 = 소요 시간(분) + (|단방향 고도 변화| × 2 × 0.3). 소요 시간과 고도 변화는 모두 OpenRouteService API를 통해 가져왔다.

을 대상으로 시간거리 지도를 제작하였으며, 대상 건물의 범위에는 학생회관과 정문 외에 각 단과대학의 행정실이 위치한 중심 건물을 포함하였다.[7]

　　결론부터 말하면, 중심이 되는 건물과 비슷한 직선거리 상에 위치해 있으나 시간거리에 차이가 생기는 원인은 1) 고도 변화와 2) 직선거리와 실제 경로의 차이로 압축할 수 있다. 특히, 지도상으로는 인지하기 어려운 캠퍼스의 극심한 경사는 캠퍼스 내 여러 건물들의 시간거리에 큰 영향을 미쳤다. 먼저, 학생회관(63동) 중심 시간거리 지도(**그림3** 왼쪽 지도)를 보면, 같은 직선거리 상에 있는 건물 ①, ②에 비해 건물 ③, ④의 색이 진한 것을 볼 수 있다. 이는 학생회관(× 표시)에서 해당 건물들까지의 경로에 고도 변화가 심해 더 긴 시간거리를 가지게 되었음을 의미한다. 실제로 학생회관에서 건물 ③인 BK국제관(946동)으로 가는 경로(1.3km)에는 최고 129m, 최저 84m의 고도차가 존재하지만, 건물 ①인 우정원 글로벌사회공헌센터(153동)로 가는 경로(1.3km)에는 최고 88m, 최저 59m의 고도차만이 존재한다.[8] 전체적으로 보면 학생회관을 중심으로 퍼져나가며 색이 점점 진해지는, 즉 시간거리가 점점 늘어나는 양상을 띠고 있으나 고도 변화가 반영됨으로써 가중치가 더해진 특정 건물의 접근성이 비교적 낮은 것을 확인할 수 있다. 정문(115동) 중심 시간거리 지도(**그림3** 오른쪽 지도) 또한 유사한 해석이 가능하다. 건물 ②인 수의과대학(85동)과 건물 ①인 규장각한국학연구원(103동)은 정문으로부터의 직선거리가 비슷함에도 불구하고 다른 시간거리 범주에 속해있다. 이

---

7　사회과학대학, 인문대학, 법학대학, 약학대학, 농업생명과학대학, 공과대학, 자연과학대학, 사범대학, 음악대학, 미술대학, 수의과대학, 생활과학대학, 경영대학

8　카카오맵 경로 검색 시 '자전거'로 설정하면 경로 상의 고도 변화를 알 수 있다.

**그림3**　학생회관(63동, 왼쪽), 정문(115동, 오른쪽) 중심 시간거리 지도
* 범례는 분 단위가 아닌 시간거리, ×는 중심 건물

는 동쪽이 더 높은 캠퍼스의 특성 상 수의과대학의 고도가 규장각한국학연구원의 그것보다 더 높기에 이러한 경사가 시간거리에 반영되었음을 의미한다. 건물 ③은 이미 언급되었던 BK국제관으로, 정문에서의 해당 건물까지의 직선거리는 건물 ④인 제1공학관 부근의 건물들까지의 직선거리에 미치지 못 한다. 하지만 범례 상 동일 범주에 포함되는 시간거리를 갖는데, 이는 직선거리와는 달리 정문에서 BK국제관까지는 직선으로 관통하는 경로가 존재하지 않고 고저차가 있기 때문이다. 따라서 실제 시간거리는 직선거리보다 더욱 길게 도출될 수밖에 없다.

　　본론에서는 두 지도만을 보여주었지만, 다른 13개의 지도에서도 공통적인 설명이 가능하다. 하지만 단계구분도 간의 비교는 때때로 지양할 필요가 있는데, 이는 연구에서 어떤 분류법을 사용하였는지에 따라 결정된다. 본 연구에서는 시간거리 값의 분류 시 'Natural Break', 즉 자연분류법을 활용하였기 때문에 각 지도마다 다른 범례를 가지고 있다. 예를 들면, 중심 건물로부터 20이라는 시간거리를 가진 건물은 왼쪽 지도에서는 범례의 두 번째 범주에 속하지만 오른쪽 지도에서는 첫 번째 범주에 속하게 된다. 즉, 여러 지도는 고유의 단계를 가지기에 이들을 비교할 경우 색상만 보고 정확한 수치 값을 비교할 수 없고, 단지 전체적인 분포 양상 정도만 비교 가능하다.

또한, OpenRouteService가 타사 서비스에 비해 비교적 정확한 캠퍼스 내 경로를 제공하는 것은 사실이지만, 자차나 버스, 택시가 오가는 차도와는 달리 보도는 상대적으로 부정확하여 측정된 도보 시간거리와 실제 시간거리 상의 괴리가 일부 존재하였다. 수치의 보정을 거치긴 했으나, 일정 정도의 오차가 존재할 수밖에 없다는 것이 한계로 지적될 수 있다.

## 2. 캠퍼스 내 정류장별 버스 운행 빈도 지도

캠퍼스의 넓은 면적과 극심한 경사 탓에, 캠퍼스 내에는 셔틀버스를 포함한 여러 노선의 버스가 운행되고 있다. 이에 따라 캠퍼스 내의 버스 정류장도 무려 46개나 된다. 다만 노선별로 운행경로와 배차간격이 다르기에 정류장별로 버스 이용 기회의 정도, 즉 버스 접근성에서 차이가 발생한다. 따라서 정류장별로, 또 시간대별로 버스 운행 빈도가 어떻게 달라지는지 파악하고자 캠퍼스 내 정류장별 버스 운행 빈도 지도를 제작하였다.[9]

---

[9]  모든 정류장의 클러스터링 과정을 거쳐 24개의 로즈 다이어그램을 제작하였다.

　　운행 빈도는 R ggplot2 패키지를 활용해 로즈 다이어그램의 형태로 표현했다. 행선지별로(순환도로, 역순환, 서울대입구역, 대학동, 낙성대) 시내버스(5511, 5513, 5516), 마을버스(관악02), 학내 셔틀버스의 시간대별 운행 횟수를 모두 더한 값을 R에서 읽어 들인 후 도출된 다이어그램을 이미지로 저장해 관악캠퍼스 내 도로 레이어 위에 중첩시켰다. 시내버스와 마을버스의 운행 간격은 서울특별시에서 운영하는 대중교통 정보 홈페이지인 서울대중교통의 버스 정보를 이용하였으며, 버스 정류장별 운행 시간(첫차~막차)는 카카오맵 버스 노선 상세조회를 이용하였다. 학내 셔틀버스 운행 정보는 서울대학교 포털 공지사항을 참고하였다.[10]

　　**그림4**는 로즈 다이어그램을 캠퍼스 내 도로 레이어에 중첩시킨 결과물이다. 지도를 통해 24시간, 모든 행선지에 대한 학교 전체의 버스 운행을 한 눈에 확인할 수 있다. 시내버스·마을버스의 기종점 역할을 하는 제2공학관(③)의 운행 횟수가 가장 많으며, 관악사삼거리(①)에서 유전공학연구소·반도체공동연구소(②)에 이르는 구간의 버스 정류장의 운행 횟수 또한 상당히 많은 것을 확인할 수 있다. 특히 관악사삼거리 정류장은 운행 횟수가 많고, 모든 행선지로 향하는 버스가 운행하기에 학내 주요 교통 결절지임을 짐작할 수 있다. 또한 등교 시간대의 경우 서울대입구역 및 낙성대 교내 셔틀버스로 특정 정류장들의 접근성이 두드러지게 변화한다. 관악사삼거리 남동측의 정류장에만 낙성대행 버스가 운행되며, 반대로 농업생명과학대학(④) 정류장과 정문 간, 정문과 관악사삼거리 직전 정류장 간에는 심야 셔틀버스 5회를 제외하면 낙성대행 버스가 운행되지 않는다. 이는 불가피한 도보 이동 또는 버스 환승을 유발

---

**10**　　서울대학교. "2020학년도 2학기 셔틀버스 운행 안내." https://my.snu.ac.kr/portal/default/MS010/ko/TO050/SB010.page?category=200.

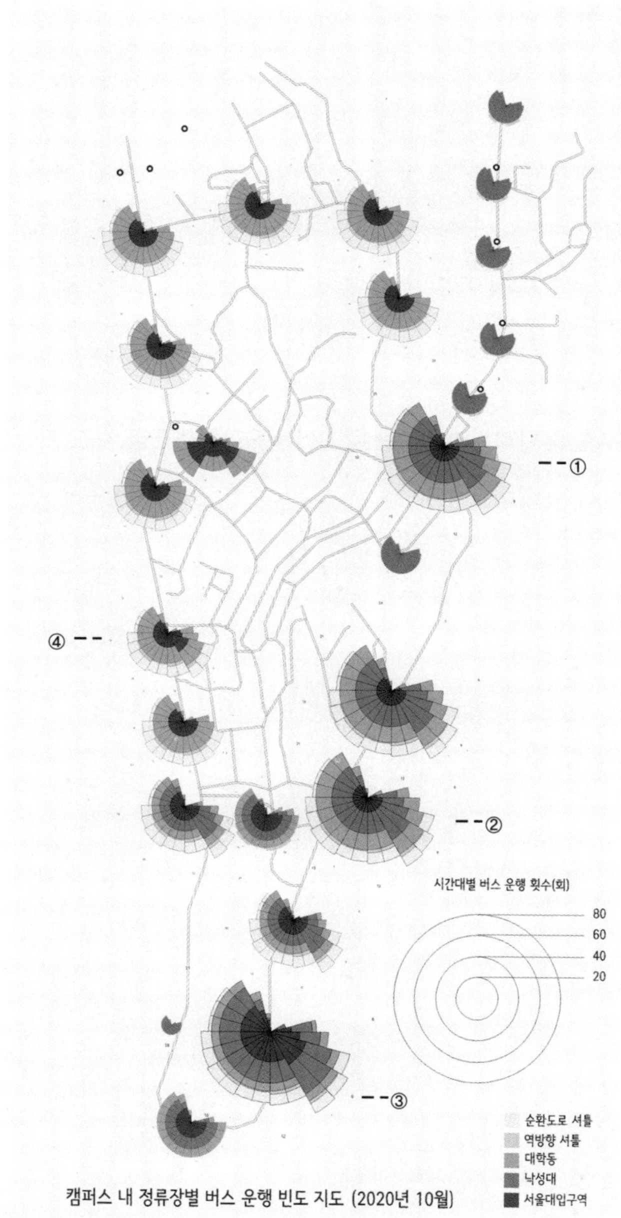

**그림4    캠퍼스 내 정류장별 버스 운행 빈도 지도**

① : 관악사삼거리, ② : 유전공학연구소·반도체공동연구소, ③ : 제2공학관, ④ : 농업생명과학대학

하며, 접근성을 낮춘다. 이 정류장들의 접근성 문제를 해결하기 위해 학내 셔틀버스인 역순환 셔틀의 운행 횟수 증대를 제안할 수 있다. **그림4**를 통해 학교 전체의 버스 운행을 한 눈에 확인할 수 있으나, 로즈 다이어그램은 원형 차트의 특성 상 원의 중심에서 멀어질수록 점차 넓어지기에 높이(원의 지름)값이 커질수록 다이어그램 넓이의 증가분은 훨씬 커진다. 따라서 높이만이 의미가 있다는 것을 인지하지 못한 지도 사용자에게 잘못된 정보를 제공할 우려가 있다.

### 3.  주요 결절지점과 캠퍼스 간의 대중교통 접근성 지도

도보 또는 대중교통을 통해 관악캠퍼스로 진입한다면, 관악산을 등산하여 넘어오는 경로를 제외하곤, 서울대입구역, 낙성대, 대학동을 반드시 거쳐야 한다.[11] 마찬가지로 관악캠퍼스에서 다른 지역으로 이동할 때에도 이 세 지점을 필연적으로 거치게 된다. 따라서, 이 세 지점을 주요 결절지점으로 설정하고, 결절지점에서 정문, 셔틀버스 정류장, 관악사삼거리까지의 연결을 담당하는 시내버스와 셔틀버스의 노선 수에 초점을 맞췄다. 세 결절지점과 캠퍼스 간의 접근성을 양방향으로, 또 주중과 주말로 나누어 분석함으로써 현실과 가까운 결과를 제시하고자 하였다. 또한, 통근 시간의 영향을 많이 받는 대중교통의 특성 상 시간대별 분석이 유의미할 것이라 생각하여 05시~익일 02시 사이를 1시간 간격으로 나누어 데이터를 수집하였다.

접근성 지표로는 TOPIS(서울시 교통정보 시스템)의 시간대별 도로 혼

---

11    물론 예외는 있다. KTX광명역 – 서울대학교 – 서울대입구역 – 낙성대역 – 사당역을 잇는 8507번 버스는 광명역에서 출발하여 강남순환로 관악터널을 거쳐 바로 서울대학교로 향한다.

잡도와 가용 버스 노선 수를 활용하였다. 도로 혼잡도가 녹색/황색/적색의 3단계로[12] 표시되어 있었기에, 각각 6, 2, 1의 가중치를 부여하고 [13] 이를 기본 소요시간, 가용 버스 노선 수와 곱하여 수치가 클수록 접근성이 높다고 보았다.

지도의 형식은 연결형 마이크로맵 도표로 이는 단계구분도의 단점을 보완하기 위해 Olsen et al.(1996)에 의해 개발되었다.[14] 이 도표는 세 개의 패널을 가지며 그 안에 각각 작은 지도(마이크로맵), 지역 이름, 통계 데이터가 들어가는데, 이 장에서는 하나의 지역이 아닌 경로, 즉 선 데이터를 연구 대상으로 하기 때문에 이 표현 방식에 완전히 적합하지는 않다. 하지만, 해당 방식의 전체적인 구조를 차용하는 데는 무리가 없을 것으로 판단해 연결형 마이크로맵 도표로 캠퍼스와 주요 결절지점 간의 대중교통 접근성을 표현해보았다. 마이크로맵은 QGIS를, 통계 그래프는 파이썬의 Matplotlib 라이브러리를 활용하여 제작하였다.

교통량을 고려[15]했기 때문에 양방향과 주중/주말의 접근성 차이가 유의미하게 존재할 것으로 예상했다. 따라서 각 결절지점은 4개의 접근성 값을 갖는다. 이는 주중에 캠퍼스로 향하는 경로, 캠퍼스에서 나오는 경로, 주말에 캠퍼스로 향하는 경로, 캠퍼스에서 나오는 경로이다(**그림5**).

---

**12**　도로 혼잡도는 적색이 가장 높고 녹색이 가장 낮다.

**13**　서울대입구역-정문 간의 경로를 기준으로 각 혼잡도 단계에서 실제로 몇 분이 소요되는지를 카카오맵으로 확인하고 TOPIS에서 제시한 혼잡도별 평균 속도를 함께 고려한 후 설정한 가중치로, 실제 소요 시간에 반비례한다.

**14**　박세진·안정용. 2013. "연결형 마이크로맵 도표를 활용한 데이터 시각화." 『통계연구』. 제18권 제2호. p. 114.

**15**　정확히는 도로 혼잡도인데, 도로 혼잡도와 교통량은 양의 상관관계가 있다고 볼 수 있다.

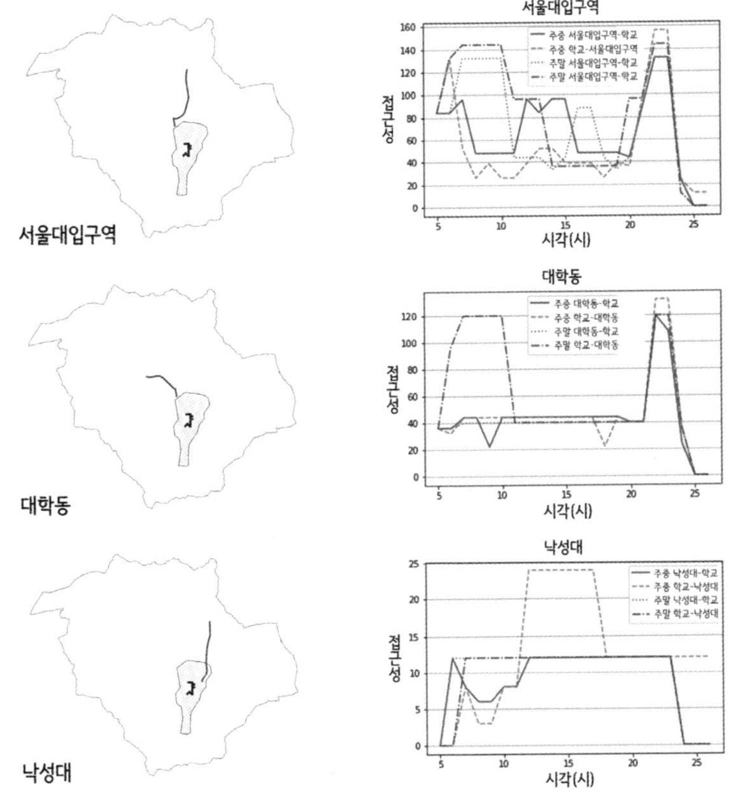


**그림5**　　주요 결절지점과 캠퍼스 간의 대중교통 접근성 지도

실선(solid) : 주중 결절지점-캠퍼스, 파선(dashed) : 주중 캠퍼스-결절지점,

점선(dotted) : 주말 결절지점-캠퍼스, 일점쇄선(dash-dot) : 주말 캠퍼스-결절지점

　서울대입구역과 캠퍼스 간의 접근성은 대학동, 낙성대와 비교해보
았을 때 평균적으로 높다. 이는 많은 노선 수에서 비롯되었는데, 주중 서
울대입구역에서 캠퍼스로 향하는 경로의 가용 노선은 12개[16]로 세 결절
지점 중 가장 많다. 또한, 주말 오전의 접근성이 주중 오전에 비해 현저

---

[16]　5511, 5513, 5515, 3500(서울대입구역(21330)-서울대학교), 6511, 750A, 750B, 6512, 501, 5528, 6515(관악구청(21139)-서울대학교), 학교 자체 운영 셔틀버스 이상 12개

히 높은데 이는 도로 혼잡도의 차이에서 비롯된 것으로 보인다. 지하철을 이용하여 등교·출근하는 캠퍼스 구성원의 경우 대체로 서울대입구역에서 하차하여 버스로 환승하기에 많은 인원이 집중되며 교통 체증이 빚어진다. 반면 대부분의 구성원들이 캠퍼스를 이용하지 않는 주말의 경우 가용 노선은 동일하지만 도로 혼잡도가 낮아 접근성이 크게 상승한다. 그러나 21시를 넘어가면 방향과 요일에 무관하게 높은 접근성을 보이다가 익일 0시가 되면 노선 수가 급감하며 접근성 또한 낮아지는 양상을 보인다.

대학동의 경우, 21시 이후에는 서울대입구역과 비슷한 접근성의 추이를 보인다. 하지만, 주말 캠퍼스에서 대학동으로 향하는 경로의 접근성이 월등히 높은데, 이 또한 도로 혼잡도의 차이에서 비롯되었다. 특이한 점은, 주중 대학동-캠퍼스 경로의 09시와, 캠퍼스-대학동 경로의 18시의 접근성이 유독 낮다는 점이다. 이는 캠퍼스 구성원뿐만 아니라 대학동 거주자들의 이동에도 영향을 받은 것으로 보인다. 서울의 높은 주택 가격으로 인해 직장인들, 특히 사회 초년생들은 직장을 강남에 두고 대학동과 같은 상대적으로 지가가 낮은 지역에 거주한다. 이들의 출퇴근 시간이 캠퍼스 구성원의 등·하교, 출·퇴근 시간과 겹친 결과 주중 09시와 18시의 교통 혼잡도가 타 시간대에 비해 월등히 높아 노선 수와 무관하게 접근성이 매우 낮게 나타난다고 해석하였다.

낙성대-캠퍼스(관악사삼거리) 간의 접근성의 경우 다른 두 결절지점-캠퍼스 간의 접근성과 달리 접근성 값이 매우 작은데, y축의 간격을 통해 이를 확인할 수 있다. 이는 낙성대와 캠퍼스를 연결하는 노선이 관악02와 일부 시간대에만 운행하는 셔틀버스뿐이라는 점에 기인한다. 그래프를 보면 주중, 캠퍼스에서 낙성대로 향하는 경로의 접근성이 월등히 높은 것이 눈에 띈다. 이는 셔틀버스의 운행과 더불어 12시가 되어 교통 체증이 완화되면서 혼잡도가 낮아졌기 때문이다. 관악사삼거리에서 낙성대로 향하는 셔틀버스는 10시~17시, 0시~2시에 운행된다. 10시~11시는 오전 수업이 있는 구성원의 평균적인 등교시간이기에 혼잡도가 높다가, 12시가 되면 이동량이 점차 줄면서 17시까지 높은 접근성을 유지하게 된다. 낙성대에서 관악사삼거리로 향하는 셔틀버스의 경우 08시~11시에 운행되는데, 해당 시간대가 등교 시간인 탓에 워낙 교통량이 많다. 따라서 셔틀버스 운행으로 인한 노선 증가의 효과가 상쇄되어 접근성이 주말의 동일 시간대에 비해 낮은 수준에 머무르는 것을 확인할 수 있다.

## V 결론 및 제언

서울대학교 관악캠퍼스의 낮은 접근성 문제는 이전부터 지속적으로 제기되어 왔다. 관악캠퍼스의 접근성을 저해하는 요인으로 캠퍼스의 위치와 면적, 고저차와 교통 정체, 버스 운행경로 및 배차간격 등이 복합적으로 작용하고 있다. 낮은 접근성이 문제가 되는 이유는 자차를 이용하기 어려운 캠퍼스 구성원의 삶의 질과 관련되어 있기 때문이다. 교통과 접근성은 캠퍼스 이용의 중요한 구성 요소인데, 이것이 여의치 않을 경우 캠퍼스 구성원의 이동권, 더 나아가 교육권을 침해하게 된다. 본 연구에서는 자차를 이용하지 않는, 일명 '뚜벅이' 캠퍼스 구성원을 위하여 관악캠퍼스 건물의 교내·외 접근성을 분석하고 이를 시각화하였다. 접근성의 정의는 '목적지까지 이동하기 편리한 정도'와 '목적지까지 이동할 수 있는 서비스 기회의 정도'를 채택하였다.

OpenRouteService API에서 고도와 시간거리 데이터를 추출하여 만든 건물 중심 도보 시간거리 지도에서는 직선거리보다 현실 반영 정도가 높은 시간거리 분포를 확인하였다. 총 15개 건물의 접근성을 지도에 시각화하였는데, 중심이 되는 특정 건물에서 같은 직선거리 상에 위치하고 있더라도 그 경로의 고도 변화 정도 혹은 곧바로 연결하는 도로의 존재 여부에 따라 시간거리가 달라진다는 점이 공통적으로 적용되었다.

캠퍼스 내 정류장별 버스 운행 빈도 지도는 로즈 다이어그램을 통해 표현하여 시간대별 가용 노선 수를 거시적으로 파악할 수 있었다. 관악사삼거리에서는 서울대입구역, 낙성대, 대학동 등 주요 결절지점으로 향하는 버스를 이용할 수 있고 셔틀버스 또한 정차하므로 해당 정류장이 가장 많은 서비스 기회를 가진다. 또한, 캠퍼스 깊숙이 자리하고 있어 도보 접근성이 매우 낮은 공과대학도 상대적으로 높은 버스 접근성을 가지는 것으로 나타났다.

마지막으로, 주요 결절지점과 캠퍼스 간의 대중교통 접근성 지도는 연결형 마이크로맵 도표 형식으로 제작하였다. 캠퍼스와 서울대입구역, 대학동, 낙성대 간의 버스 접근성을 분석하였으며, 가용 노선 수와 도로 혼잡도를 접근성 결정 요인으로 설정하였다. 특히, 도로 혼잡도는 시간대에 따라 변화 양상이 매우 역동적이기 때문에 하루에도 접근성이 큰 폭으로 변화하는 모습을 확인할 수 있었다. 대학동-캠퍼스 간 접근성의 경우 대학동에 거주하는 직장인의 통근 시간에 영향을 받았고, 낙성대-캠퍼스 간에는 버스 노선 수가 적어 비교적 낮은 접근성을 가지고 있었다.

그렇다면 캠퍼스의 이러한 낮은 접근성을 어떻게 해결할 수 있을까. 현실적으로 도보 접근성의 신속한 개선은 어렵다. 캠퍼스의 고도나 면적은 변화시키는 데에는 상당한 비용이 소요될 수밖에 없기 때문이다. 따라서 가장 현실적인 접근성 개선 방안은 버스 운행 빈도의 확대이다. 주요 결절지점과 캠퍼스 간 경로는 외부 요인이 크게 영향을 줄뿐더러 스케일이 상대적으로 크기 때문에, 분석에 보다 용이한 캠퍼스 내 정류장별 버스 운행 빈도 지도를 중심으로 접근성 개선 방안을 제안하고자 한다. 이는 캠퍼스 외부의 접근성과도 무관하지 않은데, 대부분의 버스가 교내와 교외를 직접 연결해주기 때문이다. **그림4**의 지도는 대중교통 서비스의 공급을 보여주고 있으므로, 2020년 10월 T-MONEY 사용 데이터를 서비스의 수요로 간주하고 이를 지도화하여 비교해볼 것이다.

2020년 10월 한 달 간 캠퍼스 내 버스정류장 중 가장 많은 승하차 인원이 기록된 정류장은 바로 제2공학관 정류장(21275)이다. 이는 해당 위치에서의 이용자, 즉 버스 서비스에 대한 수요가 큼을 의미한다. 서비스의 수요 정도를 나타내는 **그림6**에서도 제2공학관이 가장 많은 가용 버스 노선을 갖는 것을 확인할 수 있다. 정리하자면, 제2공학관은 정문과 멀리 떨어져 있어 이동에 소요되는 비용은 가장 큼에도 불구하고 높은 수준의 버스 서비스 수요가 존재하며 이에 대응하기 위해 그만큼의 공급 또한 이루어지고 있다. 정확한 수치의 비교를 위해서는 추가적인 데이터와 공식의 도입이 필요하기에, 여기서는 수요와 공급이 어느 정도 일치하는 지를 확인하는 정도에서 그치기로 한다.

**그림4**와 **그림6**의 가장 특징적인 차이는 관악학생생활관(관악사) 지역(지도 우상단 사각형)에서 찾을 수 있다. 이 지역에서 서비스를 제공하는 노선은 관악02와 셔틀버스뿐이다. 이는 5,000여 명의 관악사 사생과 낙성대역에서 하차하여 버스로 환승하는 통학생의 수요를 만족시키기에는 부족하다고 판단된다. 예를 들어 글로벌생활관(915동)에서 서울대입구역으로 이동하기 위해서는 관악사삼거리까지 올라가 5511 노선으로 환승하거나, 관악02를 타고 낙성대역까지 내려가서 461 노선 등으로 환승 혹은 도보로 움직여야만 한다. 대학동으로의 접근성은 이보다 훨씬 낮은 수준이다. 따라서, 관악사와 서울대입구역·대학동 간의 연결을 더

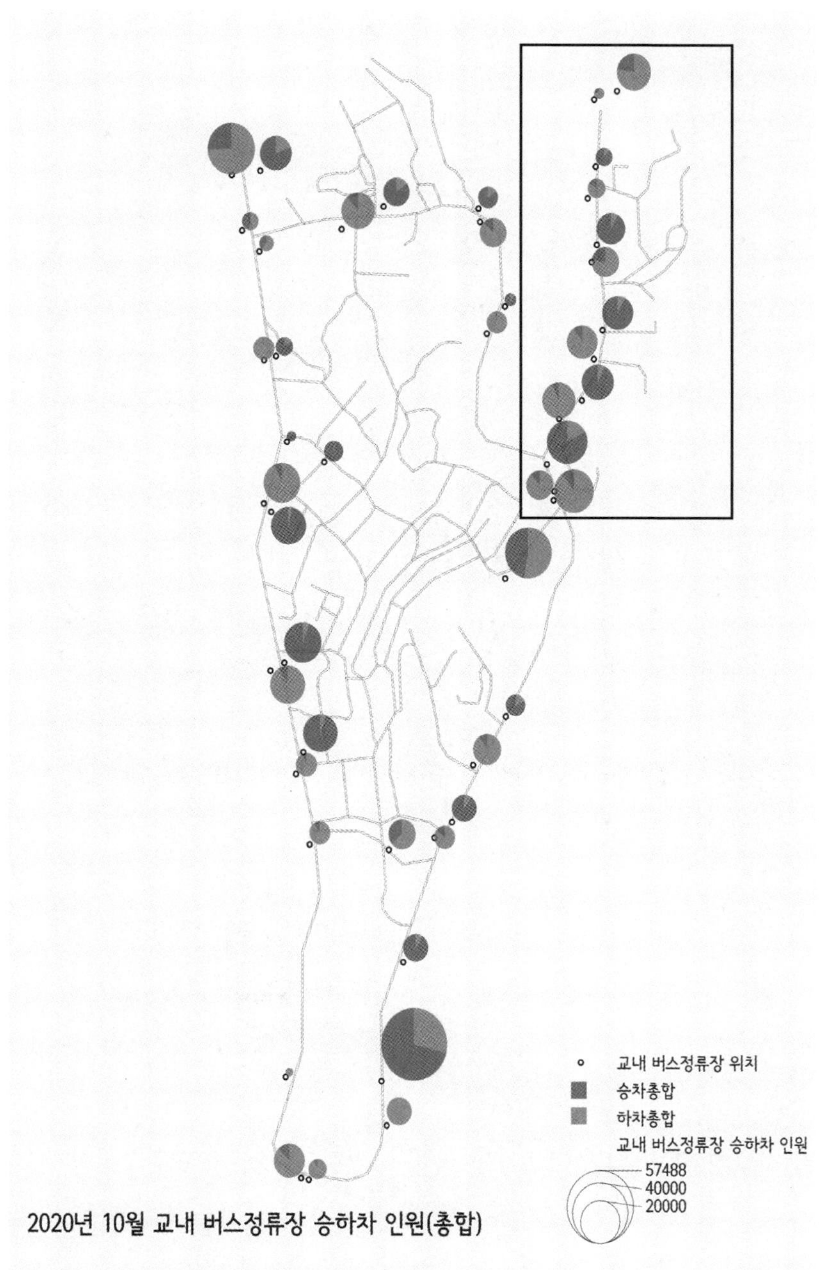


**그림6**  캠퍼스 내 정류장 승하차 총인원 지도

* 사각형은 관악사삼거리와 낙성대를 연결하는 관악사 지역

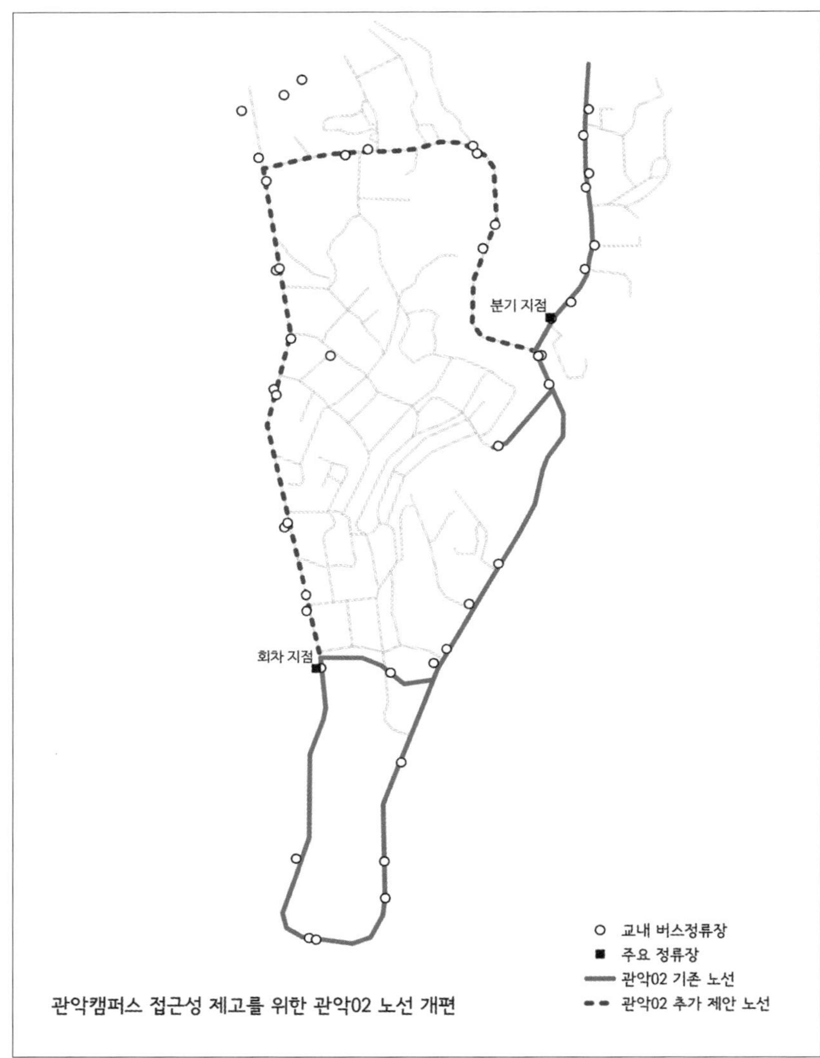


**그림7**    관악캠퍼스 접근성 제고를 위한 관악02 노선 개편

욱 긴밀히 할 수 있는 방법이 필요하다. 먼저, 낙성대로의 접근성이 떨어지는 지점과 관악사가 버스로 연결될 수 있도록 노선을 연장 혹은 변경할 수 있다. 관악사 지역의 이동을 담당하는 관악02 노선을 중심으로 개편안을 제안하고자 한다(**그림7 참고**).

**그림7**에서 기존의 관악02 노선은 실선으로 표시가 되어 있다. 낙성대역 4번 출구 부근에서 출발한 관악02 버스는 관악사삼거리를 거쳐 캠퍼스 남측방향으로 운행한다. 그러다 공대폭포 삼거리에서 서측(우회전)으로 꺾은 뒤 신소재 정류장(회차 지점으로 표시된 정류장)을 지나 캠퍼스를 마저 돌아 다시 낙성대역으로 향하게 된다. 해당 노선은 정문과 비교적 먼 공과대학을 캠퍼스 내의 다른 지역과 연결해주며, 캠퍼스 근처의 주요 결절지점인 낙성대역까지 바로 이동할 수 있는 경로를 제공해준다. 하지만, 이는 낙성대역에서 캠퍼스로 향하는 구성원과 캠퍼스 북동쪽 가장자리에 위치한 생활관 사생들에게는 캠퍼스 북측 접근이 어려움을 의미한다. 타 단과대나 서울대입구역, 대학동 등지로 이동하기 위해서는 관악사삼거리에서 하차하여 다른 노선으로 환승을 하거나 도보를 이용해야 한다. 이는 추가적인 비용의 소요를 가져와 이동에 제약이 될 수 있다.

새로 제안하는 안은 다음과 같다(**그림7, 그림8 참고**). 낙성대역에서 출발한 관악02가 대학원생활관 정류장에서 분기되어 관악사삼거리에서 우회전한 후 신소재 정류장에서 회차하여 다시 낙성대역으로 향하는 노선을 적절한 시간대에 추가적으로 운영하는 것이다. 이는 기존에 관악사와 곧바로 연결되지 못 했던 사회대, 자연대, 농생대 구성원에 추가적인 대중교통 서비스를 제공할 수 있다. 뿐만 아니라, 관악사 사생들의 서울대입구역·낙성대로의 접근성 향상에 기여할 수 있다. 물론 새로 제안한 노선은 관악사와 이 거점들을 곧바로 연결하지는 못한다. 다만, 이 노선이 경영대 정류장(21282)과 서울대정문 정류장(21269)을 거치기 때문에 거점들로 향하기 위해서는 해당 정류장 중 한 곳에서 하차하여 서울대학교 정류장(21127, 21128)에서 타 노선으로 환승하기에 용이해진다.

이는 관악사삼거리 정류장에서 거점들로 향하는 노선, 즉 5513(서울대입구역행), 5516(대학동행), 혹은 순환셔틀로 환승하는 것과 별반 다르

**그림8**　　노선 개편에 따른 신규 정류장 위치

지 않아 보일 수 있다. 하지만, 서울대학교 정류장과 서울대입구역 정류장(21252), 관악구청 정류장(21130)을 연결하는 노선은 굉장히 많기에[17] 5513 노선에만 의존해야 하는 사생들에게 넓은 선택의 범위를 제공할 수 있다. 대학동의 경우에도 마찬가지로, 관악사삼거리에서 정문 방향으로 직행하는 5516 버스를 타면 신림2동차고지 정류장(21842)까지밖에 갈 수 없다. 대학동이나 신림역을 목적지로 두고 있다면 관악사삼거리에서 캠퍼스를 한 바퀴 돌아 빠져나가는 5516 노선을 선택해야 하는데, 이는 소요 시간 측면에서 그리 유리하지 못 하다. 본 연구에서 제안한 관악02 노선을 이용한 후 환승할 경우, 서울대학교 정류장(21127)에서 대학동으로 가는 6513, 6514 노선이 있으며 서울대정문 정류장(21299)에

---

**17**　5511, 5513, 5515, 6515(서울대입구역), 501, 750A, 750B, 5528, 8541, 6511(관악구청) 등

서는 캠퍼스를 막 빠져나가려는 5516을 탈 수 있다. 더불어, 캠퍼스 건너편의 또 다른 서울대학교 정류장(21376)에서는 5528과 6512를 이용할 수 있다.

또한, 제안한 관악02의 분기 후 노선은 순환셔틀과 그 경로를 일부 공유하기 때문에 제안 노선의 실효성에 의문이 제기될 수도 있다. 하지만 순환셔틀이 심야 시간대와 토·일·공휴일에 운행하지 않는다는 점을 고려할 때 본 연구에서 제안한 노선, 즉 관악02 노선의 운행 계통 세분화는 관악사 사생을 포함한 여러 캠퍼스 구성원의 삶의 질 개선에 기여할 수 있을 것으로 기대된다. 더불어 특정 시간대에 캠퍼스를 거치지 않고 관악사와 서울대입구역을 바로 연결하는 셔틀버스를 운행하여 불필요한 환승을 줄이고 보다 다양한 서비스를 공급하는 방안도 있다.

본 연구는 서울대학교 관악캠퍼스의 교통 접근성을 미시적으로 살펴보고 개선을 위한 대안을 모색하였다. 연구 배경에서 '뚜벅이'를 위한 접근성 분석을 표방하였으나, 가용 데이터의 부재로 교통약자들의 이동권과 밀접한 관련이 있는 저상버스, 그리고 빈번하게 이용되는 공유 모빌리티 등 버스나 도보 이외에 캠퍼스 내에서 주요하게 이용되는 수단들에 대한 분석을 시도하지 못했다는 한계가 있다. 또한, 도보 시간거리의 가중치나 접근성 등을 자의적으로 정의해 계산하거나 임의의 보정 작업을 거쳤기 때문에 분석의 정확도가 다소 낮을 우려가 있다. 그럼에도 불구하고 본 연구는 다음과 같은 의의를 갖고 있다. 캠퍼스라는 일상적인 공간이 가진 문제를 인식하는 데 그치지 않고 이를 연구 주제로 발전시켰는데, 불편함을 주는 것은 명백하지만 '어쩔 수 없이 감내해야 하는 것'으로 간주되었던 문제를 재조명함으로써 캠퍼스 구성원들과의 문제의식 공유를 가능케 했다. 뿐만 아니라 실세계 공간 문제를 설문조사나 통계 수치와 같은 일반적인 재현 방식을 넘어 지도로 시각화함으로써 독자들로 하여금 보다 직관적으로 현상을 이해할 수 있도록 도왔고, 다양한 시각화 도구와 표현 방식을 사용하여 지도의 다양한 활용성에 대한 시야를 넓히는데 기여했다.


## Ⅵ  참고 문헌


공공데이터포털. "서울시 버스정류소 좌표 데이터(2019.07.10.)." https://www. data.go.kr/data/15051741/fileData.do.

국가공간정보포털. "건물통합정보_마스터." http://data.nsdi.go.kr/data-set/12623.

국가공간정보포털. "도로명주소 건물." http://data.nsdi.go.kr/dataset/14783.

국가공간정보포털. "수치표고모델(DEM)." http://data.nsdi.go.kr/data-set/20001.

국가공간정보포털. "행정구역_읍면동(법정동)." http://data.nsdi.go.kr/data-set/15145.

국토정보맵. http://map.ngii.go.kr/ms/map/NlipMap.do?menu=emap.

김태호·최형선·김창희·장윤정. 2012. "교통복지를 위한 서울시 도시철도 역세권 소외지역비율 비교 연구."『대한토목학회지』. 60(10).

대학신문. 2018년 5월 20일. "누군가 서울대의 미래를 묻거든, 고개를 들어 관악을 보게 하라." http://www.snunews.com/news/articleView.html?idxno=18268.

박종수·이금숙. 2017. "서울 대도시권 대중교통체계의 통합 시간거리 접근성 산출 알고리즘 개발."『지역 연구』. 33(1).

박지영. 2008.『버스이용의 접근성 차이에 따른 교통취약지 분석 서울시 강동구 버스 이용자를 대상으로』. 경희대학교 석사학위논문.

백두산. 2020년 9월 8일. "수험생 절반, 선택 기준은 '대학 이름'."『e-대학저

널』. https://www.dhnews.co.kr/news/articleView.html?idx-
no=128273.

백정한. 2016. 『스마트 카드 데이터를 통한 버스 수요 예측에 관한 연구 : 딥러
닝을 활용하여』. 중앙대학교 석사학위논문.

서울 열린데이터 광장. "서울시 도로구간 위치정보." https://data.seoul.go.kr/
dataList/OA-11679/M/1/datasetView.do.

서울대학교. "2020학년도 2학기 셔틀버스 운행 안내."
https://my.snu.ac.kr/portal/default/MS010/ko/TO050/SB010.page?catego-
ry=200.

서울시 교통정보 시스템 TOPIS. https://topis.seoul.go.kr/.

서울특별시 서울대중교통. https://bus.go.kr/.

서형석, 최지선. 2018년 6월 11일. "제한속도 '30' 소용없는 캠퍼스, 나흘에 한
번꼴 교통사고."『동아일보』. https://www.donga.com/news/Soci-
ety/article/all/20180611/90515914/1.

양현재·남현우·전철민. 2018. "시간거리 접근성과 교통카드 기반 통행량을 이
용한 OD별 잠재적 대중교통 서비스 개선량 분석."『한국지리정보학
회지』21(2).

우왕희. 2014. 『공공데이터를 이용한 기종점 통행량 추정방안 연구』. 명지대학
교 박사학위논문.

이민혁·전인우·전철민. 2019. "상대적 시간거리 기반 대중교통 접근성."『대한
공간정보학회지』. 27(5).

조대헌. 2014. "서울의 고령일인가구 분포와 대중교통 접근성."『한국도시지리
학회지』. 17(2).

카카오모빌리티. 2018년 10월 8일. "카카오모빌리티 리포트 2018" https://
brunch.co.kr/@kakaomobility/19.

티머니, "2020년 10월 교통카드 통계자료." t-money.co.kr/ncs/pct/ugd/
ReadTrcrStstDtl.dev?useYm=202010&rgtDtm=20201103105418.

황연수. 2013년 4월 7일. "서울대 교통환경, 버스 대기줄 길고 주차장 부족."『대

학신문』. http://www.snunews.com/news/articleView.html?idx-no=12656.

Lei. Ting L. and R. Church. 2010. "Mapping transit-based access: integrating GIS. routes and schedules." *International Journal of Geographical Information Science*. 24. pp.283-304.

## Ⅶ 부록

서울대학교 관악캠퍼스 접근성 분석 보고서(온라인 게재).
http://bit.ly/SNUmapping

# 2부

# 사회혁신교육 프로젝트

학생 연구 보고서 – 2021년 1학기

# 3장   사회학과 〈사회학연구실습〉

## I  수업 소개

### 1.  일반 개요

| 수업명<br>(부재) | 사회학연구실습 | 교수자명 | 권현지 |
|---|---|---|---|
| 대학 명 | 사회과학대학 | 학부/학과 명 | 사회학과 |
| 수업 유형 | 전공선택<br>(17학번까지는 전공필수) | 수강 인원 | 16 |
| 수업 목적 | 코로나19 상황 하 한국 사회에서 발생하고 있는 다양한 영역의 사회적 문제들과 이와 관련하여 사회적 가치를 복원하고자 하는 새로운 접근들을 소개하고, 학생들은 이에 대해 문제를 분석하고 함의를 도출하는 자율연구를 진행한다. | | |
| 주요 교재 | Babbie, Earl R. 2020. The Practice of Social Research. Cengage Learning.<br>김현미. 2020. "코로나 시대의 '젠더 위기'와 생태주의 사회적 재생산의 미래".『젠더와 문화』13(2): 41-77.<br>김혜경. 2017. "'가족 이후'의 대안적 친밀성: 비혼 청년층의 공동주거 사례를 통해 본 돌봄과 우정의 공동체 실험".『한국사회학』51(1): 155-198.<br>삼성증권 리서치센터 ESG연구소. 2021.『ESG, 자본시장의 뉴 노멀(New Normal)』. 삼성증권.<br>서이종 편. 2013.『학문후속세대를 위한 연구윤리』. 박영사.<br>유형근. 2015. "청년 불안정노동자 이해대변 운동의 출현과 성장: 청년유니온과 알바노조".『아세아연구』58(2): 38-77.<br>은기수. 2020. "코로나19 팬데믹과 자녀 돌봄의 변화".『월간노동리뷰』188: 35-49.<br>임동균. 2020. "코로나 시대의 시민사회".『철학과 현실』126: 163-180. | | |

<table>
<tr><td rowspan="2">주요 교재</td><td>조흥식·정선욱·김진숙·권지성. 2015. 『질적 연구방법론: 다섯가지 접근』. 학지사.</td></tr>
<tr><td>홍두승. 1987. 『사회조사분석』. 다산.</td></tr>
</table>

## 2. 수업 일정

<table>
<tr><td rowspan="30">수업<br>일정</td><td>제1주: 강의 개요 설명 및 잠재적 연구 주제 논의</td></tr>
<tr><td>제2주: 사회학 연구의 과정 강의 및 팀 구성 (총 5개 팀)<br>    조별활동: 연구 주제 확정 및 연구계획서 작성</td></tr>
<tr><td>제3주: 주제별 전문가 특강 1: 사회학 연구와 연구 윤리 (주윤정, 서울대학교 사회발전연구소 선임연구원)<br>    조별활동: 문헌연구 및 연구 문제 구체화</td></tr>
<tr><td>제4주: 주제별 전문가 특강 2: 사회적 가치와 노동, 청년 (조성주, 정치발전소 대표)<br>    조별활동: 문헌연구 및 리서치 디자인</td></tr>
<tr><td>제5주: 주제별 전문가 특강 3: 사회적 가치와 젠더 (김현미, 연세대학교 문화인류학과)<br>    조별활동: 커버레터 작성 및 반구조화 질문지 작성</td></tr>
<tr><td>제6주: 주제별 전문가 특강 4: 커뮤니티와 청년주거 (김혜민, 민달팽이협동조합 이사장)<br>    주제별 전문가 특강 5: 사례조사 자료 정리 기법 및 방법론 특강, NVivo 프로그램 실습 (배진선, Carleton University, Canada)</td></tr>
<tr><td>제7주: 조별 현장 조사 및 데이터 정리</td></tr>
<tr><td>제8주: 주제별 전문가 특강 6: ESG 경영과 국내 기업의 대응 (박란희, 임팩트 온 대표)<br>    조별활동: 현장 조사 및 데이터 정리, 중간보고서 제출 및 교수 면담</td></tr>
<tr><td>제9주: 조별 현장 조사 및 데이터 정리, 1차 발견 정리</td></tr>
<tr><td>제10주: 1차 주요 발견 보고 및 토론<br>    조별활동: 1차 발견 정리 및 자료 분석</td></tr>
<tr><td>제11주: 주제별 전문가 특강 7: 기술 발전과 기업 윤리, 그리고 사회적 가치 (박상현, 코드미디어 디렉터)<br>    주제별 전문가 특강 8: IT 기술을 이용한 시민참여: 커뮤니티 매핑 (임완수 커뮤니티매핑센터 대표)<br>    조별활동: 자료 분석 및 2차 주요 발견 보고서 작성</td></tr>
<tr><td>제12주: 연구논문 작성법 강의<br>    조별 활동: 연구논문 개요 작성</td></tr>
<tr><td>제13주: 2차 주요 발견 보고 및 토론, 2차 주요 발견 보고서 제출<br>    조별활동: 연구 논문 작성</td></tr>
</table>

| 수업<br>일정 | 제14-15주: 기말보고서 발표 및 토론, 기말보고서 제출<br>조별활동: 연구 논문 작성 |
|---|---|

## 3. 팀/개인 프로젝트 개요

| 프로젝트<br>개요 | 코로나19 상황 하 한국 사회에서 발생하고 있는 다양한 영역의 사회적 문제들과 이와 관련하여 사회적 가치를 복원하고자 하는 새로운 접근들 중 관심에 따라 조별로 주제를 선정하여 해당 사회적 문제를 분석하고 함의를 도출하는 자율연구를 진행한다. |
|---|---|
| 프로젝트<br>결과 | 5개 팀이 총 5개의 주제를 선정해 자율연구를 진행했음.<br><br>1조: 돌봄 서비스가 행정-거버넌스 체계를 경유하여 실현되는 과정에 내재하는 취약성 – 지역아동센터 종사자들의 경험을 중심으로<br>2조: 불안정 노동자의 대안적 연대는 가능한가? – 라이더유니온의 사례를 중심으로<br>3조: 코로나 19를 경험한 청년의 돌봄 인식은 어떻게 나타나는가 – 서울지역 대학생을 중심으로<br>4조: 코로나19 이후 아이 돌봄 편중화 양상과 그 해결 방안에 관한 연구: '엄마'를 둘러싼 관계의 재편을 목적으로<br>5조: 코로나19 방역 참여의 사회적 요인에 관한 연구: 자아연출, 감시 그리고 신뢰 |

# Ⅱ 수업 주제 해설: 사회학연구실습

**권현지**(서울대학교 사회학과 교수)
**윤병훈**(서울대학교 사회학과 박사과정)
**최예령**(서울대학교 사회학과 석사과정)

돌아보건대, 갑작스런 COVID-19가 던진 충격에 휩싸인 채 1년여를 지내고 맞이한 2021년초 한국사회에는 상반된 분위기가 공존했다. 백신이 개발되었다는 소식이 타전되면서 'COVID-19 이후'를 구체적으로 상상하게 된 사람들의 위태롭지만 들뜬 기대가 피어오르기 시작한 동시에, 장기국면에 들어선 팬데믹 상황에서 간신히 고립과 불안정을 버텨가는 사람들도 늘어갔다. 상당수 사회 구성원들은 COVID-19가 강요한 삶의 방식을 새로운 '정상 상태'로 여기며 나름 적응해갔지만, 필요한 경제적, 사회적 자원을 지니지 못한 이들에게 시간이 약이 될 수는 없었다. 급박하게 도래한 변화 앞에 삶의 방식을 시급히 적응시키는 것이 지난 1년간 각자 개인 삶에 주어진 과제였다면, 지속적인 마모가 드러낸 취약성과 지속불가능에 직면하고 보다 근본적인 방편 마련은 전사회가 짊어지게 된 과제였다.

사회혁신교육연구센터의 사회문제해결형 교과목으로 선정된 '사회학연구실습'은 학생들로 하여금 팬데믹 상황에서 드러난 한국 사회 문제를 포착하고 지속가능 사회를 위해 복원되어야 하는 새로운 가치가 무엇인지를 구체적으로 고민하는 계기를 제공하는데 그 목적을 두었다. 한 학기 동안 진행할 강좌는 두축으로 디자인되었다. 한편으로는 새로운 사회적 가치에 대한 전문가들의 문제의식과 실험을 수강생들에게 소개하고, 다른 한편으로는 수강생들이 자율연구를 통해 팬데믹이 제기한 핵심 문제를 발굴하고, 그 문제에 대한 사회적 실천 함의를 모색하도록 하는 기초 연구를 진행하도록 하는 것이었다. 학생들이 학기 초 받아 든 대 주제는 '팬데믹과 사회적 가치, 그리고 새로운 사회적 접근'이었다. COVID-19이 삶의 다양한 영역에 미친 파장과 그 안에서 타진되는 새로운 가치의 역동성을 탐구하는 연구 프로젝트가 다섯 개의 팀 속에서 구체화 되었다.

수업은 수강생들의 자율연구를 통한 문제의식의 발전을 중심에 두고 크게 두 가지의 방향으로 이루어졌다. 먼저, 사회의 다양한 영역에서 사회적 가치를 복원하기 위해 이루어지고 있는 이론적 고민과 사회적 실험을 각 영역에서 활동하고 있는 전문가 연사들의 특강을 통해 소개했다. 학기 전반에 걸쳐 수강생들은 노동, 젠더, 청년 주거, ESG(Environmental, Social and Governance), 기술 발전과 시민 참여 등의 영역에서 활발한 활동을 펼치고 있는 여덟 명의 연사들의 특강을 듣고 토론을 진행했다. 시민사회 활동가에서 학계 연구자에 이르기까지 다양한 배경을 가진 연사들은 수강생들에게 여러 주제 영역의 최근 동향뿐만 아니라 각 사안을 둘러싼 다양한 활동 주체의 상이한 역할과 입장을 접할 수 있는 기회를 제공했다. 수강생들은 각 연사가 특강 전 미리 제공한 참고자료와 문헌을 읽고 질문과 코멘트를 강의게시판에 올렸으며, 이를 중심으로 연사와의 질의응답과 토론이 진행되었다. 또 학생들은 특강을 수강하면서 새로운 사회적 가치의 복원 및 사회적 실험의 전개라는 맥락에서 자신들의 연구 문제와 관심을 구체화하고 발전시켰다.

수업의 나머지 한 축은 이러한 수강생들의 자율 연구 수행에 맞추어졌다. 학생들은 앞에 소개한 대주제 하에 연구 주제와 대상 선정, 연구 문제 도출, 자료의 수집과 분석, 결과 보고와 소논문 집필에 이르는 사회학적 연구의 전과정을 수행했다. 연구의 전 과정에 걸쳐 교수와 조교들이 강의와 면담을 통해 학생들의 연구를 밀착 지원하는 방식으로 이

루어졌다. 연구의 계획 단계, 현장 조사 및 자료 수집 단계, 분석과 발견
사항의 정리 단계, 그리고 최종 소논문 작성에 이르기까지 단계별로 조
별 면담이 이루어졌으며, 1·2차 발견 보고서와 최종 보고서 작성 시에
는 교수와 조교들이 수강생들의 제출물에 대해 개별 피드백을 제공함으
로써 사회학 연구의 결과 보고와 연구결과물 작성에 대한 교육을 제공
하고자 했다. 강의와 팀별 피드백을 통해 연구 문제의 구체화, 설정한 문
제를 중심으로 기존 연구에 기반한 방법 및 분석틀 설정, 데이터 수집 및
정리 방법, 정리된 데이터 분석과 변수간 논리적 연관성 도출, 발견에 대
한 이론적, 실천적 함의 도출에 대한 학생들의 접근을 심화시켰다. 연구
과정에서 팀워크, 및 지식의 전파 방법에 대한 학습이 강조되기도 했다.
수업은 수강생들이 조별로 작성한 최종 보고서를 발표회를 통해 공유하
고, 그에 대해 서로 코멘트를 주고 받는 토론으로 마무리되었다.

　　이와 같은 과정을 거쳐 수강생들은 총 5편의 소논문을 완성했다.
"돌봄 서비스가 행정-거버넌스 체계를 경유하여 실현되는 과정에 내재
하는 취약성 – 지역아동센터 종사자들의 경험을 중심으로", "불안정 노
동자의 대안적 연대는 가능한가? – 라이더유니온의 사례를 중심으로",
"코로나 19를 경험한 청년의 돌봄 인식은 어떻게 나타나는가 – 서울지
역 대학생을 중심으로", "코로나19 이후 아이 돌봄 편중화 양상과 그 해
결 방안에 관한 연구: '엄마'를 둘러싼 관계의 재편을 목적으로," "코로
나19 방역 참여의 사회적 요인에 관한 연구: 자아연출, 감시 그리고 신
뢰" 등 흥미롭고도 진지한 노력을 바로 알아 볼 수 있는 다섯 편의 논문
이 제출되었다. 제목에서 드러나듯이 공공 돌봄 서비스와 불안정 노동,
청년 세대의 돌봄 인식과 가정 내 젠더적 돌봄 편중의 문제, COVID-19
방역 참여의 사회적 요인에 이르기까지 수강생들은 다양한 사회문제에
대해 경험적인 논거를 활용하여 현상을 분석하고, 그에 내포된 사회적

함의를 도출하며, 현실적인 대안을 제시하는 실천적 연구 과정을 경험하고 내실있는 결과물을 제출했다. 특히 다섯편 중에 세편이 COVID가 드러낸 돌봄위기와 '돌봄'의 사회적 가치 복원이라는 주제에 파고들었는데 이는 학생들의 젠더와 무관한 관심이었다는 점에서 특기할만하다. 한편, 각각의 연구들은 구체적인 주제와 연구 관심, 연구 방법에 있어서는 차이를 보이면서도, 공히 COVID-19 상황이 한국 사회의 맥락에서 드러내는 취약한 고리들의 작동을 탐구하고, 그에 대한 대응으로서 추구될 수 있는 새로운 사회적 가치를 타진하는 데에 관심을 가졌다. 팬데믹 상황 속에서 연구를 진행하면서, 수강생들은 연구 대상을 확보하는 데에도 어려움을 경험했을 뿐만 아니라 비교적 새롭게 등장한 사회적 현상을 분석함에 있어서 분석의 자원과 틀을 새로이 구축해야한다는 점에서 추가적인 어려움을 감내해야했다. 그러나 이와 같은 연구 상황의 어려움들은 도전적인 과제를 수강생들에게 제시하여 새로운 생각을 촉진하는 동시에, 수강생들로 하여금 새로운 가치를 고민하는 과정을 직접적으로 경험할 수 있게 해주었다는 점에서 의의가 있다.

COVID-19 상황으로 인해 교수와 조교들과 수강생들은 3번째 학기에도 서로 만나지 못한 채 학기를 마무리해야 했다. 수강생들은 조별 연구를 함께 수행하는 동료들과도 쉽게 대면 회의를 계획할 수 없었으며, 자신들이 탐구하고자 하는 연구 대상과의 관계 또한 제한될 수밖에 없었다. 이러한 아쉬움에도 불구하고, COVID-19라는 사회적 연결의 위기 속에서, 스스로 그 파고를 정면으로 마주하면서, 그 안에서 이루어지는 다양한 시도들을 연구한 경험으로서 2021학년도 1학기 '사회학연구실습' 수업이 수강생들에게 의미 있는 경험으로 남을 수 있기를 희망한다. 이번 학기의 수업에서 시작된 문제의식과 탐구가 수강생들이 살아갈 삶에서 다양한 방식으로 싹을 틔울 수 있기를 기대한다.

# 코로나 19 돌봄공백과 젠더화된 아이돌봄
## : 엄마로서의 경험을 중심으로[1]

•


오정윤 · 김하정 · 김재민

(서울대학교 미학과 · 사회학과 · 자유전공학부)



유례없는 팬데믹 위기 속에서 학교와 어린이집이 문을 닫으며 돌봄공백이 발생하고 많은 여성이 노동시장에서 이탈하는 등 현재 한국 사회 여성의 위기는 다중으로 배가되고 있다. 따라서, 기존 아이 돌봄의 주체로서 호명되는 '엄마'의 부담을 조명할 필요성이 대두되고 있다. 이에 본 연구는 팬데믹 위기가 어떠한 경로를 거쳐 여성으로의 아이 돌봄 편중으로 이어지는지, 그리고 과연 이 돌봄의 젠더 편중이 사회적인 방법으로 해소되고 있는지를 살피고자 하였다. 이를 위해 본 연구는 코로나 이후 노동시장에서 이탈하였으며 자녀를 돌보고 있는 여성 5명을 대상으로 심층면담을 진행하였고, 그 과정에서 그들의 심리를 중점적으로 살펴보았다.

연구 결과, 코로나19 이후 노동시장의 이탈과 돌봄 공백의 대응 과정에서의 아이 돌봄의 부담 가중은 여성들이 기존에 가정과 지역사회, 국가와 관계를 맺는 방식과 깊게 연관되어 있었다. 코로나19 이전에 봉합되어 있던 불평등과 모순들이 팬데믹 위기를 맞아 드러나기 시작한 것이다. 돌봄 노동의 젠더 편중이 지역사회 그리고 국가의 돌봄 정책 및 서비스 등에 의해 효과적으로 해소되지 못하고 있는 정황 역시 확인할 수 있었다. 이에 본 연구는 돌봄 편중 해소를 위해 사회적 돌봄이 필요함을 주장하면서, 한국 사회에서 '엄마'가 가정, 지역사회, 고용시장, 국가 등과 관계를 맺어온 방식이 각 차원에서 모두 재편되어야 함을 드러내 보였다.


---

[1] 이 연구는 서울대학교 사회학과 권현지 교수님이 지도하는 『사회학연구실습』 수업에서 연구비를 지원받아 수행하였습니다.

## Ⅰ 서론

### 1. 연구 배경

코로나 19가 전세계적으로 퍼지면서 대한민국 역시 수차례 대유행을 경험하였고, 방역당국은 감염병 위기경보를 주의단계에서 경계단계로 격상하는 등 특단의 조치를 취하였다. 이에 교육부는 2020년 2월 27일 긴급회의에 따라 영유아를 대상으로 하는 보육 및 교육기관인 유치원과 어린이집에 전국적으로 휴원령을 내렸다. 정부의 방역 긴급조치는 국내 대유행 주기에 따라 수차례 반복되며 돌봄의 공백 문제를 초래하고 있다.

코로나 19가 사회 전반에 걸쳐 큰 충격을 야기한 가운데, 특히 스스로 건강과 안전을 의식하고 적절한 대응수칙을 내면화하기 어려운 영유아에 대한 집중적인 관심과 보호가 상당히 요구되었다. 팬데믹 이전 영유아의 돌봄과 양육은 어린이집, 유치원 및 기타 보육 기관이나 도우미 등 제3자를 통해 수행되어온 경향이 있었다. 하지만 팬데믹 범유행에 따라 각급 학교 및 보육시설은 휴교·휴원하였고, 결국 밀접 접촉을 필수적으로 요구하는 보육 돌봄에 가족이 핵심 대응단위로서 기능하게 되었다. 최은영(2020)은 코로나 상황 전후 자녀 양육의 변화를 조사하며, 약 60% 이상이 자녀 양육을 위한 서비스 이용에 변화를 경험하였고, 특히 가정 내 양육으로 전환하거나 조부모, 친인척의 도움을 받는다는 응답이 대부분을 차지함을 확인하였다. 또한, 은기수(2020)는 「COVID-19와 한국의 아동 돌봄조사」 결과를 소개하였는데, 이 조사에 따르면 맞벌이로 일하는 여성의 경우 코로나 19 이전에는 하루에 5시간 정도 자녀를 돌보던 것에서 6시간 47분으로 아이 돌봄시간이 크게 늘었다. 전업주부의 아이 돌봄 시간은 9시간에서 12시간 38분으로 증가했다. 남성의 아이 돌봄 시간도 코로나 19 이전보다 증가하기는 했으나, 맞벌이 남성의 경우는 3시간에서 3시간 54분으로 늘어난 정도에 불과했으며, 홑벌이 남성은 3시간 30분으로 30분 정도 증가하였다.

남녀 모두 팬데믹 이후 양육 부담이 늘어난 것으로 조사되나, 돌봄 부담을 책임지는 핵심주체는 주로 여성으로 드러났다. KDI에 따르면, 돌봄 공백의 위기에서 아이 돌봄에 대한 부담은 성별에 따라 다르게 작용한다. 코로나 19 위기에서 여성 노동의 공급 측 요인을 분석한 결과, 39세에서 44세의 여성의 '취업 → 비경제활동 이행확률'이 상대적으로 크게 높은 것으로 나타났는데, 이는 학교의 폐쇄로 인해 여성이 돌봄노동 부담을 떠안으며 경제활동을 스스로 중단한 것이 주된 요인이었다. 한편, 여성이 아이 돌봄을 수행하는 과정에 있어 비자발적인 요인 역시 주목해야 한다. 동 연구에서 KDI는 코로나 19 위기 상황 속에서 노동의 수요 측면에서도 기혼 여성의 고용률이 하락하였음을 제시하기도 하였다. 특히 팬데믹 충격으로 인해 그 수요가 크게 축소한 산업분야에서 남성과 여성의 종사자 비중이 다른 경우 두드러진 차이를 보이는데, 고용충격이 특히 컸던 상위 3개 업종 (교육, 숙박 음식업, 보건업, 사회복지 서비스업)에서 여성 취업자의 비중(39%)은 남성 취업자(13%)의 약 세 배에 달하는 만큼, 많은 여성이 비자발적으로 실업 상태에 놓인 것을 유추할 수 있다.

이에 본 연구는, 위 통계 자료를 통해 알 수 있는 바를 넘어서서 가정 내 아이 돌봄을 수행하는 여성들의 직접적인 목소리를 통해 돌봄 노동 가중의 양상을 경험적으로 파악해보고, 그에 맞는 해결책을 강구해보고자 한다.

## 2.  연구 목적과 연구 질문

전례없는 코로나 19 팬데믹으로 인한 돌봄 공백의 위기 속에서 여성이 주된 양육자로서 아이 돌봄의 책임을 떠맡게 되었다. 이러한 문제의식을 바탕으로 포스트-코로나 시대에는 새로운 돌봄 사회로의 총체적인 전환을 논의해야 한다는 담론이 부상하기 시작하였다. 따라서 다양한 연구들에서 통계 데이터를 기반으로 코로나 19 이후 돌봄 위기 상황을 분석하였는데, 대표적으로 최윤경(2020)은 초등학생 3학년 이하 자녀를 둔 주 양육자를 대상으로 한 온라인 설문조사를 통해 가정 내 자녀 돌봄 시간의 증가 추이와 돌봄 서비스 이용 실태를 분석하였다. 반면 정익중(2020)은 이러한 코로나 19 위기 상황에서 자녀 양육을 중심적으로 수행하는 가정 내 어머니의 심리와 고용 상태를 질적으로 분석하는 연구가 미흡함을 지적하였는데, 이는 가정 내 무급 돌봄 노동을 수행하는 여성의 목소리를 직접적으로 담은 연구가 필요함을 보여준다.

이에 본 연구는 팬데믹으로 인한 변화와 위기에 대응하는 여성의 맥락과 심리를 이해하기 위한 연구를 설계하였다. 특히 여성의 팬데믹 전후의 구체적인 노동 경험이 아이 돌봄과 어떠한 상관관계를 갖는지 혹은 일과 가정 사이의 선택을 하는 엄마의 정서와 심리는 어떠한지를 주로 관찰하였다. 또한, 돌봄을 조력할 가족 및 네트워크의 유무 혹은 국가의 돌봄정책 제도 및 서비스가 팬데믹 위기 속 엄마의 돌봄노동 편중 현상에 어떠한 영향을 미쳐왔는지, 그리고 그들의 심리 및 정서와 어떤 맥락으로 연결되는지를 구체적으로 탐구하였다. 이를 바탕으로, 기존 사회에서 확인할 수 있었던 여성들이 가정, 지역사회, 고용시장, 국가 등과 관계를 맺는 방식에서 기인하는 불평등을 조명하고, 팬데믹을 계기로 가시화된 여성의 아이 돌봄 부담을 덜 수 있도록 사회적 관계를 재편하는 방안을 다양한 층위에서 모색하였다.

구체적으로, 편향적으로 비공식 돌봄노동의 주 책임자가 되어버린 여성의 정신적, 육체적 부담을 완화할 수 있는 정책의 방향성으로서 돌봄의 사회적 역량 제고를 제언하였다. 종래와는 달라질 경제 및 고용상황 속에서 국가의 돌봄-고용-사회안전망 등 사회정책체계를 전면적으로 재검토하는 새로운 패러다임이 한국 사회에서 논의되고 있다. 팬데믹 위기가 새로운 사회적 가치를 모색하는 기회가 될 수 있는 만큼, 본 연구는 그러한 측면에 대한 시야를 넓히는 데 기여할 수 있다. 이는 '젠더 평등'의 관점에서 돌봄 공백의 문제와 사회정책을 종합적으로 분석함으로써 팬데믹 위기 국면을 새로이 고찰할 수 있기에 가능하다.

따라서, 본 연구가 알아보고자 하는 바는 아래 두 연구 질문으로 정리될 수 있다.


1) 코로나 19로 인한 변화는 가정 내 여성의 아이 돌봄에 어떠한 영향을 미쳤는가?

2) 여성의 아이 돌봄 가중의 문제점은 어떤 형태로 파악될 수 있으며, 따라서 어떠한 방식의 해결이 요구되는가?


먼저 코로나 19로 인해 여성들이 겪고 있는 노동시장, 가정 등에서의 총체적인 위기 양상을 문헌 자료를 통해 살펴볼 것이다. 그리고 코로나 19가 가정 내 여성의 아이 돌봄에 어떤 영향을 미쳤는지를 알아보기 위해, ①여성의 고용 시장에서의 변화와 가정 내 아이 돌봄 노동 수행은 어떠한 관계가 있는지, 구체적으로 ②여성으로의 가정 내 아이 돌봄 편중화는 어떤 요인들에 영향을 받았으며, 그것이 여성들에게 어떤 심리적 변화를 일으켰는지를 본 연구에서 수행한 인터뷰를 밝혀내고자 한다. 또한, ③돌봄 정책 및 서비스는 여성의 아이 돌봄 노동 수행에 과연 유의미한 도움을 주고 있는지, 그렇지 않다면 그 이유는 무엇인지도 인터뷰를 통해 살펴볼 것이다.

두 번째로, 인터뷰 자료에서 포착되는 바에 따라 여성의 아이 돌봄 가중을 어떤 형태에서 파악할 수 있는지, 그에 따른 해결책은 무엇인지를 살펴보기 위해 ①여성으로의 돌봄 편중화 현상을 여성이 가정, 지역사회, 고용시장, 국가 등과 맺고 있는 관계를 중심으로 파악할 것이다. 결과적으로는 ②그 관계에서 발생하는 돌봄 편중을 해결하기 위해 여성을 둘러싼 사회적 연결은 어떻게 재편성되어야 하는지를 앞서 밝혀낸 관계 양상에 근거하여 제언하고자 한다.

다시 말해 본 연구는, 코로나 19로 인한 변화가 가정 내에서 여성의 돌봄 부담 가중에 어떤 영향을 미쳤는지, 그 문제점은 종합적으로 어떤 역학으로서 파악될 수 있는지, 따라서 어떠한 방향의 해결을 도모해야 하는지를 밝혀내고자 한다.

## Ⅱ  연구 방법과 대상

### 1.  연구 방법

본 연구는 크게 두 가지 방식을 통하여 이루어졌다. 우선 코로나 19 이후 성별에 따른 고용 시장의 변화나 여성의 실업률 통계 등 객관적인 지표를 통해서 여성들이 처한 상황을 분석하였다. 또한, 이러한 문헌 연구에 더해 본 연구는 앞서 제시한 연구 질문에 대한 답을 구하기 위해서는 가정 안에서 여성들이 구체적으로 수행하고 있는 돌봄의 모습과 여성들이 코로나 이후의 돌봄의 변화를 어떻게 의미화하고 있는지를 살펴볼 필요가 있다고 판단하였다. 따라서 본 연구는 심층 인터뷰를 통해서 아이를 돌보는 여성의 구체적인 삶의 모습을 살펴보았다.

본 연구는 팬데믹 상황 이후 노동시장에서 이탈하였거나 추후 재진입을 고민하고 있는 0~12세 아이를 돌보는 기혼 여성을 연구 참여자로 선정하였다. 이들은 어린이집 및 초등학교 폐쇄로 인한 돌봄의 공백에 가장 취약한 집단이며, 선행연구를 통해 알 수 있듯 여성의 노동시장 참여 양상이 돌봄 위기에 대응하여 크게 변화하였기 때문이다. 이들이 행한 선택의 이유와 심리적 소외 및 불안을 조명하는 것은, 향후 엄마의 사회적 관계맺음 방식으로 인한 불평등 해결을 위한 방향을 제언한다는 점에서 큰 의미가 있으리라 판단되었다.

## 2. 연구 대상

본 연구는 코로나 19 팬데믹 이후 유치원, 어린이집 등에 아이를 보내는데 심리적 부담을 느껴 아이를 돌보는데 더 시간 및 노력을 쏟아야 한다고 판단하여 노동시장으로부터 이탈하였거나 고민하는 여성을 대상으로 진행되었다. 이들 중에는 코로나 19로 인해 촉발된 경제적인 어려움으로 인해 노동시장에 재진입을 고려하고 있는 여성 또한 존재한다. 본 연구는 노동자와 돌봄 수행자의 위치가 교차된 상황에서 여성들이 가정 안과 노동시장에서 겪고 있는 갈등과 이에 대처하는 방법, 나아가 이를 의미화하는 방식을 심층 인터뷰를 통해서 살펴보았다.

연구 참여자는 주로 온라인 맘카페를 통하여 모집하였다. 맘카페는 다양한 고용 형태 및 직종을 가진 여성들이 모이는 커뮤니티이다. 이러한 커뮤니티에 연구자들이 연구자 모집 게시글을 올리고, '고용, 재취업, 해고, 복직, 퇴사, 육아 휴직' 등의 키워드로 검색하여 자신의 고민에 관한 게시글을 올린 여성에게 연구에 대한 설명 및 인터뷰 요청을 보내는 형식으로 대상자를 모집하였다.

심층 인터뷰를 통해서 물어본 질문은 크게 네 가지로 분류된다. 첫째는 여성의 노동 경험이다. 인터뷰 참여자의 이전 노동 경험에 관한 질문과 출산 및 현재 상황 사이의 경력 단절, 코로나 이후 노동 및 일자리와 관련하여 느낀 전반적인 감정에 대해서 질문하였다. 둘째는 아이 돌봄 관련 질문들인데, 여기서는 코로나 전후 인터뷰 참여자가 돌봄에 쓰는 시간 및 돌봄 양상의 변화와 혼자서 보낼 수 있는 시간이 줄어든 것에서 오는 감정의 변화 등을 질의하였다. 코로나 19 이후 아이 돌봄의 변화 양상을 다루는 본 연구는 아이 돌봄을 주로 ① 식사 준비나 청소와 같이 의식주를 충족시키는 활동 ② 아이의 놀이나 교육과 관련되어 정보를 수집하거나 숙제를 도와주는 등의 돌봄 ③ 아이의 정서적 요구를 충족시켜주는 활동 등 세 가지로 크게 나누어 접근 및 질문하였다. 세 번째로는 네트워크에 관하여 질의하였다. 인터뷰 참여자가 배우자와 돌봄을 어떻게 분담하고 있는지, 부모님, 친척, 가사도우미 등 어떤 네트워크를 통해서 도움을 받거나 혹은 받고 있지 않은지를 살펴보았다. 마지막으로 국가의 아이 돌봄 제도 및 서비스 이용 경험과 주관적 인식을 질의하여, 이러한 국가적 지원이 엄마의 돌봄노동 분담에 얼마나 기여하였다고 생각하는지를 중심으로 질문하였다.

**표1**은 본 연구에서 심층 면담을 진행한 참여자 5명의 특성을 담고 있다. 본 연구는 서울에 거주하며 코로나 19 이후 노동시장에서 이탈한 아이를 양육하는 기혼 여성 5명을 대상으로 심층 면담을 진행하였다. 이 여성 5명을 선정한 것에는 크게 두 가지 이유가 있다. 첫째, 연구 참여자들은 모두 계약직, 프리랜서 등 불안정노동을 하고 있던 여성들로, 이들의 사례를 통해 코로나 19 이후 여성들이 입은 고용 충격의 구체적인 양상을 볼 수 있을 것으로 판단하였다. 둘째로, 서울은 인구가 밀집된 지역으로 타 지역보다 사회적 거리두기 및 방역 지침이 엄격하게 준수되었

**표1  연구 참여자 특성 정리표**

| | 참여자 A | 참여자 B | 참여자 C | 참여자 D | 참여자 E |
|---|---|---|---|---|---|
| 참여자 연령(만) | 45세 | 47세 | 36세 | 44세 | 47세 |
| 자녀의 수<br>(나이) | 3명<br>(11세,<br>13세, 14세) | 1명<br>(12세) | 2명<br>(3세, 4세) | 2명<br>(6세, 9세) | 2명<br>(12세, 16세) |
| 기존 직장<br>(고용형태) | 어린이집<br>(계약직) | 정수기<br>코디네이터<br>(계약직) | 보육교사<br>(계약직) | 방송작가<br>(프리랜서) | 물리치료사<br>(정규직) |
| 팬데믹 이후<br>노동시장 참여<br>변화 여부 | 육아휴직 상태<br>(자발적) | 퇴직<br>(자발적) | 육아휴직<br>(자발적) | 가변적 | 계약해지<br>(비자발적) |
| 팬데믹 이후<br>아이 돌봄 어려움 | 그렇다 | 그렇다 | 그렇다 | 매우<br>그렇다 | 매우<br>그렇다 |
| 팬데믹 이후<br>아이 돌봄 분담의<br>공평성 | 매우<br>그렇지 않다 | 매우<br>그렇지 않다 | 그렇다 | 그렇지<br>않다 | 매우<br>그렇지 않다 |
| 팬데믹 이후<br>무기력감,우울감 | 보통이다 | 매우 그렇다 | 매우<br>그렇다 | 그렇다 | 보통이다 |

다. 특히, 코로나 19로 이후 서울 지역의 초등학교, 중학교, 고등학교의 등교일수는 전국을 통틀어 최하위권이었다.[2] 그렇기에 서울에 거주하는 여성들의 사례를 통해서 돌봄 공백 및 교육 공백의 영향을 더 뚜렷하게 볼 수 있을 것이라 기대하였다.

---

[2]  2020년 서울의 초등학생들은 평균 42.4일, 중학생들은 45.2일, 고등학생들은 84.9일을 등교하였으며, 이는 모두 전국 평균에 훨씬 미치지 못하는 수치이다. 타 지역과 비교했을 때 서울의 등교일수는 최하위권이었다.(김수현, 2021. "작년 서울 초등학생 42일만 학교 갔다…전남의 1/3 수준", 연합뉴스, 2021.03.16. (검색일자 2021.06.13., https://m.yna.co.kr/view/AKR20210315158700530))

## Ⅲ  연구 결과

### 1.  코로나 19 이후 여성들의 위기

#### 1)  코로나 19 여성 고용 위기 상황

앞서 언급하였듯이, 본 연구는 코로나 19의 영향으로 여성 고용의 불안정성이 가중되고 아이 돌봄 부담이 늘어나고 있는 현 상황을 주요 배경으로 삼고 있다. 이는 팬데믹의 영향을 다양한 측면에서 조명하고자 한 여러 통계 자료를 통해 살펴볼 수 있는데, 특히 팬데믹이 가져온 고용 충격이 성별에 따라 어떻게 다른 양상을 보여주는지에 관한 연구들이 존재한다. 전기택(2020)은 통계청의 경제활동인구조사 자료 등을 통해 이 변화를 살펴보았는데, 그에 따르면 코로나 19 확산 초기인 2020년 2월부터 4월 사이 남성 고용률에 비해 여성 고용률 감소폭이 유의미하게 컸다. 남성 고용률은 1.8%p 감소한 반면 여성 고용률은 2.7%p 감소하였다. 실제로 취업자 규모 또한 남성 취업자가 401,000명이 감소한 비해 여성 취업자는 617,000명이 감소하였다. 취업자 감소폭이 비교적 큰 직종 또한 여성 종사자 비율이 지배적인 직종이었다. 즉, 남녀 모두 고용에 타격을 받았으나, 여성들이 받은 충격이 더 크다고 평가할 수 있다.

코로나 19 초기에 이렇듯 큰 차이를 보인 남녀 고용률 감소폭은 팬데믹이 장기화됨에 따라 다소 완만해졌지만, 유행 정도가 극심해지는 시점마다 남성 고용률 대 여성 고용률의 타격은 다시 커졌다. KDI에서 생산된 김지연(2021)의 연구는, 이러한 위기 상황이 이번 팬데믹만의 특이점이라고 주장하였다. 그에 따르면, 한국 사회의 경제 위기 중 IMF 외환위기의 경우 그 고용 충격이 기혼 남성에게 주로 집중되었던 반면, 코로나 19 위기 상황에서는 여성들이 겪은 고용 충격이 유의미하게 크게 나타나고 있다. 이는, 여성들이 기존에 다수 종사하고 있는 산업의 노동 수요가 그렇지 않은 산업에 비해 비교적 더 축소되었으며, 여성들의 아이 돌봄 부담이 증가함에 따라 노동 공급이 어려워졌기 때문으로 말해진다. 여성의 실업 증가는, 한국 사회 여성들이 서비스업에 취업해 있는 비중이 높았던 상황에서 코로나 19의 타격이 대면서비스업에 집중되자 나타난 현상으로 볼 수 있다.

특히 아이 돌봄 노동에 관해서는, 자녀들의 교육 시설(어린이집, 유치원, 초·중·고등학교 등) 운영이 중단되거나 비대면 수업 방식이 도입되면서 기존에 가사노동을 주로 수행하였던 여성들이 노동시장에 진출하기가 이전보다 어려워졌다는 점을 지적하였는데, 이를 뒷받침하기 위해 통계청의 2019년 생활시간조사에서 드러난 한국 사회 가사노동의 여성 편중성[3]을 인용하였다. 무엇보다도 초등학생 자녀를 두었을 것으로 추정되는 연령층에 속하는 여성들의 고용 충격이 가장 크다는 점을 지적하며 현재 돌봄지원정책의 개선을 요구하는데, 이 모든 요인을 적절한 통계자료를 통해 설명하지는 않았다. 즉, 해당 연구로는 아이 돌봄 부담 가중과 여성들의 노동시장 진출 저하 사이 인과관계를 명확히 단정지을 수 없다.

위와 같은 연구들은 공통적으로 코로나 19 상황에서 발생하는 여성들의 일·가정 양립의 어려움을 정책적인 차원에서 지원할 필요가 있다는 점을 역설한다. 그러나 여성의 고용 불안정 및 돌봄 노동 가중이 코로나 위기 속 여성의 삶에 어떠한 영향을 미치는지에 대한 질적 차원의 분석은 미비한 실정이다. 이에 본 연구에서는 인터뷰 대상으로 삼은 여성

---

**3**  2019년 생활시간조사(통계청, 2019)에 따르면, 18세 미만 자녀가 있는 양부모 가구에서, 남편의 가사노동 시간(1시간 14분)보다 아내의 가사노동 시간(5시간 12분)이 더 길었으며, 맞벌이 가구에서도 역시 아내의 가사노동 시간(3시간 7분)이 남편(54분)보다 길어 이러한 경향은 크게 다르지 않았다.

들의 고용 불안정과 돌봄 노동 가중이 실제로 가정 내에서 어떤 역학으로 작용하는지를 총체적으로 조명함으로써 기존 연구들을 보완하고자 한다.

### 2) 코로나 19 상황에서의 아이 돌봄 부담 가중

여성의 노동시장 진출 저하는 코로나 19 위기에서 뚜렷하게 나타나고 있다. 거기에 더해, 가정 내 아이 돌봄 시간이 증가할 수밖에 없게 하는 외부 상황들도 코로나 19로 인해 야기되고 있는데, 주로 감염 위험을 줄이기 위한 공교육 및 사교육 중지 조치 및 비대면 수업 방식 전환으로 인해 가정 내에서 자녀들이 보내야 할 시간이 늘어난 것이 그 원인이다. 이러한 상황에서 돌봄 공백이 발생하고 있고, 이를 해결하기 위해 긴급 돌봄서비스 혹은 재택근무 등 다양한 정책들이 시도되고 있음에도 불구하고 여성들의 노동시장 진출 포기는 지속적으로 발생하고 있다. 즉, 가중된 아이 돌봄이 젠더 편중화되는 경향을 보이고 있다.

은기수(2020)는 팬데믹 상황이 아이 돌봄에 어떤 효과를 가져왔는지를 한국갤럽이 실시한 "코로나 19와 한국의 아동 돌봄 설문조사"(2020년 6월 12일부터 약 25일간 실시됨)를 통해 분석하였다. 이에 따르면, 팬데믹 속 남성들 역시 아이 돌봄 부담 증가의 영향에서 벗어날 수는 없었으나, 스스로를 아이 돌봄의 주체라고 생각하는 여성들이 더 많은 부담을 지게 되었다. 동 조사는 맞벌이 부부, 남성 홑벌이 부부의 아내와 남편을 대상으로 진행하였는데, 1) 코로나 19 전후 모두에서 여성의 아이 돌봄 노동 시간이 더 길고 2) 모든 대상 집단들의 아이 돌봄 시간은 코로나 19 이후 증가하였으며 3) 그중에서도 전업주부와 일하는 여성의 아이 돌봄 시간이 가장 크게 증가하였음을 포착하였다. 또한, 아이 돌봄을 가장 많이 떠맡게 된 전업주부가 그 시간을 긍정적으로 평가할 확률이 더 낮았으며, 혼자 지낼 수 있는 시간을 가장 크게 요구하였다. 즉, 아이 돌봄 노동의 갑작스런 증가와 편중화가 여성들로 하여금 스트레스를 겪게 하는 요인으로 작용하고 있음을 알 수 있다.

이렇듯 아이 돌봄 가중이 여성에게 가져오는 부정적 영향은 심각하다. 이를 해소하기 위해 긴급돌봄서비스로 대표되는 돌봄 정책들이 마련되었으나, 사실상 그 허점이 커 여성들의 부담을 충분히 해결할 수 없는 실정이다. 긴급돌봄서비스는 코로나 19의 돌봄 공백 해결을 위해 정부가 새롭게 실시한 정책으로, 어린이집은 오전 7시 30분부터 오후 7시 30분까지, 유치원, 초등학교는 오전 9시부터 오후 7시까지 긴급돌봄서비스를 제공하였다. 그러나 "코로나 19로 인한 돌봄 공백 문제, 경제적 상황 변화, 가족 관계 스트레스 등을 파악하여 관련 대응 정책 수립 근거로 활용"하고자 한 한국여성정책연구원이 실시 및 공표한 자료에서도 알 수 있듯이, 위 정책은 사회화되지 않는 돌봄의 책임을 여전히 가족, 특히 여성에게 떠넘기고 있다. 각 학교 휴교 및 보육시설 폐쇄가 초래한 광범위한 자녀 돌봄 공백으로 인하여, 여성은 '비자발적인 자율'의 형태로 노동시장으로부터 빠르게 이탈하는 실정이다. 특히, 돌봄 서비스 및 기관에 대한 온전한 신뢰가 부재한 현실 속에 여성은 가정 내 중첩되는 부담을 어쩔 수 없이 떠받치고 있다. 따라서 본 연구는 인터뷰를 통해 아이 돌봄을 주로 맡는 여성들의 편중화 양상이 위와 같은 상황에서 어떻게 가정 내에서 나타나고 있는지를 구체적으로 살펴보며 그 안에서 발생하는 신체적-정신적 스트레스 등의 미시적 역학을 포착해내고자 한다.

## 2. 노동시장에서 경험하는 '엄마'의 불안

본 연구에서 실시한 심층 인터뷰를 통해서 연구 참여자들의 고용시장 진입 경로 및 코로나 이후 이탈 과정을 파악함으로써 코로나가 이들의 고용시장에서의 지위에 미친 영향을 알아볼 수 있었다. 연구 참여자들의 고용 시장 참여와 이탈은 모두 아이에 대한 돌봄과 밀접하게 관련을 맺고 있었다. 이들이 코로나 이후 직장을 그만 두게 된 이유는 코로나로 인한 경제 위축만이 아니라 아이를 돌봐야 한다는 책임감과도 연관이 있었다. 직장을 그만 둔 이후로 이들은 고용 시장에서의 자신의 위치를 나름대로 평가하고 코로나 이후 자신의 커리어를 어떻게 조정해 나가야 하는지 고민하고 있었다. 코로나 19 이후 고용 시장에서의 이탈 경험을 이들이 설명하고 의미화하는 방식은 노동자와 엄마 사이에서 이들이 겪은 갈등과 고민의 양상을 드러낸다.

### 1) 노동시장 진입과 코로나 19 이후의 노동시장 이탈

• 아이 돌봄과 불가피한 노동시장 재진입

연구 참여자들은 공통적으로 출산 후에 경력 단절을 경험하고, 몇 년이 지나 노동시장에 재진입하였다. 이들은 생계를 위해 노동을 해야 하면서도 아이 돌봄이라는 젠더화 된 과업을 동시에 수행할 수 있는 한정된 선택지들 사이에서 고민하며 부분적으로 노동시장에 진입하였다. 다시 일하기 시작하면서 이들이 선택한 직장은 아이를 돌보기 비교적 수월한 곳이었다. A의 경우에는 어린이집에서 하루에 4시간~6시간 정도 일하는 보조교사였는데, 그는 어린이집 보조교사는 아이가 학교에 가 있는 시간 동안 할 수 있는 일이기에 정교사보다도 구하기 어려운 직장이라고 설명하였다. C도 A의 사례와 유사하게 출산 후에는 아이를 돌보는 일에 집중하기 위해 기존의 제약회사에서의 직장을 그만두고 보육교사로 재취직한 바가 있다. B와 D 또한 시간 조정의 측면에 있어서는 나름의 자율성이 있다고 평가하고 있었다.

위와 같이 연구 참여자들은 집에서는 아이를 돌보면서 직장에 다니고 있는 상태였는데, 이 두 가지 역할은 연구 참여자의 인식 속에서 완전히 분리되어 있는 것은 아니었다. '엄마'와 '노동자'라는 역할은 이들의 인식 속에서 중첩되고 혼재되어 있었다. 이는 연구 참여자들의 가정에서 남편이 주요 소득원이며 자신이 돌봄 주 책임자라는 인식에서 기인하고 있었다. A의 경우 남편이 가계 소득의 대부분을 벌고 있었고, 이 상황에서 자신의 일을 '가계에 보탬이 되는 일', '주부가 하기 괜찮은 일' 정도로 인식하고 있었다. D도 자신의 위치가 '애매'하다고 평가하며 '전업맘'도 '워킹맘'도 아니라고 평가하고 있었다. 이는 회사에 출근해야 하는 '전업맘'과 달리 자신은 아이와 공간 분리가 완전히 이뤄지지 않고 집에서 주로 일을 하는 프리랜서라는 점에서 나오는 인식이었다. 이처럼 남편이 주 소득원이며 '엄마'는 돌봄의 주 책임자라는 역할 분리는 여성들이 육아휴직을 하거나 직장을 그만두게 하는 원인이 되고 있기도 했다.

> 어쨌든 저희 집의 주 소득원은 남편이고 예전부터 육아는 제 몫이었어요. 그러다 일을 시작한것은 한 2년 전이거든요? 저는 정규직 아니고 페이도 적어요. 그러다보니, 제가 하는 육아의 양은 나눠갖자 할 것이 아닌 것 같아요. (참여자 A)

> 아직도 육아는 엄마의 몫이라는 것이 훨씬 많아요. 엄마 자신에게도 그렇고요. 더 잘하기도 하고, 더 해봤기도 하고, 보통의 경우 남편이 돈을 더 많이 벌기도 하니깐 이런저런 집안 사정 따져서 조율할 때, 엄마들이 사실 일을 포기하고 퇴사하거나 육아휴직 하는 비율이 훨씬 많은 거 같아요. (참여자 D)

연구 참여자들은 항상 노동자와 엄마라는 자신의 두 가지 역할 사이에서 고민하고 갈등하고 있었다. 생계를 유지하고 자신의 커리어를 위해서 일을 해야하는 동시에 아이를 돌봐야하는 이중 과업을 수행해야한다는 압박 하에서 여성들은 두 가지를 절충할 수 있는 선택지를 찾기 위해서 고민하고 있었다. 그리고 이들은 코로나 19 팬데믹처럼 선택지가 보이지 않는 경우에는 불가피하게 하나를 '선택'해야하는 상황에 놓이기도 했다. 아이들을 돌보는데 직장에서 제도적인 지원을 받지 못한다는 점은 여성들의 고민을 심화시키고 있었다. 연구 참여자 E의 경우 직장에서 아이 돌봄과 관련된 지원을 전혀 받지 못한다고 설명하며 아이가 아파서 입원을 했을 때 월차, 반차를 모두 소진해서 아이를 돌볼 수밖에 없었다고 설명하였다. E는 아이의 입원 기간이 더 오래 지속되었다면, 자신은 어떻게 해야 할지 몰랐을 것이라며 당시의 막막함을 호소하였다. 연구 참여자 D 또한 자신의 직장에서 제도적으로는 제공받는 것이 전혀 없다고 설명하였다. D는 직장 동료들로부터 아이 돌봄과 관련되어 '배려'를 받고 있다고 답하였는데, D는 자신이 그러한 점에서 "약간은 민폐가 되는 상황"이라고 설명하였다. 나아가 D는 이러한 배려가 계속해서 이어질 수는 없을 것이라는 불안감을 가지고 있었다. D는 자신이 "딸린 식솔이 없고 언제든 나와서 일할 수 있는 사람들"로 대체될 수 있을 것이라는 걱정을 계속하게 된다고 설명하였다. 연구 참여자 B도 직장에서 아이 돌봄은 "알아서 해야하는 자기 사정"으로 생각되며 이와 관련된 지원에 관하여 "그러면 집에서 살림하고 가사일 해야지 뭐하러 직장에서 그렇게 해가지고 힘들게하고 직장에 피해를 입히냐"라는 반응을 들었다고 답하였다.

여기서 알 수 있듯이, 여성들이 자신을 돌봄 주체로 상정하며 아이들에 관하여 계속 걱정하며 노동자와 엄마라는 역할 사이에서 내적인 갈등을 겪는 것은 단순히 젠더 롤(gender role)이나 사회화와 같은 차원으로 환원될 수 없었다. 이는 오히려 여성들이 아이 돌봄과 관련하여 직장으로부터 어떠한 지원도 받을 수 없으며, 자신이 아이를 돌보지 않는다면 누구도 대신해 줄 수 없다는 점에 대한 명확한 인식에서 기인하고 있었다. 즉 노동시장에서 돌봄과 관련된 지원이 부재하다는 것을 깨닫게 되는 경험은 '엄마'로서의 자신의 역할을 더욱 강하게 인식하게 되는 계기이기도 하였다. 이처럼 후술될 가정 안에서의 돌봄의 젠더화된 양상과 노동시장에서의 경험이 겹쳐지면서 여성이 자신을 주 돌봄 수행자로 인식하게 되는 결과로 이어졌다. 연구 참여자들이 노동 경험을 의미화하고 이야기할 때 항상 '엄마'로서의 자신의 정체성을 연관 지어 이야기하는 것 또한 이러한 노동시장 경험에 원인을 두고 있다.

• 코로나 19 이후 아이를 돌보기 위한 노동시장 재이탈

연구 참여자들은 코로나 19 이후 노동시장에서 다시 이탈하게 되었다. D는 자신이 담당하던 프로그램이 끝나면서, E의 경우는 경제 위축으로 인한 인원 감축이 주 원인으로, 아이 돌봄만을 위해서 노동시장에서 이탈한 사례는 아니었다. 그러나 A, B는 코로나 이후 학교나 어린이집에 아이를 보낼 수 없는 상황에서 직접 아이를 돌보기 위해서 직장을 그만두었다. 이들은 코로나 19로 인한 돌봄 공백과 자신의 노동시장 이탈이 밀접한 관련을 맺고 있다는 점을 인식하고 있었다. A와 B는 학교의 비대면 수업에 집중을 하지 못하는 아이의 학습 지도를 하기 위해 직장을 그만두었다고 말했다. A와 B는 '엄마'가 학습 지도를 비롯한 아이 돌봄을 수행해야 한다는 책임감을 느끼고 있었다. 특히 A의 경우에는 아이가 수업에 참여하지 않는다는 선생님의 연락을 계속 받게되며 아이의 학습을 위해 어쩔 수 없이 일을 그만두었다고 설명하였다. 코로나 19 이후 공교육이 아이 돌봄을 분담할 수 없게 되면서 엄마들의 아이 돌봄의

과업에 대한 부담과 책임이 과중되었고, 결과적으로 아이 돌봄에 전념하는 '선택'을 할 수 밖에 없는 상황에 부딪치게 된 것이다. C는 어린이집에 등록된 아이의 수가 대폭 줄면서 육아 휴직을 사용하다가 직장을 그만두고 아이를 돌보기 위해 제주도로 임시적으로 주거지를 옮겼다. 연구 참여자들이 해고되지 않고 직장을 스스로 그만두었다는 것은 자발적인 선택이 아니라 돌봄 공백을 스스로 채워야 한다는 압박감에 의해 강제된 것에 가까웠다.

### 2) 노동시장에서의 위치 인식과 미래 전망

연구 참여자들은 모두 재취업을 희망하고 있었다. 이들은 대체적으로 코로나 이후 경기가 회복될 것으로는 예상하였지만 자신이 취직할 수 있는 일자리가 없을 것이라는 비관적인 전망을 보이는 경우가 많았다. 전 보육교사인 C의 경우에는 코로나 이후 부모들이 다시 아이를 어린이집에 맡길 것이라고 예상하며 직장 복귀의 가능성을 긍정적으로 전망하였다. 반면 B, D, E는 노동시장에서의 자신의 위치가 매우 불안정하다고 인식하고 있었다. 이는 코로나 19 이후 경력 단절을 겪게 되었다는 점에 더해 점점 나이가 들어가면서 자신이 취직할 수 있는 직장이 적어지고 있다는 불안감에서 비롯된 것이다. 동시에 이들은 아이를 돌봐야 하기 때문에 바로 노동시장에 복귀할 수는 없다는 딜레마를 겪고 있었다. 이러한 딜레마는 앞서 제시한 바와 같이 직장에서 아이 돌봄과 관련되어 지원을 받을 수 없는 여성들의 상황과 밀접한 관련을 맺고 있었다. 이러한 노동시장의 구조는 여성들이 끊임없이 엄마와 노동자 사이에서 '선택'을 하도록 강제하고 있었다.

연구 참여자들은 불안감 속에서 아이 돌봄, 자신의 나이, 노동시장의 상황 등 복합적인 요소를 고려하여 코로나 19 이후의 재취업에 대해 고민하며, 새로운 직업군을 찾아보기도 하였다. B의 경우에는 직장을 그만둔 작년부터 계속 재취업 공고를 찾아보면서 이전 직업과는 다른 직종으로 전환해야 할지 고민하고 있었고, E는 사회복지사 자격증을 따려고 공부를 하고 있었다. C는 기존의 직장에서 보육교사로 일하는 것에 대해서 일종의 박탈감을 느끼기도 하면서 다시 재취업할 기회가 있을지 고민하고 있었다.

> 주변에서 ('직장맘') 하시는 분들이 **초등학교 1학년까지는 엄마가 가장 손이 많이 간다**고 하더라고요. 둘째가 초등학교 1학년이 되려면 5년은 있어야해서. 그 부분에 대해서는 계속 고민하고 있어요. (참여자 C)

> 코로나 19 이후도 있지만, 제가 학부모가 되고 나이도 들어가고, 이런 여러 조건이 합쳐졌을 때, 저는 다시 일을 구해서 하고 싶지만 과연 **"나를 받아줄 수 있고, 내가 잘 할 수 있는 일자리가 있는지"**에 대한 막연한 불안감이 지금은 있는 거 같아요. 꾸준히 코로나 시국에도 불과하고 자기 자리를 버티고 살아온 사람이 많을텐데, 그 이후 제가 다시 들어가려 할 때 그런 일이 있을까? 아니면 저는 전혀 새로운 직업을 찾아 구해봐야하는가? (참여자 D)

### 3. '엄마'를 향한 돌봄 편중화와 그 결과

앞서 2절에서 살펴본 바와 같이, 인터뷰 참여자들은 노동시장에서 이탈한 상태로 자신의 노동시장에서의 전망에 관해 고민하고 있었다. 특히 가정 내 돌봄 노동과 일터에서의 노동 모두를 병행하는 데에서 발생하는 부담감이 두드러졌는데, 이는 역설적으로 여성 스스로가 자신을 아이 돌봄 노동의 주 책임자로 설정하고 있음을 보여주기도 한다. 인터뷰 대상자들은 자녀를 돌보는 것을 비롯하여 거의 모든 가사를 본인이 직접 맡아 수행하고 있었으며, 그에 대한 불만을 표현하거나 개선 의지를 나타내는 예는 없었다. 특히 남편에 관해서는 직장 일 때문에 바빠서 가사를 도와주기 힘들다고 말하는 경우가 대다수였으며, 오히려 코로나 이후로는 자신의 고용이 중단되었기 때문에 전에 조금씩 도와주던 가사마저도 전적으로 자신이 맡게 되었다고 설명하는 사례도 있었다.

이처럼 코로나 전후 모두 가정 내 돌봄 노동의 주 책임자는 여성이며, 이들은 가사 노동의 편중성을 자신과 남편의 고용 상태 비교를 통해 설명하고자 하는 경향이 뚜렷하게 나타나고 있다. 이는 여성의 출산 직후 경력 단절 경험과도 연결되어 돌봄 편중의 고착화를 낳았다. 경력 단절 경험이 있는 인터뷰 대상자들의 경우, 자녀를 출산하고 얼마간 고용 중단 상태에 있는 기간 동안 돌봄 노동을 전담하게 되었고, 이후 재취직을 하였어도 재분담까지 이어지지 못했다고 언급하였다. 결과적으로, 인터뷰 대상자들이 가정 내 돌봄 노동을 떠맡게 된 것은 노동시장에서의 경험과 밀접한 관련이 있었으며, 그 경험은 다시 가정과 연계되어 형성된 여성의 사회적 지위로부터 영향을 받은 여성 경력 단절 경험이었던 순환성을 본 연구는 포착할 수 있었다.

특히 팬데믹 상황에서 가정 내 아이 돌봄 노동이 양과 강도의 차원에서 모두 가중되었는데, 이에 따라 아이 돌봄을 책임지고 수행하는 여성의 부담 역시도 커지고 있다. 따라서 2장에서는 코로나 이후 여성의 가정 내 돌봄 노동의 변화 양상은 어떠한지, 그 결과로 나타나는 심리적 변화는 어떠한지에 대해 살펴보고, 이러한 변화가 여성의 돌봄 노동 수행에 어떠한 요구를 불러일으키고 있는지를 분석해보고자 한다.

1) **돌봄을 떠맡게 된 엄마의 돌봄수행 부담 가중**

연구 참여자들의 팬데믹 상황에서의 아이 돌봄 노동은 크게 두 가지 차원에서 변화하였다. 하나는 기존의 돌봄 분담 젠더화가 팬데믹의 영향으로 가정 내에서 돌봄 편중화를 심화시키는 현상이었고, 나머지 하나는 가정 바깥의 사회, 주로 공교육에서 책임졌던 아이 돌봄이 교육 공백으로 인해 가정 내로, 최종적으로는 역시 여성에게로 편중되는 현상이었다.


• 돌봄 젠더화가 돌봄 편중 심화로

코로나 이후 야외활동이 불가능해지자 일어나는 변화들이 여성의 돌봄 수행에 있어서 여러 어려움을 야기했는데, 인터뷰에서 말해진 바에 따르면 주로 '아이의 에너지가 분출되지 못해' 가정 내에서 갈등이 잦아지고, 야외활동이 가능한 기준에 대해 가정 내 합의가 이루어지지 않아 발생하는 불화에서 스트레스가 발생하는 것 등이 있었다. 특히 그중에서도, 코로나 이전에 주말에 아이와 보내는 바깥 활동을 책임지는 당사자가 남성이었고 그것이 남성이 맡는 주요 돌봄이었는데, 코로나 감염의 위험 때문에 그것이 어려워졌다고 진술한 경우가 다수 확인되었다. 남성이 아이 돌봄에 있어서 야외활동을 주로 맡게 된 것은, 여성은 정적(靜的)인 집안일, 남성은 비교적 활동적인 일을 담당한다는 성역할 의식이 반영된 결과이며, 부수적으로 남성은 주중에 일이 바빠 주말에만 시간을 낼 수 있다는 점이 언급되기도 하였다. 구체적으로 참여자들의 발화를 검토해보면, C의 경우 여성 어머니가 집안일을 수행할 때 남성 아버지는 아이의 놀이를 담당하며, 그것이 아이의 "운동성"에 도움이 된다고 서술하였다.

그전에는 어릴 때는, 코로나 전에는 운동도 뭐 테니스 다니고, 배드민턴도 하고 탁구도 치고 막 이랬거든요? 탁구장도, 탁구장 자주 가고, 이랬는데, 이런 게 전혀 안 되니깐. 야구도 뭐 보러 다니고, 뭐 이랬는데, 전혀. 아빠는 뭐 애랑 주말에 야구 보러 가고 운동해주고 이런 위주로 해줬거든요? 근데 아예 이게 안 됐어요, 지금은. 코로나 때문에. (참여자 B)

제가 요리를 하거나 할 때는 아빠가 놀아주거나 책을 읽어준다거나 그렇게 하고. 킥보드를 타고 주변을 돌아다닐 때는…. 아빠가 그렇게 할 때 큰 아이의 운동성이 향상 되더라구요. (참여자 C)

주말에는 아이들과 몸으로 놀아주는 것은 아빠가 많이 담당하고 있어요. (…) 일단 야외활동이 많이 주니깐, 아빠가 (지금) 집에서 아이와 놀아줄 수 있는 게 게임 뭐 이런 식으로 실내활동 위주죠. (…) 아빠가 주말에 아이를 데리고 자전거 타고 다니고. 아빠가 주로 맡아서 해주는 편인데, 그게 뭐 분담이라면 분담이죠. (참여자 D)

그뿐만 아니라, 위 발화에서 확인할 수 있듯이 자녀와 바깥 활동을 하는 종류의 돌봄 수행이 팬데믹 상황에서는 전과 같이 유지하기 힘든 종류의 돌봄이기 때문에, 남성의 돌봄 수행이 코로나 19 이전보다 감소한 경우도 있었다. 이에 대한 남성의 대응으로는 자녀와 실내에서 가능한 놀이를 시도한다거나 바깥 활동의 의지를 피력하는 것 등이 언급되었다. 허나 전자의 경우 자녀가 적극적으로 참여하지 않아 제대로 실행되지 않았고, 후자의 경우 앞서 언급한 바와 같이 바깥 활동이 가능할지에 대해 가정 내 합의가 이루어지지 않아 오히려 갈등으로 번지기도 했다. 이는 가정 내에서 남성이 본래 제공하던 종류의 돌봄 공백이 발생하

고 있음을 드러내며, 이를 대체할 만한 것이 아직 마련되어 있지 않음을
보여주고 있다.

반면, 인터뷰 대상자들로부터 공통적으로 제시된 바에 따르면, 특
정 종류의 돌봄은 크게 가중되었는데, 그것은 바로 식사 준비였다. 학교
와 어린이집이 폐쇄되자 점심 한 끼를 더 마련해야 하는 부담이 새로 생
긴 것이다. 또한, 외식을 하는 등 식사 부담을 덜 수 있게 하는 방법들도
크게 제한되었고, 음식 배달도 감염의 위험을 완전히 차단할 수 없을뿐
더러 매번 끼니로 삼기엔 무리가 있다는 맥락에서 식사 준비의 부담이
인식되고 있었다. 식사 준비는 많은 체력을 요하는 돌봄으로 꼽혔으며,
메뉴를 구상하고 재료를 구비, 손질하는 것까지 유난히 많은 과정을 거
쳐야 하므로 스트레스를 크게 유발하는 돌봄 수행으로 여겨지고 있었다.
무엇보다도, 식사를 준비하는 일은 '남자가 할 수 없는 일'로서 인식되고
있었다는 점이 주목할 만하다. 연구 참여자 B에 따르면,

> 요리가 거의 가사 일의 반인 것 같아요. 요리를 할 수 있는 상황이 아니
> 잖아요. 남자들이 요리를 잘 할 수 있는 그런 여건은 안 되잖아요. (참여
> 자 B)

이처럼 여성이 수행해야 하는 것으로 인식되어 온 돌봄이 양적으로
크게 가중되었는데, 이 돌봄은 심지어 다른 돌봄 중에서도 가장 부담이
큰 돌봄이기도 했다. 이는 앞서 인터뷰 대상자들이 돌봄의 가정 내 편중
의 원인으로서 언급한 돌봄 분담의 '고착화'와 돌봄 재분담에 대한 낮은
기대 수준과도 큰 관련이 있는 것으로 보인다.

따라서 진술들을 종합해보면 아내와 남편의 고용 상태 차이, 성역
할 의식 등으로 인해 각자가 맡는 아이 돌봄 종류가 젠더화되어 있음을

알 수 있다. 이러한 가정 내 역할 분담은 팬데믹 이후 여성이 수행하던 돌봄 부담은 가중되는 상황과 결합하면서 최종적으로는 여성의 돌봄 부담이 커지는 효과를 낳고 있었다. 다시 말하면, 젠더화된 돌봄 분담이 팬데믹이 야기하는 변화를 매개로 여성의 돌봄 부담을 심화하고 있었다.

• 교육공백이 돌봄 편중으로

학교와 어린이집의 폐쇄는 가정 내 돌봄 부담 가중의 결정적인 요인이었고, 특히 학교의 폐쇄는 교육 공백의 측면에서 여성에게 큰 어려움을 안겨주었다. 특히 인터뷰 대상자들은 초등학생 이상의 자녀에 대한 학습 관리 어려움을 반복적으로 호소하였는데 이는 학교에서 교육 공백을 해소하기 위해 실시하고 있는 비대면 수업 방식의 허점을 드러내고 있다. 비대면 수업 방식으로의 전환이 아이들의 학습을 관리하는 추가적인 돌봄 요구로 이어진 것이다. 또한, 코로나 이전에도 아이 돌봄을 주로 책임지던 여성이 코로나 이후 추가된 이와 같은 학업적인 돌봄 수행의 부담을 지는 것으로 파악할 수 있다.

> 우선, 아이가 잘 참여하는지 좀 떨어진 위치에서 계속 체크해줘야 해요. (...) 또 숙제도, 코로나 이전에 비해 학교 숙제도 많아졌어요. 아무래도 온라인 수업이 한정적이니깐요. 코로나 전엔 숙제 없다시피 했었어요. 그런데 **숙제가** 상당히 많이 늘어나다보니, **아이 케어해야 할 시간이 훨씬 많이 늘어나게 되었어요.** (참여자 A)

A가 진술한 바에 따르면, 당장 수업이 이루어지는 상황에서의 관리자 역할을 요구하거나 이후 추가적인 과제물 관리까지도 맡게 하는 방식은 여성의 아이 돌봄 부담을 가중시키고 있었다. A의 경우 ADHD를

않는 자녀가 스스로 비대면 수업 방식에 적응하지 못해 직장을 그만둘 수밖에 없었던 경우였다. 아이가 수업에 집중하지 못하는 상황에서 교사는 A에게 지속적으로 전화를 걸어 결석이나 과제 불이행에 대해 묻는 방식으로 대처하였다. 이는 학습 부담 전가가 A에게 상당히 직접적으로 이뤄지고 있었음을 의미한다.

또한, 자신의 자녀의 학업 관리 필요성을 강하게 인식할수록 이 부담이 크게 나타나는 경향을 보였는데, 그 필요성 정도는 주로 아이의 연령대를 기준으로 형성되었고 특히 초등학생 나이에 집중되어 있었다. A의 경우 두 명의 초등학생 자녀들은 중학생 자녀에 비해 컴퓨터를 잘 못 다루기 때문에 직접적인 관리가 필요하다고 진술하였다. B의 경우 초등학생 자녀는 중학교 이전에 학습이 뒤처지면 안 되는 시기이기 때문에 더 부담감이 큼을 호소하였다. D의 경우 초등학생 자녀의 자기 주도 학습 능력을 잡아주어야 하기 때문에 엄마의 직접적인 학업 관리가 필요하다고 인식하고 있었다.

> 네 학습에서 이제. 왜냐면, 중학교 올라가고 이런 게 학습이, 여기서 뒤처지면 완전히 무너지거든요? 따라갈 수가 없는 상황이 되니깐. 그 고민을 되게 많이 했죠. (참여자 B)

따라서 비대면 수업 방식 중에서도 그나마 실시간 소통을 통해 관리가 가능한 형태를 선호하는 경우가 있었다. 그중에서도 연구 참여자 D는, 지역 도서관에서 운영하는 줌(Zoom) 수업에 참여해본 경험이 있었는데, 학급당 인원수가 많지 않은 등 장점이 있어 잘 진행되었으며, 따라서 줌 플랫폼 등을 이용한 수업은 긍정적으로 평가하는 입장이었다. 이는 비대면 수업 방식이 실시간으로, 혹은 보다 적은 인원을 대상으로 이루어지는 경우 참여 학생들의 태도 관리가 준수하게 가능할 수 있음을 나타내며, 비대면 수업방식이 긍정적으로 인식될 수 있음을 보여주는 사례였다. 반면, 다른 인터뷰 대상자는 그마저도 효과가 미미함을 호소하기도 하였다.

결과적으로, 교육 공백을 해소하기 위해 희생되는 쪽은 이전부터 아이 돌봄의 책임을 떠맡은 여성임을 확인할 수 있었다. 연구 참여자 B의 경우 사교육을 통해 이 교육 공백을 해결해보려 시도하였으나, 사교육 역시 폐쇄된 기간이 길었을 뿐만 아니라 '정보'가 모자라 실패하였다고 말하였다. 즉, 비교적 일괄적으로 제공되는 공교육과는 달리 사교육에 접근하기 위해서는 각 가정의 능력에 따라 추가적인 투자가 요해지고 있어 역시 이용이 여의치 않은 상황을 드러내고 있는 것이다. 이를 통해 공교육의 교육 제공 기능의 회복이 절실히 요구되고 있음을 알 수 있다.

### 2) 돌봄 편중화가 일으킨 '엄마' 심리 변화와 공교육 회복 염원

코로나 이후 가정 내 여성에게 아이 돌봄 부담이 절대적인 양으로도, 상대적인 비율로도 증가하고, 또 그 내용으로도 새로운 압박을 가하고 있는 상황은, 코로나가 장기화됨에 따라 점차 심화되고 있다. 코로나의 장기화는 곧 엄마에게는 돌봄 편중의 장기화를 의미하는데, 이에 따라 인터뷰 대상자들은 체념, 허탈함, 갑갑함, 무뎌짐 등의 감정을 느꼈다고 서술하였다. 그중 갑갑함과 같은 감정에 대해서는, 감염 위험에 대한 불안이 점차 무뎌져 감에 따라 방역 수칙 안에서 최소한의 야외활동을 하는 등의 대처를 하고 있었다. 그러나 인터뷰 대상자들이 말한 바에 따르면, 대부분 '엄마'로서의 역할 안에서 느끼는 부정적 감정들은 딱히 해결할 방법이 거의 없어 계속 심해지기만 해왔다. 그들은 학교가 제공해왔던 기능들의 중요성을 재인식하고, 학교 기능의 회복을 염원하기도 하였다.

• '엄마'로서의 역할로 인해 발생한 감정들

'엄마'로서의 역할 안에서 느끼는 감정들은 곧 아이 돌봄의 주 책임자로서의 감정을 의미하는데, 크게 자녀의 정신 건강, 신체 건강에 관한 것과 학습에 관한 것으로 나뉘었다. 모든 인터뷰 대상자들은 코로나 상황에서 바깥 활동을 크게 제약받아, 체중 증가, 미디어 중독, 사회성 부족, 다양한 경험 부족 등의 문제를 겪게 된 아이에 대한 안타까움과 우려를 나타냈다. D의 경우를 제외하고는 뾰족한 대처 방법을 찾지 못한 상태였고, 우울한 감정을 해소할 창구도 마련되지 못한 상태였다.

우리 때랑 틀리게 요즘에는 그나마 학교에서 학원에서 친구를 사귀는데, 친구를 새 학기가 작년에 새학기 시작하자마자 아예 학교를 못 가잖아요, 3월 달부터. 그러니깐 그 **학년은 아예 친구라는 자체를 모르는 거야.** (...) **작년은 아예 버리는 학년이었어요.** 그 학년은. 그러니깐 애들도, 뭐 사회성은 완전히, 이게 애들이, 요즘 애들은 더 사회성이 없는 와중에, 더 학교를 못 가니깐, 코로나 이후로. 그리고 집에서 또 친구를 만날 수도 없거든요? 작년에는 조심조심해야 하니깐. (참여자 B)

그러니까 아이가, 학교 갈 때는 그나마 친구들을 만나요. 친구들하고 얘기도 하고, 만나는데, 학교를 안 가면 온라인에서만 만나요, 자기, 예. 아예 만나지도, 만날 생각도 없고, 그러고 운동을 좀 하면 좋은데 운동도 코로나 때문에 자기 못 한다. (...). 아이가 진짜 살이 너무 많이 쪘어요, 코로나 이후로. 운동을 굉장히 좋아하던 아이였는데. 옛날에는 체육 활동에 운동을 굉장히 좋아했던 아인데, 운동장을 일단은 개방을 안 한다고 하더라고요, 학교에서. **그 축구라도 하면 좋은데 운동장 개방을 안 하니까, 할 곳이 없으니깐 그냥 게임만 하는 거예요, 애들이.** (참여자 E)

B의 경우 아이들의 사회적 활동이 일어날 수 있는 주된 공간이 코로나 이전에는 학교 또는 학원이었는데, 두 기관의 폐쇄와 제한적 운영으로 인해 아이의 친구 사귐이 크게 어려워졌음을 언급하고 있다. A 역시도 이러한 아이들의 상황에 대해 "아이들이 히키코모리처럼 집에 있는 게 일상이 되어버린 것 같아 안타깝다"고 표현하였다. 이는 D에게서도 마찬가지로 언급되었는데 학교에 "쉬는 시간도 없고 서로 말도 못 하게" 하며, "이름을 알지만 얼굴도 모르고 말도 해본 적 없"기 때문에 "학교에서 친구를 사귀는 것은 거의 불가능한 시국"이라고 말하였다.

E의 경우 아이가 체육활동을 할 수 있는 적절한 공간이 주어지지 않은 것에 대하여 안타까움을 호소하였다. 신체 건강을 위한 체육활동은 이를 수행할 수 있는 공간을 필요로 한다. 그럼에도 불구하고 코로나로 인해 아이들이 어울리며 운동을 할 수 있는 운동장과 같은 장소는 모두 일괄적으로 폐쇄되었고, 적절한 대안은 마련되지 못했다. 이는 아이들의 신체 건강에 부정적인 영향을 미쳤으며 최종적으로는 엄마의 심리적 고통으로까지 이어지고 있었다. E는 아이에 대한 걱정을 해결할 수 없는 원인으로서 공간의 부족함뿐만 아니라 남편과의 소통 부족도 언급하였다.

그래서 제가 느꼈던 그런 거를 (남편과) 공유해보지는 않았던 것 같아
요, 사실. 이런 부분에 대해서. 그러니까, 그래도 이제 신랑에게 만약
얘기했으면 니 나름대로 그땐 최선이었는데 왜 그런 생각을 하느냐,
아마 그렇게 얘기를 하지 않았을까 싶어요. (참여자 E)


종합해보면, 본 연구에서 진행한 인터뷰에서는 교육 기관, 체육 시설 등 사회적 공간 그리고 남편까지, 여성이 '엄마'로서 느끼는 부정적 감정들에 영향을 미치고 있었음을 확인할 수 있었다. 그뿐만 아니라, 아

이의 학습 능력과 관련해서는 자신의 경제적 능력이나 정보력을 의식한 죄책감이 발생하고 있음을 확인할 수 있었다. 구체적으로 이는 사교육을 시키거나 좀 더 고급화된 기관에 보내지 못하는 것에 느끼는 죄책감이었다. 특히 팬데믹을 경유하여 교육 양극화가 심화되고 있는 것 같다는 인식을 직접적으로 드러내는 경우도 있었다.

> 내가 부족한 부분, 그런 부분에 대해서 자꾸 자괴감이 생기고, 내가 그때 이렇게 했으면, 잘 하지 않았을까, 또 코로나로 인해, 아, **내가 좀 능력이 있으면 아이들을 더, 좀, 케어하고 학습 지도나 뭐 이런 걸 조금 지원을 하고 아이들을 좀 할 수 있는데** 좀 그런 것도 있죠. 내가 그런 능력이 못 되다 보니깐, 코로나로 인해서 더, 능력? 아이들을 잘 케어를 못 하는 거 같아서, 마음이 좀 무거워요, 사실. (참여자 E)

공교육에서 제공하던 교육 공백이 커짐에 따라, 그것을 메꾸는 방식으로 사교육을 적극적으로 활용하는 사례들에 대해 익히 알고 있으나 자신이 충분히 지원하지 못하고 있는 것 같아 '자괴감'을 느낀다는 것이다. 비교적 형평성 있게 제공되는 공교육과는 달리, 사교육이나 고급화 기관에의 접근 여부는 순전히 가정 자체의 경제적 능력, 정보력 등에 달려있다고 이들은 생각하고 있었다. 따라서 공교육이 위태로운 현 상황에서 사교육을 하나의 옵션으로 생각하는 엄마들이 그것에 대한 접근에 어려움을 겪을 때 자신의 능력 부족을 탓하며 부정적 감정을 느끼고 있는 사례들이 본 연구 인터뷰를 통해 포착되었다. 그럼에도 불구하고, 이러한 '엄마'로서 느끼는 심리적 부담을 해결할 뚜렷한 방법을 고민하는 사례는 거의 없었다.

• 학교의 돌봄 기능에 대한 재인식과 회복 염원

대부분의 인터뷰 대상자가 학교의 기능 회복에 대한 염원을 드러내고 있었다. 이는 코로나 국면 변화와 큰 관련이 있다. 코로나 초기 전면적으로 등교 폐쇄 조치가 내려졌을 때, 인터뷰 대상자들은 여전히 고용 상태에 있었는데, 그 당시 가정 밖 노동과 가정 내 돌봄을 함께 수행해야 했고 큰 어려움을 느꼈었다고 언급했다. 따라서 아이 돌봄을 위해 가정 밖 노동을 중단하는 사례들이 발생하였다. 이처럼 학교가 제공하던 돌봄 기능의 부재로 인해 어려움을 계속 겪다가, 부분적 등교가 가능해지면서 비로소 숨통이 조금 트이게 된 경험은 연구 참여자들에게 공통적으로 학교의 돌봄 기능에 대한 재평가의 계기가 된 것으로 언급되었다.

> (올해는 학교에 가는 게 차이가 많이 느껴지나요?) 예, 그렇죠, 반이라도 가니깐. 엄마는 이제 소통하고, 애들 이제 아예 안 가는 게 아니니깐. 그나마 학교에 가서라도 친구를 반이라도 사귀니깐, 반이라도 나가서 사귀니깐. 그나마 애들도 이게, 에너지를 얻고, 뭐, 그리고 전 애들이랑 전화하고, 그래도 약속해서 그래도 놀이터에서 만나고, 뭐, 자전거 타고 해요. 밖에서 활동은 다 할 수 있으니깐. (참여자 B)

연구 참여자들은 학교가 수행하고 있던 돌봄 기능이 원래 생각해오던 바보다 훨씬 크다는 것을 코로나 초반에 절감하고, 이후 등교가 일부 실시되자 돌봄 부담의 감소를 체감하면서 학교 돌봄 기능의 완전한 회복을 염원하고 있었다. 그 과정에서, 학교의 교육 기능보다는 "학교 안에서 보호를 받고 있다"는 생각, 즉 학교의 돌봄 기능이 특히 강조되었다. 또한, 앞서 제시한 바와 같이 학교가 제공하는 급식 한 끼, 아이가 학교를 가는 동안 보낼 수 있는 개인 시간 등이 학교가 제공하는 돌봄 기능의 가장 중요한 예시들로서 언급되었다. 그뿐만 아니라, A는 아이가 학교에 가게 되면 최종적으로 직장에까지 복귀할 수 있을 것이라는 믿음도 드러냈다. 이는 공교육의 회복이 곧 여성의 고용 안정으로까지 이어질 것으로 '엄마'들이 전망하고 있음을 보여준다.

더 나아가, 공교육의 활성화를 주장하기도 하였다. E는 공교육의 활성화가 코로나 이후 지나치게 확대된 사교육을 견제하고 여성들의 일-가정 양립을 돕기 위해 꼭 필요한 일이라고 역설하였다. 코로나 이후 등교 중지로 인해 일-가정 양립의 고통을 어느 때보다도 강하게 느낀 것과 더불어 주변에서 사교육으로 학습 방식을 다수 전환하는 것을 목격하였으나 본인은 그렇게 하지 못하였다는 의식이 합쳐져 공교육의 회복, 더 나아가 활성화를 염원하게 된 것이다. 즉, 경제적 능력과 정보력의 부족으로 인해 사교육의 적극적인 이용이 힘들었던 엄마들이 공교육의 필요성을 강하게 느끼는 것을 떠올릴 수 있다.

이에 더하여 몇몇 인터뷰 대상자들은 학교의 방역에 대한 믿음도 드러냈다. 그 믿음은, 실제로 학교에 감염 위험이 낮을 것이라는 독립적이고 객관적인 판단임에 앞서, 학교의 돌봄 기능 회복에 대한 바람을 뒷받침하는 근거로서 말해졌다. 구체적으로는 언론을 통해 접한 아이들의 감염 위험이 어른들보다 낮다는 점이나 학교의 가림막 설치, 자가진단 검사, 방역 처리 등을 언급하며 "학교가 안전하다"고 주장하였다.

인터뷰 대상자들의 돌봄 편중화는 심리적인 부담으로 발현되었으며, 이는 곧 돌봄부담 완화를 가능케 할 공교육 회복에 대한 염원으로도 나타났다. 그러나 이어질 4절에서는 학교를 제외한 국가 기관에서 제공하는 정책 및 서비스에 대한 신뢰는 역설적이게도 대부분 낮게 나타나고 있으며, 오히려 사적인 네트워크를 통한 해결이 더 우선시되고 있음을 살펴볼 것이다.

### 4. 돌봄을 홀로 떠맡게 된 '엄마'

　한국 사회에서 가족은 개인이 의지할 수 있는 최종적인 보호망으로 여겨졌다. 그러나 인터뷰 대상자들은 한 가구에서 함께 거주하는 핵가족 이외의 친족, 대표적으로는 시어머니나 친정어머니로부터 아이 돌봄의 차원에 있어서는 이동 거리나 감염 위험 등의 이유로 큰 도움을 받지 못하고 있었다. 오히려 연구 참여자들은 주변의 다른 아이를 돌보는 여성들과 함께 어떠한 네트워크를 형성하고 있음을 드러내었다. 역설적이게도 친족의 경우에는 급할 때 아이 돌봄을 어느 정도 맡기고 분담할 수 있기를 기대하는 반면, 다른 엄마들과의 네트워크를 통해서는 정보의 공유와 정서적인 지지 및 안정보다는 실물적인 아이 돌봄 분담에 관해서는 기대를 지니고 있지 않았다. 그러나 공통적으로 두 네트워크 모두 코로나 19 이후 대면적인 상호작용 자체가 위험을 수반하게 되면서 실질적인 아이 돌봄 분담 기능은 수행하지 못하고 있었다.

　더불어 연구 참여자들은 국가가 제공하는 돌봄 서비스에 대한 불신을 보이기도 했다. 정부와 지자체 차원에서 공교육과 사교육이 수행하고 있던 아이 돌봄의 공백을 메꾸기 위해 시행한 다양한 정책 및 서비스들을 적극적으로 이용하지 못하는 데는 이러한 불신이 작용하고 있었던 것이다. 그 이유로서 애초부터 정책의 주요 대상자가 아니라 접근이 힘들다는 점, 서비스의 질이 낮을 것이 우려되어 아이를 맡기기 꺼려진다는 점 등이 언급되었다. 결과적으로 연구 참여자들이 경험하고 있는 돌봄 가중은 정부와 지자체가 시행하는 정책 및 서비스에 의해 분담되지 못하고 있음을 확인할 수 있었다.

### 1) 도움을 받을 수 있는 네트워크의 약화와 단절

• 친족 네트워크를 통한 도움 : 높은 기대, 낮은 이용 가능성

한국 사회에서 가족은 개인이 어려운 상황에서 도움을 요청할 수 있는 존재로 여겨져 왔으나 연구 참여자들은 아이 돌봄에 있어서 가족에게 도움을 요청하는 데 어려움을 겪고 있었다. 우선 A의 경우에는 가족이 도움을 주지 않겠다고 공언한 상태였으며 B, E의 경우에는 가족이 모두 지방에 있어서 아이를 맡기기 어려운 상태였다. D는 먼 곳에 거주하는 자신의 어머니가 아이를 돌보기 위해서 오는 과정에서 코로나에 감염될 위험 때문에 도움을 요청하지 못한다고 설명하였다. 이처럼 코로나 19 이후 아이 돌봄의 부담은 가족 네트워크를 통해서는 완화되지 못하였다. 특히 코로나 19 이후에는 대면적인 상호작용 자체가 서로에게 위험 부담이 된다는 인식 하에 친족에 의한 아이 돌봄 분담은 더욱 어려워지고 있었다.

> 친정 엄마가 한 시간 반 거리에 살고 계세요. 근데 또 코로나 19 이후 부탁하기 그래요. 운전 못 하시다 보니, 대중교통 타고 오시거든요? 나의 코로나 걱정을 위해 위험 감수하고 엄마에게 와달라 하는 것도 어불성설이죠. 그러다보니 웬만하면 다 제가 감당해야 하는 몫이 되어버린 거 같아요. (참여자 D)

• 엄마들 간의 사적 네트워크 : 정서적 지지 기반

엄마들 간의 사적 네트워크는 코로나 이전부터 존재해왔다. 이는 같은 학교의 학부모나 양육, 돌봄 관련 카페를 통해서 조직되어 있었다. 이를 통해서 여성들은 아이의 교육과 학업에 관련된 정보를 나누고 있었다. 여성들은 종종 급한 상황에서 자신의 아이를 다른 학부모의 집에

잠시 맡기는 등 도움을 받아왔으나, 위에 언급한 친족 네트워크와 마찬가지로 팬데믹 이후에는 감염에 대한 우려 등으로 인해서 돌봄 분담의 기능은 거의 유지되고 있지 않았다. 더불어 엄마들 간의 양육방식에 차이가 있기에 이러한 사적 네트워크를 통해서 알게 된 다른 엄마에게 아이를 맡기는 것이 조심스럽다는 응답이 나오기도 했다.

코로나 이후 엄마들 간의 사적 네트워크는 아이를 맡아주는 등의 돌봄의 실질적인 분담은 축소되고 정보를 공유하고 '동병상련'의 처지를 나누며 정서적인 지지를 얻는 것이 주 기능이 되었다. B의 경우에는 아이 돌봄과 교육과 관련된 정보를 거의 주변의 다른 엄마들을 통해서 얻고 있었다. D 또한 다른 학부모들과의 단체 메시지방을 통해서 어려움을 나누고 정신적인 지지를 얻고 있었다. 이처럼 학교 등의 기관을 통해서 알게 된 네트워크가 있는 한편 A와 C는 카페 등의 온라인 네트워크를 통해서도 정보를 얻고 공유하고 있었다. A는 육아 카페에서 서로 정보를 나누고 의지하고 있다고 응답하였고, C는 아이를 위한 놀이 도구를 공동구매하는 등 아이 돌봄에 관한 정보를 얻고 있었다. 연구 참여자들은 코로나 19로 인해서 다른 엄마들과의 대면적인 만남이 어려워진 것을 안타까워하며 대면적 만남이 가능해지기를 바라고 있었다.

카페에서... 되게 뭐랄까, 일면식 없는 사람들이지만, 같은 공통사가 있고 비슷한 문제와 어려움을 느끼는 사람들이라서 그런지, 누가 도움 요청하면 굉장히 친절하게 답해주시는 편이에요. 우리는 서로 많이 서로 의지하고 있어요. (참여자 A)

아이를 학교에서 해야 하는 수업 동영상을 다 같이 봐줘야하고, 학년이 다르게 있는 아이들의 경우 집에서 EBS 수업을 같이 병행해줘야

하고, 숙제도 다 도와줘야 하다보니 굉장히 힘든 한해 해를 다 보냈고 불평해요. 그런 어려움을 단톡방에 해소하는 거죠, 동병상련하면서..



흥미로운 점은 연구 참여자들이 겪는 심리적인 어려움 등이 남편과는 거의 공유되지 않는다는 점이었다. A는 육아와 관련해서 남편에게 기대하지 않으며, 오히려 기대가 이뤄지지 않았을 때의 실망감을 느끼고 싶지 않다고 답하였다. E의 경우, 아이와 관련된 고민을 남편에게 공유했을 때 남편이 "원래 저 나이 때는 그렇다"라는 답을 한 경험을 떠올렸으며, 직장에서 힘들게 일하는 남편에게 아이와 관련된 고민을 이야기하기 부담스럽다는 반응을 보이기도 했다. 이처럼 여성들은 남편과의 관계에 관한 자신의 경험을 비추어 보았을 때 아이 돌봄과 관련되어 남편에게 지지나 돌봄의 실질적 분담을 기대할 수 없다고 판단하고 있었다. 연구 참여자들은 대체적으로 남편이 무심하고 아이 돌봄에 관한 자신의 고민에 잘 공감하지 못한다고 느꼈다. 이러한 반응을 마주하며 연구 참여자들은 자신이 아이 돌봄을 전담하고 남편에 대한 기대 수준을 낮춤으로써 불필요한 갈등을 줄이려는 모습을 보였다. 여성들이 아이 돌봄에 관한 소통을 포기한 상황에서 오히려 아이 돌봄이 '엄마만의' 일로 굳어지는 악순환이 발생하고 있었다.

그리고 제 성격상, '내가 더 하고 말지, 괜히 싫은 소리 하는 것 별로' (...) 사람에 대해 실망하고 화나는 건 기대한 것이 이루어지지 않았을 때잖아요. 그냥 저는 그런 에너지 쏟기 싫어 그냥 내가 몸적으로 희생해서 다 (육아를 하는) 편이에요. (참여자 A)

근데 이제 아빠는 (아들이) 원래 저 나이 때는 그렇다, 어, 그런 식으로 하면서 이제 그것 때문에 조금 저도 다투기도 했었어요. 예. 근데 뭐, 본인도 너무 피곤해하고 힘들어하고 하니까, 예, 그래서 이제 제가 얘기를 할 때는 아들한테 얘기를 하긴 하는데, 좀, 힘들어 하더라고요, 예. 본인도 일이 힘들고 하니까, 그래서 그 부분에 대해서 조금 다툰 적은 있습니다. (참여자 E)

### 2) 국가의 돌봄 정책 및 서비스에 대한 불신

팬데믹 이전부터 우리나라는 여성의 사회진출을 촉진 및 돌봄의 탈가족화를 위하여 다양한 국가 돌봄 정책 및 서비스를 확대해오고 있다. 예컨대 공공 어린이집, 병설 유치원, 학교 등 기관에 대한 지원을 확충하거나, 긴급돌봄서비스, 아이돌보미 서비스 등을 도입함으로써 정부 차원의 돌봄 및 보육의 역량을 강화하고자 했다. 결국 국가는 가정 내에서의 비공식 돌봄노동을 탈가족화하여 사회적 차원으로 포섭하는 것을 정책 목표로 삼아온 것이다. 하지만 2절에서 확인한 바와 같이, 갑작스런 팬데믹 위기와 사회적 거리두기 정책 속에서 각급 학교 및 어린이집이 폐쇄되며 아이 돌봄의 공백 문제가 극심해졌고 양육의 주된 책임자인 엄마의 부담은 가중되었다. 하지만 위와 같은 기관이나 정책에 대한 접근성이 개선되었을 때조차 팬데믹 상황 속에서 여성들은 이를 활용하지 않고 있었다. 여성들이 국가의 돌봄 기관 및 서비스를 이용하지 않는 이유를 심층면담을 통해 확인할 수 있었다.

대부분의 연구 참여자들은 국가 차원의 돌봄 서비스 기관 및 정책을 다소 신뢰하지 못한다고 응답하였다. 그 이유 중 하나로 간혹 미디어를 통해 보고되는 어린이집 관련 사건·사고로 인한 부정적인 인식 및 편견을 꼽았다. 어린이집 기관 자체나 기관 종사자에 대한 불신이 쌓이며, 결국 아이 돌봄 서비스 차원에서 가정으로 파견되는 아이돌보미에 대한 불신으로까지 연결된 것이다. 특히, 아이들과의 애착관계를 기반으로 안정적인 돌봄 서비스를 요구하는 엄마의 시선에서 파견 도우미의 신원 검증에 대한 불안이 온전히 해소되지 않은 경우에 낯선 사람에 대한 경계를 늦추기 어려운 것이 서비스 활용의 방해요인으로 지적되었다.

> 네, 그리고 오는 사람도 잘 믿지를 못하잖아요, 솔직히. 그 사람들이 어디서 검증된 사람일지 알 수가 없잖아요. 정부에서 뭐, 그 사람들을 뭐 신상 파악을 완벽하게 해가지고 고용하는지 그게 의문스러워요, 솔직히. 거기에 뭐 이상한, 인성, 뭐, 이상한 사람일지, 그런 걸 어떻게 다 파악할 수 없잖아요. (참여자 B)

> 긴급돌봄은 어쩔 때 한 번 사용하는 거잖아요. 그럼 어떤 분이 올지도 복불복이고... 아이가 어린 경우, 안정된 애착이나 이런 것을 기대할 수도 없으니깐... 또 아무래도 처음 뵙는 분이니깐 한눈에 (믿음을) 갖기 어려워요. 아이돌보미를 보내준 기관에서 검증을 해주셨을 거라 생각하고 믿어야 하지만, 가끔 흉흉한 뉴스도 들리고 하니깐 아무래도 심정적으로 의존을 잘 못 하는 거 같아요. (참여자 D)

연구 참여자 A는 자신의 경험에 비추어 국가의 돌봄 서비스에 관한 통상적인 인식을 설명하였다. 보육교사 출신이자 양육카페 운영자인 그는 주변 학부모들이 국가의 돌봄 서비스 및 제도에 대한 불신을 이를 위해 지불하는 금액과 연관지어 생각하는 경향이 있다고 응답하였다. 무료 또는 비교적 저렴한 가격에 제공되는 공공 서비스는 아이를 위한 최선의 서비스가 될 수 없다는 인식이 불신의 기원이다. 또한, 아이의 감염 우려까지 더해져, 일부 연구 참여자들은 어린이집에 아이를 맡기고 일하는 것 혹은 아이를 늦게까지 어린이집에 맡기는 것에 죄책감을 느끼고 있었다. 이는 단순히 '엄마'로서 느끼는 일-가정 양립의 어려움이 아니라, 기관에서 제공되는 서비스 이용에서 생기는 어려움이 더해진 것이다.

> (내 아이가) 덜 사랑받겠지, 손에 덜 가겠지, 다른 애들은 일찍 퇴원하는데 내 아이 외롭겠지 하는 생각에 오래 남겨두는 걸 많이 미안해하는 거 같아요. 그래서 그런지 대부분의 아이들이 4:30이나 5:30이면 다 하원하고, 별도의 도우미를 써서 금전적인 지출이 늘어나는 편인 것 같아요. 내 아이가 값싼 공간에 있는 건, 분명 정부의 돈이 들어가는 서비스임에도 불구하고, 아이들 방임하는 것이라던가, 하찮은 곳에 두는 것이라 생각하는 것 같아요. (참여자 A)

> 어린이집에서는 막상 남겨지는 아이가 우리 애 밖에 없을 땐 제가 일찍 데려와야 할 것 같은 중압감이 있어요. 어린이집에서도 코로나 시국에 아이 맡기는 걸 눈치를 주잖아요. 어린이집에서도, 이 시간에서 이 시간까지 맡아줘라 하지만, 좋지 않은 어린이집은 맡기는 엄마들에 대해 불만을 갖는 어린이집도 있더라는 얘기죠. 저 엄마는 너무 맡긴다 하며 눈치를 줘요. (참여자 D)

연구 참여자 D는 오후 7시까지는 아이를 어린이집에 맡겨도 되는 시스템임에도 불구하고 아이를 오래 맡길 경우 어린이집 자체에서 엄마에게 '눈치'를 주는 경우도 있다고 말하였다. 그는 '사람 대 사람'의 일이라서 생기는 '눈치'를 언급하며, 제도적으로 보장된 바를 온전히 다 활용하기 힘든 상황이 종종 발생함을 언급하였다.

　더 나아가, 연구 참여자 A는 공공 아이 돌봄 서비스나 제도의 품질에 대한 불신이 심화됨에 따라, 엄마들은 하원 도우미, 값비싼 아이 놀이터 등에 아이를 위탁함으로써 돌봄을 외주화하는 경향이 존재한다고 응답하였다. 결국, 아이 돌봄을 탈가족화하고자 하는 정책적 시도가 실효성이 없는 동시에 가족 내에서 아이 돌봄을 모두 감당하기가 힘든 경우, 자본을 동원해 아이 돌봄을 외주화하는 돌봄의 역설이 발생하는 경우를 발견할 수 있다. 이같은 경향은 교육 공백을 사교육을 통해 극복하고자 하는 시도가 경제적 능력, 정보력의 부족으로 인해 좌절되어 죄책감을 발생시켰던 것과 같은 맥락에서, 몇몇 연구 참여자에게 죄책감을 발생시키고 있었다.


● 돌봄지원 서비스의 비실효성

　엄마들이 아이 돌봄 기관, 정책, 서비스에 대하여 갖는 불만은 동 수단들이 주로 그들의 실질적인 필요를 충족시켜주지 못한다는 것이다. 심층면담을 통해 살펴본 정부 차원의 양육 지원 서비스에 관한 이들의 불만은 ① 긴급한 상황에서 언제든 편하게 아이를 위탁할 수 있는 서비스 부재 ② 엄마와 아이의 애착관계 형성을 조력할 수 있는 종류의 서비스 부재로 분류할 수 있다.


　① 안정적이고 편리한 긴급돌봄 서비스

　어린아이를 키우는 양육자 입장에서는 자신이 직장에 있을 때 갑자기 아이가 열이 나는 등 아픈 경우 곤란에 처하게 된다. 전업 주부 혹은 프리랜서에게도, 긴급한 상황이 발생할 때 아이를 안정적인 곳에 위탁할 수 있는지는 고민이다. 팬데믹이 닥쳐오자 더욱 이러한 종류의 고민이 늘어나고 있었다. 실제로 면담 과정에서 확진자 발생 등의 이유로 갑작스레 학교 혹은 어린이집이 폐쇄되었을 때 생길 수 있는 긴박한 돌봄 공백에 대하여, '직장맘' 혹은 '전업맘' 모두 큰 불안과 곤란함을 실제로 경험하였거나 그 발생을 우려하고 있다고 응답하였다. 그만큼 양육자에게는 긴박한 상황 속에서 언제든 안정적으로 아이 돌봄을 위탁할 수 있는 제도 및 서비스가 중요하다고 볼 수 있다.

그럼에도 불구하고 다수의 연구 참여자는 정부에서 행해지는 긴급돌봄서비스가 전혀 '긴급'한 상황에서 활용하기에 적합하지 않다는 점을 지적하였다. 흥미로운 지점은, 양육자의 편의를 위하여 정부가 코로나 19 이후 긴급돌봄서비스의 종사자를 대폭 확충하고 그 적용 범위를 늘렸음에도, 부정적인 편견과 선입견 탓에 제대로 된 이용을 못 하고 있다는 사실이었다. 대체로 연구 참여자들은 본인의 과거 경험 혹은 주변 지인들의 긴급돌봄서비스 이용 경험에 비추어 응답하였다. 연구 참여자 B와 D는 각각 긴급서비스의 제도적 불안정성을 서로 다른 이유를 들어 지적하였는데, 결국 어린 아이를 중심으로 이루어지는 긴급돌봄서비스가 제도적 안정성 및 실효성이 충분하지 못한다는 결론을 끌어낼 수 있었다.

그날 뭐 당장 신청하면 그거 뭐 특정 사람이 올 수도 없는 상황이고...
그러니깐 아예 기대도 안 하고 신청해도 순위에서 밀려요. 어린 애들
위주로 그 신청이 되지, 이렇게 큰 애들은 돌봐줄 사람이 별로 없어
요. 초등학생들은 신청을 거의 안 하더라고요. (참여자 B)

그게 고정적으로 이용하는 사람이 아니면 사실 대기가 좀 길고요. '긴
급돌봄'은 어쩔 때 한 번 사용하는 거잖아요. 하시는 분들이 계속 바
뀌어요. (중략) 고정적 이용이 아니고 긴급 이용이면, 사실 아이 발달
단계를 고려할 때 현실적으로 많이 어렵지 않나 해요. (참여자 D)

즉, 아이가 어릴 때 발달단계를 고려하면 안정적인 애착 관계가 형성된 이들이 돌보미로 와야 하지만, 국가가 돌봄 서비스 수요를 충분히 감당하지 못함으로 인해 매번 다른 사람들이 오는 것이 여성들의 제도에 관하여 느끼는 불안감과 불신을 배가시키는 부가적인 요인이었음을 확인할 수 있었다. 이에 더하여, 참여자 D는 초등학생들을 위한 긴급돌봄센터가 하나의 공부방 느낌으로 제공된다면 좋겠다고 응답하였다.

> 제가 긴급할때 항상 그곳에 있어서, 아이를 맡기고 몇 시간 뒤에 와서 데려가겠습니다 할 때 맡길 수 있는 지역 공부방들이 많았으면 좋겠다 싶어요. 코로나 시국은 좀 예외적인 얘기지만, 친구도 있고 선생님도 있다면… 다같이 있으면 좀 더 안심이 되고 그런 게 있잖아요. (참여자 D)

D의 경우, 초등학교 고학년 아이의 경우 아이를 1대1로 밀착하여 돌봄을 수행하기보다는 다른 아이와 함께 어울려 지내게 하는 것이 보다 안심되는 지원정책이 될 수 있다고 설명하였다. 이는 팬데믹 상황 속에서 초등학교 고학년 사이에서 교육공백이 극화되었다는 지점과도 연결지어, 포스트팬데믹 이후 교육의 기능을 강화한 통합적인 돌봄 체계를 제언함에 있어 유의미한 지점으로 보인다. 한편, 정부의 폭넓은 지원 아래 유사한 기능을 수행하는 지역아동돌봄센터가 현존하지만 양육자들이 이를 제대로 활용하지 못하는 상황을 반복적으로 확인할 수 있다. 이는 양육자들에게 동 센터의 기능과 역할에 대한 홍보가 미비하였거나, 혹은 센터의 접근성 혹은 수용 대상자가 지나치게 한정되어있었음을 의미한다.

② 양육자와 아이의 애착 관계 형성을 조력할 수 있는 서비스의 부재

인터뷰 결과 중에서 특히 주목할 만한 점은, 전술하였듯 다수의 양육자로서 엄마가 자신을 주된 양육 책임자로 여김과 동시에 양육의 즐거움과 중요성을 인정하고 있다는 것이었다. 실제로 참여자 A는 저출산 문제 해결을 위한 핵심이 단순히 아이를 기관에 맡기는 것이 아니라, 엄마든 아빠든 아이 키우는 과정에서 어려움이 없도록 적절한 지원을 차별 없이 제공하는 것에 있음을 강조하였다. 구체적으로 참여자 A는 정부가 어린이집과 가정 양육자에 제공하는 지원금의 양이 지나치게 불공정한 것을 지적하며, 오히려 양육 문제를 정책 편의에 의존하여 해결하려는 것이 문제를 키울 수 있음을 지적하였다. 그는 "집에서 양육하기를 원하는 양육자에겐 30만 원만 지원하는 반면, 아이 한 명당 어린이집에는 약 100만 원 상당의 지원금을 제공하는 정책"이라고 꼬집으며, 주된 양육자에게도 동등한 기회를 제공할 것을 요구하였다.

> 정부에서는 어린이집에 맡기는 게 모든 문제를 해결하는 최고 해결책인 것마냥 다 쏟아붓고 있잖아요. 그러면 전업 엄마도 어린이집에 맡기고 쉬는 게 차라리 나은 게 되는 거예요. (중략) 아이 낳기 전에는 전생, 이후에는 현생이라고도 표현하잖아요. 아이 키우는 게 참 즐거운데 너무 힘들어요. 저는 최대한 부모님들이, 내 아이를 직접 키우면서 힘든 일이기도 하지만 즐거움이다, 이런 걸 충분히 누릴 수 있는 여건을 마련해야한다고 생각해요. 아이 키우는 재미와 즐거움을 배가시킬 수 있는 세심한 정책이 마련되면 좋겠어요. (참여자 A)

연구 참여자 B 역시 애착 관계가 중요한 비교적 어린아이 양육에서는 부모의 역할이 중요한 만큼, 다른 돌봄 노동을 분담할 수 있는 인력

서비스의 제공이 더 필요할 수도 있다며 대안적인 지원책을 요구하기도 하였다. 구체적으로 그는 가사 도우미 서비스가 있다면 팬데믹 위기 속 편중된 엄마의 돌봄 분담이 크게 완화될 수 있으리라는 가능성을 제언하기도 하였다.

> 직장 다니는 엄마들 위해서 애가 아플 때 이럴 때 뭐. 아니 육아도 뭐, 가사일을 … 파출부 있잖아요, 집안일 이런 거. 애를 돌봐주는 그건 둘째치고, 집안일도 만만치 않거든요? 파출부 식으로 일주일에 한두 번 와서, 뭐 반찬을 만들어주는 도우미가 있든지, 뭐. 집안을 청소해 줄 수 있는 그런 도우미가 있으면 좋겠죠. 뭐 실현 가능할지는 모르겠지만은. 그렇게 해주면 뭐, 집안일이 뭐 엄마가 이렇게 뭐, 편안하잖아요... 가사일을 하다 보면 애한테, 애를 돌볼, 애랑 유대관계를 쌓을 시간이 없으니깐, 가사 일만 도와줘도 반찬만 해다줘도 설거지만 해줘도 그런 것만 해줘도 많은 도움이 되죠. (참여자 B)

지금까지 팬데믹 상황에서 아이 돌봄의 책임과 노동이 편중된 상황에서도, 국가의 긴급돌봄 지원 정책 및 아이 돌봄 서비스 활용에 있어 어떠한 불편과 곤란함이 있는지, 그리고 그것이 양육의 주된 책임자로 호명되는 엄마에게 어떠한 심리적 영향을 미쳐왔는지 확인하였다. 결국, 국가의 정책 및 서비스 지원에도 불구하고 팬데믹 위기 속에서 여전히 돌봄은 재가족화되고 젠더화되고 있으며, 이로 인해 엄마의 돌봄 부담을 효과적으로 덜지 못하고 있는 상황을 확인할 수 있었다.

## Ⅳ  결론: 사회적 돌봄의 방향

### 1.  돌봄 편중화 현상과 엄마로서의 삶

지금까지 연구 참여자들을 중심으로 ① 코로나 19 상황에서 양육의 주된 책임자로서의 지위를 가진 엄마에게 어떤 경로로 양육 부담이 지나치게 편중되는지 ② 또 그러한 양상이 개인의 심리 및 정서와 어떻게 연결되어 엄마의 피로감을 높여왔는지 ③ 그럼에도 불구하고 부담을 완화할 수 있는 대안적 서비스가 왜 충분히 기능하지 못하고 있는지 그 정황을 살펴보았다. 위 논의를 바탕으로 본 연구는 여성이 기존에 경험하던 관계에서 아이 돌봄 분담이 편중되어 있는 상태가 코로나 19를 계기로 가시화되고, 이것이 현재 돌봄 공백으로 인해 더욱 심화됨에 따라 '돌봄의 위기'로 구현되는 것을 확인할 수 있었다. 이는 주로 엄마를 둘러싼 관계의 틀에서 파악될 수 있었는데, 그 관계 안에서 돌봄의 전가가 일어나고 있었으며, 그 관계는 크게 세 차원으로 파악될 수 있다.

첫째, 가정 내에서 발생하는 가정 내 구성원과의 소통 및 육아 조력의 결여가 발생하고 있었다. 아이 돌봄 과정에서 연구 참여자 C의 경우를 제외하고는 배우자의 도움을 기대하지 않고 체념하는 양상을 보이고 있으며, 연구 참여자 D를 제외하고는 배우자로부터 정서적인 지지를 받거나 우울한 감정을 토로하고 있지 못하다고 응답하였다. 따라서 돌봄이 재가족화되는 맥락에서 여성들의 고통이 초래됨을 경험적으로 확인할 수 있었다.

둘째, 이웃을 비롯한 지역사회 구성원들과의 아이 돌봄 나눔이 일어나지 못하고 있었다. 이는 주로 서로 돌봄의 방식이 다르다는 인식 때문이었다. 이들은 한편으론 학부모 모임이나 양육카페 등의 채널을 통하여 꾸준히 연결되고 어느 정도 소통하였으나, 코로나 19 상황 속 강도 높은 거리두기 상황에서 실제 만남은 어려워졌다. 따라서 기존에 행해지던 사적 모임들도 잠정적으로 중단되었으며, 또한 감염 우려 등으로 인해 아이 돌봄을 품앗이하거나 지원하는 것에 우려를 표명한 경우도 있었다. 그럼에도 연구 참여자 다수는 학부모 모임이나 육아 카페 등을 통해 정서적인 지지를 받고 있었기에, 그들과의 신뢰를 드러냄과 동시에 차후 소통 재활성화를 염원하기도 하였다.

셋째, 팬데믹 상황에서 엄마는 기존에 행해지거나 확대되어 온 아이 돌봄 지원에 관한 국가 기관, 서비스, 제도의 수립 및 운영으로부터 실질적인 도움을 받지 못하고 있었다. 공공어린이집, 긴급돌봄서비스 등에 대한 엄마의 불신은 돌봄이 공적 영역으로 사회화되는 것을 저해하는 요인으로 기능하고 있으며, 따라서 제도상 맹점이 존재함을 확인할 수 있었다. 더 나아가, 제도의 수립과 운영 일련의 과정에서 엄마들의 실제적인 요구사항이 민주적으로 반영되지 못하고 있었다. 즉, 엄마들의 실질적인 수요를 반영하려는 시도가 향후 요구된다고 볼 수 있다.

팬데믹 이후 여성으로의 돌봄 편중이 심화되는 양상을 위와 같이 파악하는 것은 단순히 정책적인 지원만을 강화하는 일방적인 도움만을 제공하는 것의 불안정성을 뛰어넘어, 여성이 다양한 층위에서 안정적인 도움을 받을 수 있는 환경과 여건을 마련해줄 수 있다는 점에서 그 이점을 지닌다.

## 2. 제언: 아이돌봄 구조의 재편

본 연구에서 포착한 바에 따르면, '엄마'인 여성을 둘러싸고 있었던 기존의 관계들은 성역할 의식 개선 등에 따라 이전보다 평등할 것이라고 여겨져 왔으나, 코로나 이후 숨겨져 있던 모순점들이 드러났다. 여성이 몸담고 있던 노동시장으로부터의 퇴직은, 강제적인 해고가 아닌 자발적인 선택인 것처럼 여겨졌으나, 가정 내에서 발생하는 돌봄 공백을 여성이 도맡아 채워야만 하는 현실적인 제약에 의해서 사실상 강제된 것이나 다름없었다. 이러한 돌봄 공백을 회사에서 지원해주는 제도는 마련되어 있지 않았다. 즉, 여성들의 노동시장과 맺는 위태로운 관계가, 가정 안에서 여성들이 돌봄을 전적으로 수행하는 불평등 관계와 중첩되며 노동시장 대거 이탈이라는 결과를 낳은 것이다.

또한, 가정 내 돌봄 분담은 젠더화되어 있는 경향이 컸는데 코로나로 인해 상황적인 요소들이 겹치며 그것이 여성으로의 돌봄 편중의 심화로 이어졌다. 주로 아빠가 아이와 야외활동을 해주는 역할을 수행하고 있었으나, 코로나 이후 집 안에서만 생활하게 되면서 여성의 몫이 늘어나게 된 것이다. 또한, 아이 돌봄에 관해서 여성은 남편과의 상의를 시도하거나 재분담을 요구하지 못하는 등 아이 돌봄의 부담은 가정 내에서 해소되지 못하고 있었다. 즉, 가정 내에서 맺어진 관계 속 편중 또한 코로나로 인해 드러나고 심화되었다. 이에 더해 자녀 돌봄이 사회적으로 다뤄져야 한다는 인식도 부재하였는데, 상황상 친족 네트워크로부터 도움을 받기 어렵고 사적 네트워크와는 실질적인 돌봄 나눔 대신 정서적인 지지에만 그쳤다.

즉, 여성을 둘러싼 여러 관계는 아이 돌봄을 여성에게 전가하는 방식으로 짜여 있었고 국가의 정책과 서비스는 여성들의 돌봄 부담을 실질적으로 줄이지 못하고 있었다. 이렇듯 코로나 19 이전에는 여성들의 신체적, 정신적 희생을 담보로 유지되었던 관계들이 코로나 이후 심화되면서 수면 위로 떠올랐고, 이제는 이 관계들이 맺어져 있는 방식 자체를 근본적으로 다시 생각해볼 필요가 대두된 것이다. 즉 코로나 19라는 사회적인 재난은 기존의 사회적 관계들 안에 내재되어 있던 모순을 드러냈으며, 가정 안에서의 젠더 불평등부터 노동시장의 구조까지, 앞서 말

한 4가지 측면에서 여성들이 관계맺는 방식이 재편되어야 함을 보여주
었다.

　본 연구는 여성의 아이 돌봄 부담을 덜고 관계의 재편을 도모하기
위해서는 단순한 돌봄 정책·서비스 개선에 더해 한발 더 나아간 차원의
접근 또한 필요하다고 주장한다. 일차적으로 가정 내 돌봄 수행 차원에
서의 불평등을 개선해야 한다. 단순히 가정 내 구성원들의 각 돌봄 노동
시간 총량만을 살필 것이 아니라, 젠더화되어 있는 돌봄이 어떻게 다시
평등하게 재분담될지 고민이 필요하다. 이를 위해서는 가정 내 구성원들
의 성평등 의식의 내면화가 뒷받침되어야 한다. 또한, 결정적으로는 여
성 고용의 안정이 보장되어야 한다. 반드시 코로나 국면과 같은 위기 상
황이 아니더라도 아이 돌봄을 위한 경력 단절 등의 문제는 한국 사회에
늘 구조적으로 존재해왔다. 따라서 일과 가정 모두를 책임져야 하는 여
성들의 상황 개선은 향후 주된 해결 과제로서 반드시 추구되어야 할 것
이다.

　나아가 지역사회 및 사적 네트워크에서 제공할 수 있는 사회적 돌
봄을 해결하고자 하는 노력도 행해져야 한다. 연구 참여자들이 정부 정
책 및 서비스에 대한 신뢰를 낮게 나타낸 반면 사적 네트워크의 도움은
긍정적으로 평가하고 있었다는 점을 고려하면, 이러한 여성들이 지니는
네트워크 양상을 적극적으로 반영하여 사회적 돌봄 제공의 창구로 활용
하는 것은 여러 이점을 지닐 수 있다. 낯선 파견 도우미에게 아이를 맡기
거나, 언제 차례가 돌아올지 모르는 대기줄을 마냥 기다리는 것보다는,
지역사회에서 사회적 신뢰를 쌓은 이웃 또는 친구와 자녀 돌봄을 품앗
이하는 방식이 더욱 접근성도 높을 뿐만 아니라 불안감 등도 더 낮게 나
타날 것이기 때문이다. 즉, 정부 차원에서는 지역사회 이웃 네트워크가
더욱 활성화될 수 있는 기반을 마련하는 데 도움을 제공하고, 그 외 카페

활동을 비롯한 친목 활동을 통해 형성되는 네트워크들에 대한 경제적, 공간적, 인적 지원도 다양하게 고려함으로써 이러한 공동체를 통한 사회적 돌봄을 추구할 수 있다. 정부뿐만 아니라 지자체, 민간 차원에서도 자녀 돌봄을 사회의 영역으로 끌어오는 데 적극적으로 참여하여, '엄마'의 어깨가 짊어지고 있는 과도한 짐이 덜어질 수 있도록 노력을 기울여야 할 것이다.

마지막으로 자녀 돌봄 노동 수행에 어려움을 느끼고 있는 여성들이 국가가 제공하는 정책 및 서비스에 더 쉽게 접근할 수 있게 하고, 여성들이 직접 내는 목소리를 더 반영하고자 하는 노력 또한 축소되어서는 안 된다. 이는 돌봄을 가정 외부에 맡기는 측면에서도 이루어져야 하고, 가정 내에서 직접 돌봄을 수행하기를 택한 경우에도 실질적인 도움을 제공할 수 있도록 노력해야 한다. 다시 말해, 긴급하게 돌봄을 외부에 맡겨야 하는 상황이나 주기적으로 돌봄을 위탁하는 경우 등 직접적인 자녀 돌봄에 대한 도움을 활성화하는 것에 그치지 않고, 자녀 돌봄을 대부분 직접 수행하기를 선택함으로써 자녀와의 애착 관계를 더 강하게 형성하기를 원하는 여성에게도 그에 준하는 돌봄 서비스가 제공되어야 한다. 그에 더해 남성을 아이 돌봄의 주체로 참여할 수 있도록 정책적인 노력도 이루어져야 한다.

아이를 돌보는 여성들의 현실을 주목하는 일은 다양한 관계들 속에 존재해오던 한국 사회의 전반적인 여성 불평등 문제까지도 꺼내 보여준다. 아이 돌봄을 다양한 관계들이 복합적으로 작용하는 역학 속에서 바라봄으로써 여성들이 가정 안에서 수행하는 아이 돌봄의 부담을 덜어주어야 한다는 피상적인 해결책에서 나아가 여성들이 가정, 노동시장, 국가와 관계를 맺는 방식을 근본적으로 다시 생각하고, 이러한 관계들을 재편해야 한다. 이처럼 여성들이 수행해온 돌봄을 다양한 사회적 관계

속에서 파악하고 이를 재편하려는 노력을 통해서 포스트-팬데믹 사회의 지향점으로 떠오르는 '돌봄 사회'로의 전환이 가능할 것이다.


## V  참고문헌

**연구논문**

김지연, 2021. "Searching for the Cause of the Gender Gap in Employment Losses during the COVID-19 Crisis." KDI Journal of Economic Policy, 43(2):53-79.

은기수, 2020. "코로나 19 팬데믹과 자녀 돌봄의 변화."『월간노동리뷰』, 188: 35-49.

전기택, 2020. "코로나 19 확산과 여성고용."『젠더리뷰』, 57:70-77.

정익중, 2020. "코로나 19로 인한 아동돌봄 문제에 대한 해외 대응과 그 시사점.",『국제사회보장리뷰』, 13:47-59.

최윤경, 2020. "코로나 19와 아동 돌봄의 쟁점",『젠더리뷰』, 2020 여름호:63-69.

최은영, 2020. "유치원·어린이집의 코로나 19 대응체계 진단 및 과제."『육아정책 Brief』, 80.


**문헌 자료**

한국여성정책연구원, 〈코로나 19로 인한 가족의 변화와 정책과제〉 세미나 자료, 2020.

(https://www.kwdi.re.kr/research/seminarView.do?p=1&idx=125958)

아동복지연구소, 〈코로나 19가 바꾼 일상변화와 아동행복〉 제17차 아동복지포럼자료, 2020.

(https://support.childfund.or.kr/institute/newsView.do?bdId=20021874)

통계청, 2019년 생활시간조사.

KDI, KDI 현안분석 코로나 19 고용충격의 성별 격차와 시사점, 2021.

**인터넷 기사**

김수현, 2021. “작년 서울 초등학생 42일만 학교 갔다…전남의 1/3 수준”, 연
합뉴스, 2021.03.16. (검색일자 2021.06.13., https://m.yna.co.kr/
view/AKR20210315158700530)

# 4장  지리학과 〈자연지리학 개론〉

## I  수업 소개

### 1.  일반 개요

| 수업명 | 자연지리학개론 | 교수자명 | 김대현 |
|---|---|---|---|
| 대학 명 | 사회과학대학 | 학부/학과 명 | 지리학과 |
| 수업 유형 | 전공선택 | 수강 인원 | 20 |
| 연계 지역/기관 | 서울특별시 관악구 | | |
| 수업 목적 | 지리학의 한 분야인 자연지리학 전반에 대해 배우며, 시스템적 접근을 통해 자연환경에 대한 이해를 도모함<br>학습 내용을 바탕으로 지역 사회에서 자연지리학과 관련된 주제를 찾아 연구를 진행하고, 그 결과를 바탕으로 지역 사회 개선에 기여할 수 있는 방안을 모색함 | | |
| 주요 교재 | Christopherson, R.W. 2011. *Geosystems*: *An introduction to physical geography*, 8th Edition. Pearson.<br>Arbogast, A.F. 2014. *Discovering physical geography*, 3rd Edition. Wiley.<br>Hess, D. 2016. *McKnights' physical geography*: *A landscape appreciation*, 12th Edition. Pearson.<br>Strahler, A.H. 2013. *Introducing physical geography*, 6th Edition. Wiley. | | |

## 2. 수업 일정

| 수업<br>일정 | 제1주: 강의 소개<br>제2주: 자연지리학의 기본 요소 소개<br>제3주: 자연지리실험실 방문 및 연구 분야 소개<br>제4주: 기권(The Atmosphere) 소개 Ⅰ<br>제5주: 기권(The Atmosphere) 소개 Ⅱ<br>제6주: 수권(The Hydrosphere) 소개 Ⅰ<br>제7주: 수권(The Hydrosphere) 소개 Ⅱ<br>제8주: 자연지리학 분야 연사 초청 특강<br>제9주: 암석권(The Lithosphere) 소개 Ⅰ<br>제10주: 암석권(The Lithosphere) 소개 Ⅱ<br>제11주: 관악산 답사 및 지역의 자연지리 경관 탐사<br>제12주: 생물권(The Biosphere) 소개 Ⅰ<br>제13주: 생물권(The Biosphere) 소개 Ⅱ<br>제14주: 조별 연구 내용 발표<br>제15주: 기말고사 |
|---|---|

## 3. 팀/개인 프로젝트 개요

| 프로젝트<br>개요 | 학교가 위치한 관악구 내의 자연환경과 관련한 문제에 대해 자연지리학적 접근을 통한 연구를 진행하고, 연구 결과를 바탕으로 각 문제에 대한 해결 방안을 제시하고 지역 구성원들의 주의 환기를 촉구함 |
|---|---|
| 프로젝트<br>결과 | 6개 팀이 관악구 내의 자연환경에 대한 문제점을 찾고 이에 대해 자연지리학적 해결방안을 모색함<br><br>1. 도시농업: 관악구 도시농업의 현황 및 개선점 파악<br>2. 도림천: 도림천 복개 철거 공사가 지역 사회에 미치는 영향 분석<br>3. 관악산 비법정등산로: 관악산 비법정등산로의 현황과 문제점을 파악하고 그 개선점 모색<br>4. 관악구 도시숲: 관악구 도시숲 조성을 위한 토질 연구<br>5. 관악산 등산 안전: 관악산 등산 안전 실태조사 및 안전 제고 방안 모색<br>6. 서울시 기후: AWS 자료를 통한 서울 시내 기후 탐색 |

## Ⅱ  수업 주제 해설: 자연지리학개론 : 지리학도의 눈으로 자연 공간을 바라보기


**김대현**(서울대학교 지리학과 교수)
**이한섭**(서울대학교 지리학과 대학원 조교)


자연지리학은 지리학의 한 분야로서, 지표상의 자연 현상들이 공간적으로 어떤 분포를 나타내고, 시간의 흐름에 따라 어떤 변화를 나타내는지 탐구하는 학문이다. 자연지리학은 지구를 기권(atmosphere), 수권(hydrosphere), 암석권(lithosphere), 생물권(biosphere)으로 나누고 각 권역에 대한 이해를 시도한 다음, 모든 권역이 상호작용하며 하나의 계를 이루고 있다는 시스템적 접근을 통해 지구 전체에 대한 전반적인 이해를 도모한다. 본 수업은 자연 공간과 그곳에서 발생하는 자연 현상에 대해 관심을 가지는 학생들을 대상으로 자연지리학이라는 분야를 전반적으로 소개하고, 더 나아가 자연지리학적 시각을 통해 주변의 자연에 대한 문제를 인식하고 이에 대한 해결능력을 기르는 것을 목적으로 한다.

특히 이번 학기에는 학교가 기반한 지역 사회인 관악구와 연계하여, 관악구 내에 자연적으로 문제가 되는 현상에 대한 문제제기를 하고, 그 해결법을 찾아 지역 사회 및 관할 부처에 전달하는 것을 수업의 주 활동으로 정하였다. 이를 위해 수강생들은 3~4명 정도가 하나의 팀을 이루어 지역 사회의 자연환경에 대한 문제를 다각도로 검토한 다음, 자연지리학적 접근을 통해 문제의 심각성을 지역 구성원들에게 인식시키고 해결책을 제시하고자 하였다.

수업은 지구를 구성하는 권역인 기권, 수권, 암석권, 생물권에 대하여 어떤 요소들이 각 권역을 이루고 있으며, 그것들이 권역 내에서 어떤

작용을 하는지, 더 나아가 다른 권역과의 상호작용에 있어서는 어떤 역할을 하는지에 대해 폭넓게 살펴보는 방향으로 진행되었다. 더불어 이론 수업 중간에 자연지리학 실험실 방문이나 자연지리학 분야의 전문가 초빙 강연 등의 활동을 통해 실제 자연지리학 분야의 연구가 어떤 과정을 통해 진행되어 결과가 나오게 되며, 그러한 연구가 학문적으로나 사회적으로는 어떤 의미를 가지는지에 대해 알아보기도 하였다. 또한 수업 중 후반부에는 관악산 답사를 통해 수업 중에 배운 내용을 직접 현장에서 확인하는 기회를 가지는 동시에 관악산의 자연환경에는 어떤 문제들이 있는지 탐색하고 고찰해보기도 하였다. 수강생들은 이러한 수업 과정을 거치는 동안 지역 사회의 자연환경에 관한 문제 중 한 가지를 연구 주제로 설정하고, 현장조사 및 자료조사와 문헌 연구 등을 통해 그러한 문제가 지역 사회에 끼치는 영향을 보다 명확히 밝히고 그에 대한 해결책을 준비하여 학기 말에 발표하였다.

　각 팀의 연구 성과를 살펴보면, 〈관악구의 도시농업 – 강감찬 텃밭, 낙성대 텃밭, 관악 도시농업공원을 중심으로〉, 〈도림천 복개철거 공사의 지역사회에의 영향 분석〉, 〈관악산 내 비법정탐방로(샛길)의 위험성과 이에 대한 해결방안〉, 〈관악구 도시 숲 수목 육성을 위한 토질 연구 – 삼성산 화재 피해 지역 토양성분 분석을 중심으로〉, 〈관악산 등산객 안전 실태조사와 안전 제고를 위한 방안〉, 〈AWS를 통한 서울 기후 데이터 탐색〉 등과 같은 결과물이 보고되었으며, 이와 같이 다양한 주제를 다룬 연구들이 있었기에 그 연구 방법이나 결과 분석 등도 다양했다. 수강생들은 자신들의 주제와 관련된 자료를 얻기 위해 관악산이나 도림천 등의 현장에 나가 토양 성질 또는 수질 측정, 경사도나 기복 및 하천 형태 등의 지형적 특성 등을 직접 파악하기도 하였다. 또한 관악구 도시농업의 현황과 문제점 파악, 관악산 비법정탐방로에 대한 인식, 관악산 등산객들의 등산 안전 실태 파악 등을 위해 다양한 지역 구성원을 대상으로 설문조사를 진행하기도 하였다. 한편 현장에서 얻은 자료 이외에 관악산 등산로 지도 및 지형도, 서울 시내 기상 관측 자료 등의 자료를 인터넷 상에서 수집하여 연구 결과를 보완하기도 했으며, 다양한 선행 연구를 참고하고 인용하여 보고서의 논지를 강화하기도 하였다. 이 과정에서 교수자와 수업 조교는 전반적인 주제의 적절성이나 연구의 실현 가능성 등에 대해 조언하고, 학생들의 현장조사 방법론에 도움을 주거나 자료 분석 및 해석 방법 등에 대해 제언하는 방식으로 수강생들과 계속해서 교류하며 팀별 연구를 보조하였다.

위와 같은 활동을 통해 수강생들은 관악구 도시농업의 문제점을 파악하고 그에 대한 해결책 및 그를 통한 지역 브랜드 제고 방안을 제시하거나, 도림천 복개 구간을 철거하는 공사가 지역 사회에 미치는 부정적인 영향을 실증적으로 파악하고 이에 대한 지역 주민과 정책 입안자들의 주의를 환기하고자 했으며, 산불 등의 발생으로 인해 도시 숲 유실이 발생한 경우 그 지점의 토양 성질이 어떻게 되었는가를 파악해 이후 숲을 다시 조성할 때의 유의점에 대해 고찰하였으며, 관악산 등산객들의 안전에 문제가 있음을 파악하고 이를 개선하기 위해 방안을 제시하였으며, 자동기상관측장비를 통해 관측한 서울시의 기후 자료를 분석해 관측 장비가 없는 지역의 기상 상황을 예측하고 그에 따라 돌발 기후 상황 발생 시 위험한 곳에 대해 분석하였다. 특히 [캠퍼스 임팩트]에 실리는 〈관악산 내 비법정탐방로(샛길)의 위험성과 이에 대한 해결방안〉 연구의 경우 관악산 내의 비법정탐방로로부터 비롯될 수 있는 부정적인 영향을 크게 주변 생태 훼손, 등산객 안전 문제, 주변 관리 문제 등으로 나눈 다음 각 영향이 실제로 관악산 비법정탐방로에서 어떤 양상으로 나타나고 있는지 현장조사를 통해 파악하고, 추가로 등산객 설문조사와 지역 관할 부서 담당자 인터뷰를 통해 문제의 개선 방안을 찾고자 하였다. 이러한 노력을 바탕으로 관악산 내 비법정탐방로의 경사도와 답압이 정식 등산로보다 높고 등산로 폭은 더 좁아 등산객 및 주변 서식 생물의 안전에 악영향을 준다는 것을 보였으며, 비법정등산로 주변은 정식 등산로에 비해 관리가 되지 않는다는 문제도 확인하였다. 또한 이에 그치지 않고 앞서 확인한 여러 문제에 대해 나름의 해결책을 고안하여 제시함으로써 지역 사회에 실질적인 기여를 할 수 있는 토대도 마련했다고 볼 수 있다.

## Ⅲ  사진

그림1    2021년 5월 관악산 답사

# 관악산 내 비법정탐방로(샛길)의 위험성과 이에 대한 해결방안

•


박지훈 · 변효진 · 손다인 · 지동호

(서울대학교 지리학과 · 서울대학교 지리학과 · 서울대학교 경제학부 · 서울대학교 지리학과)



본 연구는 관악산을 방문하는 등산객들이 정식 등산로가 아닌 샛길로 통행하는 것에서부터 착안했다. 정식으로 관리되지 않는 샛길에서는 샛길 그 자체가 등산로의 역할로서 부적합하기에 여러 문제가 발생한다. 이는 등산객 개인에게뿐만 아니라, 산림 생태계 전체에까지 부정적인 영향을 미칠 수 있는 중대한 문제이다.

샛길에서 나타나는 문제는 그 종류가 상당히 다양하고 또 광범위하다. 이 중, 본 연구에서는 크게 3가지 측면에서 확인할 수 있는 문제에 치중하여 연구를 진행하였다. 이는 각각 등산 시 필수적으로 고려되어야 하는 등산방해요인과 같은 여러 안전성 요소에서의 측면과 등산객들의 답압으로 인해 나타나는 생태적 측면, 그리고 샛길이 정식 관리 대상에서 벗어났기에 나타나는 관리 미흡의 측면으로 구분한다.

더 나아가, 단순히 이러한 문제점들을 파악하는 것에서만 그치지 않고, 본 연구를 토대로 관악산 등산객들을 대상으로 설문 조사와 인터뷰를 진행하여 실제 관악산 사용자들의 의견을 추합하여 관악구청 공원녹지과에 제언함으로써 추가적인 논의가 이루어질 수 있게끔 하는 것이 궁극적인 목표이다.


## I  샛길 등산 문제에 관한 고찰

21세기에 가속화되는 도시화 현상은 지구상에 존재하는 녹지를 점차 줄이고 있다. 이에 따라 자연환경에 관한 관심은 날로 커지는 추세이다. 이런 관심을 반영한 취미로 등산이 최근 새롭게 부상 중이다. 기존에는 장년층 중심의 취미이던 등산이 최근에는 젊은 세대의 취미로까지 빠르게 확산되고 있는데, 특히 도심 근처에 있는 산은 접근성이 좋아 방문하는 사람이 많다.

하지만 등산 인구가 증가함에 따라 샛길, 즉 비법정탐방로를 이용해 등산하는 사람도 많아지고 있다. 비법정탐방로는 정식 등산로로 지정되지 않은 길로 원칙적으로 일반인의 출입이 제한된다. 그렇기에 주변이 인위적으로 정비되지 않아 정규 등산로에서 보지 못하는 경치를 즐길 수 있고, 남들이 가지 않은 곳을 간다는 쾌감을 느낄 수 있다는 등의 이유로 샛길을 이용하는 등산객이 많다. 그러나 샛길 등산은 수많은 문제점을 수반하는데, 등산객들은 이러한 샛길 이용의 문제점을 제대로 인지하지 못하고 있어 개선의 필요성을 느끼지 못하는 실정이다. 따라서 비법정탐방로의 사용에 따른 문제점을 조사하여 밝히고, 궁극적으로 이에 대한 해결방안과 등산객들의 샛길 사용을 적극적으로 방지할 수 있는 대안을 설계해보고자 한다.

'샛길'의 사전적 정의는 사이에 난 길, 큰길에서 갈라져 나간 작은 길 또는 큰길로 통하는 작은 길을 가리킨다. 등산로 중 관리자에 의해 공시되어 유지·관리 되는 것을 법정 탐방로 혹은 정규 탐방로라고 하고, 반대로 탐방객에 의해 생겨난 공식적으로 알려지지 않은 탐방로를 비법정탐방로 혹은 비정규 탐방로라 하는데, 이 비법정탐방로를 우리가 흔히 '샛길'이라 부른다. 본 연구에서는 이하 비법정탐방로의 명칭을 샛길로 통일한다.

샛길의 형성은 다각도에서 여러 문제를 일으키지만 본 연구에서는 크게 세 가지 측면에 집중했다. 첫 번째는 생태적 차원에서의 답압 피해

이다. 답압이란, 인간이나 장비 때문에 토양이 다져져서 토양이 견밀화되는 현상을 뜻한다. 토양이 인위적 압력을 많이 받을수록 흙과 흙 사이의 공간이 줄어드는데, 이는 토양의 공극률을 감소시켜 흙 속의 공기와 물의 통로를 막는다.[1] 토양 속의 지렁이나 미생물들의 통로가 막히면 흙속의 영양분 순환이 잘 이뤄지지 않는다. 그 결과, 흙에 뿌리를 내린 식물이 약해져 번식을 잘 못 하게 되는 상황이 된다.

두 번째는 등산객 위험성 측면이다. 샛길은 안전사고 발생 우려가 커서 등산객들에게 위험하다. 길이 정식으로 정비되어있지 않기에 노출된 나뭇가지와 나무뿌리, 바위, 낙엽 등 통행을 저해하는 요소들이 다수 존재한다. 또한, 경사도나 길폭을 고려해도 산행이 불리하다. 여기서 더욱 문제인 점은 안전사고가 생겼을 때 구조가 어렵다는 것이다.[2] 위치표지판이 설치되지 않은 샛길에서 조난될 경우, 자신의 위치를 설명하기가 힘들어 정확한 위치 전달이 어렵다.

세 번째는 관리 미흡의 문제이다. 정식 등산로와 달리 샛길은 공적 기관에서 담당하지 않으므로 경로를 관리하기 어렵다. 쓰레기는 물론이고, 샛길로 인한 동식물 서식지 파괴가 생기더라도 대처와 복구가 빠르게 진행되기 어렵다.[3]

---

1   공극률: 암석이나 토양의 입자와 입자 사이에 있는 빈틈이 차지하는 비율. 공극률이 낮을수록 빈틈이 줄어들어 그만큼 토양 속의 공기와 물의 원활한 순환을 저해시킨다. 『국립국어원』.

2   국립공원등산학교. 2018년 3월 19일. "안전산행...길을 잃어도 샛길로 가서는 안되는 이유는?" 『조선펍』.

3   노태영. 2013년 11월 11일. "[화제포착] 생태계 파괴하는 관악산 샛길 등산로 폐쇄." 『KBS 뉴스』.

## Ⅱ  연구 과정 및 결과

### 1.  연구 구간(샛길/등산로) 설정

온라인 지도[4]를 참고해 관악산 내부의 경로들을 파악한 후, 현장 답사를 통해 여러 정식 등산로와 샛길을 조사한다. 그중 정식 등산로 3곳과 샛길 3곳을 고르고, 등산로 총 6곳의 일부 구간(15m)을 연구를 위한 표본으로 지정한다. 다양한 샛길과 등산로의 형태를 반영하기 위해 등산객이 많이 통행하는 길과 적게 통행하는 길을 골고루 선정하였다.

### 2.  안전성 측면의 위험도 측정

#### 1)  경사도

a. 측정 도구: 경사를 측정하는 기구인 '클리노미터' 대신 스마트폰 앱 'Toolbox'의 spirit level(수평계)을 이용한다. 해당 앱을 켠 채로 스마트폰을 지면과 맞닿게 두면 지면이 수평을 기준으로 어느 정도 기울어

그림1    (a) (정식)등산로 1의 위치, (b) 등산로 2의 위치, (c) 등산로 3의 위치

그림2    (a) 샛길 1의 위치, (b) 샛길 2의 위치, (c) 샛길 3의 위치

---

**4**　관악구청 공원녹지과. "관악산 등산로 지도." http://www.gwanak.go.kr/site/gwanak/ex/bbs/View.do?cbIdx=390&bcIdx=97155&deptCode=D3200246&parent-Seq=97155. (검색일: 2021.6.20.).

**표1  샛길과 정식 등산로의 경사각**

|  | 1/5지점 | 2/5 지점 | 3/5 지점 | 4/5 지점 | 5/5 지점 | 평균 |
|---|---|---|---|---|---|---|
| 등산로 1 | 14 | 2.4 | 8.7 | 23 | 17.6 | 13.14 |
| 등산로 2 | 1.7 | 2.6 | 5.3 | 7 | 11 | 5.52 |
| 등산로 3 | 19.3 | 9.6 | 10.4 | 6.2 | 1.0 | 9.3 |
| 샛길 1 | 10.3 | 15.3 | 16.5 | 14.0 | 1.2 | 11.38 |
| 샛길 2 | 0.9 | 0.3 | 4.0 | 5.6 | 12.3 | 4.62 |
| 샛길 3 | 27.7 | 17.1 | 23.3 | 24.1 | 28.3 | 24.1 |

져 있는지를 알 수 있다.

　b. 측정 방법: 표본별 구간 15m를 5등분하여 1/5 지점부터 5/5지점까지 총 다섯 번의 순간 경사각을 측정해서 평균값을 산출한다.

　c. 측정 결과: 정식 등산로 세 곳의 경사각 평균은 9.32°이고, 샛길 세 곳의 경사각 평균은 13.3°이다.

　d. 체감 경사도: 측정 결과에 따르면, 평균적으로 샛길이 정식 등산로보다 약 4° 정도 가파르다. 하지만 이것은 일부 지점의 순간 경사각만 측정한 것이므로 경로 전체의 체감 경사도와는 다를 수 있다고 판단했기에, 체감 경사도를 정리한다.

　'정식 등산로 1'은 지형이 울퉁불퉁해서 순간 경사도가 전체 경로의 경사를 잘 반영하지 못한다. 답사 결과, 경사가 아예 없지는 않지만 등산하기에 가파르다고 느껴지는 곳은 아니었다. '정식 등산로 2'는 평평해서 체감 경사도가 매우 낮다. 경사가 있지만 큰 돌들이 계단 역할을 해주어 등산에는 전혀 무리가 없다. 돌이 박혀있지 않은 부분은 경사도가 거의 없다고 봐도 무방하다. '정식 등산로 3'은 체감 경사도가 비교적 큰 등산로였다. 경사각 측정치는 '정식 등산로 1'보다 작게 나왔지만, 실제로 등반을 해보았을 때 세 정식 등산로 중 가장 가팔랐다.

　'샛길 1'은 폐쇄 후 인적이 드물어서 상당 부분이 낙엽으로 덮여있었다. 그 때문에 경사도 측정이 어려웠지만, 답사 후 등산하기에 매우 가파른 경사라고 판단되었다. '샛길 2' 역시 낙엽이 덮인 곳이 많았지만, 평지 수준으로 경사도가 작아 이용에는 무리가 없었다. '샛길 3'은 모든 경로 중 가장 가팔랐는데, **그림5**보다 훨씬 가팔라서 등산 보조 장비나 타인의 도움 없이 혼자 통행하는 것은 위험할 정도였다.

### 2) 경로 폭

a. 측정 목적: 왕복 산행을 고려했을 때 올라가는 사람과 내려가는 사람이 동시에 이동할 수 있는 폭이 보장되어야만 안전한 등산로라고 할 수 있다. 따라서 정식 등산로와 샛길의 경로 폭을 조사해서 비교해본다.

b. 측정 도구: 줄자를 이용한다.

c. 측정 지점: 표본 6곳에 대한 측정을 시행한다. 경로 폭 측정 역시 표본의 구간을 5등분하여 1/5 지점부터 5/5지점까지 총 다섯 번을 측정해 평균값을 산출한다.

d. 측정 결과: 폭 평균은 정식 등산로가 222cm, 샛길이 68.7cm로 정식 등산로가 샛길 폭이 약 3.2배 더 넓다. 등산로는 원활한 등산을 위해 사람 한 명 정도의 공간을 여유로 둔다면, 한국 사람의 팔꿈치

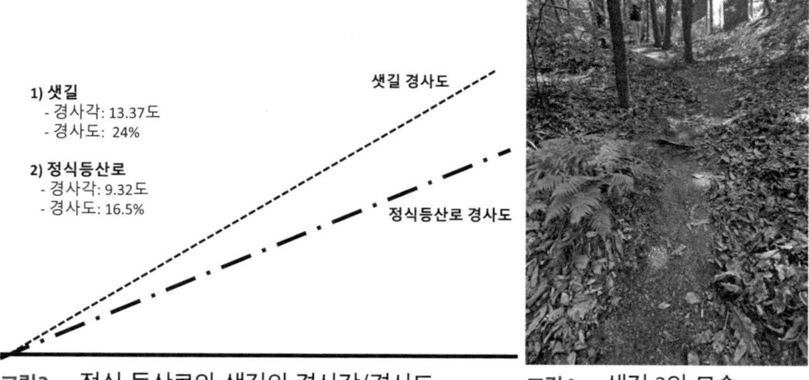


**그림3**   정식 등산로와 샛길의 경사각/경사도
**그림4**   샛길 3의 모습

| 노폭<br>(단위: cm) | 1/5<br>지점 | 2/5<br>지점 | 3/5<br>지점 | 4/5<br>지점 | 5/5<br>지점 | 평균 | 안전한 통행 가능<br>여부 |
|---|---|---|---|---|---|---|---|
| 정식 1 | 200 | 200 | 260 | 270 | 320 | 250 | ○ |
| 정식 2 | 120 | 150 | 190 | 230 | 310 | 200 | ○ |
| 정식 3 | 290 | 150 | 280 | 190 | 170 | 216 | ○ |
| 샛길 1 | 100 | 80 | 100 | 65 | 60 | 81 | × |
| 샛길 2 | 60 | 65 | 50 | 60 | 80 | 63 | × |
| 샛길 3 | 60 | 50 | 60 | 70 | 70 | 62 | × |

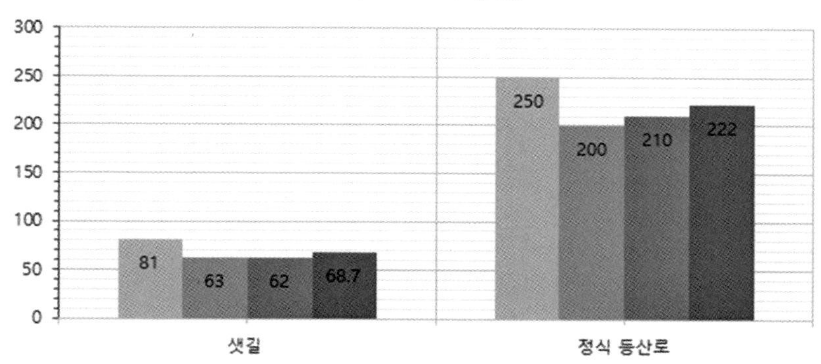



그림5    등산로 노폭 평균 그래프

사이 너비가 평균적으로 약 42cm인 점을 고려해봤을 때, 그 폭이 보통 120cm 이상이면 올라가는 사람과 내려가는 사람이 동시에 통행할 수 있다.[5] 따라서 정식 등산로는 대부분 구간에서 두 명 이상이 동시에 지나갈 수 있는 반면에, 샛길에는 한 명이 지나가기에도 버거운 구간이 존재하므로 안전사고의 위험이 크다.

---

5    한국인 인체치수조사. "측정데이터 검색: 전신." 『국가기술표준원』.

3) **기타 위험요인 확인**

a. 확인 대상: 바위나 돌출된 나무뿌리 및 나뭇가지 등 이동을 방해하는 모든 요소

b. 확인 방법: 표본 6곳의 답사를 통해 직접 확인하고, 그 사진을 찍는다.

c. 확인 결과: 정식 등산로는 모두 등산 방해요인이 거의 없었던 것에 비해, 샛길은 모두 등산객들의 통행을 방해하는 요인이 있었다. 정식 등산로는 등산을 방해하는 나무를 정비해 등산로 측면의 가장자리로 치워두는 등 쾌적한 환경이었지만 샛길에서는 이러한 관리가 이루어지지 않았다.

정식 등산로에서는 이끼와 낙엽을 거의 찾아볼 수 없었으나, 샛길에서는 토양이 낙엽에 묻혀 잘 보이지 않을 만큼 낙엽이 많이 있었고 이끼 역시 관찰되었다. 이런 이끼와 낙엽이 있는 토양은 그렇지 않은 토양보다 보행 시 마찰의 정도가 덜해서 미끄러지기 쉽다.

또한, 샛길에서는 어떠한 위치 표지판도 찾아볼 수 없었다. 위치 표지판이 없는 샛길을 이용하다 사고가 발생하거나 조난 상황에 닥치면, 산악 구조대에게 자신의 위치를 정확히 전달할 수 없으므로 구조하는 데 어려움을 겪게 된다.

**표3  등산로와 샛길의 기타 위험요인 파악**

|  | 정식 등산로 1 | 정식 등산로 2 | 정식 등산로 3 | 샛길 1 | 샛길 2 | 샛길 3 |
|---|---|---|---|---|---|---|
| 나무뿌리 및 나뭇가지 | × | × | × | ○ | ○ | ○ |
| 등산에 방해가 될 만한 돌이나 바위 | × | × | × | 많음 | 군데군데 있음 | 군데군데 있음 |
| 이끼 | × | × | × | ○ | ○ | ○ |
| 낙엽 | × | × | × | ○ | ○ | ○ |
| 돌 · 나무 계단 | ○ | ○ | × | × | × | × |
| 위치 표지판 | × | ○ | ○ | × | × | × |

### 3. 생태적 측면

#### 1) 답압

a. 측정 내용: 샛길 1, 2, 3으로부터의 거리에 따라 '경로 정중앙', '경로에서 약간 멀리', 그리고 '경로에서 아주 멀리'로 구분한 후, 각각의 부분마다 토양 시료를 채취해서 토양 가밀도(bulk density)를 측정한다.[6]

| 샛길 정중앙 | 약간 멀리<br>(중앙에서 50cm<br>떨어진 곳) | 아주 멀리<br>(중앙에서 1~2m<br>떨어진 곳) |
| --- | --- | --- |

그림6  답압 측정 구간의 모식도

b. 측정 목표: ① 경로의 중앙 부분과 중앙에서 떨어진 부분의 답압 차이를 비교해본다.

② 샛길에 실제로 답압 피해가 있는지 확인해본다.

c. 측정 방법: ① 토양 시료 채취기를 이용해 같은 코어 용적(물 100g)만큼 토양 시료 채취

② 채취한 토양 시료의 무게 측정

③ 건조기에 넣고 약 105℃에서 하루 건조

④ 건조 이후 토양 시료의 무게 재측정

⑤ 건조 전후 무게 비교를 통한 토양 가밀도 계산

표4  토양 가밀도 계산식

| [(최초 토양의 무게 − 지퍼백 무게)/100] × [(건조 후 토양의 무게 − 지퍼백 무게)/100] |
| --- |

---

**6**  토양 가밀도: 자연 상태의 토양에서 토양 입자 간의 부피뿐만 아니라 공극의 부피를 합한 부피에 대한 비중. 토양 가밀도가 낮은 토양일수록 좋은 통기성을 갖지만, 토양 가밀도가 높은 토양일수록 통기성이 불량하여 공극률이 낮다. 본 연구에서는 토양 가밀도에 영향을 주는 요인으로 답압에 주안점을 두었다. 『효롬임팩트라이프』.

d. 측정 결과: 중앙의 가밀도가 가장 크고, 아주 멀리 있는 부분의 가밀도가 그다음, 약간 멀리 있는 부분이 가장 작은 가밀도를 보인다. 중앙에서 멀리 떨어질수록 가밀도가 작아질 것이라고 예상했으나 예상과는 다르게 중앙에서 조금 떨어진 곳의 가밀도가 가장 작았다.

가밀도가 클수록 공극률이 감소하고, 토양 답압이 커지는 것이기에

**표5  토양 가밀도 계산 결과 및 요약**

| 샘플 번호 | bulk density | 구역 | bulk density |
|---|---|---|---|
| 1-1 중앙 | 1.1402 | 중앙 | 0.9578g/$cm^3$ |
| 1-1 약간 멀리 | 0.7895 | | |
| 1-1 아주 멀리 | 0.8385 | | |
| 1-3 중앙 | 1.0749 | | |
| 1-3 약간 멀리 | 0.4797 | | |
| 1-3 아주 멀리 | 0.2842 | | |
| 2-1 중앙 | 1.1815 | | |
| 2-1 약간 멀리 | 0.7383 | | |
| 2-1 아주 멀리 | 1.0754 | 약간 멀리 | 0.7203g/$cm^3$ |
| 2-3 중앙 | 0.3937 | | |
| 2-3 약간 멀리 | 0.489 | | |
| 2-3 아주 멀리 | 0.6744 | | |
| 2-5 중앙 | 0.7394 | | |
| 2-5 약간 멀리 | 0.9272 | | |
| 2-5 아주 멀리 | 0.7996 | | |
| 3-1 중앙 | 0.9836 | | |
| 3-1 약간 멀리 | 0.8875 | 아주 멀리 | 0.8442g/$cm^3$ |
| 3-1 아주 멀리 | 1.1174 | | |
| 3-3 중앙 | 0.9442 | | |
| 3-3 약간 멀리 | 0.8925 | | |
| 3-3 아주 멀리 | 0.9201 | | |
| 3-5 중앙 | 0.8646 | | |
| 3-5 약간 멀리 | 0.7838 | | |
| 3-5 아주 멀리 | 0.7572 | | |

계산 결과상 경로 중앙의 답압이 가장 크다. 하지만 샛길 세 곳이 모두 1.0g/$cm^3$를 넘지 않아 답압의 피해가 심한 수준은 아니다. 그러나 사람들에게 제일 많이 밟힌 경로 중앙의 가밀도가 가장 높게 측정된 것을 볼 때, 통행이 계속되면 답압 피해가 심각한 정도에 이를 것으로 예상한다.

**※ 참고사항**

• 측정 중 다양한 곳에서 오류 가능성이 나타났는데, 그중 하나는 과도하게 평균에서 벗어나는 채취한 토양 시료의 무게였다. 8개의 값 중 가장 큰 값과 작은 값을 배제한 6개의 값으로만 평균을 내었다.

• 건조기에 비닐 지퍼백을 넣고 건조한 결과, 비닐의 일부분이 녹아 구멍이 생겨 토양이 떨어지거나, 지퍼백끼리 떼어지지 않아 강제로 분리하는 과정에서 토양이 일부 손실됐다. 손실이 아주 심각한 정도는 아니었으나 이를 이용한 측정값은 오차가 있을 가능성이 있다.

### 4. 관리적 측면

#### 1) 쓰레기 관리 실태조사

a. 조사 목적: 샛길은 따로 공적 기관에서 관리하지 않기에 버려진 쓰레기는 오랜 시간 그대로 방치되어 토양을 오염시킬 가능성이 있어 직접 확인해보고자 한다.

b. 조사 지점: 정식 등산로 표본 3곳과 샛길 표본 3곳에 대한 조사를 시행한다.

c. 조사 방법: 직접 샛길에 가서 육안으로 확인하고, 사진과 문서를 사용해 자료로 남긴다.

d. 조사 결과

**표6**   정식 등산로 및 샛길에서 발견된 쓰레기

| 경로명 | 쓰레기 |
| --- | --- |
| 등산로 1 | 없음 |
| 등산로 2 | 없음 |
| 등산로 3 | 총 1개의 쓰레기가 있었다. |
| 샛길 1 | 총 2개의 쓰레기가 있었다. |
| 샛길 2 | 총 8개의 쓰레기가 있었으며, 담배꽁초가 3개비 발견되었다. |
| 샛길 3 | 총 4개의 쓰레기가 있었다. |

### 2)  관악구청 공원녹지과 인터뷰

a. 인터뷰 대상: 관악구청 공원녹지과 자연생태팀

b. 인터뷰 방법: 전화 인터뷰

c. 인터뷰 결과 요약: 가) 샛길 특성상 구청에서 샛길 통행자 수나 현황 등을 파악하지 못한다.

나) 관악구청에서 관리하는 것은 법정 등산로뿐이고, 샛길은 따로 관리하지 않는다. 샛길에 대해서는 단속하는 일만 한다.

다) 안전 문제, 샛길 단속 요청, 정비 요청 등으로 샛길에 관해 민원이 들어온 적이 있다.

라) 민원으로 인해 구청에서 샛길 출입 금지 표지판을 설치했다.

마) 샛길 단속을 위해 공식적으로 설치한 표지판이 어느 정도 효과가 있었다.

바) 샛길 출입금지 표지판 설치에 따른 효과의 경우, 샛길 통행량이라는 지표가 수치화하기 어려운 부분이기에, 출입금지 표지판이 설치되기 전과 후의 변화 추이를 비교함으로써 실제로 어느 정도의 효과가 나타났는지를 실증적인 자료로 검증하기에는 어려움이 따른다.

## 5.  관악산 이용객 샛길 인식 실태조사

1) 설문 대상: 관악산 등산 경험이 있는 등산객 총 51명

2) 설문 방법: 오프라인과 온라인 설문 조사 병행

3) 설문 결과: 평상시 관악산 샛길 통행 빈도를 물어보는 질문에는 〈매우 그렇지 않다〉가 제일 큰 비중을 차지했고, 〈그렇지 않다〉, 〈보통이다〉가 그 뒤를 이었다. 조사한 표본들은 샛길 이용 빈도가 높지 않은 등산객들이라는 것을 알 수 있었다.

질문 2에서는 질문 1에서 〈매우 그렇다〉 또는 〈그렇다〉에 응답한 등산객 22명을 대상으로 샛길을 이용하는 구체적인 이유에 관해 물었다.

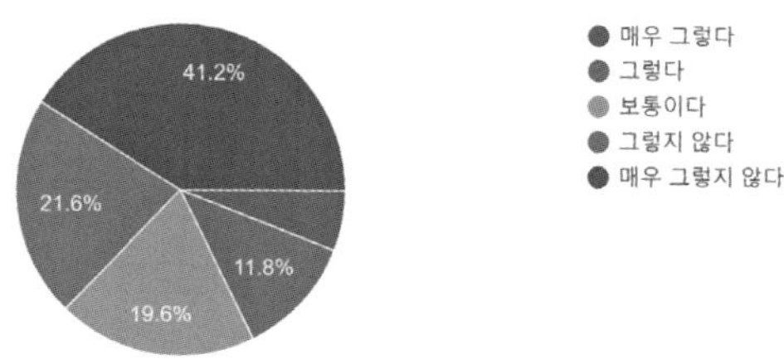


**그림7**   설문 문항 1번

**그림8**   설문 문항 2번

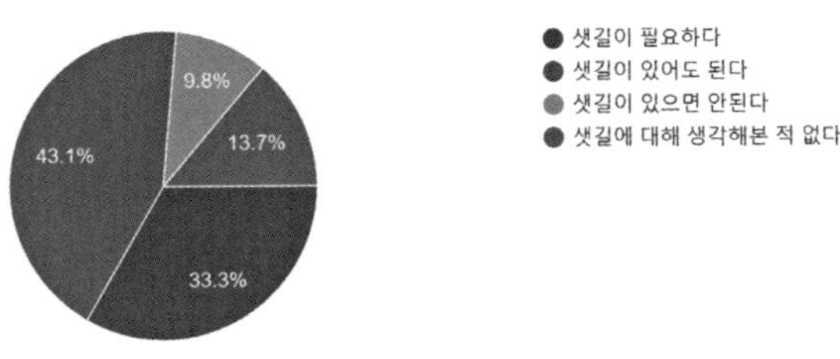

**그림9    설문 문항 3번**

〈다른 등산객들이 적어 쾌적해서〉라는 이유가 가장 많았고, 그 뒤를 〈빠른 길이라서〉, 〈더 좋은 경치를 찾기 위해서〉라는 이유가 뒤따랐다.

질문 3에서는 관악산 등산객들이 샛길의 존재 여부에 대해 어떻게 생각하는지를 알아보았다. 가장 많은 43.1%의 응답자가 〈샛길이 있어도 된다〉고 응답했고, 두 번째로 33.3%의 응답자가 〈샛길이 필요하다〉고 응답하였다. 〈샛길에 대해 생각해본 적 없다〉의 응답 비율은 13.7%였고, 〈샛길이 있으면 안 된다〉의 응답 비율은 9.8%였다. 이를 통해 샛길을 부정적으로 생각하는 사람보다는 샛길을 긍정적으로 여기는, 즉 샛길이 필요하다고 생각하는 등산객이 많다는 것을 알 수 있다.

질문 4에서는 샛길 단속에 관한 등산객들의 생각을 물었다. 샛길 단속의 필요성에 관해 질문했을 때 〈그렇다〉고 답한 응답자가 27.5%로 제일 많았고, 〈그렇지 않다〉고 답한 응답자가 23.5%로 두 번째로 많았다. 질문 3에서는 샛길의 존재에 대해 긍정적인 응답이 과반수였던 것에 비해, 샛길 단속에 관해서는 응답자의 의견이 갈리는 모습이 보였다. 다만 〈매우 그렇다〉와 〈그렇다〉, 〈그렇지 않다〉와 〈매우 그렇지 않다〉를 같은 의견으로 간주한다면, 샛길 단속이 필요하다고 응답한 비율이 31.4%, 필요하지 않다고 응답한 비율이 41.1%로 단속이 필요치 않다고 생각하

4. 샛길 이용에 대한 단속이 필요하다고 생각하십니까?
응답 51개

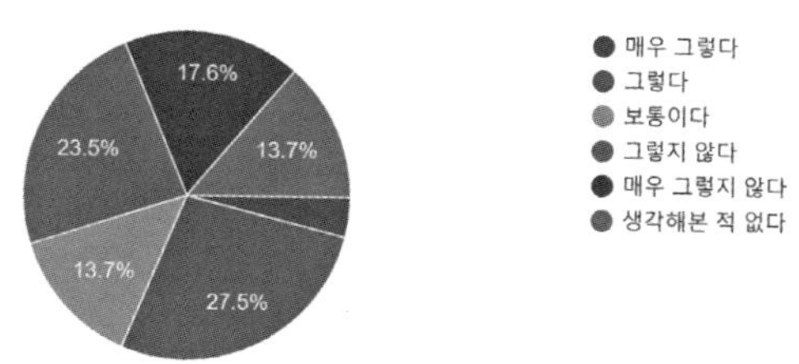


**그림10**  설문 문항 4번

5. (4.의 질문에서 ①~③을 선택한 응답자만) 어떤 단속 방법이 효과적이라고 생각하십니까?(복수 선택 가능)
응답 20개

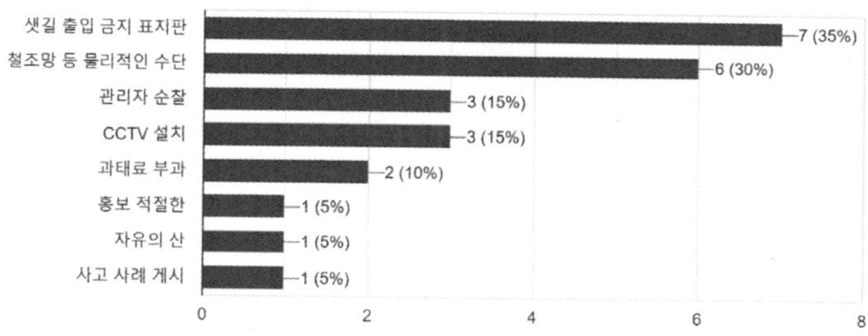


**그림11**  설문 문항 5번

는 사람의 수가 더 많았다.

질문 5에서는 질문 4에서 〈매우 그렇다〉, 〈그렇다〉 또는 〈보통이다〉를 선택한 응답자 20명을 대상으로 효과적인 샛길 통행 단속 방법에 관해 질문했다. 〈샛길 출입금지 표지판〉을 선택한 등산객들이 가장 많았고, 그 뒤를 〈철조망 등 물리적인 수단〉, 〈관리자 순찰〉의 선택지가 뒤따랐다. 기타의견으로 〈적절한 홍보〉, 〈사고 사례 게시〉 등의 단속 방법의 의견을 얻을 수 있었다.

질문 6에서는 샛길의 안전성에 대한 등산객의 인식을 물어보았는데,

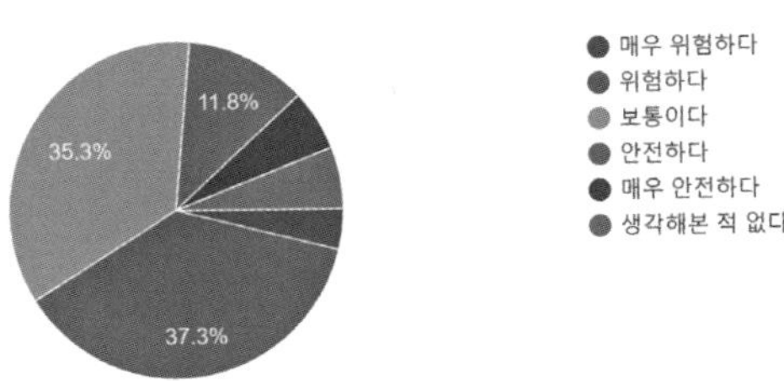

**그림12**　　설문 문항 6번

37.3%에 달하는 응답자가 〈위험하다〉고 응답하였다. 이와 수치상 별반 차이를 보이지 않으며 〈보통이다〉가 두 번째 자리를 차지하였고, 〈안전하다〉고 답한 등산객의 비율은 〈위험하다〉고 답한 응답자보다 무려 3배 이상 차이가 나는 것을 확인할 수 있다. 또한, 〈위험하다〉와 〈보통이다〉라고 답한 등산객의 비율이 무려 72.6%에 달했다. 이로써 등산객들의 대부분이 샛길을 조금이라도 위험하다고 생각한다는 점을 알 수 있었다.

## Ⅲ　샛길 문제에 관한 해결방안 및 제언

### 1.　제언

관악산 샛길을 안전성, 생태적, 관리적 측면에서 조사한 것을 바탕으로 샛길 문제의 보완·개선책을 관악산을 관리하는 관악구청 공원녹지과에 제언하는 간접적인 해결방안을 사용해서 문제를 해결을 도모하고자 한다. 정리된 내용을 「관악구청 홈페이지 – 정책 참여 – 제안하기」 방식으로 관악구청 공원녹지과에 시민들의 의견을 전달하고 해결방안을 제안할 것이다. 제안할 내용은 크게 물리적 측면에 따른 샛길 답압 피해 복구 개선안과 설문 조사를 통해 조사한 등산객들의 샛길 인식과 샛길에 관련된 요구사항, 그리고 안전성 측면에 따른 샛길 관리 등이 있으며 구체적인 내용은 다음과 같다.

### 1) 국립공원의 단속 방법 적용

a. 기동 단속팀 편성 및 과태료 부과

현재 지리산과 설악산에서는 기동 단속팀을 만들어 샛길 통행 적발 시 과태료를 내게 하는 방법을 채택하고 있다.[7] 기존의 사전예고 집중단속팀과 달리 기동 단속팀은 사복을 입고 불시에 단속을 시행한다는 특징을 띤다. 이는 등산객들에게 있어 더욱 경각심을 심어줄 것이라 예상된다. 현재 관악산의 샛길 단속은 체계적 단속이 아닌 일회성 단속이기 때문에 효과적인 단속을 위해서 국립공원의 단속법을 따를 수 있을 것이다.

b. CCTV 및 드론 이용

현재 관악산에는 샛길 감시용 CCTV나 드론이 따로 존재하지 않아 관악구청 직원이 일일이 감시하기에는 어려움이 크다. 따라서, CCTV나 드론을 바탕으로 등산객의 샛길 출입 실황을 분석할 수 있는 빅데이터 분석을 도입해 신속한 단속이 이루어질 수 있도록 하는 방법도 있다. CCTV에 관해서는 무인 계도 시스템을 설치하는 방법이 있다. 현재 일부 국립공원에 설치된 이 시스템은 CCTV 기반으로 적외선 센서를 통해 등산객의 샛길 출입 여부를 감지하며, 스피커가 부착되어 있어 샛길에

---

**7** 민웅기. 2018년 5월 8일. "국립공원 기동단속팀으로 불법산행 단속 강화." 『환경부 홈페이지』.

등산객이 출입하면 '정규 탐방로를 이용해 달라'는 안내 방송이 나온다. 더욱이 인공지능 장비도 갖추어 출입금지 위반행위에 대한 빅데이터를 분석하는 기능도 겸비하고 있다.[8] 이에 대한 빅데이터 분석을 토대로 기동 단속팀의 단속 활동에 신속하고 정확한 도움을 줄 수 있다. 비슷한 맥락에서 드론 순찰을 활용하여 효율적인 현장관리를 진행할 수도 있다.[9]

### 2) 샛길 피해 사례 게시

등산객들의 샛길 통행을 막기 위해 시행할 수 있는 또 다른 방법으로는 샛길을 출입함으로써 나타나는 피해 사례를 전시하는 방안이 있다. 등산객들에게 단순히 이론적인 문제는 직접적으로 피부에 와닿지 않을 가능성이 크다. 이 점에 관하여 샛길을 이용하면 자신이 직접적인 위험에 노출된다는 것을 강하게 각인시켜야 한다. 조난됐을 때 구조가 힘들었던 사례나 위험한 야생동물을 만나 피해를 입은 사례 등의 극단적인 사례를 현수막이나 팻말을 이용하여 샛길 주변에 눈에 잘 띄게 게시함으로써, 등산객들에게 강한 경각심을 주어 정식 등산로로 유도할 수 있을 것이다.

### 3) 샛길과 등산로의 명확한 구분

샛길 출입금지 팻말이 설치되어 있지 않은 구간에서 무심결에 등산객이 샛길로 들어갈 수 있다. 실제로 관악산 등산객들을 대상으로 설문조사를 요청했을 때, 상당히 많은 응답자가 샛길의 위치가 불명확하기에

---

**8** 김영인. 2020년 12월 8일. "국립공원 샛길 출입자 인공지능 장비로 실시간 확인." 『연합뉴스』.

**9** 정경규. 2021년 4월 21일. "지리산경남사무소, 불법산행 근절 'ICT드론 순찰단' 운영." 『뉴시스』.

대답하기가 힘들다고 주장하였다. 관악산을 답사하면서도 일부 샛길은 정식 등산로처럼 길이 나 있어 샛길이라고 인지하기가 어려웠다. 따라서 샛길과 등산로의 명확한 구분을 하는 것만으로도 샛길로의 통행을 줄일 수 있다고 생각한다. 그 구체적인 방법으로는 총 세 가지를 제시할 수 있다.

### a. 안내 팜플렛 제작

첫 관악산 답사 때 등산로를 파악하기 위해 입구에서 '팜플렛'을 찾아보았지만, 발견할 수 없었다. 그래서 경로 파악을 위해 관악구청 홈페이지에 들어가야 하는 불편한 점이 있었다. 관악산 전체 지도와 정식 등산로가 그려진 팜플렛을 제작해 비치한다면, 이러한 불편함을 막는 동시에 샛길 등산도 예방할 수 있을 것이다. 지도에는 정식 등산로만 표시되어 있기에 정식 등산로에서 이탈할 가능성이 작아지기 때문이다. 관악산 공원 입구에 팜플렛을 배치하면 사람들이 오가며 가져갈 것이고, 자연스레 정식 등산로로 통행하도록 유도할 수 있다.

### b. 샛길 입구에 이정표 설치

이정표를 확대하는 것 역시 정식 등산로로 사람들을 안내할 수 있는 방법이다. 관악산의 이정표는 주로 갈림길에 있고, 경로마다 어떤 목적지가 있는지 알려주는 역할을 하고 있다. 더불어 화살표를 통해 사람들을 해당 방향으로 갈 수 있도록 만들었다. 이러한 이정표의 특성을 활용한다면 샛길 입구에 이정표를 설치하는 것만으로도 샛길 출입을 막을 수 있다. 샛길 입구에서 화살표가 샛길과 다른 방향을 가리키고 있다면, 사람들은 샛길 방향은 길이 아니라고 생각할 것이다. 더불어 이정표 자체가 방향을 알려주어 길을 잃지 않도록 해주며, 조난 시 자신의 위치를 잘 파악할 수 있게 해주기도 한다.

c. 출입금지 팻말 설치 확대

관악산 샛길 일부 경로에는 왼쪽 사진과 같이 등산로 샛길 폐쇄 안내문이 있다. 하지만 정상부로 갈수록 안내문이 설치되지 않은 샛길이 더 많았다. 또한, 출입금지 팻말이 경로의 한쪽 입구에만 설치되어 있어 주로 등산할 때만 팻말을 확인할 수 있었다. 그렇기에 하산하면서 자칫하여 샛길로 들어섰는데, 샛길에서 빠져나올 때 비로소 출입금지 팻말을 보고 나서야 지금까지 이동했던 구간이 샛길이었음을 뒤늦게 알게 되는 상황이 발생할 수 있는 것이다. 따라서 꼼꼼히 샛길을 파악하여 출입금지 팻말을 설치하는 것뿐만 아니라, 샛길 경로 처음과 끝에 모두 출입금지 팻말을 설치한다면 더욱 효율적으로 샛길 등산을 통제할 수 있을 것이다.

### 4) 답압 피해 예방 및 복구

a. 유공관 설치를 통한 토양의 통기성 및 공극률 확보

유공관은 지름 7~30cm의 플라스틱 파이프로서 측면에 많은 구멍이 나 있으며, 구멍에 흙이 들어가지 않게 부직포나 토목 섬유로 싼 후 토양에 묻어 배수와 통기를 촉진하는 따위의 용도로 쓰인다. 유공관을 답압 피해가 있는 토양에 묻어 주면 공기 유입이 원활해져 공극률이 낮아 배수가 불량했던 토양을 개선할 수 있다.

b. 샛길의 여러 구간에 가벼운 파쇄

답압에 의한 공극률 감소는 토양을 약화시켜, 투수성 및 통기성을 저하한다. 이에 토양에 가벼운 파쇄 조치를 취해 공극률을 확보해줄 수 있다. 이때 주의해야 할 점은 이 방법으로 땅을 파쇄했다면, 샛길 전체 구간을 폐쇄한 후에 충분한 휴식기를 가져야 한다. 따라서 토양 파쇄 이후에는 샛길에 대한 더욱 엄격한 통제와 관리가 이루어질 필요가 있다.

울타리나 끈으로 확실한 경계선을 구축해서 사람들이 파쇄 처리가 이루어진 토양을 밟지 않도록 하는 등의 직접적이고 적극적인 방법을 도입해 각별한 신경을 써야 한다.

c. 우드칩 이용

우드칩이란 건축용 목재로 사용하지 못하는 나무뿌리와 가지, 기타 임목 폐기물들을 분리해낸 뒤 연소하기 쉬운 칩 형태로 잘게 만들어 낸 것이다. 이는 유용미생물의 서식처를 제공하여 유용미생둘의 활동을 촉진하고 토양 내 수분을 유지함으로써 식생의 성장에 도움을 주는 역할을 한다.[10] 토양을 일정 부분 제거한 후, 우드칩을 적당한 크기와 두께로 잘라 토양 표면에 덮으면, 토양의 통기성을 상승시켜 답압에 따른 공극률의 감소를 보완할 수 있다.

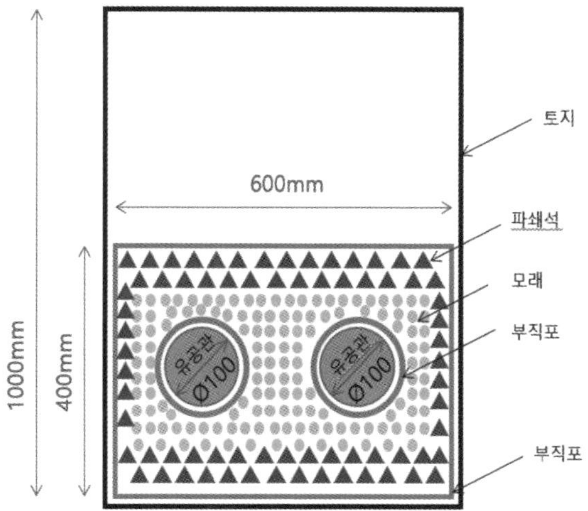


**그림13**  유공관 설치 설계 도면
출처: 지성아빠 카페[11]

---

**10**  경기도 동물위생시험소 홈페이지. 2015년. "유용미생물이란?"

**11**  꽁지사랑. 2021년 5월 8일. "유공관 설치 방법 조언 부탁드립니다."『지성아빠 카페』. https://cafe.naver.com/kimyoooo/748178 (검색일: 2021.6.20.).

### 5) 샛길의 정식 등산로 편입

가장 바람직한 행태는 샛길에 들어가지 않는 것이겠지만, 설문 조사 결과 다수의 등산객이 샛길의 필요성을 언급하며 샛길로의 통행을 원했다. 심지어는 관악구청에 샛길을 안전하게 정비해달라고 민원을 넣은 사례도 있으므로 샛길을 모두 폐쇄하는 것은 이용객의 의사를 전혀 반영하지 못한다는 지적이 있을 수 있다.

이에 비교적 안전하고 잘 알려진 샛길들을 검토해서 이를 정식 등산로로 편입할 가능성을 따져보는 것도 추가 방안이 될 수 있다. 이 경우 샛길이 기존의 정식 등산로와 어디서 어떻게 이어질 것인지를 고려해야 하며, 적당한 너비의 경로 폭을 보장해야 한다. 또한, 등산 위험·방해요인 제거와 꾸준한 경로 관리가 필요하다. 등산하는 데 불편함이 있는 경로는 등산보조 시설을 설치해야 한다. 안내 표지판과 위치 표지판을 설치해 등산객들이 혼선을 겪지 않도록 하는 것도 중요하다.

춘천시의 사례를 참고하면, 춘천시에서는 지난 2019년에 춘천 시민 소통 플랫폼인 '봄의 대화'를 통해 시민들을 대상으로 등산로와 샛길에 관한 의견을 여럿 받았었다. 다수의 시민이 생활권 등산로를 대상으로 위험·단절구간 등산로와 부분 샛길을 폐쇄하는 방향을 원했고, 춘천시는 회의를 거쳐 시민들의 요구를 긍정적으로 반영하였다.[12] 관악구청에서도 관악산과 관련 구민 소통 플랫폼을 만들어 의견을 받는다면, 관악산 등산객들의 증언으로 샛길의 실태 보다 구체적으로 파악할 수 있음은 물론이고 정식 등산로 편입에 가장 적합한 샛길을 찾는 것에도 도움을 받을 수 있을 것이다.

---

[12] 박순희. 2019년 10월 30일. "춘천시, 등산로 휴식년·샛길 정비 시민이 정한다." 『뉴스메이커』.

## Ⅳ 참고문헌

관악구청 공원녹지과. "관악산 등산로 지도." http://www.gwanak.go.kr/
site/gwanak/ex/bbs/View.do?cbIdx=390&bcIdx=97155&dept-
Code=D3200246&parentSeq=97155.

국립공원등산학교. 2018년 3월 19일. "안전산행…길을 잃어도 샛길로 가서
는 안되는 이유는?"『조선펍』. http://pub.chosun.com/client/
article/viw.asp?cate=C01&nNewsNumb=20180328383 (검색일:
2021.6.20.).

국립국어원 표준국어대사전. "공극률." https://stdict.korean.go.kr/search/
searchView.do?word_no=28893&searchKeywordTo=3 (검색일:
2021.6.20.).

김영인. 2020년 12월 8일. "국립공원 샛길 출입자 인공지능 장비로 실시간 확
인."『연합뉴스』. https://www.yna.co.kr/view/AKR202012080896
00062 (검색일: 2021.6.20.).

꽁지사랑. 2021년 5월 8일. "유공관 설치 방법 조언 부탁드립니다."『지성아
빠 카페』. https://cafe.naver.com/kimyoooo/748178 (검색일:
2021.6.20.).

노태영. 2013년 11월 11일. "[화제포착] 생태계 파괴하는 관악산 샛길 등
산로 폐쇄."『KBS 뉴스』. https://news.kbs.co.kr/news/view.
do?ncd=2753163 (검색일: 2021.6.20.).

동물위생시험소 홈페이지 (구)축산위생연구소. 2015. "유용미생물이란?"
https://gvs.gg.go.kr/works/3359 (검색일: 2021.6.20.).

민웅기. 2018년 5월 8일. "국립공원 기동단속팀으로 불법산행 단속 강화."『환
경부 홈페이지』. https://www.me.go.kr/home/web/board/read.
do?boardMasterId=1&boardId=861600 (검색일: 2021.6.20.).

박순희. 2019년 10월 30일. "춘천시, 등산로 휴식년·샛길 정비 시민이 정한다."
『NewsMaker.』. http://www.newsmaker.or.kr/news/articleView.

html?idxno=85180 (검색일: 2021.6.20.).

서울 영풍원예자재 블로그. 2020년 10월 10일. "우드칩 판매(약 1,000L, 약 40L)." https://blog.naver.com/yp_seoul/222111784984 (검색일: 2021.6.20.).

정경규. 2021년 4월 21일. "지리산경남사무소, 불법산행 근절 'ICT드론 순찰단' 운영." 『뉴시스』. https://newsis.com/view/?id=NISX20210421_00 01414282&cID=10812&pID=10800 (검색일: 2021.6.20.).

한국인 인체치수조사. "측정데이터 검색: 전신." 『국가기술표준원』. https://size-korea.kr/measurement-data/body (검색일: 2021.6.20.).

효롬. 2020년 11월 2일. "[환경용어] 40# 토양환경조사 / 토양 가밀도 (bulk density) 개념과 의의 / 계산공식." https://blog.naver.com/koki200 9/221658355003 (검색일: 2021.6.20.).

## V 부록

〈인터뷰 개요〉

a. 인터뷰 대상자: 관악구청 공원녹지과 자연생태팀

b. 참석자: 변효진

c. 일시: 2021년 5월 20일 목요일 17:10~17:20

d. 방법: 전화 인터뷰 (※ 인터뷰 대상자의 요청으로 인터뷰 전문은 포함하지 않음)

# 5장  정치외교학부 〈거버넌스 연구〉

## I  수업 소개

### 1.  일반 개요

| 수업명<br>(부재) | 거버넌스 연구 | 교수자명 | 김의영 |
|---|---|---|---|
| 대학 명 | 서울대학교 | 학부/학과 명 | 정치외교학부 |
| 수업 유형 | 전공선택 | 수강 인원 | 3 |
| 수업 목적 | 본 세미나는 거버넌스(Governance)에 대한 다양한 이론적·경험적 연구를 강독하고 비판적으로 분석함으로써 수강생들의 독자적인 연구 능력을 높이는 것을 목적으로 하고 있다. | | |
| 주요 교재 | 1. Bevir, Mark. 2009. Key Concepts in Governance, Sage Publications Ltd.<br>2. Robert K. Yin, Case Study Research: Design and Methods (Thousand Oaks, California: SAGE Inc., 2009)<br>3. Anne Mette Kjaer. 2004. Governance. Cambridge: Polity Press.<br>4. 안병진. 2012. "시민 네트워크 정치로의 가능성과 한계: 민주통합당의 사례를 중심으로." 『동향과 전망』 85호.<br>5. 일리노 오스트럼, 『공유의 비극을 넘어』(서울: 랜덤하우스, 2010).<br>6. Siriani, Carmen. 2009. Investing in Democracy: Engaging Citizens in Collaborative Governance. Washington, D.C.: Brookings Institution Press.<br>7. Fung, Archon and Erik Olin Wright. 2003. Deepening Democracy: Institutional Innovations in Empowered Participatory Governance. London: Verso.<br>8. Rhodes, R. A. W. 2000. "Governance and Public Administration" in Pierre, Jon. ed. 2000. Debating Governance: Authority, Steering, and Democracy. Oxford: Oxford University Press. | | |

<table>
<tr><td>주요 교재</td><td>9. Peters, B. Guy. 2000. "Governance and Comparative Politics" in Pierre, Jon. ed. 2000. Debating Governance: Authority, Steering, and Democracy. Oxford: Oxford University Press.</td></tr>
</table>

## 2. 수업 일정

<table>
<tr><td rowspan="7">수업<br>일정</td><td>제 1 주 (3월3일): 강의소개<br>- 수업의 방향성에 대해 논하고 거버넌스 개념의 구체화를 통한 이해의 중요성에 대해 논의</td></tr>
<tr><td>제 2 주 (3월10일): 거버넌스 개념 및 이론<br>- 거버넌스의 주요 이론적 개념들을 소개하고 학계별로 다르게 적용되는 거버넌스 개념을 간략하게 논의</td></tr>
<tr><td>제 3 주 (3월 17일): 사례연구방법<br>- 사례연구의 의의 및 체계적 방법론, '과정추적법' 등 사례 연구를 위한 이론적, 방법론적 쟁점들을 확인함</td></tr>
<tr><td>제 4 주(3월 24일): 정책/행정 거버넌스 논의<br>- 굿거버넌스, 신공공관리론 등 이론적 배경에 대해 논하고 정부의 역할에 주목하는 정책/ 행정 거버넌스 이론을 적용해 실천적 사례 이해.</td></tr>
<tr><td>제 5 주 (3월 31일): 특강 – 김영빈 선생님<br>- 연사: 김영빈 ((현) 서울특별시 서울협치담당관 협치지원관(지역) (전) 국토연구원 연구원))<br>- 주제: 서울시 협치 계획: 지역사회혁신 계획의 이해</td></tr>
<tr><td>제 6 주 (4월 7일): 특강 – 유창복 선생님<br>- 연사: 유창복 ((현)행정안전부 사회혁신 민관협의회 위원, (전)서울시 협치자문관)<br>- 주제: 포스트 코로나와 로컬 뉴딜 : 마을민주주의와 지역순환경제</td></tr>
<tr><td>제 7 주(4월 14일): 거버넌스의 정치 논의<br>- 정당과 같은 전통적 대의 민주주의 제도와 거버넌스의 관계성에 대해 논하고 민주통합당 사례 등을 중심으로 시민 네트워크 정치로의 가능성과 한계에 대해 논함.</td></tr>
</table>

<table>
<tr><td rowspan="7">수업<br>일정</td><td>

제 8 주 (4월 21일): 정치경제 거버넌스 논의
- 신고전주의적 입장에 대한 이론적 배경 이해를 바탕으로 정치적, 경제적 과정 가운데 다양한 산업(industry) 내, 혹은 산업들간에 존재하는 경제적 행위자들이 조정(coordinate)해나가는 과정에 대해 학습

제 9 주 (4월 28일): Collaborative Governance Theory
- 공공기관과 비국가 행위자들간의 공동의 의사결정과정을 통한 공공정책 결정방식에 대해 학습하고 관악구 성현동과 서림동 주민자치회 거버넌스 사례와 같은 실천적 예시에 대해 논의.

제 10 주(5월 5일): 휴강- 어린이날

제 11 주 (5월 12일): Empowered Participatory Governance Model
- EPG 거버넌스 모델에 대한 이론적 논의 진행 후 미국 시카고 시 공교육, 경찰 행정 개혁 사례 및 브라질 포르투 알레그레 시 참여예산 제도 사례에 대해 논의.

제 12 주( 5월 19일) : 휴강- 부처님 오신날

제 13 주 (5월 26일): Interpretive Approach to Governance
- 해석적 접근법으로 바라보는 거버넌스에 대해 논의하고, 한국 거버넌스 발전 과정을 해석적 접근법으로 해석 시도.

제 14주 (6월 2일) : Governance as State-Society Relations/ 한국적 거버넌스 논의
- 국가 및 정부와 시민사회 관계를 거버넌스의 시각으로 바라보고 정치학적 함의들을 도출. 한국 내 거버넌스 형성 배경 및 과정에 대해 논의.

</td></tr>
</table>

## 3. 팀/개인 프로젝트 개요

| | |
|---|---|
| 프로젝트<br>개요 | 거버넌스 사례를 수강생 각자의 관심분야 내에서 찾아 사례로 분석하고, 이를 논문으로 발전시킨다. 이후 서울시 내 거버넌스 사례에 관심이 있는 수강생의 경우 서울특별시 서울협치담당관 협치지원관과 협업 통해 학술지에 논문 제출 |
| 프로젝트<br>결과 | 수강생 3명 각각 전공분야 내 거버넌스 사례를 수집하여 분석한 바 있음<br><br>1. 공원정책에 대한 시민참여 경로로서 참여예산제도의 의미<br>2. 몽골과 에스토니아의 NGO- 국가 관계<br>3. 국가-사회 관계를 중심으로 새마을 운동 재정의 |

## Ⅱ  수업 주제 해설: 거버넌스 연구

김의영(서울대학교 정치외교학부 교수)

〈거버넌스 연구〉는 정치, 경제, 행정 등 다양한 분야 내 거버넌스의 개념에 대해 학습하고, 학생들이 본인의 전공분야 내 거버넌스가 사용된 사례를 분석하여 논문을 작성하는 대학원 세미나(graduate seminar) 과목이다. 본 세미나는 거버넌스에 대한 다양한 이론적, 경험적 연구를 강독하고 비판적으로 분석하여 수강생들의 독자적인 연구능력을 높이는 것을 목적으로 하고 있다. 〈거버넌스 연구〉는 소규모 세미나로 학생들이 스스로 연구주제 선정부터 최종적인 논문 작성까지 진행하고, 전 과정에서 담당교수의 지도를 받는 '교수-학생 밀착형'으로 운영되는 바, 과목 수강을 통해 자료조사방법, 질적 방법론, 연구설계 등에 대한 지도를 받고 심층적으로 논문을 작성할 수 있는 경험을 갖게 된다. 2021학년 봄학기 〈거버넌스 연구〉는 거버넌스 이론 학습을 바탕으로 본인 분야 내 거버넌스 사례를 대상으로 경험적 연구를 진행하고 논문으로 발전시키는 것을 목표로 하였다. 학생들은 본인의 거버넌스 사례 연구를 바탕으로 서울시 협치 실무자와 공유, 발전시켜 추후 공동 연구를 진행할 기회를 제공받은 바 있다. 물론 2021년 봄학기 수업은 코로나 19 바이러스의 영향으로 학생들이 직접 사례를 발굴하고 현장조사를 하는 과정은 제한되었으나, 학생들 각자의 분야에 맞게 질, 양적 자료를 바탕으로 논문을 작성할 수 있었다.

수업은 크게 거버넌스 주요이론에 대한 국내외 기존 연구 강독, 사례연구방법 탐색 및 독자적 연구 설계, 그리고 외부강연자와의 교류를 통한 공동연구논의 과정으로 구성되었다. 거버넌스를 "empty signifer"

로만 보지 않기 위해서는 거버넌스 개념을 맥락적으로 이해하고, 이론을 구체화하여 바라 볼 필요가 있다. 이에 본 세미나 수업은 다수의 기존연구 분석, 비판을 강조한 바 있다. 수강생들은 정책/행정 거버넌스 논의, 거버넌스의 정치 논의, 정치경제 거버넌스 논의, 주요 거버넌스 이론, 한국적 거버넌스 논의 등에 대한 국내외 기존 연구를 강독하고 비판적으로 분석하여 매주 발제문을 제출하였다. 또한 주제와 관련된 미니 사례를 분석을 통해 매주 독자적인 리서치를 진행하여 이론-현실을 연계하여 생각할 수 있도록 하였다. 학생들은 번갈아가며 주제별 발제를 진행하였는데 수강생들은 발제를 통해 담당 주 리딩자료와 관련된 다양한 토의주제 및 사례를 제시하며 토의를 이끄는 역할을 맡아 심층적이고 학술적인 논의를 진행한 바 있다.

본 세미나는 수강생들의 독자적 연구 설계를 적극적으로 장려하여 수강생들은 매주차 본인의 연구 계획 및 설계 과정을 공유한 바 있고, 전 과정에서 담당교수의 지도를 받아 수정, 발전시킨 바 있다. 특히 수강생들은 사례연구법을 학습함으로서 본인의 연구에 적합한 방법론을 직접 선택하고 독자적 연구를 설계해 나갈 수 있었다. 방법론, 혹은 데이터 중심으로 연구를 설계하는 것을 지양하고, 관심 분야를 찾고, 연구질문을 생성한 후 가설을 구체화하는 과정을 거친 후 적합한 데이터 및 방법론을 결정하는 것을 지향하여 학생들이 독자적인 연구를 설계 할 수 있도록 체계적으로 도운 바 있다. 물론 코로나 19 사태로 대면 수업이 불가하여 한계가 존재하였으나, 다양한 커뮤니케이션 툴을 통하여 효과적으로 학생들의 연구과정을 지도한 바 있다.

특히 연구를 설계해 나가는 과정에서 필요한 데이터는 외부 강연자와 지속적 소통을 통해 발전시키는 등 거버넌스 이론을 실무자와 교류를 통해 직접 대입시켜 학술적 연구로 구체화 시킬 수 있었다. 김영빈 서울시 협치 지원관은 구 차원에서 민관 협력 사업을 진행할 때 실행 과정, 문제점 등을 구체적으로 공유하고, 19개의 구 시민들을 대상으로 진행한 설문데이터를 제시하여 협치 사업 실행시 시민들의 사회적 신뢰, 정책 효능감 수준에 미치는 변화에 대해 공유한 바 있고, 유창복 교수는 코로나 위기와 같은 재난사회와 로컬 회복력에 대해 강의한 바 있다. 이렇듯 본 수업의 외부 강연자는 거버넌스 이론이 현실과 접목되는 사례를 제시하고, 해당 주제에 관심있는 수강생과 소통하여 현실의 사례를 학술적으로 풀어내 정치학적 연구를 할 수 있도록 도운 바있다.

그 결과, 2021년 봄학기 〈거버넌스 연구〉 수강생들은 자신의 관심 분야 내 거버넌스를 사용한 사례를 분석하여 논문을 작성하여 제출한 바 있다. 예컨대 조경학을 전공하는 수강생은 공원정책에 대한 시민참여 경로로서 참여예산제도의 의미와 활용 가능성에 대한 연구를 진행하여 본인의 연구주제인 공원 정책 중 참여예산제도라는 거버넌스적 성격을 띤 공원정책에 대한 분석을 진행한 바 있고, 정치학을 전공한 수강생은 몽골과 에스토니아의 NGO-국가 관계에 대한 비교정치적 연구를 진행하여 몽골과 에스토니아가 유사한 시기에 민주화 되었음에도 불구하고 시민단체 발전 동학이 상이함을 최근 30년간의 시민사회 규제 비교를 통해 분석한 바 있다. 또 다른 정치학 수강생은 새마을운동을 국가-사회 관계를 중심으로 분석하여 당시 한국의 국가-사회 관계는 강한국가-약한 사회의 이분법적 구분에서 벗어난 "상호 권한 부여적 관계"라고 재정의하며 한국의 중요 역사적 사건에 대한 거버넌스적 시각을 제시하는 연구를 진행한 바 있다. 서울시 협치 사례에 관심이 있던 수강생의 경우, 서울시 협치 지원관과 협업하여 서울시 구단위 협치 사업 관련 설문데이터를 분석하고, 해당 연구를 발전시키기 위하여 수업 종료 이후에도 서울시와의 주기적인 연구 모임을 통해 연구를 발전, 심화 시키고 있다.

# 새마을운동 재정의하기
## : 국가-사회 관계를 중심으로

•

### 박정문

(서울대학교 정치외교학부 정치학전공)

본 연구는 새마을 운동 제 1기(1970년~1980년) 시행 당시의 국가와 사회의 상호 작용을 미그달의 국가-사회 양상 및 상호작용의 유형화를 통해 설명하고자 하였다. 이에 본 연구는 새마을운동 시행 당시 박정희 정부, 관료사회, 새마을운동이일차적으로 도입된 농촌사회의 사회적 역량을 분석하여 한국의 국가-사회 관계는 강한국가-약한사회의 이분법적 구분에서 벗어난 "상호 권한 부여적 (mutually empowering)" 관계였다고 정의하고자 하였다.

## I  서론

1970년 4월 22일 전국 지방장관회의에서 박정희 대통령은 "자기 고장을 발전시키기 위하여…자력으로 할 수 있는 일을 부락이 총동원되어 추진하면서 힘이 모자라는 것을 정부에 요청하면 이를 도와주겠다"며 '새마을 가꾸기 운동'의 추진을 언급하였고 이로부터 시작된 새마을 운동은 박정희 정권의 대표적 유산으로 자리매김하였다(정우열 2013). 새마을운동 당시 한국을 강한국가-약한 사회의 동학으로 설명하고 새마을운동을 국가주도의 시민 동원으로 설명하는 연구는 90년도 초부터 현재까지 꾸준히 진행되어왔다. 물론 새마을운동이 박정희 대통령의 근대화에 대한 강한 의지를 바탕으로 정부 주도하에 추진되었음은 분명하나, 이를 성공적으로 실행, 확산함은 농민사회의 주도적 참여 없이는 불가능 했다는 점에서 당시 농민사회의 성격을 규정하고 역할을 설정하는 연구를 진행할 필요성이 대두된다. 즉 새마을운동을 "오로지 중앙정부의 위로부터의 지시와 명령에 의해서만 움직여진", "하향식 관주도 개발 사업"이라고만 정의하기에는 당시 농민사회의 적극성에 대한 충분한 설명이 부족하다는 것이다(김태일 1991; 이양수 2013). 그러나 새마을운동을 국민주도적 사회운동으로 정의하기에는 박정희 정권 당시 새마을운동을 "국가 시책의 최우선 과업"으로 설정하고, 주 집행 부처인 내무부, 농수산부 외에도 거의 전 부처가 관련되어 전정부적 성격을 띈 것을 두고 보았을 때 새마을운동의 국가주도적 성격에 대한 고려가 필수적일 것이다(김대영 2004; 김대환 1981). 이에 새마을운동을 총체적으로 이해하기 위해서는 단순히 국가와 농민사회로 구분한 행위자적 분석을 넘어서 국가와 사회가 어떠한 상호작용을 통해 새마을 운동을 형성 및 확장해 나갔는지에 대해 재정의할 필요성이 있다.

본 연구는 당시 국가와 사회를 미그달(Migdal)의 국가-사회 양상 및 상호작용의 결과를 유형화한 이론적 틀을 바탕으로 이해하고 당시 한국의 국가-사회 관계는 강한국가-약한사회의 이분법적 구분에서 벗어난 "상호 권한부여적(mutually empowering)"인 관계였다고 정의하고자 한다. 이를 위해 새마을운동을 집행한 관료제(bureaucracy)와 새마을운동 시행 이전 농촌사회가 구성한 사회적 역량(social force)에 대한 문헌조사를 진행하며 이 둘의 유기적 관계가 새마을운동 당시 상호권한부여적 국가와 사회를 형성했다는 것을 설명하고자 한다. 현재 시, 구 차원에서 활발히 진행되고 있는 협치 행정 또한 국가와 사회간의 협력적 거버넌스(collab-orative governance)를 근간으로 하여 진행되고 있다는 점을 두고 보았을 때 새마을운동이라는 역사적 사건에서 드러난 국가-사회의 상호권한부여적 관계를 이해하는 것은 한국에서의 거버넌스가 어떠한 경로의존성을 가지고 진행, 발전되고 있는지에 대한 시작점을 분석할 수 있게 한다는 점에서 그 의의가 있다.

## Ⅱ  기존 연구 검토

### 1.  새마을운동 정의 및 성격규정

1970년 근면, 자조, 협동정신을 기본정신으로 강조하며 시작된 새마을운동은 농촌의 주거환경 개선 및 소득 증대 사업을 주력으로 농촌 근대화의 결정적 역할을 하였다(정우열 2013). 새마을운동은 기간에 따라 크게 3가지 단계로 나뉘어 추진 경위 및 단계별 목표가 상이한데, 제 1기(1970년~1980년)는 정부시책기, 제 2기(1981년~1999년)는 민,관 공조기 및 민간 자율 기반 구축기, 제 3기(2000년~2009년)은 민,관 공조기 및 21세기 새마을운동 재도약기로 구분된다(한국대학교수새마을연구회 2010). 이 중 본 연구가 집중하고자 하는 시기는 제 1기 (1970년~1980년)인데 그 이유는 다음과 같다. 첫째, 새마을 운동 도입시기 전후의 농촌사회를 살펴봄으로써 마을의 구조적 요인의 영향을 살펴보기 위해서이다. 둘째, 제 1단계 새마을운동의 경우 정부주도의 추진체제로 정의되어 당시 농촌 사회의 구조적 배경에 대한 논의가 부족하나 새마을운동 시행 이전 농촌 사회가 구성한 사회적 역량(social force)을 이해하기 위해서는 새마을 운동 처음 시행 당시에 대한 연구가 필수적이기 때문이다.

새마을 운동의 성격을 규정하는 연구는 크게 두 두가지로 분류될 수 있다. 첫째는 새마을 운동을 국가주도 사업으로 보고 이를 유신 치하에서 주민동원의 한 수단으로 보는 시각이다(아쿠아 1981; 박진도 1999; 전재호 2003). 아쿠아(1981)는 새마을운동은 박정희를 정점으로 한 국가동원체계로 박정희 사후에 새마을운동의 장래가 불명확하였던 점 등을 들어 박정희 정권 주도의 추진운동이라고 주장한다. 그는 정치적 상황 변화에 따라 운동의 변동성이 높다는 것은 주민의 주도성의 한계를 보여준다고 주장한다. 두번째는 새마을운동을 지역사회개발운동의 일환으로 바라보는 시각이다. 이러한 입장은 김대환(1981)이 새마을운동을 "자조운동과 조금이 다름이 없는 것"이라고 언급한 바와 같이 정부 주도성을 인정함에도 새마을운동의 기본적 본질을 사회운동으로 바라본다. 새마을 운동을 정의함에 있어 농촌사회의 주체성을 강조하는 연구들 같은 경우 대부분 새마을운동의 정부 주도적 특성을 인지함에도 불구하고 새마을 운동의 중요 주체로서의 농촌사회를 설명해 낸다는 점에서 새마을운동에 대한 다양한 행위자의 시각을 제시한다. 그럼에도 불구하고, 이러한 연구들조차 농촌사회를 일차원적 개체로 상정하고 농촌사회의 반응을 해석한다는 점에 그 한계점이 드러난다. 즉, 새마을 운동 이전의 농촌사회에 대한 분석없이 새마을운동 시행 이후 농촌사회를 해석하는 것은 농촌사회에 미친 새마을운동의 영향에 대한 총체적 이해를 어렵게 한다는 것이다.

위에 언급한 두가지 해석 사이에는 국가의 영향을 더 크게 보느냐 민간의 참여의 자발성을 더 크게 보느냐에 따라 다양한 시각이 존재하나 그럼에도 새마을 운동의 성격을 규정하는 대다수의 연구들의 한계는 분명하다. 학자마다 정부 혹은 시민사회 중 더 주도성을 가지고 있다고 생각하는 행위자가 다름에 따라 사용하는 사례 및 정보가 선별적이고,

이로 인해 새마을운동에 대한 총체적이고 포괄적인 이해가 어렵다는 것이다. 이에 국가-사회를 역동성을 가진 개체로 정의하고, 국가와 사회의 관계성에 대한 연구의 필요성이 대두되는 바이다.

## 2. 거버넌스 관점에서 바라본 새마을 운동

거버넌스로 새마을운동을 바라보는 시각은 국가와 사회의 관계성에 중점을 두고 새마을운동을 정의하고자 하는 본 논문과 같은 맥락이라고 볼 수 있다. 거버넌스를 통해 새마을운동을 이해하고자 하는 연구들은 대부분 Rhodes(1996)가 언급한 통치의 새로운 과정 및 의미 변화로 등장한 거버넌스 개념을 시작점으로 출발한다. 소진광(2007)은 새마을운동의 추진방식(권한행사방식, 상향적 의사결정, 주민들의 정보생산, 자원조달체계)과 추진조직(조직형태, 지도층, 조직가치 및 조직의 공동목표)이 지역사회 거버넌스로 설명된다고 주장한다. 소진광은 통치와 거버넌스를 비교하며 새마을운동의 추진방식은 모든 이해당사자를 연계하고 협력체계를 구축하여 공동으로 공공재를 정의하고 생산, 공급하였고 추진조직측면에서는 권력이 분산된 형태의 주민조직과 정부의 협조가 있었기에 새마을운동은 지역사회 거버넌스의 관점에서 이해될 수 있다고 설명한 바 있다. 그는 당시 한국이 강력한 중앙정부 집권적 한국의 권력구조하에 존재했음에도 불구하고 새마을운동 관련한 의사결정은 철저히 풀뿌리 민주주의 방식을 추구하였다고 주장한다. 임경수(2012) 또한 새마을운동을 지역사회 거버넌스로 정의하고 새마을운동 관련한 지역사회 수준의 네트워크와 이를 효율적으로 실천하기 위해 동원된 유관기관 간 협조체제에 대해 설명하며 사회적 자본을 중심으로 새마을 운동을 설명한다. 이승종(2015)은 새마을운동의 역학을 국가는 공급자, 시민은 생산자로 분업에 기반한 참여(협력) 거버넌스로 정의한다. 또한 그는 새마을 운동 1단계(1970년대)을 적극적 정부활동- 적극적 시민활동의 참여(협력)형 거버넌스로 정의하고, 2단계(1980년대)를 적극적 정부활동-소극적 시민활동의 정부주도형 거버넌스로 정의하고 3단계(1990년대 이후)를 비정부기관 거버넌스로 나누어 설명한 바 있다.[1] 반면에 윤견수(2016)는 새마을운동을 관리주의 시각을 바탕으로 효과성과 능률성을 핵심 구성요소로 하는 관료적 거버넌스라고 정의하며 다른 시각을 제공한다(Osborne 2010). 본 글의 방향성과 가장 유사한 선행연구는 Ringen(2011)의 저서를 바탕으로 출간된 김택윤(2011)의 논문으로, 저자는 한국의 새마을운동을 "혼합된 거버넌스(mixed governance)"의 예라고 정의한다. 그는 박정희 정부가 자발적 단체들 및 공무원들, 정책 전문가들이 사회적 서비스를 제공하는 대가로 그들을 거버넌스의 일환으로 포함시켰다고 서술하며, 정부는 정부주도의 프레임워크를 제공하되, 그 계획의 이행은 비국가 행위자(기업, 자발적 단체 등)에게 맡긴 혼합된 거버넌스의 형태로 이해할 수 있다고 주장한다. 이렇듯 새마을운동을 거버넌스로 보는 시각 또한 어떤 주체를 중심으로 두고 볼 것이냐에 따라 다른 종류의 거버넌스 틀로 설명하고자 한다는 것을 알 수 있다.

## Ⅲ  이론적 틀: 국가-사회 관계를 중심으로

위에서 여러 번 강조하였듯, 새마을운동을 이해하기 위해서는 국가, 사회를 별도로 보는 행위자적 분석보다 국가와 사회의 상호작용을 바라

---

[1]  흥미로운 점은 이승종(2015)은 이러한 주장은 기존의 새마을 운동의 시기적 성격 정의와 상이하다는 것이다. 예컨대 새마을운동 40년사(한국대학교수새마을연구회 2010)만 보더라도 1단계는 정부시책기 2단계, 3단계는 민관 공조기라고 주장하는 바이다.

보는 연구가 중요하다고 주지하는 바이다. 이에 본 논문이 제1 차 새마을운동 당시 국가-사회 관계를 분석하기 위해 사용한 이론적 틀은 조엘 미그달(Joel. S. Migdal)의 국가-사회 모델이다. 미그달의 국가-사회 모델을 국가/사회의 이분법적 구분이라고 정의하는 선행연구가 있음에도 불구하고 본 모델을 통해 새마을운동을 설명하고자 하는 이유는 다음과 같다(류석춘 2008). 첫째, 미그달은 국가와 사회는 사회적 조직의 혼합체이지 양분된 구성이 아니기에 국가-사회관계를 제로썸(zero-sum) 갈등구조로 보는 시각은 지양해야 한다고 주장한다(Migdal 1988, 1994). 이러한 시각은 국가가 사회적 조직차원에서 사회에 어떤 영향을 미쳤는지에 대해 보다 입체적으로 설명한다. 둘째, 미그달의 국가-사회 모델은 개발도상국 내 권위주의 국가 하에 사회가 어떻게 발전하고, 국가와 교류를 형성했는지에 대한 실증적 예시를 제공하여 국가-사회의 관계성에 대한 보다 상세한 이해가 가능하다(Migdal 1988).

　　미그달은 국가와 사회 간 사회적 통제 정도에 따라 네가지 유형으로 구분하여 개발도상국 국가들을 강한국가-강한사회/강한국가-약한사회/약한국가-강한사회/약한국가-약한사회로 분류한 바 있다(표 1 참고). 이는 국가적 상황을 바탕으로 사회적 통제가 중앙 집권적인지 혹은 확산되었는지의 기준을 바탕으로 분류한 것이다. 예컨대 강한국가-약한 사회일 경우 사회가 피라미드 형의 구조를 띠어 사회 통제가 피라미드의 꼭대기, 즉 국가를 통해 이루어지고, 나머지 사회적 통제의 힘은 다양한 사회 조직에 분배되어 강한 국가 통제- 약한 사회 통제의 형식으로 설명될 수 있다(Migdal 1988).[2] 그러나 이 모델은 류석춘(2008)의 비판과

---

2　미그달이 국가와 사회를 사회적 통제 능력에 따라 유형화한 근거(국가 예시 등) 등의 세부 내용은 글의 요지상 생략하였으며, 자세한 내용은 Joel S. Migdal(1988) "Strong Societies and Weak States: State-Society Relations and State Capabilities in the

**표1**  사회적 통제 정도에 따른 국가-사회 유형

|  |  | 국가 강함 | 국가 약함 |
|---|---|---|---|
| 사회 | 강함 | - | 확산적 |
|  | 약함 | 피라미드적 | 무정부적 |

출처: 저자작성 [Migdal (1988) 참고]


**표2**  국가-사회 양상에 따른 결과

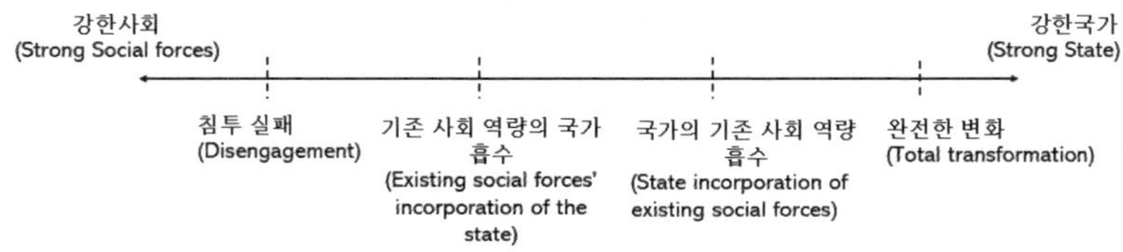


출처: 저자작성 [Migdal (1994) 참고]


같이 국가와 사회를 이분법적으로 구분하여 분석할 수밖에 없는 구조로 이루어져 있다는 한계점이 존재한다. 그럼에도 해당 모델은 권위주의 정권하의 국가 혹은 사회를 정의하고 그 관계를 파악할 때 "사회적 통제 능력"이라는 기준점을 제시한다는 점에서 그 의의가 있다.[3]

본 논문이 보다 주목하고 싶은 부분은 미그달이 후속적으로 제시한 국가-사회 관계양상에 따른 결과를 유형화한 부분이다(표 2 참고). 표 2 에서 나타난 바와 같이 국가, 사회로 양분화시켜 이해하지 않고 국가-사회의 상호작용을 고려한 결과를 제시한다는 점에서 표 1에서 언급된 모

---

Third World"을 참고한다.

**3**  예컨대 기존 사회에서 형성되고 유지되어온 사회적 동력으로 국가가 이루고자 하는 목표를 저지하거나 변화시키는 역량(capacity)을 "사회적 통제"로 개념화할 수 있을 것이다(Migdal 1988)

델보다는 더 복합적이고 포괄적 이해가 가능할 것이다.

　우선 강한 사회에 가까울 수록, 즉 사회적 통제력이 사회에게 집중되어 있을 수록, 국가는 지역사회 침투에 실패할 확률이 높다. 즉 국가의 정책이 사회에 미칠 수 있는 영향이 한정적인 것이다. 권위주의적 국가일 지라도, 기존의 지역사회 역량이 강하다면 국가는 사회적 통제 능력이 약하고, 해당 경우 국가는 사회 침투에 실패하게 될 것이라고 볼 수 있다. 반대로 강한 국가일 경우 국가는 지역적 사회 역량을 침투하고 종속하여 사회를 국가의 완전한 지배하에 두는 정도의 사회 통제가 가능하게 된다. 이 경우 국가는 사회적 탈구를 통해 이미 존재하던 지배적 사회역량을 해체하고 지역 사회를 완전히 변화시키고자 할 것이다.

　위에 언급한 두가지 유형 사이에는 기존 사회역량의 국가 흡수(Existing social forces' incorporation of the state)의 경우와 국가의 기존 사회 역량 흡수(State incorporation of existing social forces)의 경우가 있다. 두가지의 유형은 어느정도 강한 국가-강한 사회(혹은 약하지 않은 사회)의 양상에서 국가 혹은 사회 중 어떤 부분이 "더" 큰 힘을 가지고 있는지, 즉 정도의 문제를 다루고 있다고 볼 수 있다. 예컨대 "기존 사회 역량의 국가 흡수"의 경우 기존 사회의 지배적 권력이 국가의 특정 부분을 포함하며 변화를 불러일으키는 경우이다. 즉, 기존에 존재하는 사회역량이 커 국가에 통합되기 보다는 국가의 상징, 조직 등 일부만 차용하여 기존 사회 역량에 흡수하는 경우인 것이다. "국가의 기존 사회 역량 흡수"는 국가가 새로운 사회적 조직, 자원, 상징 등 이미 존재하는 사회적 역량에 투입하여 새로운 형태의 지배구조로 형성하는 것이다. 이 경우 기존에 존재하는 사회적 역량뿐 아니라 국가 또한 이에 반응하여 변화하게 되어 결국 지역 사회의 양상이 국가의 응집성(coherence)-자원의 재분배 능력, 정당성 설립, 통합적 지배-에 영향을 미치게 된다는 것이다. 표 2에서 시각적 표현을 위해 기존 사회 역량의 국가 포함과 국가의 기존 사회 역량 통합 사이에 거리를 두어 표현한 바 있지만, 사실상 두 경우 모두 국가가 기존 사회 역량에 큰 영향을 받는 다는 것을 알 수 있다.

미그달은 국가-사회 유형 중 "기존의 사회적 역량(social force)이 사회적 운명을 국가에게 맡기거나, 국가가 정책을 시행할 적합한 조직이라는 인정이 있는 경우 해당 국가-사회 관계는 상호적 권한 부여(mutually empowering) 상태"라고 정의한다(Migdal 1994). 국가와 시민사회는 제로섬(zero-sum) 관계가 아니라 오히려 강한 국가 하에 시민사회는 강화되고, 강화된 시민사회 하에 강한 국가가 재생산되어 확장될 수 있는 포지티브썸(positive sum) 관계라는 것이다(Wang 1999). 따라서, 강한 국가의 발전주의적 목표는 권한을 가진(empowered) 비국가 행위자들의 기여를 통해 비로소 사회적, 경제적 성장을 이룰 수 있다는 시각 또한 미그달의 "상호적 권한 부여" 개념과 그 결을 같이 한다고 볼 수 있을 것이다 (Kim 2011). 국가-사회의 상호적 권한 부여 상태에 대한 개념은 "강한 국가"의 핵심인 국가 권력의 개념 구체화를 통해 이해할 수 있다. 즉, 국가 권력을 전제적 힘(despotic power) 과 구조적 힘(infrastructure power)으로 구분하였을 때 중앙정부의 제도적 역량과 의사 결정을 도입할 수 있는 힘을 지칭하는 구조적 힘이 강한 국가의 경우 강하고 활발한 시민사회와 공존할 수 있다는 것이다(Mann 1986). 특히 국가의 구조적 힘은 단순히 사회 위에 가해지는 것이 아니라 다양한 시민사회의 조직들의 협력에 의존한다는 점을 보았을 때 국가-사회의 상호적 권한 부여 관계의 조건의 성립을 위해서는 강한 기존 사회 역량(social force)과 강한 관료제가 뒷받침되어야 한다(Wang 1999). 퍼트남(1993) 또한 공공 기관이 잘 작동하기 위해서는 수혜의 규범과 시민 참여 네트워크 형식의 사회적 자본의 축적이 핵심적이라고 주장한 바 있다. 이러한 맥락을 두고 보았을 때, 강한 기존사회 역량과 강한 관료제는 국가-사회 상호 관계 형성을 위한 핵심 요소라고 이해할 수 있을 것이다.

## Ⅳ  1970년대 새마을 운동의 동학: 국가-사회 모델에 대입하여

### 1.  국가와 관료사회

70년대 당시 박정희 정권을 "강한 국가"로 규정하는 것에 대한 이견은 없을 것이다.[4] 69년 3선 개헌을 시작으로 71년 대통령 선거 및 국가 비상사태 선포, 국가보위법 변칙통과, 10월 유신체제 시행 및 유신헌법 제정까지 기존 헌법 기능을 정지시키고 초헌법적 권력을 휘두른 박정희 대통령은 높은 수준의 사회적 통제 정도를 보였다고 할 수 있을 것이다 (박진도 1999). 특히 유신헌법에 대한 부정적 언급 자체를 금지하는 긴급조치 1호, 학생 데모를 막기 위한 4호, 그리고 유언비어 날조 금지를 명목으로 삼은 정권 비판을 금지하는 9호와 같은 정치적 규제는 박정희 정권이 행한 사회적 통제 능력의 예시라고 볼 수 있을 것이다(김선철 1999). 그러한 맥락에서 농촌 새마을 운동을 바라볼 때, 도농 격차 심화 및 농촌 불만 타계의 목적 뿐 아니라 "10월 유신의 실천 도장"이라는 박정희 대통령의 표현과 같이 유신체제와 밀접한 연관이 있는 박정희 정권의 "사회적 통제"를 위한 시행책이라고 볼 수 있을 것이다(박진도 1999).[5]

---

**4**  유신정권이 "강한 국가"임을 설명하는 자세한 내용은 본 글의 요지상 짧게만 언급하였으나 추가적인 내용은 강철규(1998); 정운찬(1998); 조희연(1998); 김동노(1999); 최장집(2002); Chang(2006)을 참고한다.

**5**  미그달은 국가를 분석할 때 국가 대표자 이외에도 "trenches", "dispersed field offices", "the agency's central office" 차원에서의 분석을 통해 국가의 정책에 대한 입체적인

관료사회는 제1차 새마을운동의 핵심적 역할을 수행하였기에 별도의 분석을 필요로 한다. 관료사회가 새마을 운동의 하나의 중요한 행위자인 이유는 박정희 정권 당시 관료제는 정치의 통제로부터 상당부분 자유로왔고 이들은 사실상 의회권력 등의 견제기관의 영향을 받지 않은 강력한 이해 관계자였기 때문이다(윤견수 2011). 박정희 대통령은 국가재건 및 정당성 확보라는 목표를 바탕으로 관료기구의 자율성을 보장하였고, 이는 당시 관료사회가 권위주의 국가 하에서도 정치로부터 독립적으로 활동하는 하나의 행위자로 작동할 수 있음을 보여준다(박광주 1996).[6] 강한 국가 내에서도 관료사회가 자율성을 가지고 있음은 보사부의 의무보험제도 시행을 통해 알 수 있다. 당시 박정희 대통령은 사회보장제도에 대해 경제발전을 위한 보조 정도로만 생각하여 그 필요성에 대해 회의적인 입장이었으나 결국 보사부의 강한 주장으로 의무보험제도가 관철되어 실행된 바 있었다(이신용 2007). 박정희 대통령은 이미 손상된 정권의 정당성을 보장받기 위해, 즉 강한 국가를 유지하기 위해 관료사회라는 새로운 이해 관계자를 허용해 줄 수 밖에 없었던 것이다. 당시 관료사회는 개인의 성공 및 소속 관료 기구의 이익이라는 목표를 바탕으로 조직, 유지되었다. 따라서 관료사회를 박정희 정권으로 대표되는 강한 국가와 같은 행위자로 간주하고 분석하는 것은 당시 새마을운동 시기에 존재하였던 행위자들에 대한 총체적 이해를 어렵게 한다고 볼 수 있다.[7]

---

분석이 필요하다고 주장한다. 박정희 정권의 경우 이러한 연구가 한정적이나 새마을운동 당시 공무원의 역할에 대한 연구는 김선철(1999); 엄석진(2011)을 참고하고 새마을지도자의 역할에 대한 연구는 김태일(1989); 박진도(1999); 김대영(2004); 윤충로(2011)을 참고한다.

**6** 이 당시 관료기관이 정권으로부터 일정한 자율성을 보장받았음을 보여주는 자세한 예시는 구현우(2009); 김정주(2007); 이신용(2007); 박광주(1996) 등을 참고한다.

**7** Evans(1995)는 한국의 관료주의적 전통을 설명하며, 박정희 정권을 구성하는 다수

당시 관료사회는 수직적, 수평적 체계의 관료제를 통해 "사회적 통제"를 이루고자 하였다. 우선 수직적 체계의 경우 정부의 최고책임자가 지시를 하면 관계 부처 장관들이 중앙위원회를 구성하고, 구체적 지시는 도의 내무국, 시, 군, 구의 내무과, 읍, 면, 동의 총무과를 통해 주민들에게 전달된 바 있다(윤견수 2016). 수평적 체계는 중앙위원회 구성 후 민간 협회를 포함하여 중앙협의회를 생성하는 식으로 구성되었다. 이러한 형태의 관료제를 새마을운동의 경우에 대입해보면, 1972년 대통령령 6104호로 조직된 새마을중앙협의회는 내무부가 의장을 맞아 협의 및 조정기능을 수행하고 각 부처 차관 및 일부 청장(산림청장 및 조달청장 등), 그리고 민간 부문의 농협중앙회부회장 등이 참여하는 식으로 구성되었다고 볼 수 있다. 해당 회의를 통해 각 부처들은 국가적으로 진행되어야 할 목표를 설정하였고 이는 시, 도 협의회에서부터 읍, 면 수준의 추진위원회로 갈수록 지역마다의 특성을 중심으로 지역주민들의 의사와 이해관계를 반영하여 정책을 실행, 집행하였다(소진광 2007). 이러한 관료적 체계에서도 주민들로 구성된 반상회는 활발한 활동을 하였는데, 이들은 마을마다 오랜 전통을 바탕으로 구성되어 있어 지역 및 공동체의 이익을 대변한 바 있었고 이들의 의견은 크게 반영된 바 있었다(윤견수 2016). 강한 국가로 대변되는 박정희 정권은 정권의 정당성을 위해 자율적인 강한 관료사회를 보장해주었고 강한 관료사회 또한 자신들의 이익과 권력의

의 고위 관료는 박정희와 육군사관학교를 통해 알게 된 사적 관계였고, 이 외의 고위 관료들 또한 내부적으로 임용되었다고 서술한 바 있다. Evans의 시각은 박정희 정권과 관료를 강한 유착관계로 정의하며, 당시 관료사회는 박정희 정권의 이익을 위해 상의하달 식으로 활용되었다고 주장한다. 다만, Evans의 분석은 고위 중앙 관료 및 정보 부처, 대기업 등 박정희 정권과 강한 유착관계를 가진 집단들을 중심으로 분석하였기에, 새마을운동 정책을 실제로 실행(execute)한 시, 도 협의회에서부터 읍,면 수준의 추진위원회까지의 총체적인 관료체계의 자율성에 대한 분석의 필요성이 제기된다.

유지를 위해 시민단체 및 주민들의 의견을 반영하며 시민사회의 강화를 야기했다고 볼 수 있을 것이다.

이를 통해 알 수 있는 것은 크게 두가지이다. 첫째, 새마을운동 당시 강한국가인 한국은 강한 정부와 강한 관료사회로 구성되어 있었고, 관료사회는 국가와 긴밀하게 일했음에도 불구하고, 자율성을 보장받아 국가와는 다른 이해관계를 가진 행위자로 존재하였다는 것이다. 둘째, 새마을운동에서 중앙정부, 관료사회 그리고 민간단체는 정책집행에 참여하며 긴밀한 협력체계를 가동시켰다는 점이다.

## 2. 농촌사회

1972년 〈신동아〉는 "새마을 가꾸기 사업에 대한 마을의 열기는 그것이 자의에 의했건 타의에 의했건 예상 외로 뜨거워…시한을 1개월이나 앞둔.. 현재 당초 계획된 사업보다 7.6%나 넘는 사업을 완공했다"고 서술하며 새마을운동에 대한 농촌사회의 반응은 적극적이었음을 언급한다. 이렇듯 새마을운동에 대한 농촌사회의 열망은 농민의 적극적 참여와 새마을 운동의 성공적인 안착으로 나타났다. 대부분의 선행연구를 통해 농촌사회의 적극적 참여에 대한 내적 요인은 대부분 농민들의 경제적 성장에 대한 소망을 동기로 설명되나, 이러한 소망의 발현을 어떤식으로 해석하느냐에 따라 연구마다의 시각차가 존재하는 것으로 보인다.[8]

이러한 농민들의 내적동기를 엔진삼아 출범한 새마을 운동이 마을에 어떻게 안착하여 확장 될 수 있었는지에 대한 부분을 이해하기 위해서는 기존 농촌사회의 특성 및 구성적 요인에 대한 연구를 통해 알아보

---

[8]  농촌 새마을운동의 전개에 대한 내용은 황병주(2004); 이정주(2011); 새마을 운동 전후 농촌사회 및 농민의 정체성 형성에 대한 내용은 고원(2006); 오유석(2014), 기존 농촌의 생활양태 및 사회적 자본에 대한 내용은 임경수(2012); 하재훈(2014)을 참고한다.

아야 할 것이다. 이는 비공식적이든 공식적이든 사람들이 공유된 규칙 혹은 규범을 바탕으로 이미 기존 사회에서 구성화, 정례화 한 상호작용의 존재는 국가의 사회적 통제 시도에 대해 어떤식으로든 영향을 미칠 것이기 때문이다. 예컨대 박정희 정권은 70년대 높은 수준의 사회적 통제 정도를 보였다. 이렇게 집중화된 사회적 통제가 가능했음에도 당시 1차 새마을운동이 진행되었던 농촌사회의 사회적 통제 수준에 대한 연구가 유의미한 이유는 도시와 달리 농촌사회는 사회적 자본, 마을의 전통, 공동체성이 존재하였고, 이러한 구성적 요인이 새마을 운동 당시 농촌사회의 사회적 통제 수준에 영향을 미칠 수 있기 때문이다(Migdal 1988).

당시의 농촌사회는 생활공동체이자 경제공동체로 정의될 수 있다. 이들은 구성원 간 존재하는 일체감, 동질감 등을 바탕으로 마을별로 상이한 공동체적 규범을 형성하였고 이러한 규범을 유지, 발전시켜왔던 것이다(김태일 1990). 즉, 새마을운동의 실행은 국가로부터 농촌사회에 주입하고 농촌사회가 수동적으로 수용한 방식이 아닌 기존 마을별로 형성되어 있던 공동체성을 기반으로 실행된 것이라고 볼 수 있을 것이다.

본 논문에서는 농촌사회의 구성적 요인을 크게 두가지로 구분하여 살펴보고자 한다. 첫번째는 마을공동체의 전통, 두번째는 마을공동체 조직이다. 위에 언급한 바와 같이 농촌사회는 마을 단위로 전통적 협업형태인 향약, 두레나 품앗이 등과 같은 전통을 가지고 있었다(임경수 2012; 김영미 2009).[9] 예컨대 대포2리는 새마을운동 전부터 품앗이조로 마을일을 처리해왔다. 이들은 15~20가구를 하나의 반으로 묶어 품앗이 조를 짜 서로의 농사를 지어주고, 모내기가 끝나면 반상회를 통해 전부 품을

---

[9]  특히 본 연구에서 집중하는 품앗이는 '품'은 노동력, '앗이'는 갚는 것을 의미하여 '노동력을 갚는다'는 의미를 갖는다. 이에 품앗이는 호혜성을 지닌 행동을 나타낸다고 볼 수 있다(이현정 2014).

세 그에 합당한 돈으로 돌려주는 등 이들 마을에서의 품앗이는 특정한 규칙을 가지고 강제력을 지닌 제도로 형성되었던 것이다(이현정 2014). 이렇듯 이들은 새마을운동 이전부터 신뢰, 호혜성, 그리고 규범을 쌓았기에 새마을정신의 투입으로 근면, 자조, 협동정신을 가진 농촌사회로 재탄생한 것이라는 설명은 적절하지 못하다고 볼 수 있다. 농촌사회의 구성적 요인에 대한 이해가 국가 혹은 사회의 사회통제정도를 이해하는데 필수적인 이유는, 대포 2리가 새마을운동 시기 우수마을로 선정된 것을 대포 2리의 구성적 요인을 제하고 본다면 국가의 사회통제정도가 높아 새마을운동이 효율, 효과적으로 시행된 것이라고 해석할 수 있으나, 대포 2리의 공동체적 전통을 통해 형성된 신뢰관계, 규범등을 포함한다면 다른 해석이 가능할 수 있다는 것이다. 즉, 농촌사회의 이러한 축적된 사회적 자본에 대한 고려 없이 국가 정책의 투입성을 평가하게 될 경우 새마을운동에 대한 국가의 사회적 통제정도를 과대평가하게 된다는 것이다.

마을공동체 조직 또한 새마을운동 이전부터 유지, 확장되어 왔다. 대표적인 전통적 마을공동체 조직은 대동계, 동계, 촌계, 어촌계 등이다. 예컨대 새마을 지도자 이씨는 본인의 마을의 경우 이미 1906년부터 마을에 있는 숲을 복원하겠다는 주민들의 의견에 따라 규약을 제정해 내부 질서 유지와 마을기금 조성에 기여했다고 구술하였고 새마을지도다 정씨 또한 본인 마을에서 1950년부터 보리생산성을 높이고자 마을기금을 조성하였다고 구술한 바 있다(하재훈 2014). 즉 이들은 1970년 새마을운동 시작 이전부터 자생적인 계조직을 통해 자율적으로 마을 규칙을 설정하는 자치활동을 이어왔다는 것이다. 새마을운동 이후, 위에 언급한 두 새마을지도자 마을 모두에서 해당 계는 새마을사업 물적 토대를 담당하는 형태로 변모하였다.[10]

---

[10] 새마을운동을 새마을지도자의 구술에 근거하여 공동체적 전통에 대해 연구한 자료

이렇듯 강한 정부와 강한 관료사회는 농촌마을에 존재하는 다양한 형태의 자치조직들을 농촌 새마을 운동 조직에 편입시켜 농촌사회의 참여를 이끌어 낸 바 있다. 이런 맥락에서 볼 때, 새마을 운동은 국가의 새로운 사회적 조직, 자원, 상징이 이미 존재하는 사회적 역량에 투입되어 새로운 형태의 지배구조가 형성되는 "국가의 기존 사회 역량 흡수"의 특성을 띈다고 볼 수 있다. 그러나 역으로 기존 존재하였던 계가 농촌 새마을운동 시기 사업비로 충당하게 되자 시민들의 무관심과 비협조를 가져왔다는 점을 두고 보았을 때는 농촌사회가 국가가 제공하는 물질적 기능만 선택적으로 활용하였다고 해석할 수 있을 것이다. 즉, 기존 존재하는 사회적 역량이 국가에 통합되기 보다는 근대화로 대표되는 국가의 상징 등 일부만 차용하여 사회역량에 흡수시켰다고도 볼 수 있을 것이다. 전통적 마을 자치조직인 대동회라는 마을의 집합적 의사결정조직 하부에 국가 정책 호응하는 청년회, 부녀회, 개발위원회 등이 결합된 것을 두고 보았을 때도 기존에 존재하였던 사회적 역량의 영향력은 작지 않았다. 즉, 농촌사회에 이전부터 존재하던 전통, 공동체와 같은 구성적 요인은 시민사회의 사회적 자본으로 축적되었고 이는 기존의 연구에서 밝힌 바 보다 새마을운동의 방향성에 큰 영향을 미쳤다고 볼 수 있을 것이다(김영미 2009; 하재훈 2014).

## 3. 새마을 운동과 국가-사회간 관계

새마을운동을 미그달의 국가-사회 양상에 따른 결과의 유형으로 살펴볼 때 새마을운동은 국가가 사회침투에 실패한 경우도 아니고, 사회

---

는 하재훈(2004), (경상북도 상주시 모서면) 대포2리와 (경기도 고양시 일산동구의 법정동, 관할 행정동은 고봉동) 사리현2동을 비교하여 공동체의 사회적 자본 형성을 연구한 자료는 이현정(2014)에서 구체적으로 살펴볼 수 있다.

가 국가의 침투에 의해 완전히 변모한 상황은 아니라는 것을 알 수 있었다. 그렇다면 새마을운동은 "국가의 기존 사회 역량 흡수"이냐 혹은 "기존사회 역량의 국가 흡수"이냐로 보았을 때 이는 두 유형 모두로 정의될 수 있는 여지가 충분하다. 그럼에도 불구하고 미그달의 국가-사회 모델로 새마을운동을 평가할 경우 국가가 사회적 역량에 영향받음을 보여주기 때문에 사회를 단순히 국가로부터 수동적으로 새마을운동을 주입당한 개체가 아니라, 구성적, 내적 동기를 가진 새마을운동 참여의 한 개체로 이해할 수 있다는 점에서 유의미하다.

새마을운동을 둘 중 어떤 유형으로 정의할 수 있는지에 대한 후속 연구는 더 많은 문헌 조사를 통해 증명되어야 할 필요가 있으나, 그럼에도 불구하고 새마을 운동을 통해 바라본 당시 한국의 국가-사회는 "상호적 권한 부여(mutually empowering)" 관계라고 정의할 수 있을 것이다. 상호적 권한 부여 관계의 필수조건인 강한 관료제와 사회적 자본의 축적 모두 새마을운동의 시작부터 발견할 수 있는 특징이다. 새마을 운동 도입 이전부터 농촌 사회에서 존재하였던 향약, 두레, 품앗이와 같은 협력의 전통은 마을 내 호혜성의 규범을 형성하였고 계로 대표되는 마을 전통적 조직과 대동회와 같은 자치기구는 시민 참여 네트워크의 문화를 형성하여 새마을운동을 통해서 재생산, 확산되었고 권한보유 사회(empowering society) 형성을 야기하였다. 새마을 운동은 기존에 축적되어 있던 사회적 역량을 기반으로 효율적으로 작동하는 수직적 관료제와 포용적으로 작동하는 수평적 의사결정구조의 관료제를 통해 "상호적 권한 부여"관계의 국가와 사회의 양상을 보인 바 있다.

## V 결론

"한국에서 솟는 태양은 동해에서가 아니라 농촌의 들이나 산이어야
한다"라는 박정희 대통령에 말에서 나타나듯 새마을운동은 박정희 정권
의 농촌근대화에 대한 열망을 보여주는 사례이다(한국대학교수새마을연구
회 2010). 또한 박정희 대통령은 1973년 11월 21일 제1차 전국 새마을지
도자 대회에서 새마을운동은 "한국적 민주주의의 토착화를 위한 실천도
장이요 10월 유신의 이념을 구현하기 위한 실천도장이다"고 이야기할
정도로 새마을운동은 정권의 이념을 시행한 유산이라고 블 수 있을 것
이다. 이에 새마을운동에 대한 연구는 많은 경우 박정희정권에 대한 분
석 및 연구의 연장선으로 이루어진 경우가 대다수이다. 그러나 새마을운
동에 대한 총체적 이해를 위해서는 강한 정부로 대변되는 박정희 정권
뿐 아니라 강한 관료사회, 그리고 농촌사회(시민사회)에 대한 분석은 물
론이고 그 관계성에 대한 연구를 진행했다는 점에서 본 연구의 의의가
있다.

이에 본 논문은 첫째, 새마을운동 시행시 주요 행위자인 박정희 정
권으로 대변되는 강한 정부, 제 강력한 관료사회, 당시 새마을운동이 처
음 도입된 농촌 사회의 사회적 역량을 분석하였다. 둘째, 미그달의 국
가-사회 관계 양상의 결과를 이론적 틀로 사용하여 각 행위자 간의 관계
성에 대해 분석한 바 있다. 마지막으로 본 논문은 새마을 운동 시기 한국
국가-사회는 축적된 사회적 자본, 강한 관료제의 조건을 충족한 상호적
권한 부여 관계라고 정의한 바 있다.

새마을운동을 통해 나타난 국가-사회의 상호적 권한 부여 관계는
국가의 효율성뿐 아니라 사회적 요구의 정책 반응성을 상승시켰고, 이러
한 점들을 통해 더욱 활발한 시민사회를 조직해낼 수 있었다(Kim 2011).

이렇듯 시행 방법에서 보았을 때나 시행 결과로 보았을 때 새마을 운동은 결코 국가의 수직적인 시민 동원 운동으로 볼 수 없다는 것이 본 연구의 요지이다. Hagen(2013)은 일제강점기때부터 민주화 이후까지의 역사적 서술을 통해 한국 국가-사회를 "강한 국가- 논쟁적인 사회"로 정의하고 많은 학자들이 이를 통해 현재 대한민국의 국가-사회 양상을 이해하고자 한다. 본 연구를 통해 알아보고자 한 새마을운동의 동학 또한 이러한 맥락에서 뜻을 같이하는 바이다. 물론 권위주의 정권하에서 이루어진 새마을운동이 참여적 거버넌스 혹은 협력적 거버넌스였다고 정의할만큼 시민사회 및 다양한 행위자가 동등한 권한을 보유했다고 보기는 어렵겠지만, 새마을운동은 분명 강한국가-약한 사회가 아닌 "상호적 권한부여" 관계의 국가-사회 관계를 보여주는 사례였고, 이에 대한 이해와 분석은 현재 시행되고 있는 민관협력적 거버넌스를 이해하는데 좋은 시작이 된다고 주장하는 바이다.


## Ⅵ  참고 문헌


김대영 (2004). [일반논문] 박정희 국가동원 메커니즘에 관한연구-새마을운동을 중심으로. 경제와사회. 61

김대환,김유혁 (1981) 새마을운동의 보편성과 특수성, 서울대학교 새마을운동종합연구소, 새마을운동의 이념과 실제 : 새마을운동 국제학술회의 논문집

김정주 (2007). 1970년대 경제적 동원기제의 형성과 기원. 역사비평. 81: 285-309.

김태일. (1989). 국가권력의 농민통제와 동원정책: 새마을운동을 중심으로. In 한국농어촌사회연구소 편, 한국농업농민문제연구 Ⅱ

김태일 (1990) 한국농촌부락의 지배구조. 한국농업, 농민문제연구 II. 연구사

김태일 (1991) 한국의 농민운동과 국가, 1964-1990). 고려대학교 박사학위 논문.

고원 (2006). 박정희 정권 시기 농촌 새마을운동과 '근대적 국민 만들기'. 경제
　　　와 사회. 178-201

구현우 (2009). 발전국가, 배태된 자율성, 그리고 제도론적 함의: 이승만 정부,
　　　박정희 정부, 전두환 정부의 산업화 정책을 중심으로. 한국사회와 행
　　　정연구. 20(1): 145-178.

동아일보사 (1972). 새마을운동의 현황과 그 명암. 신동아 6월호.

류석춘, 왕혜숙 (2008). 사회자본 개념으로 재구성한 한국의 경제 발전. 사회와
　　　이론. 109-162

박광주 (1996). 관료와 정치권력. 정신문화연구. 19(1): 55-72.

박진도, 한도현 (1999). 새마을운동과 유신체계: 박정희 정권의 농촌 새마을운
　　　동을 중심으로. 역사비평. 통권 47호

소진광 (2007). 지역사회 거버넌스와 한국의 새마을운동. 한국지방자치학회보.
　　　19(3), 93-112

이승종. (2015). 새마을운동 거버넌스 모형. 한국행정학회 하계학술발표논문집.
　　　2015(0), 759-786.

이신용 (2007). 권위주의 국가와 사회복지정책: 한국의 관료적 권위주의를 중심
　　　으로. 사회복지정책. 28: 105-139

이정주. (2011). 새마을운동에 대한 국민의 인식에 관한 연구. 한국자치행정학
　　　보, 25(1), 215-235.

엄석진, (2011). 일반논문 : 동원과 참여 사이에서: 1970년대 농촌 새마을운동
　　　과정에서의 지방공무원의 역할. 한국행정학보. 45(3), 97.

오유석, 하재훈 (2014) 박정희 시대의 새마을 운동 근대화, 전통 그리고 주체.
　　　민주주의와 사회운동 총서 17. 제 3장

이양수 (2013). 식민지 유산과 한국 민주주의. 시민과세계, (23), 230-245.

이현정 (2014). 1970년대 새마을운동에서 마을공동체의 역동성 비교연구. 오유
　　　석 엮음. 박정희 시대의 새마을 운동. 제 4장

임경수 (2012) 사회적 자본과 거버넌스 차원에서 본 새마을 운동, 지방행정연구 제26권 제3호(통권 90호) 2012. 9. 27~58

윤견수 (2011). 정부의 질과 관료제의 합리성: 관료제 이념형 구성의 기본단위인 '공직' 개념을 중심으로. 정부학연구, 17(3): 19-48

윤충로 (2011) 구술을 통해 본 1970년대 새마을운동: 새마을 지도자 만들기와 되기 사이에서. 사회와 역사, 제 90집

전재호. (2000). 반동적 근대주의자 박정희. 책세상

정우열, 남홍범 (2013). 한국새마을운동의 전개과정과 방향. 한국정부학회 학술발표논문집, 481-499

하재훈(2014). 1970년대 농촌새마을운동과 농촌사회의 집합적 참여: 공동체적 전통의 활용을 중심으로. 오유석 엮음. 박정희 시대의 새마을 운동. 제 6장

한국대학교수새마을연구회 (2010). 한국의 새마을운동 40년사

한승조 (1981). 새마을운동의 정치철학. 서울대학교새마을 운동 종합연구소. "새마을운동의 이념과 실제: 새마을운동 국제학술회의논문집"

황병주 (2004). 박정희체제의 지배담론과 대중의 국민화. 임지현, 김용우 엮음. 대중독재: 강제와 동의 사이에서. 서울: 책세상

Aqua, Ronald. (1981). 새마을운동에 있어서 정부의 역할, 서울대학교 새마을운동 종합연구소, "새마을운동의 이념과 실제: 새마을운동 국제학술회의 논문집"

Evans, P. B. (1995). Embedded autonomy: States and industrial transformation. Princeton, N.J: Princeton University Press.

Kim, Taekyoon(2011). Poverty, Inequality, and Democracy: "Mixed Governance" and Welfare in South Korea. Journal of Democracy, Volume 22, Number 3, pp.120-134.

Koo, Hagen. (1993). State and Society in Contemporary Korea. Ithaca: Cornell University Pres. conclusion.

Mann, Michael. (1986) The Sources of Social Power, Volume I: A History of Power from the Beginning to A. D. 1760

Migdal, Joel S. (1988). "Strong Societies and Weak States: State-Society Relations and State Capabilities in the Third World". Princeton University Press.

Migdal, Joel S., A. Kohli, and V. Shue. (1994). State Power and Social Forces: Domination and Transformation in the Third World. Cambridge: Cambridge University Press

Osborne, S. P. et al. (2010). The New Public Governance? Emerging perspectives on the theory and practice of public governance. London: Routledge

Putnam, Robert. D (1993) Making Democracy Work: Civic Traditions in Modern Italy (Princeton: Princeton University Press, 1993).

Rhodes, R. A. W. (1996). The New Governance: Governing without Government. Political Studies. 44: 652-667.

Ringen, Stein (2011). The Korean State and Social Policy: How South Korea Lifted itself from Poverty and Dictatorship to Affluence and Democracy.

Wang, Xu. (1999) Mutual Empowerment of State and Society: Its Nature, Conditions, Mechanisms and Limits, Comparative Politics Vol. 31, No. 2

## 6장   사회복지학과 〈지역사회복지론〉

## I  수업 소개

### 1. 일반 개요

| 수업명<br>(부재) | 지역사회복지론 | 교수자명 | 박정민 |
|---|---|---|---|
| 대학 명 | 서울대학교 사회과학대학 | 학부/학과 명 | 사회복지학과 |
| 수업 유형 | 전공선택 | 수강 인원 | 7(학부) |
| 연계 지역/기관 | 서울시 | | |
| 수업 목적 | 지역사회복지 이론과 실천에 대한 지식을 습득하고, 지역사회를 기반으로 이루어지는 사회복지정책과 실천 그리고 사회서비스 등에 대해 탐구할 기회를 제공한다. 이 수업을 통해 수강생들은 1) 지역사회복지의 개념, 역사, 관점, 이론을 고찰하고, 2) 지역사회복지 실천모델과 실천과정에 관한 이해를 높이며, 3) 최근 지역사회복지 동향과 주요 쟁점을 파악하고, 4) 지역사회의 실제 이슈를 분석하고 해결책을 제시하는 능력을 기른다. | | |
| 주요 교재 | 백종만 · 감정기 · 김찬우 (2015)『지역사회복지론』(개정2판), 나남<br>오정수 · 류진석 (2016)『지역사회복지론』(5판), 학지사<br>보건복지부 (2020). 제2회 지역사회통합돌봄 비전포럼 자료집.<br>건강보험연구원 (2021). 사회서비스 공공인프라 확충의 필요성.<br>Hardcastle, D. A., Powers, O. R., & Wenoker, S. (2011). Community practice: Theories and skills for social workers (3rd Ed.), Oxford University Press.<br>Netting et al., (2011). Social work macro practice (5th Ed.), Pearson. | | |

2. **수업 일정**

| 일정 | 주제 | 주요 과제 |
|---|---|---|
| 제 1주 | 수업 개요 | |
| 제 2주 | 지역사회복지의 개념과 역사 | 연구주제 탐색과 조 편성 |
| 제 3주 | 지역사회복지실천의 관점과 이론 | 연구주제 탐색과 조 편성 완료 |
| 제 4주 | 지역사회복지실천의 모델 | |
| 제 5주 | 지역사회복지실천 과정 | |
| 제 6주 | 지역사회복지실천 기술: 욕구사정, 기획과 평가 등 | 1차 연구계획서 제출 (연구대상 & 목적 중심) |
| 제 7주 | 지역사회 권력구조와 네트워크 | |
| 제 8주 | 중간고사 | |
| 제 9주 | 지역사회돌봄 & 사회복지시설 | |
| 제 10주 | 연구계획서 토론 | 2차 연구계획서 제출(연구대상, 목적, 문헌고찰, 연구방법 포함) |
| 제 11주 | 직접 서비스 기관 | |
| 제 12주 | Field research | |
| 제 13주 | 주민 조직화 & 옹호 | |
| 제 14주 | 소셜임팩트 활동과 지역사회 변화 | 연구보고서 초안 제출 |
| 제 15주 | 연구보고서 발표 | 보고서 최종본 제출 |

### 3. 팀/개인 프로젝트 개요

| | |
|---|---|
| 프로젝트<br>개요 | 지역사회에 대한 이해 및 지역사회복지의 개념, 이론, 실천모델에 관한 지식을 기반으로 실제 지역사회의 현안을 분석하고 문제해결 방안을 제시한다. 가이드라인으로 크게 지역사회 단위에서 실천모형의 적용과 해석, 의사결정과정 또는 권력관계의 분석, 그리고 실천사례 분석 및 개선방안의 제시 등의 예시가 주어졌다. |
| 프로젝트<br>결과 | 이 수업의 수강생들은 관심 있는 연구대상과 주제를 바탕으로 총 3개 팀을 구성하였다. 각 팀은 선정한 주제에 관한 선행연구 및 언론보도 검토, 통계 등 이차자료 분석을 통한 현황 파악, 지역사회 방문 및 관찰, 지역사회 구성원과 전문가 인터뷰 등을 실시하였다. 구체적인 연구주제와 결과물은 다음과 같다.<br><br>1. 장애인복지 지역연계사업에서 서비스 제공자들의 온라인 플랫폼 활용 실천 경험에 관한 질적 연구<br>2. 소상공인 대상 디지털 뉴딜 추진 방안 분석: 양천구 디지털 서포터즈 사업을 중심으로<br>3. 활기찬 노후를 위한 지역사회 노인일자리 만들기: 기존 노인일자리 사업의 한계 분석 및 풀뿌리 공동육아체계의 활용 가능성 탐색 |

# Ⅱ  수업 주제 해설: 지역사회복지론

박정민(서울대학교 교수)

지역사회복지는 크게 두 가지 목적을 지닌다. 첫째, 지역사회가 안고 있는 사회문제를 해결하는 것이다. 해결이 필요한 문제는 빈곤, 실업, 주거 및 근린환경, 안전 등 다양하고 이해집단은 모든 지역사회 구성원이 될 수 있고 특정 집단이나 조직이 될 수도 있다. 둘째, 지역사회 구성원의 역량을 향상하는 것이다. 이는 지역사회, 구체적으로 구성원이나 지역 내 조직들이 해결이 필요한 문제를 파악하고, 목표를 설정하며, 자원을 동원하고, 목표를 달성할 수 있는 능력을 높이는 것이다. 여기에는 한 지역사회가 보유하는 의사소통 능력, 사회적 관계망의 형성과 활용, 인적 자원과 물적 자원 등이 포함된다. 지역사회복지의 증진이라 함은 흔히 지역사회가 경험하고 있는 기본적 욕구의 결핍이나 사회적 위험의 문제를 해결하는 것, 지역사회가 자신의 자원과 강점을 찾고 강화하여 스스로 문제를 해결할 수 있는 능력을 강화하는 것, 또는 이 두 가지를 함께 이루는 것을 가리킨다.

사회복지실천의 한 분야인 지역사회복지의 가장 큰 특징이 지역사회 차원의 실천이라는 것이다. 따라서 지역사회의 개념과 특징을 살펴보는 것은 지역사회복지의 목표와 방법을 제대로 이해하는기 위해 중요하다.

근대 산업사회가 도래하기 전, 대부분의 사람들은 일정한 지역 내에서 생활하고, 지리적 이동성은 낮으며, 사회문화적 동질성은 높았다. 이러한 상황에서 지역사회는 공동체였고, 지역공동체와 공동체는 동의어였다. 커뮤니티는 지역사회이면서 공동체인 것이다. 지역공동체는 동일한 지역을 생활터전으로 하는 구성원들의 집합으로, 자연발생적이고 오래된 공동체다. 따라서 공동체의 원형(archetype)으로 여겨지는 경향이 있다. 그래서 흔히 community는 지리적 공간을 공유하고 공동의 관심과 사회적 특성을 가진 사람들 또는 그 지역을 지칭한다. 이 때 커뮤니티는 '한 지역의 일정한 범위 안에서 지연(地緣)에 따라 자연스럽게 이루어진 생활 공동체'(표준국어대사전)를 뜻하는 지역사회(地域社會)와 호환 가능하다.

현대사회에서 커뮤니티의 개념에 대한 접근은 크게 두 가지로 구분할 수 있다. 하나는 지리적 공간을 공유하고 밀접한 상호작용을 하는 사람들의 집단으로 보는 것이고 또 하나는 공간의 공유를 강조하지 않고 공동의 관심과 이해 그리고 기능을 함께 하는 사람들의 집단으로 보는 것이다.

이러한 논의의 원조는 잘 알려진 퇴니스(Tönis)의 이분법이다. 게마인샤프트(Gemeinschaft)는 개인의 의지나 선택과 무관하고 정서적 관계와 친밀한 유대가 특징인 자연발생적 집단이고, 게젤샤프트(Gesellschaft)는 이해타산에 기반한 결사체이다. 게마인샤프트는 공동사회로 표현되고, 게젤샤프트는 근대화와 도시화가 이루어진 현대사회에서 공동의 목적을 달성하기 위해 형성된 결사체로 이익사회로도 불린다. 같은 맥락에서 한 지역에서 밀접한 상호작용을 하는 사람들의 집단인 지리적 커뮤니티와 공동의 관심과 기능을 가진 사람들의 집단인 기능적 커뮤니티를 구분하거나, 지역기반 커뮤니티와 사회관계 기반 커뮤니티를 구분하기도 한다. 커뮤니티를 지역사회로 바꾸어 사용하여 기능적 지역사회나 사회관계 기반 지역사회로 표현하기도 하는데, 이 때 지역사회의 사전적 정의와 상충하는 측면이 있기 때문에 용어의 개념에 대한 조작적 정의가 필요하게 된다.

커뮤니티의 개념은 다양한 구성요소를 포함한다. 이미 1955년에 사회학자 George Hillery Jr.는 문헌고찰을 바탕으로 community에 대해 적어도 96개의 상이한 정의가 있었다고 보고하였다. 관련 문헌들은 커뮤니티의 개념을 정의할 때 집단(group), 과정(process), 사회체계(social system), 지리적 공간(geographic place), 공통의 생활스타일(common life-style), 지역의 자립성(local self-sufficiency) 등 다종다양한 특성을 포괄하고 있었다. 모든 정의에 공통이었던 것은 커뮤니티가 사람들로 구성되어 있다는 점 뿐이었다.

미국이나 영국에서는 한 세기 넘게 Community Practice가 이루어지며 사회복지와 사회사업의 주요한 영역이 되었다. 이것이 우리나라에서는 지역사회복지로 해석되고 정착되었다. 그런데 커뮤니티의 개념은 단순하지 않고 시공간에 따라 가변적이다. 이 분야의 전문가인 Hardcas-tle조차 커뮤니티만큼 규정하기 어려운 개념을 찾기도 어렵다고 말한 바 있다. 우리나라 사회복지학에서는 대개 커뮤니티를 '지역사회'로 번역하여 사용한다. 그런데 상술하였듯이 이 두 개념은 유사하지만 상이하다는 점을 고려하여야 한다.

커뮤니티와 지역사회의 개념 정의에 관한 백가쟁명에도 불구하고, 대표적인 기본요소로 자주 꼽히는 것은 지역성(territory), 사회적 상호작용(social interactions), 유대감(common ties)이다. 즉, 같은 지역에 살면서, 구성원 간 상호작용이 있고, 정서적 유대를 가지면서, 소속감과 결속력이 있을 때 커뮤니티 또는 지역사회의 특성이 잘 드러나는 것으로 여겨지는 것이다.

먼저, 지역성은 커뮤니티와 지역사회 개념을 등치하게 하는 주요 요소인데 그 범위가 가변적이다. 흔히 마을이나 동네, 또는 행정구역을 기준으로 읍면동을 많이 떠올리는데 더 넓게 시군구 차원을 고려할 수도 있다. 그런데 공간적 범위가 커질수록 해당 지역의 공동체성—공동의 관심과 특징 및 상호작용의 가능성—은 줄어들게 되고 따라서 구성원들이 특정 공동체에 속한다는 인식 역시 낮아지게 된다. 따라서 지역성의 범위는 지역 내 구성원간에 상호작용이 가능한지 여부와 밀접한 관련을 맺는다. 최근 몇 년간 확산되었던 마을만들기 사업에서와 같이 '마을'이 기초적이고 대표적인 지역사회로 여겨지는 이유는 구성원들이 일상생활을 영위하는 물리적 공간과 사회적 환경이 비슷하고 직접적인 상호작용이 용이하여 유대감과 소속감이 발달할 수 있기 때문이다.

다음으로, 구성원의 상호작용과 유대감은 커뮤니티나 지역사회를 공동체로 간주할 수 있게 하는 핵심 요소이다. 특히 지역사회의 문제를 해결하고 지역사회역량의 강화를 추구할 때 구성원들이 참여하는 것, 구성원 간 의사소통과 참여적 상호작용을 하는 것, 지역사회 내 구성원들이나 조직 사이에 협력과 연계를 이루는 것은 매우 중요하다. 더 구체적으로 구성원의 참여가 수동적인지 자발적인지, 주요 의사결정과정이 소수에 의해 이루어지고 독단적인지 아니면 다수의 참여에 기반하는지, 구성원 간 소통이 개방적인지 폐쇄적인지, 지역 내 조직 간의 관계는 협력과 연대가 수월한지 아니면 경쟁과 대립이 빈번한지에 따라 지역사회의 문제해결이나 역량강화 여부가 영향을 받을 것이다.

지역사회복지론에서는 지역사회의 개념과 구성요소, 지역사회복지의 목적 및 기능과 더불어, 지역사회 문제해결과 및 변화를 위한 다양한 관점, 접근방법, 관련 기술을 다룬다. 가령, 문제중심관점은 사람들의 취약점, 기능장애, 부적응 등에 초점을 두고 전문가를 중심으로 이를 해결하려 한다. 반면, 강점관점은 지역사회의 구성원이 문제해결을 위한 능력, 경험, 의지, 가능성을 지닌 주체라는 점에 주목하고, 그들이 자신—구성원과 지역—의 강점과 자원을 찾아내고 활용할 수 있도록 지원하는 것에 초점을 둔다.

실천방법 역시 다양하다. 대표적으로, 지역사회복지 증진을 위해 공무원이나 사회복지사 등 전문가를 중심으로 세워진 계획에 따라 계획된 변화를 일으켜 과업목표 달성을 강조하는 사회계획(social planning) 접근, 지역사회 구성원이 해결이 필요한 지역의 문제가 무엇인지 결정하고 함께 참여하며 해결방법을 찾는 능력과 그 과정 자체를 강조하는 지역사회개발(community development) 접근, 지역사회 구성원들이 자신들의 권익을 추구하고 대변하면서 문제해결을 시도하고 그 과정에서 지역사회 내 의사결정과 권력구조의 변화를 중시하는 사회행동(social action) 접근 등이 있다. 현실에서 이들 접근법은 혼합되어 나타나는 경우가 흔하다.

구체적인 실천계획의 수립과 실행을 위한 고려사항에는 지역사회의 변화를 추구하는 집단과 구성원 즉 주체가 누구인지, 변화의 대상과 목표는 무엇인지, 활용가능한 자원과 극복할 장애물은 무엇인지, 다양한 전략(예: 협력, 대결)과 전술(예: 캠페인, 협상, 교육, 설득, 집회 등) 중 무엇을 활용할지 등을 결정하는 것 등이 포함된다.

지역사회복지실천의 형태는 매우 다양하다. 대표적으로 지역종합사회복지관, 장애인복지관, 노인복지관과 같은 전통적인 복지서비스 제공기관의 프로그램, 시군구나 읍면동 단위의 지방자치단체를 기반으로 한 공공서비스와 지원프로그램, 주민조직화와 옹호활동, 사회적 경제 및 소셜임팩트 활동 등을 들 수 있다.

이 수업에서 모든 수강생은 지역사회복지의 이론과 실천과정에 대한 지식을 바탕으로 실제 구체적인 지역사회의 현황이나 문제의 분석, 문제의 해결과 변화를 위한 계획의 수립을 실행하였다. 이는 한 학기 동안 팀별 프로젝트로 진행되었고 각 팀은 연구보고서를 작성하였다. 보고서의 주제와 방법은 참여 학생들이 주도하여 결정하고 진행 과정에서 담당교수의 지도를 받으며 작성한다. 학생들이 참고하도록 보고서의 성격과 방향에 관한 몇 가지 사례를 다음과 같이 제시하였다.

1) '지역사회복지 실천사례 분석 및 개선방안 제시형': 지역사회복지 실천을 수행하는 기관이나 프로그램을 선정; 대상 기관이나 프로그램이 기반한 실천관점, 실천모형, 실천과정과 기술 등을 분석; 성과와 한계, 개선방안을 제시

2) '지역사회복지 실천모형 분석/제시형': 실천의 주요목표를 확인 또는 설정; 변화추구와 관련 있는 지역사회 내 주체들을 파악; 목표달성에 이용할 수 있는 자원과 장애물을 파악; 실천모형을 선정하고 그 내용과 장단점을 기술

3) '지역사회 의사결정과정 또는 권력관계 분석형': 지역사회의 현안 관련 정책이나 법안에 영향을 미치는 주요 의사결정자와 이익집단을 파악; 각 의사결정자와 이익집단의 해당 이슈에 대한 입장, 영향력의 기반, 이슈에 대한 관심과 동기, 이익집단 간 상호관계 등을 파악; 해당 이슈에 영향을 미칠 수 있는 정치적, 경제적, 문화적 요인들을 탐색; 의사결정과정에 영향을 미치기 위해 취할 수 있는 전략과 전술 모색

학생들이 수행한 과제 중, 〈장애인복지 지역연계사업에서 서비스 제공자들의 온라인 플랫폼 활용 실천 경험에 관한 질적 연구〉, 〈활기찬 노후를 위한 지역사회 노인일자리 만들기: 기존 노인일자리 사업의 한계 분석 및 풀뿌리 공동육아체계의 활용 가능성 탐색〉은 '지역사회복지 실천사례 분석 및 개선방안 제시형' 과제들이다. 〈소상공인 대상 디지털 뉴딜 추진 방안 분석: 양천구 디지털 서포터즈 사업을 중심으로〉은 '지

역사회복지 실천사례 분석 및 개선방안 제시형'과 '지역사회복지 실천모
형 분석형'이 혼합되어 있다.

　　2020년 2월 이후 코로나바이러스감염증-19(이하 코로나19)가 확산
되고 지속되면서 방역을 위한 사회적 거리두기가 실시되었다. 민간 경
제활동은 크게 위축되었고, 정부가 경기후퇴를 막고 사회안전망을 강
화하기 위해 보다 적극적인 역할을 할 필요성은 커졌다. 한편 코로나
19 팬데믹은 지역사회와 지역사회복지에도 큰 영향을 끼치고 있다. 공
식, 비공식 활동을 막론하고 대면에 기반한 상호작용—관계형성과 친분쌓
기, 의사소통, 활동 참여, 협력—이 크게 제약을 받고 있다. 또한 지역사회에
있는 많은 사회복지시설과 기관이 실시하던 많은 사업들이 중단되거나
축소되었다. 여기에는 지역 주민의 삶의 질 향상과 조직화 등을 위해 실
시되던 여러 프로그램들이 포함된다. 지역사회복지를 실천하는 주요 방
법과 수단이 제한되면서 지역사회 구성원들이 유대감과 결속력을 키우
고 공동체에의 소속감을 갖는 것, 더 나아가 지역사회의 문제를 해결하
고 변화를 추구할 역량을 키우고 강화하는데 큰 어려움이 초래되고 있
다. 그렇다면 코로나19 팬데믹과 그로 인한 사회적 거리두기가 2년째 계
속되고 대면 상호작용이 금지되거나 큰 제약을 받고 있는 유례없는 상황
에서 지역사회와 지역사회복지실천은 이에 어떻게 대응하고 있는가? 이
는 2021년 상반기 지역사회복지론의 수강생들이 던진 질문이기도 하다.

　　이 수업에서는 연구보고서 작성을 위해 총 3팀(2-3인)이 구성되었
다. 각 팀이 다룬 주제, 대상으로 삼은 지역사회, 방법론은 다양하다. 주
제로 대면 상호작용이 크게 제약된 환경에서 장애인의 지역사회 통합을
위한 온라인 플랫폼 활용 현황과 영향, 매출 감소로 큰 어려움을 겪고 있
는 소상공인들을 위한 온라인 비즈니스 역량 지원사업의 성과와 한계,
그리고 지역사회 내 노인일자리 사업의 분석이 선정되었다. 대상 지역사

회에 관악구 행운동, 서울시 전역, 양천구가 포함되었다. 모든 팀은 보고서 작성 과정에서 현황 분석이나 자료 수집을 위해 해당 지역사회를 직접 방문하였다. 특히 모든 팀이 지방자치단체 실무자, 관련 서비스기관의 전문가, 사업 참여자 및 지역 주민 등과의 대면 또는 비대면 심층면접을 수행하였다.

사회적 거리두기가 장기화되면서 지역사회복지실천현장에서는 비대면 서비스를 적극 활용하고 적응하려는 시도가 이어지고 있다. 〈장애인복지 지역연계사업에서 서비스 제공자들의 온라인 플랫폼 활용 실천경험에 관한 질적 연구〉 보고서는 장애인복지관들이 장애인들의 지역 내 네트워크를 발전시키기 위해 온라인 플랫폼을 활용하는 사례들에 주목하고, 이들 사례의 현황과 영향을 분석한 후 개선 방향을 제시한다. 대상기관으로 서울시에 있는 대표적인 장애인복지관들인 관악구장애인종합복지관, 서부장애인종합복지관, 성북장애인종합복지관, 태화샘솟는집, 총 4개 기관을 선정하였다. 분석을 위한 자료로 연구보고서는 물론 기관에서 제공한 자료, 디지털매체 이용 사업 설명회와 토론회 자료, 언론기사를 이용하였고, 기관 종사자와의 심층면접을 실시하였다. 이 보고서의 큰 장점은 장애인을 위한 지역사회 내의 네트워크 형성에서 비대면, 온라인 수단을 활용하는 방식의 유용성에 주목하고 구체화한 것이다. 또 하나의 장점은 기관의 직원, 기관과 이용자, 기관과 지역주민, 장애인복지관과 타 기관으로 구분하여 사례의 분석을 시도한 점이다. 이 보고서는 비대면 실천이 사회복지사와 장애인 당사자의 온라인 플랫폼 활용 능력을 강화할 수 있고, 지역주민과의 폭넓은 소통을 가능하게 하며, 구성원들이 물리적으로 결집해야하는 어려움을 해소할 수 있게 한다는 점을 잘 보여주고 있다. 한편 극복할 과제로 사회복지사의 업무 부담 증가, 온라인매체 이용에서 소외되는 장애인의 존재, 개별 복지관이 운영하는 온라인 플랫폼의 제한된 접근성을 지적하고 문제해결의 필요성과 방향을 제시함으로써 장애인복지관과 실천가들을 위한 실천적 함의를 제공하고 있다.

양천구 '디지털 서포터즈'는 청년의 디지털 역량을 활용하여 사회적 거리두기 시대에 매출감소로 어려움을 겪고 있는 소상공인들의 온라인 비즈니스 능력을 개발하는 사업이다. 〈소상공인 대상 디지털 뉴딜 추진 방안 분석: 양천구 디지털 서포터즈 사업을 중심으로〉는 디지털 서포터즈 사업을 지역사회복지실천의 시각으로 분석하고 이 사업의 특징을 가장 잘 반영하는 지역사회복지의 관점과 실천모델을 제시하였다. 이 사업이 문제 해결 자체에 초점을 맞추고 전문가가 주도하여 효율적인 목표 달성을 꾀하는 사회계획모델로 설명될 수 있고, 지역의 청년층과 경기침체의 어려움을 극복하고자 하는 소상공인들의 의지을 활용하고 중앙정부 및 지자체의 예산을 적극 이용한 것은 지역사회의 자원을 발굴하고 활용하여 문제해결을 추구하는 강점 관점에 기반해 있다고 분석하였다. 이 연구팀은 사업의 핵심 주체인 지방자치단체 실무자, 서포터즈 단원, 지원 대상인 소상공인을 대상으로 심층 인터뷰를 진행하여 자료를 수집하였다. 이를 바탕으로 중앙정부의 디지털 뉴딜 정책이 지역사회 단위에서 어떻게 실천되고 있는지를 살펴보면서 이 사업의 성과와 한계를 평가하고, 지역사회가 소상공인 온라인 비즈니스 지원을 시도할 때 고려할 수 있는 사항들을 제시하였다. 디지털 서포터즈 사업의 성과로 소상공인의 온라인 비즈니스 역량 개발, 일부 소상공인의 매출 증가, 사업에 참여한 청년의 일자리 창출을 들었고, 한편으로 사업 종료 후 지원방안의 부재, 단기간 내 매출상승과 같은 가시적 성과 창출의 어려움, 일부 서포터즈 단원의 낮은 효능감은 사업의 한계임을 지적하였다. 코로나19와 비대면 비즈니스의 활성화라는 급격한 사회 변화로 인해 생겨난 사회문제를 해결하기 위한 지역사회복지실천의 사례를 소개한 보고서이다.

수강생들이 수행하고 작성한 연구과제들은 이 과목이 지역사회복지의 개념, 실천모델, 실천방법과 기술 등을 논하는 것에 그치지 않고 실제 지역사회의 구체적인 욕구와 문제를 파악하고 현상을 분석하며 변화와 개선을 위한 대안을 제시하는 수업임을, 그리고 지역사회 및 지역사회복지실천을 다루는 지역사회복지론 수업의 구성과 진행에 대한 유용한 시사점을 제공한다.

# 장애인복지 지역연계사업에서 서비스 제공자들의 온라인 플랫폼 활용 실천 경험에 관한 질적 연구

•


**김정현 · 황윤하**

(서울대학교 사회복지학과 · 서울대학교 인류학과)



본 연구에서는 코로나 19 상황 이후 촉발된 장애인 지역사회복지 현장에서의 온라인, 비대면 서비스에 주목한다. 이러한 초점에 맞추어 지역 내 네트워크를 형성하는 장애인복지 사업에서 온라인 플랫폼을 활용한 사례를 분석하고, 이에 대한 현황과 발전 방향을 알아보는 것을 목적으로 한다. 총 4곳의 장애인복지 기관에서 자료를 수집하였으며, 자료를 분석하는 단계에서 틀분석 방법에 따라 '기관 내 직원', '기관과 이용인', '기관과 지역주민', '기관과 타기관'의 층위로 온라인 서비스 사례를 분류하였다. 각 층위에 대한 긍정적 경험 및 성과로는 사회복지사 및 이용인의 역량을 강화하고, 지역 주민과의 폭 넓은 소통을 이루게 되었으며, 지역 온라인 매체를 발굴하고 연계하는 등의 성취를 이룬 점을 확인할 수 있었다. 반면 마주한 도전 및 과제로 사회복지사가 업무 부담을 경험하며, 소외되는 클라이언트가 발생하였고, 개별 복지관이 운영하는 온라인 플랫폼의 접근성이 떨어진다는 점을 발견했다. 이러한 도전 및 과제를 바탕으로, 사회복지사의 업무량 부담을 완화하고, 온라인 서비스에 소외되는 이용인에 지원을 제공하며, 지역 내 구축된 기존 플랫폼과 연계하고 협력하기 위한 방안의 필요성을 강조하였다.

# I  서론

코로나 19 감염의 확산으로 장애인복지현장에서는 여러 대면 서비스들이 중단되거나, 복지공백이라는 단어가 사용될 정도로 서비스 누락 및 제한이 심각한 문제로 제기되었다. 정부의 사회복지시설 휴관 조치에 따라, 비교적 확산세가 진정되었던 2020년 7월 중에도 장애인복지관의 약 72%가 휴관중인 것으로 파악되었다.[1] 지역사회 재활복지 서비스는 장애인을 위한 비대면 재활, 사회활동, 사회기술 지원 인프라 부족과 제한된 긴급돌봄 기준, 장애 특성에 맞춘 방역 교육의 시행착오 등으로 인해 어려움을 겪었고, 서비스 단절로 이용자의 신체적 기능 퇴화와 이상행동 발현, 장애인 자녀 돌봄 부담으로 인한 부모의 경제활동 제한, 종사자 부적응, 임대료 부담 등의 문제가 나타났다.[2]

우리나라보다 감염 확산이 훨씬 심각하게 진행된 미국에서는 사회복지사협회(National Association of Social Workers)가 코로나19와 관련해 사회복지현장에서 발생할 수 있는 실천적, 윤리적 문제들에 대한 답변과 법률 정보, 인권 옹호 활동, 비대면서비스 전환 등을 안내하고 있다.[3]국내에서는 보건복지부가 사회복지시설 대응 지침을 게시했고 주요내용은 방역지침, 사회적 거리두기 단계별 대응 가이드라인 등 감염 예방, 프로그램 참여 인원 제한과 비대면 서비스 병행 및 시간제, 사전예약제를

---

**1**  김보영. 2021. "코로나19의 시대, 사회서비스의 정책적 과제와 비전에 대한 탐색." 『비판사회정책』. 제70호, p. 48.

**2**  공정원, 박종엽. 2021. "COVID-19 위기의 장애인 지역사회 재활복지 서비스 영향과 대응에 관한 질적사례연구."『한국사회복지행정학』. 제23집 1호, p. 215.

**3**  미국 NASW 홈페이지, 2020, "Coronavirus (COVID-19)"

포함하였다.[4]

　이를 바탕으로 일부 지역사회복지실천현장에서는 기존의 대면 서비스와 비대면 서비스를 병행하는 새로운 방식을 시도하였다. 그 중 대부분은 당사자의 건강관리 프로그램과 재활치료 프로그램이었으며 소수의 문화생활 지원 서비스가 포함되어 있다. 예시로는 장애인 당사자 및 가족에 대한 건강교육을 비대면 플랫폼을 통해 온오프 방식으로 진행했던 서울시 장애인 가족 건강교육 서비스, 주 1회 전화 모니터링을 통해 욕구를 파악하여 개인 맞춤형 자가 재활운동이 이루어질 수 있도록 지원한 전북 완주군 비대면 재활사업[5] 등이 있다. 이처럼 지역사회복지실천현장에서 대면서비스의 중단 상황에 대응하기 위한 다양한 노력이 이루어졌다.

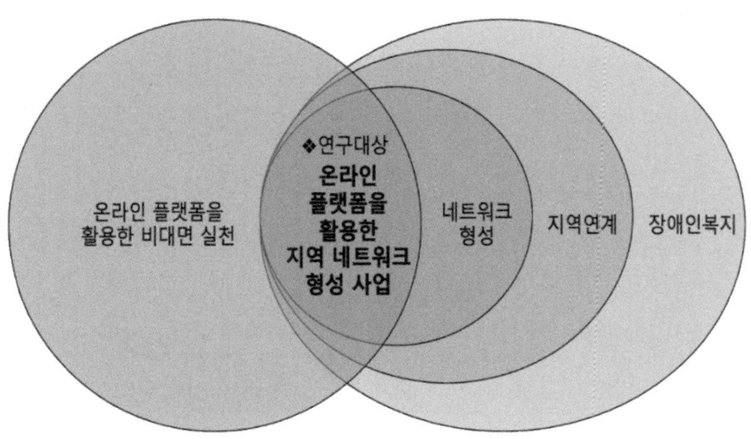


**그림1**　온라인 플랫폼을 활용한 지역 네트워크 형성 사업

---

**4**　보건복지부. 2020. "「코로나바이러스감염증-19」 유행대비 사회복지시설 대응 지침 (7판)." p. 8.

**5**　프레시안. 2021. "완주군, 비대면 재활사업으로 재가 장애인 건강관리."

　　본 연구는 이러한 상황 속에서, 최근 장애인복지 현장에서 일어나고 있는 변화 중 하나인 온라인 플랫폼 활용의 현황과 앞으로의 방향성을 살펴보고자 한다. 또한 장애인복지의 지향 및 강조점이 '지역기반재활(Community Based Rehabilitation. CBR)'에 있음을 고려하여, 특히 지역과의 연계, 지역통합 등을 목적으로 하는 사업들을 연구대상으로 삼는다. 이때 장애와 비장애의 구분 없이 살기 좋은 동네를 만들기 위한 접근을 크게 두 가지로 나누어 볼 수 있다. 첫째는 편의시설의 모니터링과 개선 등 지역사회의 물리적 환경 변화에 초점을 맞추는 것이다. 둘째는 비물리적인 접근으로, 지역사회 내 구성원 사이의 관계를 개발하고 강화하는 접근이다. 본 연구는 특히 후자의 접근을 취한 사업들에 초점을 둔다. 왜냐하면 이 연구의 관심 대상인 온라인 플랫폼 등의 비대면 실천이 더 적극적으로 도입되었고 또한 많은 변화가 발생한 영역이라고 판단되기 때문이다. 따라서 본 연구는 지역 내 네트워크를 형성하는 장애인복지 사업에서 온라인 플랫폼을 활용한 사례를 연구 대상으로 삼고 온라인 플랫폼을 활용한 지역사회 네트워크 사업의 현황과 개선 방향을 살펴본다. 연구주제의 특정화 과정을 도식으로 정리하면 다음과 같다.

　　본 연구의 필요성은 다음과 같다. 일차적으로, 비대면 실천은 전염병 사태에 대한 대응책으로서 의의를 갖는다. 특히 코로나19 상황이 가진 부정적 속성을 고려하면 실천현장에서 경험한 사태들이 혼란과 어려움으로 진단되고, 이로 인한 변화가 위기 대응으로서 이해되는 것은 자연스럽다고 볼 수 있다. 하지만 온라인 플랫폼 등을 활용한 비대면 실천의 새로운 시도들은 단순한 미봉책 이상으로 이해될 필요가 있으며 사회의 구조적인 변화를 바탕으로 새로운 모델을 제시한다는 측면에서 논의될 필요가 있다. 오늘날 정보통신기술(Information and Communication Technology), 가상현실(Virtual Reality), 플랫폼(Platform) 등의 디지털 기술

발전은 4차 산업혁명이라고 불릴 만큼 경제·사회·문화 등을 근본적으로 변화시키고 있다. 이러한 흐름에 맞추어 장애인 복지 현장 또한 유연하게 변화해야 할 필요성이 제기되는 상황이다.

특히 지역사회 내의 네트워크 형성에 있어 비대면, 온라인을 활용하는 실천은 물리적 결집의 어려움을 해소하는 강점이 있다. 공간적으로 결집하기 어려운 대상에 대해서도 소통의 채널을 제공할 수 있다는 점에서 장애인의 지역사회 통합을 증진하는 데 유용한 도구가 될 수 있는 것이다. 이처럼 코로나 19 이후 일어난 변화들에 대하여 위기상황 대응의 맥락을 넘어 장애인복지의 지역네트워크 실천을 위한 새로운 실천모델에 대해 논의하는 것은 매우 시의적절하다. 본 연구는 이러한 문제의식을 바탕으로 장애인복지관에서 온라인 플랫폼 등을 활용하여 진행한 지역연계사업 사례들을 분석하는 질적 연구를 수행하였다. 이를 바탕으로, 서비스 제공자들이 겪은 긍정적인 경험과 도전에 주목함으로써 장애인복지 현장에서 온라인 플랫폼을 활용한 지역연계사업의 발전 방향을 탐색하였다.

연구 문제를 정리하면 다음과 같다.

1. 코로나 19 상황 이후 장애인복지관의 지역연계사업에서 온라인 플랫폼 활용의 현황은 어떠한가?
2. 장애인복지 현장의 온라인 플랫폼 활용이은 장애인의 지역사회 통합에 미친 영향은 무엇인가?

## Ⅱ  선행연구 검토

코로나 19의 발발 이후 전염병의 확산이 사회복지실천에 미친 영향을 파악하고, 이에 따른 과제를 제시하는 선행연구가 진행되어왔다. 코로나 19 발발 이후 사회복지사가 경험한 사회복지 현장을 분석한 연구는 사회복지사의 역할과 활동 범위에 대한 공식화의 필요성을 강조하고, 비대면 사회복지실천을 위해 온라인콘텐츠 관련 지원이 필요하다고 주장하였다.[6] 디지털 기술의 중요성을 강조한 연구에서는 코로나 이후의 디지털 기술이 단순히 대면서비스를 대체하는 것이 아니라 지역사회 관계와 공동체를 촉진시키는 수단으로 기능할 수 있다는 점을 밝혔다.[7]

코로나 19 이후 촉발된 환경이 지역사회복지의 발전과 가능성에 미칠 영향을 논한 연구도 찾아볼 수 있었다. 코로나 시대를 '뉴노멀'로서 정의하여 지역사회의 변화를 진단한 연구에서는 비대면 시대에 따른 사회복지 실천의 새로운 표준을 탐색하고 있다. 그는 4차 산업혁명 시대에 발전해 온 기술이 코로나 19로 인해 촉발되고 있음에 주목하며 지역사회복지의 변화와 방향에 관해 논하였다.[8]

또한 코로나 19 상황 속 장애인복지의 대응 현황과 서비스 및 정책 과제를 위한 연구에서는 '언택트' 서비스 진행에 대한 진지한 고려와 시도가 필요한 시점이라 지적하였다. 코로나 19 발생 이후 각각의 기관이 진행하는 비대면 서비스 과정에서 정부 차원의 지원이 필요함을 밝히며,

---

**6**　김윤정, 문순영, 이윤화. 2021. "코로나19 감염병 재난 속 사회복지사의 경험과 과제."『한국웰니스학회지』, 제16집 1호, pp. 16-17.

**7**　김보영. 2021. pp. 64-65.

**8**　이재완. 2020. "코로나 뉴노멀(New Normal)시대 지역사회복지의 변화와 방향."『한국지역사회복지학』, 제72호. p. 43-45.

비대면 서비스 지원방식의 개선 과제를 제시하였다. 특히 시, 청각 장애인 및 발달장애인을 대상으로 한 세부매뉴얼 개발 및 프로그램 보급, ICT 기술을 활용한 정책지원이 지속적으로 이루어져야 함을 강조하였다.[9]

장애인 지역사회재활복지 시설 종사자와의 심층면담이 진행된 연구에서는 장애인 대상 지역사회 서비스에 코로나가 미친 영향과 이에 대한 사회복지의 대응을 알아 보았다. 이와 같은 연구에서는 포스트 코로나 시대의 장애인 복지를 위해 기술적, 인적 인프라 구축의 중요성을 논하며, 위기 상황 속 장애인복지의 서비스 역할과 의미를 강조했다는 점에서 의의를 가지고 있다.[10]

선행연구들은 코로나 19 상황 이후, 온라인 매체를 활용한 새로운 방식의 사회복지실천이 가진 강점에 주목하고, 발전방향과 그에 따른 과제를 논했다는 점에서 의의를 지닌다. 그러나 온라인 플랫폼을 활용한 사회복지 서비스의 구체적인 경험에 관한 탐색은 아직 드물다. 사회복지 종사자와의 심층면담에 기반한 연구도 있으나,[11] 그 초점이 구체적인 비대면 사회복지 실천이 아니라 코로나 19로 인한 위기 상황에서의 경험에 맞춰져 있다. 아직까지 장애인복지 현장에서의 온라인 플랫폼이 지니는 장단점과 발전방안을 보여주는 정보는 매우 제한적이다. 따라서 본 연구는 장애인복지관의 사회복지사를 대상으로 온라인 플랫폼 운영의 구체적인 경험을 파악하는 질적 연구를 수행하고, 장애인복지 지역연계사업에서 온라인 플랫폼 기반 서비스의 기여, 발전방향, 과제를 논하였다.

---

9   이송희, 이병화. 2020. "코로나19 발생에 따른 장애인 지원 현황과 정책 과제."『보건과 복지』제22집 3호. pp. 24–31.

10   공정원, 박종엽. 2021. pp. 222–224.

11   공정원, 박종엽. 2021. pp. 211–212.

## Ⅲ 연구방법

### 1. 자료수집방법

자료수집 방법으로 문헌조사와 심층면담을 채택하였다.

문헌조사는 장애인복지 실천 현장에서 지역주민과의 만남에 디지털 매체를 활용한 사례에 관한 사업 설명회, 토론회, 연구보고서, 기사 등을 참고하였고 코로나 19 상황 이후의 기간에 작성된 자료로 한정하였다. 장애인복지기관에서 직접 전달받은 자료도 문헌조사에 포함된다. 정신재활시설 태화샘솟는집이 비대면 지역사회복지 실천과 관련한 자료를 제공하였다.

또한 심층 면담을 통하여 장애인복지기관이 실천 현장에서 디지털 매체를 이용해 지역 사회와 소통하고 연결되기 위한 시도에 대해 조사하였다. 일선에 있는 사회복지기관 종사자와의 심층면담을 통해 가장 효과적으로 온라인 서비스 활용 경험, 영향, 한계를 파악할 수 있다고 판단하였다.

### 2. 자료분석방법 : 틀분석

본 연구는 연역적 주제분석법(Framework analysis)을 통해 자료를 분석하였다. 연역적 주제분석법은 질적연구에서 사용되는 자료분석방법의 하나로, 틀 분석방법이라고도 불린다. 이 연구방법은 연구 초기 잠정적인 분석틀을 취하고 그에 기반하여 연구에 들어선다. 그러나 연구를 본격적으로 진행하고 자료를 수집하면서 분석틀을 수정, 보완할 있다.-즉 연역적으로 연구를 개시하되 연구과정에서 귀납적인 수정이 가능한 연구방법이다. 이 분석방법은 다음과 같은 5개의 과정으로 요약된다 (Srivastava, A. & Thomson, S. B., 2009 참고): (1) 자료 숙지하기(familiarizing),

**표1  예비적 분석틀**

| | | 사례별 분류 | | |
|---|---|---|---|---|
| | | 내부 모임 채널 | 외부 소통 채널 | 기타 |
| 주제 분류 | 긍정적 경험 및 성과 | | | |
| | 부정적 경험 및 한계 | | | |
| | 발전 방향 | | | |

(2) 주제틀 확인하기(identifying), (3) 주제틀에 자료 적용하기(indexing), (4) 도표그리기(charting), (5) 시각화 및 해석(mapping).

연구 초기에 구성한 예비적 분석틀은 **표1**과 같다.

예비적 분석틀에서는 기관 내부 모임 채널 중심의 대내적 측면과, 외부 소통 채널의 대외적 측면으로 나누어 사례 및 경험을 분류하고자 하였다. 또한 이에 대한 내용적 분석에서는 긍정적 경험 및 성과, 부정적 경험 및 한계, 그리고 이를 바탕으로 제안될 수 있는 발전 방향으로 주제를 분류하고자 하였다. 그리고 이는 자료 수집의 기본 틀로써 사용되었다.

그런데 자료 수집 후 자료를 분석하는 과정에서, 대내/대외적으로 사업을 이원적으로 분류하기보다는, 해당 온라인 실천에 관여하는 주된 관계가 어떤 것인가를 바탕으로 좀 더 다원화된 분석이 필요함을 발견하였다. 이에 따라 내부/외부의 사례별 분류를 관계별 분류로 수정하였다. 이 때 발견된 주요 관계항들은 '기관 내 직원', '이용인', '지역주민', '타기관'이다. 또한 내용적 분석의 기준도 수정되었다. 예비적 분석틀에서는 '부정적 경험과 한계'였던 주제명보다는, 기관이 '마주한 도전 및 과제'로 명명하는 것이 연구에서 발견된 내용과 더 부합하리라 판단하였다. 이와 같은 수정을 통해 구성된 최종 분석틀은 **표2**와 같다.

**표2  수정된 분석틀**

| | | 관계별 분류 | | | 기관-타기관 |
|---|---|---|---|---|---|
| | | 직원-직원 | 기관-이용인 | 기관-지역주민 | 기관-타기관 |
| 주제 분류 | 긍정적 경험 및 성과 | | | | |
| | 마주한 도전 및 과제 | | | | |
| | 발전 방향 | | | | |

상기의 분석틀 변화가 이루어진 이유와 과정은 본론을 통해 상세히 기술한다.


## Ⅳ  연구대상

본 연구의 대상기관은 4개 기관으로, 관악구장애인종합복지관, 서부장애인종합복지관, 성북장애인종합복지관, 태화샘솟는집이다. 각 기관의 여건에 맞추어 대면/비대면/자료공유 등의 다양한 방식을 활용하여 자료를 수집하였다. 각 기관을 연구대상으로 선정한 기준은 다음과 같다.

- 지역사회를 배경으로 장애인복지를 실천하는 기관
- 비전 및 과업에 지역연계사업에 대한 관심이 드러난 기관
- 지역주민, 이용인과의 소통을 위해 온라인 플랫폼을 운영 중인 기관

이와 같은 기준을 마련한 이유는 지역사회를 배경으로 삼는 동시에

지역연계 사업에 대한 목표를 뚜렷이 가지고 있는 기관이 본 연구에 적합하리라는 판단 때문이었다. 또한 연구 주제가 '온라인 플랫폼'에 초점을 맞추고 있는 만큼 지역주민 및 클라이언트와 소통을 위해 홈페이지나 유튜브 채널 등 온라인 플랫폼을 운영 중인 기관을 중심으로 선정하였다. 각 기관의 사업분야와 기초 정보는 아래 표와 같다.

**표3  연구 대상 기관**

| | 분야 | 온라인 매체 활용 사업 | 자료수집 방법 |
|---|---|---|---|
| 관악구장애인 종합복지관 | 장애인복지 | - 작지만 큰 걸음: 장애인, 비장애인이 함께하는 정기 모임<br>- zoom, 유튜브를 통한 행사<br>- zoom, 유튜브를 통한 문화, 여가 프로그램 | 비대면 인터뷰 (zoom) |
| 서부장애인 종합복지관 | 장애인복지 | - 장애공감캠페인: 지역사회의 정서적 장벽을 낮추기 위한 캠페인 기획<br>- 은평 온라인 축제, 은평상상컨퍼런스<br>- zoom, 유튜브를 통한 행사<br>- zoom, 유튜브를 통한 문화, 여가 프로그램 | 서면 인터뷰 (e-mail) |
| 성북장애인 종합복지관 | 장애인복지 | - 스몰스파크: 장애인, 비장애인이 함께하는 정기 모임<br>- 옹심이 사업: 장애인과 비장애인 활동가가 연결되어 관계를 맺는 활동<br>- 무장애마을 만들기 사업: 지역사회 배리어프리 환경 조사를 위한 사업<br>- zoom, 유튜브를 통한 행사<br>- zoom, 유튜브를 통한 문화, 여가 프로그램 | 대면 인터뷰 |
| 태화샘솟는집 | 장애인복지-의료·정신보건 | - 네이버 밴드, 카카오톡을 활용한 회원 소통 공간 마련<br>- zoom, 유튜브를 통한 행사<br>- zoom, 유튜브를 통한 문화, 여가 프로그램 | 온라인 실천 사례집 공유 |

## Ⅴ  본론

### 1.  실천 사례

연구자들은 틀분석의 표에 따라 장애인 복지관에서의 활동을 대내적, 대외적으로 분류했다. 대내적 활동에는 복지기관과 클라이언트 간, 그리고 클라이언트와 클라이언트 간의 소통과 경험이 포함된다. 다음 절에서는 이러한 대내적 경험에 대한 사례를 정리하고자 한다.

#### 1)  대내적 사례
#### a. 면담 & 면접

먼저 클라이언트와 만나는 활동 중 대면으로 만날 필요 없이 진행될 수 있는 활동은 되도록 온라인으로 전환되었다. 클라이언트와의 정기적, 비정기적 면담은 음성 전화나 화상 전화로 대체되었다. 복지관에 내소하지 못하는 상황에서, 화상 플랫폼은 클라이언트의 상황을 살피는 데에 유용하게 활용되었다고 평가된다. 또한 사업 참여자를 선발하는 등의 이유로 면접이 필요한 상황에서 ZOOM이나 유튜브를 활용하여 화상면접이 이루어졌다. 성북구장애인복지관 사회복지사 D는 '스몰스파크' 사업에 계획보다 많은 인원이 신청해, 참여자를 선발하기 위해 화상으로 면접을 진행하였다고 밝혔다.

#### b. 사업 및 프로그램 진행

면담 대상이 된 장애인사회복지기관에서는 기존에 진행되던 사업 및 프로그램에 온라인 매체를 결합하기도 하였다. 관악구장애인복지관은 2020년부터 장애인, 비장애인 참여자가 함께 모임을 가지는 '작지만 큰 걸음' 사업에 온라인 활동을 병행하기 시작했다. 참여자들은 시작 단계에서부터 신청서에 비대면 상황을 대비한 온라인 활동 계획서를 작성하도록 요구 받았으며, 온라인으로 대체할 수 있는 모임은 ZOOM을 통해 진행되고 있다. 2020년에는 4개 모임 중 2개 모임이, 2021년에는 4개 모임 중 1개 모임이 온라인으로만 진행되는 중이라는 점을 확인할 수 있었다.

성북장애인복지관에서는 장애인과 비장애인이 공동체를 만들어 활동하는 '스몰스파크' 사업에서 Zoom을 이용해 온라인 모임을 진행하고 있다. 해당 사업에 참여하는 비장애인의 연령대는 20대 대학생으로, 온라인 매체에 비교적 친숙도가 높은 세대이다. 그들은 사회복지사들이 개입하지 않아도 먼저 온라인 모임을 계획하는 등 비대면 상황을 대비하는 데에 능숙한 모습을 보였다. 배리어프리 환경 조성을 위한 '무장애만들기' 사업에서도 회의를 온라인으로 진행하였으며, 지역사회에 찾아가 현황 조사를 할 때에 사진, 동영상 등의 매체를 적극적으로 활용하여 자료를 남긴 바 있음을 확인할 수 있었다.

클라이언트를 대상으로 진행된 문화/여가 프로그램도 온라인 매체를 활용하여 진행되었다. 서부장애인종합복지관에서는 ZOOM, 네이버 밴드, 워크온 등의 온라인 플랫폼을 통해 '영어 회화 교육', '외국어 학당' 등의 프로그램을 진행했다. 마찬가지로 관악구 장애인복지관, 성북장애인복지관, 태화샘솟는집에서도 음악, 문학, 운동과 같은 내용을 담은 여가 프로그램을 ZOOM으로 제공하고 있었다.

다만 ZOOM과 같은 화상 매체는 음질과 화질이 열악하고, 클라이언트에 따라 프로그램 사용이 미숙할 수 있다는 단점을 가지고 있다. 각 기관에서는 이러한 단점을 보완하기 위해 유튜브 영상을 게재하여 클라이언트가 이용할 수 있도록 장려하기도 했다. 유튜브 채널에 게재하는 영상은 화상 매체를 통한 영상에 비해 음질 및 화질이 더 좋고 클라이언트가 원하는 시간에 쉽게 접근할 수 있다는 장점이 있다. 인터뷰 대상 기관 4곳에서 모두 유튜브 채널을 운영하고 있었는데, 관악구장애인복지관에서는 운동 영상을 유튜브 채널에 게시하여 클라이언트가 보고 따라할 수 있도록 하였다. 그 외에도 성북장애인복지관, 태화샘솟는집에서도 또한 운동, 요리를 위한 설명을 영상으로 촬영해 게재한 바 있다.

기관 내에서 행사를 진행할 때에도 비대면 매체가 활용되었다. 연구 대상이 된 4곳의 복지관에서 모두 온라인 사업 설명회를 올려 클라이언트 및 그 가족들이 차후 사업 진행 계획을 알 수 있도록 하였다. 이 외에도 서부장애인복지관은 기존에 대면으로 진행하던 송년행사를 영상을 제작하여 대체하였다. 또한 태화샘솟는집에서는 34주년 개관을 기념하여 대면 행사 대신 영상을 제작하였다.


c. 클라이언트 간 만남

클라이언트 간에 소통을 이루고 친목을 다질 때에도 온라인 매체가 활용되었다. 이전에는 사업 및 프로그램 시간이 끝나면 클라이언트는 서로 식사를 하거나 다과를 나누며 친목을 도모했다. 그러나 대면 만남이 어려운 현재는 카톡 단체방, 네이버 밴드 등의 온라인 플랫폼으로 커뮤니티 장소가 변화하였다. 그 예시로 서부장애인복지관에서 진행하는 '반짝반짝사진반'에서의 활동을 들 수 있다. 해당 모임에서는 프로그램 활동을 진행한 후에, 대면으로 만남을 가지지 않고 네이버 밴드에 사진을 올리며 사진에 대한 평가를 공유하고 있었다.

연구대상 기관 중 특히 태화샘솟는집에서 클라이언트 간 활발한 소통을 확인할 수 있었다. 부서 활동을 필수로 하는 클럽하우스 모델의 특성상 태화샘솟는집에서는 '리모트 미팅'을 통해 부서 회의를 진행하여 회원 간 만남을 이루었다. 또 네이버 밴드를 개설하여 각 부서 회원들이 비공식적인 친목 활동을 장려하고 있었다. 그 외에도 회원 자조모임이나 취업 회원 스터디도 대면으로 만나지 못하는 경우에 화상 만남이 이루어졌다.

### 2) 대외적 사례

본 연구에서 정의한 장애인복지기관의 대외적 활동에는 불특정 지역주민을 향한 홍보 및 인식개선 교육 사업, 혹은 타 장애인복지기관과의 소통 및 연계를 들 수 있다. 본 절에서는 대외적 측면에 해당하는 연구 대상 기관의 사례를 정리하고 분석하고자 한다.

#### a. 활동 공유 및 사업 홍보

서부장애인복지관에서는 연말마다 진행하던 '감사 발표회'를 온라인으로 진행하였다. 기존에는 문화활동 결과물을 전시하거나 공연 형태로 대면 발표를 진행하였으나 코로나 상황으로 인해 온라인 진행으로 대체하였다. 구체적인 내용으로는 온라인으로 사진이나 작품 등을 전시하였고, 온라인 우쿨렐레 연주, 합창, 온라인 시낭송, 온라인 북콘서트 등 각 프로그램을 영상으로 제작해 유튜브에 공유하였다. 또한 관객의 참여를 장려하기 위해 댓글 이벤트를 실시하였다.

성북장애인복지관에서는 장애인과 비장애인이 함께 활동하는 소모임 '스몰스파크'를 홍보하기 위해 기존 참여자들의 참여후기를 영상으로 제작하여 홈페이지와 유튜브에 업로드하였다. 뿐만 아니라 스몰스파크에 참여를 희망하는 지원자를 면접할 때에도 영상통화나 줌을 활용하는 등의 새로운 방식을 도입하여 모집을 진행하였다.

관악구장애인복지관에서는 분야별 사업설명회 영상을 유튜브에 업로드하였고, 복지관에서 진행하고 있는 여러 사업들(온라인 모임 '클릭온',

직업적응훈련반 활동 등)의 현황을 공유하고 있었다.


b. 온오프라인 믹스로 지역행사 개최

서부장애인복지관에서는 장애인의 날을 맞이하여 지역 장애인 기관 네트워크인 '장은사'에 참여하여 지역 축제를 진행해왔다. 2020년, 2021년에는 코로나 상황으로 인해 온라인과 오프라인이 믹스된 형태로 전환하였다. 유튜브, 페이스북, 카카오 카드뉴스, 인스타그램 등을 활용하여 진행하였다. 선포식으로는 '장애인의 날'을 기념하는 영상으로 제작하여 유튜브에 게시하였고 댓글 이벤트도 진행되었다. 또한 '다양성 존중'에 대한 메시지를 담은 새싹 키트를 여러 거점에서 배포하여 페이스북이나 인스타그램 SNS 챌린지 참여를 독려하였다. 그리고 장애인이 살기 좋은 은평을 만들기 위한 의제를 발굴하기 위한 '토크 콘서트'를 실시간 유튜브 방송으로 실시하였다. 장은사 네트워크 회의도 Teams 또는 Zoom을 통해 이루어졌다.

성북장애인복지관에서도 장애인의 날을 맞이하여 온오프라인 믹스로 행사를 진행하였다. 일례로 온라인으로는 유튜브에 요리 프로그램 영상을 업로드하였는데, 사전에 지원을 받아 밀키트를 전달하여 지역주민이 함께 체험할 수 있도록 하였다. 참여한 이용인 및 지역주민이 직접 요리하는 모습을 촬영한 영상을 공유하는 이벤트도 진행하였다.


c. 지역 내 타 기관과의 네트워크

서부장애인복지관에서는 2020년 '은평상상컨퍼런스'를 통해 은평구 시민사회에서의 주요 아젠다를 뽑고 공론장을 마련하였다. 은평상상컨퍼런스는 은평구의 50여 개의 단체, 기관들이 함께 하고 있는 시민사회 네트워크 단위이다. 2020년에는 기후위기, 돌봄, 마을교육의 세 가지

공동 선언을 제시하고 '10년의 꿈 상상하기'라는 주제로 각 섹션에서 공론장을 열어 실시간 유튜브 방송을 진행하였다. 2021년에는 세 가지 공동선언을 재확인하고 공감대 확산을 위한 실천목록을 도출하는 공론장을 유튜브로 열 예정이며, '은평, 실행하는 상상'이라는 주제로 진행할 계획이라고 한다. 또한 은평구의 여러 단체 및 기관이 연계한 시민사회 조직 '장은사'에서는 2020년과 2021년에 온라인 플랫폼을 활용하여 '은평온라인봄봄축제'를 개최하기도 하였다.

성북장애인복지관에서는 성북구에서 진행하는 동복지대학에 참여하여 주민 조직화와 교육 등을 진행한다. 기존에는 대면으로 진행되었던 것과 달리 현재는 zoom이나 google teams를 활용하여 교육을 진행하고 있다. 또한 지역 내 가까이 있는 동덕여자대학교의 장애인복지 수업에 zoom을 통한 특강 방식으로 사회복지사들이 참여하여 강의를 하였다. 이를 통해 성북장애인복지관의 지역 연계 사업(스폴스파크, 옹심이 등)을 홍보하는 계기가 되기도 하여; 2021년 새로운 옹심이(장애인 권익옹호가)가 발굴하는 경로가 되기도 하였다.

관악구장애인복지관에서는 코로나 이후 온라인 환경에서의 지역 내 인적 자원을 개발하는 것에 더 적극적으로 시도하게 되었다고 했다. 일례로 온라인을 통해 복지관의 소식을 전하는 채널로 관악GMB라는 관악마을방송을 발굴하였고, 해당 기관과 연계할 것을 계획하고 있다.

## 2. 제공자의 경험 분석

본 장에서는 위와 같은 온라인실천에서 서비스 제공자들이 경험한 바를 분석하였다. 앞서 정리한 온라인 플랫폼 활용 사례들은 대내-대외로 나누어 수집되었으나, 이에 대한 제공자의 경험을 분석하는 과정에서 분석틀은 '참여하는 관계'를 기준으로 재구성하게 되었다. 그 이유는 참여 주체에 따라 발견되는 상호작용의 특성이나 과제가 상이하게 드러났기 때문이다. 따라서 기관 내 직원, 기관과 이용인, 기관과 지역주민, 기관과 타기관이라는 관계에 따라 분류하게 되었다. 이러한 관계중심 분류를 기반으로 '긍정적 경험 및 성과'와 '마주한 도전 및 과제'로 주제를 구분하여 제공자의 경험을 분석하였다.

### 1) 긍정적 경험 및 성과

a. 기관 내 직원 : 온라인 플랫폼을 활용 역량 강화

코로나 19가 발발하고 초기에는 사회복지사들 역시 실시간 화상 프로그램을 활용하는 데에 익숙하지 않았고, 영상을 촬영하고 편집하는 능력이 부족했다. 또 온라인 플랫폼을 운영하기 위한 장비가 부족하거나, 영상 촬영을 위한 공간이 부족한 점도 어려움으로 꼽혔다. 그러나 이러한 역량의 부족은 점차 개선되었다. 차츰 복지관 차원에서 직원에게 교육 프로그램을 제공하거나, 영상스튜디오를 구축하는 등 노력을 들였다. 관악구장애인복지관에서는 "뉴노멀 시대의 복지서비스 지원사업"을 통해 실무자 역량강화를 계획하여 전 직원을 대상으로 지초 교육 및 심화교육을 제공할 계획을 세우고 있다. 성북장애인복지관에서는 강사를 초빙하여 소속 사회복지사들이 영상 제작을 위한 교육을 수강하도록 했고, 역시 복지관 내에 영상 스튜디오 구축을 위한 공사를 진행하고 있었다. 비대면 사회복지 실천에 대한 요구로 인해 사회복지사와 이용인 모두 온라인 역량에 대한 도전과 어려움에 직면하였지만, 동시에 온라인 매체에 대한 역량을 강화할 수 있는 계기로 작용한 것이다

온라인 플랫폼의 활용은 기관 직원들의 업무환경이나 방식에 유연성을 가져오기도 하였다. 서부장애인복지관에서는 현장에서 온라인 서비스를 제공함에 따라 사회복지사도 재택근무를 하는 등 유연근무를 하

게 되었다고 밝혔다. 또 외부 기관과 회의를 할 때에도 회의 장소까지 이동할 필요가 없어 시공간의 제약에서 자유로워졌음을 언급하였다.

"온라인으로 전환되면서 일하는 방식의 변화가 있었습니다. 우연근무나 재택근무와 같은 제도가 도입되었고, 지역 네트워크 회의의 경우 대부분 화상 회의로 진행하다보니 시간도 절약하고 장소에 구애받지 않고 참여할 수 있습니다."

서부장애인종합복지관 사회복지사 E

또한 앞서 대내적 사례에 관한 부분에서 간략히 소개하였듯이 성북장애인복지관에서는 올해 스몰스파크 사업의 참여자를 모집할 때, 면접 방법에 zoom이나 영상 통화 등을 활용하였다. 이를 통해 사회복지사들이 여러 사업을 운영함에 있어서 온라인 플랫폼을 활용하여 업무의 유연성을 높이는 변화가 있었음을 알 수 있다.

"(면접은) 영상 통화를 하거나 아니면 줌으로 연결을 하거나. 이렇게 했었어요. 아니면 유튜브 연결을 하고 전화로 하기도 하고. 왜냐하면 목소리만 듣는 거보다 어떤 몸짓, 어떤 제스쳐를 하시는지 이런 걸 보는 게 중요하거든요. 그게 재밌었어요. 그 회의하는 과정이. 정말 형식적인 과정이 아니라. 거기에 지역주민들도 오셔서 체크하시고 하셨거든요. 다른 기관 분들도 오시고. 이런 심사는 처음이었다 되게 재밌는 거 같다 이렇게 서로 얼굴, 직접 대면하지 않아도 얼굴 보고 이야기하는 게 너무 좋았다고 해 주셨구요."

성북구장애인복지관 사회복지사 D

이처럼 이전에는 대면 면접을 하지 못할 경우 점수를 깎는 등 불이익을 적용했지만, 이번에는 방문하지 못하는 이유가 있을 것이라 판단했기 때문에 대면 면접자와 차이 없이 점수를 부여했다 밝혔다. 또한 온라인 면접은 단순히 대면 면접을 대안하기 위한 면접 방식 이상이 되었다고 언급하였다. 면접 과정에서 사회복지사와 참여자는 화상 화면에서 서로 '몸짓', '제스쳐'를 활용하며 대화하였고 이러한 과정이 형식적인 절차가 아니라 재미있고 흥미로운 경험으로 다가온 것이다. 비대면 면접이 단순히 대면 면접의 대안으로 활용되었을 뿐만 아니라 면접자와 소통하는 또 다른 수단으로 작용했음을 알 수 있는 대목이다.

인터뷰에 참여한 사회복지사는 온라인 실천을 통해 영상매체를 적극적으로 활용하게 되면서 특정 사업에서는 더 효과적인 실천 도구임을 발견하기도 하였다. 성북장애인복지관에서 진행한 '무장애마을만들기' 사업에서는 코로나 19 상황 이후에 편의시설을 조사하기 위해 동영상을 촬영하여 자료를 수집하기 시작했다. 사업을 주관한 사회복지사는 기존에 사진을 활용하던 방식보다 동영상이 편의시설의 생생한 현장을 보여주고 문제의식을 공유하는 데에 더 효과적인 방법임을 느끼게 되었다고 이야기하였다.

"전에는 편의시설 모니터링 한 것도 사진으로만 자료를 올렸었는데 동영상 활용이 되면서, 저희한테 그게 너무 좋은 거에요. 예를 들면 경사진 곳이나 단차 높이나 이런 게 사진으로 다 안 담기잖아요. 그런 걸 동영상 활용을 하니 되게 잘 보이고. 이걸 잘 활용해서 캠페인이라든지 다른 홍보 영상 같은 걸 만들 때 활용하면 좋겠다 생각이 들었구요."

성북장애인복지관 사회복지사 B

또한 이렇게 복지관의 사업이 영상화되어 온라인으로 공유함으로
써 사업의 설득력이 더 높아지는 것 같다는 이야기도 전했다.

> "이런 자료가 쌓이면 말로 하는 것보다 설득력이 있는 것 같아요. 영
> 상을 만들어서 보여드리거나 진짜로 여기 살고 계신 지역이 이렇습니
> 다. 저희는 지역팀이니까, 그런 걸 할 때, 영상을 보면 '내가 생각하지
> 못했던 불편함이 있구나' 그런 것들을 더 느끼시는 것 같아요. 주민 조
> 직할 때도 좋고. 설득력이 더 있고. 글로 하거나 말로 하는 것보다 더
> 관심도 있어 하시고요. (그래서) 주민 조직하거나 할 때 동영상, 영상
> 사진 자료 가지고 만들어요."
>
> 성북장애인복지관 사회복지사 D

b. 기관-이용인 : 온라인 플랫폼 활용 역량 강화 및 편리성

온라인 플랫폼을 활용하는 역량을 발견하고 강화할 수 있었던 것은
이용인 측면에서도 나타났다. 물론 인터뷰에 참여한 사회복지사들이 이
야기했듯이, 중증 장애 및 고령의 이용인일수록 새로운 온라인 프로그램
을 다루기 어려워하는 경우가 많았고, 서비스에 소외될 위험에 처하게
되기도 했다. 그러나 일부 이용인은 비대면 상황이 장기화됨에 따라 온
라인 플랫폼을 활용하는 데에 적응하기도 하였다. 예를 들어 성북장애인
복지관의 일부 이용인은 복지관에서 Zoom을 활용했던 경험을 살려 개
인적 모임을 하는 데에도 활용했다고 한다. 또한 성북복지관에서 진행한
온라인 이벤트를 통해서도 이용인의 적극성을 엿볼 수 있었다. 성북장애
인복지관에서는 장애인의 날 행사를 맞아 이용인이 행사 활동에 참여한
모습을 영상이나 사진으로 찍어 보내도록 하는 이벤트를 개최하였다. 활
동에 참여한 전체 인원은 50명이었는데 그 중 절반이 넘는 참여자들이

이벤트에 응모하였는데, 이는 예상보다 훨씬 많은 수였다. 다음은 관련한 면담 내용이다.

> "처음에는 영상이 아니라 사진이었거든요. … 저희가 이용인 분들을 과소평가 한 부분도 있는 거죠. 사진도 많이 찍어 주실까? 했는데 영상으로 한 번 해보자 하셔서. 반신반의하는 마음으로 했는데 너무 잘 보내주신 거예요. 저희는 기껏해야 10명이면 많은 거다 했는데 반 이상이 보내주셨고, 그 보내주신 분들도 다 고퀄로 보내주시고. 컷 편집도 해서.."
>
> 성북장애인복지관 사회복지사 B

인터뷰에 참여한 사회복지사들은 온라인 매체 활용 경험이 축적될수록 이용인 또한 온라인매체의 편리함을 느끼게 되었다고 언급하였다. 서부장애인복지관의 사회복지사는 다음과 같은 유용성을 언급했다.

> "유튜브 매체의 경우 인원 제한없이 참여할 수 있기 때문에 장소대여나 인원에 대한 고민 없이 이용인들의 참여가 쉽게 이루어질 수 있고, 외부활동이 어려운 장애당사자들도 인터넷 환경만 잘 갖추어져 있으면 참여가 가능합니다."
>
> 서부장애인종합복지관 사회복지사 E

이처럼 특정 장소에 시간 맞추어 모여야 한다는 부담이 사라졌고, 이로 인해 시공간의 제약이 완화되는 편리함을 발견할 수 있었다. 일례로 성북장애인복지관의 한 이용인은 '꼭 직접 만나야 하는 게 아니라면 Zoom으로 회의하자'고 직접 제안할 정도로 온라인 만남의 편리함을 인식하게 되었다고 하였다.

뿐만 아니라 온라인 실천이 활성화되면서 동영상을 활용하는 경우가 많아졌는데 이는 발달장애를 가진 이용인과의 소통에 있어서 친화적인 측면이 있다는 이야기도 있었다.

> "(이제는) 동영상, 영상, 사진 자료 가지고 만들어요. 자료를 길게 막 쓴다기보다는. 그러면서 좀 좋은 점은 발달장애인 분들이나 글씨를 모르는 분들이 훨씬 정보 습득이 빨라지셨죠. (시청각) 자료들을 많이 만들다 보니. (이제는) 모든 곳에서 (자료들을) 쏟아 내잖아요? 각자 기관들의 정보를 어떻게든 빨리 전달하고 싶어서. 그러다보니 (발달장애를 가진)그 분들에게는 정보 습득이나 그런 게 훨씬 편리해진 것 같아요."
>
> 성북장애인종합복지관 사회복지사 D

c. 기관-지역주민 : 폭 넓은 소통 가능성

성북장애인복지관에서는 무장애마을만들기 캠페인을 진행하며 온라인으로 지역주민의 의견을 듣는 기회를 가졌다고 하였다. 담당자는 온라인으로 지역주민의 의견을 듣는 것이 더 다양한 대상층의 충분한 이야기를 들을 수 있는 강점이 있음을 발견하였다고 하였다.

> "작년 연말 즈음에 편의시설 온라인 캠페인을 했었어요. 그 전까지는 항상 대면으로 하다 처음 시도를 했던 건데. 우리도 사람이랑 대면해서 이야기할 때보다 비대면으로 이야기할 때 많은 이야기를 풀어놓을 수 있는 소재들이 있잖아요? 이게 딱 그런 거였던 거 같아요. (중략) 이게 충분한 시간을 가지고 참여할 수 있는 거다 보니 평소에 가지고

있던 고민을 잘 써주신 분들도 있었고, 다양한 연령층한테도 답변을 받을 수 있었던 것 같아요. 유모차를 끄시는 주부라든지, 주부인데 뉴스나 매체를 통해서 편의 시설에 관심을 가지고 계셨던 분들, 이런 거는 진짜 온라인으로 왜 전에 진작.해보지 못했을까 생각이 들 정도로 다양한 연령층에 다양한 답변을 받을 수 있어서 긍정적이었어요."

성북장애인복지관 사회복지사 B

위의 인터뷰에서 알 수 있듯이 온라인 플랫폼을 통한 소통은 참여자가 충분한 시간을 가지고 참여할 수 있고, 오히려 진솔한 이야기를 공유할 수도 있음을 발견할 수 있었다. 더불어 다양한 연령층의 답변을 받을 수 있는 등 소통의 폭을 넓혀주는 강점이 있었다. 이에 대해 담당자는 앞으로의 무장애마을 만들기 사업을 진행함에 있어서도 적극적으로 온라인 플랫폼을 활용하고 싶다는 의지를 표현하였다.

"무장애마을 만들기에서는 성과 공유회라든지, … 나중에 코로나 끝나더라도 온오프 믹스로 해서 온라인 유튜브 스트리밍이라든지 이런 걸 좀 더 진짜 많은 사람들이 그거를 볼 수 있고, 무장애마을만들기 사업 취지에 맞게 많은 사람들에게 사업을 알려줄 수 있겠다는 생각이 들더라고요."

성북장애인복지관 사회복지사 B

d. 기관-타기관 : 새로운 지역자원 연계

관악구장애인복지관에서는 온라인 플랫폼을 통한 홍보 방법을 더 고민하고 그 과정에서 지역의 온라인 매체와 연계하게 되는 성취가 있었다고 하였다.

"지금까지도 항상 홍보를 하기 위해 여러 가지 활용하던 것들이 있었지만 외부적으로도 조금 더 어떻게 하면 온라인매체들을 활용할 수 있을까 고민을 했고, (중략) 새롭게 뭔가 하기 위해서 관악 마을 방송이라던가 새로운 자원들을 개발했던 것들. 이전에는 관심이 없던 부분에 대해서 알고 새롭게 인적 자원과 네트워크를 형성하게 된 부분들. 그런 것들이 긍정적인 경험이나 성취가 될 수 있을 것 같아요."

관악구장애인종합복지관 사회복지사 A

이처럼 코로나와 더불어 비대면 실천방법을 더 적극적으로 고민하는 과정은, 관악 마을 방송과 같은 기존의 매체를 복지관 사업 실천의 유의미한 자원으로 고려하고 연계하는 긍정적 성취로 이어지기도 했다. 다음은 성북장애인복지관에서 지역 내 학교와의 연계를 통해 사업 참여자로서의 지역주민을 발굴하게 된 사례이다.

"(동덕여대 장애인복지 수업) 저희가 거길 갈 수 없으니까 교수님이 저희를 초대해주셨죠. 줌으로. 간단하게 교수님 수업 시간 5-10분 정도 시간을 주시면 교육 자료랑 준비해서 이렇게 했다 하는 거죠. 복지관 사업들이 있는데 관심 있으면 참여 부탁드리겠다 해서, 실제로 온 친구들이 있어요. '그런 게 있는지 몰랐다' 이러면서. 홍보도 줌이 요즘 톡톡히 (중략) 거기서 청년 옹심이가 발굴된 것도 있고요. 지역주민들이 발굴이 돼서 (후략)"

성북장애인종합복지관 사회복지사 D

성북장애인복지관의 지역복지팀 사회복지사는 인근에 있는 동덕여대의장애인복지 수업에 줌으로 참여하여 사업을 소개하는 기회를 가졌다. 이를 통해 옹심이('장애인의 권익을 옹호하는 마음을 가진 사람'이라는 의미의 일상옹호사업)의 참여자를 발굴할 수 있었다. 즉 온라인 플랫폼을 통해 지역 내 학교라는 타 기관과의 연계가 이루어졌고 이를 통해 지역통합사업의 영역을 넓히는 데 기여했음을 알 수 있다.

### 2) 마주한 도전 및 과제
#### a. 기관 내 직원 : 사회복지사의 업무 부담

온라인 실천을 위한 노력은 서비스를 제공하는 사회복지사의 역량 강화에 영향을 주었지만 한편으로는 업무량의 과다함을 불러왔다. 영상 촬영과 편집, 그리고 이에 동원되는 기기나 프로그램을 수월하게 다루기 위해서는 그에 대한 지식과 경험이 필요하다. 그러나 인터뷰 참여자들은 사회복지 현장에 그러한 전문적인 지식을 가진 인력이 부족했음을 언급했다. 온라인 매체에 대한 정보와 경험이 부족한 상태였기에 어느 정도의 에너지를 투입해야 될지도 알지 못한 채로 현장을 마주해야 했음을 밝혔다. 다음은 성북장애인복지관 사회복지사와의 면담 내용이다.

> "원래 하던 일들은 이 정도 시간이 들면 어느 정도 되겠다 이게 있는 데 나는 영상 할 때 얼마나 투자를 해야 완성이 될까 감이.. 오늘 해서 끝날까? 내일까지 해야 할까? 이런 가늠도 안 돼 가지고 어려웠어요."
>
> 성북장애인복지관 사회복지사 C

직원들의 온라인 플랫폼 활용 역량을 강화하기 위해 기관 차원에서 영상 촬영 및 편집에 대한교육이 제공되기도 하였다. 하지만 사회복지사들은 영상 촬영이나 편집에 대한 교육 받은 후에 오히려 영상의 구도나 흐름 등 더 나은 질의 결과물을 만들어내야 한다는 생각에 부담이 되기도 했다고 하였다.

또한 코로나로 인해 다소 급하게 온라인 실천을 도입하였기에 관련한 업무 분담이 존재하지 않았다. 따라서 유튜브 채널 운영이나 각 행사의 온라인 전환에 있어 특정 담당자에게 의지할 수 없었고, 각 사업의 담당자들이 추가적으로 적응하고 배워야 하는 상황이었다. 그렇기에 아래의 인터뷰처럼 특정 온라인 플랫폼을 발견하고 활용하게 되더라도, 개별 직원이 우연히, 주먹구구식으로 발견하게 된 경우도 있었다.

"개인적으로는 그런 게 있으면 좋겠어요. 뭔가 정보 기술을 어떻게 하면 실제 지역에서 활용할 수 있을까 고민하는 기관? 그런 동아리? 그런 게 있으면 진짜 좋을 것 같아요. '이런 걸 한번 해보시면 어때요?' 이렇게. (중략) 중간기관들한테, 복지관, 센터, 이런 데에 정기적으로 '이런 게 있습니다. 이런 식으로 활용해보면 어떨까요' 알려주시면. 저희도 다 쓸 수는 없겠지만 예를 들면 바자회에 온라인 바자회를 할 수 있는, 무료로 온라인 쇼핑몰처럼 올려주고 이렇게 할 수 있는 사이트를 발견한 것도 우연이었거든요."

관악구장애인종합복지관 사회복지사 A

이처럼 지역에서의 장애인복지 실천 현장은 온라인 플랫폼을 활용에 익숙해지는 과정에 있다. 아직 업무에 대한 적응과 분담의 문제가 과제로 주어져 있으며, 또한 온라인 실천에 활용할 수 있는 지식과 경험이 원활하고 체계적으로 공유될 수 있는 채널이 마련될 필요성 또한 발견할 수 있었다.

b. 기관-이용인 : 소외되는 이용인 발생

　장애인복지기관에서 온라인 서비스를 제공하면서 발생한 중요한 한계점 중 하나는 온라인서비스에서 소외되는 이용인이 존재했다는 점이다. 특히 중증·고령의 장애인의 경우 교육을 받은 후에도 온라인매체를 활용하지 못하는 경우도 있어 결국 온라인 서비스에서 소외되는 사례가 발생하기도 하였다.

> "중증 장애인, 발달 장애인, 고령자. 거의 비대면은 어려우십니다.. (중략) 개별화 서비스를 진행하고 있죠. 1:1로 가서 들어가는 방식을 다 알려드려요. 따라 하실 수 있는 매뉴얼도 만들어서 보여드리고 직접 가서 다 해봅니다. 그리고 그래도 안되면 두 번 가고 세 번 갑니다. 그렇게 하고 있습니다. 그런 어려움들이 있죠."
>
> 관악구장애인종합복지관 사회복지사 A

　다만 사회복지사는 이용인에게 1:1로 방문하여 온라인 장비 활용을 위한 교육을 진행하는 등 서비스 제공을 위한 방안을 발굴했다. 또한 이용인 개별 수준에 따라 서비스를 제공하기 위해 여러 노력을 기울였다. 일례로 관악구장애인복지관의 '행복동행'에서의 시도가 있다. 행복동행은 한 명의 자원봉사자와 한 명의 중증 노령 장애인이 연결되어 관계를 맺도록 하는 사업이다. 이 사업에서 온라인 서비스 제공에 소외되고 있는 이용인에게는 대면 및 개별화된 서비스를 제공하도록 사업을 구성한 것이다. 대면 서비스와 개별지원서비스의 필요성 및 효과성을 염두에 두고 있어야 함을 시사하는 지점이라 평가할 수 있다.

　온라인 서비스를 제공받기 위한 장비 자체가 없는 이용인이 아직 많다는 점도 지적되었다. 온라인 서비스를 향한 접근에 필수적인 '스마트폰'이 없는 이들이 많았으며, 기계는 있더라도 '데이터', 혹은 '와이파이'가 없어 제대로 활용하지 못하였다. 현재 만 65세 이상 노인은 데이터 지원받을 수 있지만 만 65세 이상의 장애인은 데이터를 지원받지 못하는 상황이다. 지원 항목에서 '노인'과 '장애인'이 별개로 구분되어 둘 중 하나의 지원 종류를 선택해야하기 때문이다. 안정적인 온라인 서비스 제공을 위해 정책, 제도가 점검되어야 한다는 점을 알 수 있는 대목이다.

c. 기관-지역주민 : 개별 플랫폼을 넘어설 필요성

관악구장애인복지관의 사회복지사는 홍보를 위해 온라인 플랫폼을 활용할 때, 복지관 개별 채널이 갖는 한계가 있다고 말했다.

> "저희 복지관에서 새롭게 비대면 채널들을 만들고 활용하는 것도 좋은 방법이 될 수 있지만 사실상 불특정 다수의비장애인 대상으로는 저희 복지관 유튜브를 홍보해봤자 들어오시는 분이 많이 없거든요. 사실 홍보라던가 많은 분들이 보실 수 있는 건 저희가 뭔가 주도해서 만드는 비대면 채널보다는 이미 기존에 활용되어 왔던 그런 개체들을 활용하는 것들이 훨씬 중요해서, (중략) 외부적으로 온라인 매체들을 활용할 수 있을까 고민했어요."
>
> 관악구장애인종합복지관 사회복지사 A

여러 장애인복지관들이 현재 각각의 유튜브 채널을 활용하는 노력을 기울이고 있지만, 기관의 이용인을 넘어선 지역주민에 대한 홍보 기능에 있어서는 한계를 가질 수 있음을 보여준다. 그러나 관악구 장애인복지관도 이 문제의식을 바탕으로 외부의 온라인 매체를 탐색함으로써 관악 마을 방송과 연계하였다. 이러한 문제점은 한계에 그치기보다는 지역사회의 다른 온라인 플랫폼 자원과 연계하려는 노력으로 보완될 수 있고 오히려 새로운 실천전략을 시도할 계기라고 볼 수도 있을 것이다.

## Ⅵ  결론 및 제언

본 연구에서는 코로나 19 상황 이후 장애인사회복지 현장에서 온라인 플랫폼에 기반을 두고 활동이 이루어진 지역연계 사업에 대해 질적으로 조사하고 분석하고자 하였다. 따라서 연구 대상인 장애인 사회복지 기관들의 사례를 수집하고, 이를 바탕으로 온라인 사회복지실천에 대한 경험의 질적 측면을 긍정적인 경험과 도전 및 과제로 나누어 살펴보았다. 이와 같은 연구내용을 정리하자면 다음과 같다.

먼저 온라인 플랫폼을 활용한 장애인지역연계 사업의 장애인복지관의 대내적인, 그리고 대외적인 구체적인 실천사례는 다음과 같이 정리할 수 있다. 먼저 대내적 사례에서, 면담 및 면접과 같은 활동이 온라인으로 전환되었고, 기존에 진행되던 사업 및 프로그램에 온라인 매체가 활용되었다. 온라인 사업 설명회, 개관 기념행사 등 정기적, 비정기적인 행사 또한 모두 비대면 만남으로 대체되었다. 클라이언트 만남도 카카오톡, 네이버 밴드 등의 SNS 공간에서 이루어졌다. 다음으로 대외적 사례에서는, 복지관 활동을 외부에 공유하거나 사업을 홍보하여 참여자를 모집하는 활동이 온라인으로 진행되었다. 복지관 차원에서 온오프라인이 혼합된 형태의 지역행사를 개최하기도 했다. 타 기관과 연계하여 지역 내 공론장을 마련할 때, 타 기관에 교육 및 사업 홍보를 진행할 때에도 온라인 매체가 활용되었다. 마지막으로 지역방송 등 온라인 환경을 기반으로 한 지역 내 인적 자원에 주목하는 계기를 가지게 되었다. 이러한 온라인 플랫폼 활용 실천 사례에 대한 질적 분석은 (a)'기관 내 직원', (b)'기관과 이용인', (c)'기관과 지역주민', (d)'기관과 타 기관'의 층위로 나누어 제안하였다.

먼저 각 관계 유형에 대하여 발견할 수 있는 **긍정적 경험 및 성과**는 다음과 같다. '기관 내 직원' 층위에서는, 사회복지사의 온라인 플랫폼 활용 역량을 강화할 수 있었다. 온라인 매체 활용, 영상 제작에 관한 역량이 향상되었으며, 기존에 진행되던 사업에서 온라인 매체의 강점을 자각하는 계기가 되었다. '기관과 이용인' 층위에서도 이용인의 온라인 플랫폼 활용 역량이 강화되었고, 특정 장애 유형을 가진 이용인을 대상으로 온라인 서비스 제공의 편리성을 발견할 수 있었다. '기관과 지역주민' 층위에서는 온라인 만남이 가진 폭 넓은 소통 가능성을 알게 되었다. 마지막으로 '기관과 타기관'층위에서, 지역 온라인 매체를 발견하고 연계하는 성취로 다가왔다.

**마주한 도전 및 과제**는 다음과 같이 정리된다. 먼저 '기관 내 직원' 층위에서 사회복지사가 필수적으로 온라인 플랫폼을 활용해야 함에 따라 업무 부담을 경험하게 되었다. '기관과 이용인' 층위에서는, 온라인 매체를 이해하지 못하거나 온라인 서비스를 위한 인프라가 부족한 클라이언트는 서비스에서 소외되는 일이 발생했다. '기관과 지역주민' 층위에서 개별 복지관에서 운영하는 온라인 플랫폼이 지역주민에 접근성이 떨어진다는 점이 드러났다.

본론의 내용 중 도전 및 과제에 초점을 맞추어 제언을 제시하고자 한다. 그 구체적인 내용은 다음과 같다.

첫째, **사회복지사의 업무량 부담을 완화**해야 한다. 비대면 사회복지 서비스에 관한 역량이 필수적인 것으로 변화하였기에 사회복지사를 대상으로 한 온라인 플랫폼 활용 및 영상 업무에 대한 교육을 제공하여 사회복지사의 역량을 강화해야 한다. 그러나 역량 강화를 위한 교육은 과도한 업무량의 근본적인 대책은 될 수 없을 것이다. 그러므로 온라인 및 영상 업무를 주관하는 담당자를 별도로도 편성하거나 사회복지 인력을 보충하는 등 업무 체계 분담을 재구성할 필요성을 염두에 두어야 한다.

둘째로, **온라인 서비스를 제공받지 못하는 클라이언트에 대한 지원**이 필요하다. 디지털 기기 및 데이터를 지원하여 온라인 서비스에 접근할 수 있도록 해야 한다. 또 온라인 매체를 다루는 데에 미숙한 클라이언트를 대상으로 활용 교육이 제공되어야 한다. 이러한 지원이 이루어짐에도 여전히 온라인 서비스에 접근하지 못하거나 이를 다루지 못하는 클라이언트가 존재할 것이라 예상할 수 있다. 이를 온라인 서비스의 한계로서 바라보는 것이 아니라, 비대면 서비스가 확대되어가는 와중에도 대면 서비스의 중요성을 제시하는 대목으로 바라보는 것이 적절하다. 따라서 이를 필요로 하는 클라이언트에게 대면의, 개별화된 서비스를 구축하고 지속적으로 제공해야 한다.

마지막으로 **지역 내 구축된 기존 플랫폼과의 연계, 협력**을 통해 개별 복지관에서 구축하는 파편화된 플랫폼의 한계를 극복해야 한다. 또한 각 복지관마다 성공적인 서비스를 구축하여 이루고 있음에도 정보의 공유가 활발히 이루어지지 못하고, 각 복지관에서 비체계적이고 우연적으로 정보의 습득이 이루어지고 있음을 발견했다. 이에 실천 현장에서 정보의 공유를 체계적으로 이룰 수 있도록 사례 공유회, 아카이빙 사이트 운영 등의 방안을 제시한다. 사회복지사협회나, 장애인복지관 간에 연합된 체계와 같이 기존에 구축된 네트워크를 활용한다면 복지관 간에 연계된 활동을 이룰 수 있으리라 기대한다.

## Ⅶ  참고문헌

공정원, 박종엽. 2021. "COVID-19 위기의 장애인 지역사회 재활복지 서비스 영향과 대응에 관한 질적사례연구".『한국사회복지행정학』, 제23집 1호, pp.207-228.

국가인권위원회, 2020년 12월 22일. "코로나-19 상황에서 발달장애인지원 서비스 공백 심각"https://www.humanrights.go.kr/site/program/board/basicboard/view?currentpage=5&menuid=001004002001&pagesize=10&boardtypeid=24&boardid=7606132(검색일: 2021.4.2.).

김보영. 2021. "코로나19의 시대, 사회서비스의 정책적 과제와 비전에 대한 탐색. 비판사회정책",『비판사회정책』, 70호, pp.43-71.

김윤정, 문순영, 이윤화. 2021. "코로나19 감염병 재난 속 사회복지사의 경험과 과제",『한국웰니스학회지』, 제16권 1호, pp.10-18.

박옥희, 권중돈. 1994.『장애인복지의 현황과 정책과제』, 한국보건사회연구원.

보건복지부, 2020.「코로나바이러스감염증-19」유행대비사회복지시설 대응 지침 (7판)

연합뉴스, 2021년 1월 19일. "장애인단체 집단감염 시설 재입소 반대...긴급 탈시설 필요"https://www.yna.co.kr/view/AKR20210119147400004 (검색일: 2021.4.2.).

에이블뉴스, 2021년 3월 3일. "코로나19 거주시설 장애인177명 확진"http://abnews.kr/1SxN (검색일: 2021.4.2.).

에이블뉴스, 2021년 3월 26일. "코로나 시대, 장애인 건강교육의 의미"http://m.ablenews.co.kr/News/newscontent.aspx?categorycode=0006&newscode=0006202103241716160947 56 (검색일: 2021.4.2.).

이송희, 이병화, 2020. "코로나19 발생에 따른 장애인 지원 현황과 정책 과제".『보건과 복지』, 제22권 3호, pp.7-34.

이재완, 2020. "코로나 뉴노멀(New Normal)시대 지역사회복지의 변화와 방향,

『한국지역사회복지학』, 제74권, pp.29-55.

중앙일보. 2018년 6월 5일. "강남-강북 아파트값 격차 역대 최대…강남권 약세 돌아서는데." https://news.joins.com/article/22686172 (검색일: 2018.6.6.). (표본)

최윤정, 2010. 지역사회통합을 통한 정신장애인의 회복전략』, 부산대학교 박사학위논문.

프레시안, 2021년 3월 15일.완주군, "비대면 재활사업으로 재가 장애인 건강관리"http://www.pressian.com/pages/articles/20210315162355285 57 (검색일: 2021.4.3.).

한겨레, 2020년 12월 30일. "코호트 격리는 장애인에게 재앙…긴급 분산조치 시행해야" https://www.hani.co.kr/arti/society/society_general/976620.html (검색일: 2021.4.2.).

NASW 홈페이지, 2020. "Coronavirus(COVID-19)"https://www.socialworkers.org/Practice/Infectious-Diseases/Coronavirus (검색일: 2021.4.3.).

Srivastava,A. &Thomson, S. B. 2009. *Framework Analysis*: *A Qualitative Methodologyfor Applied Policy Research*. JOAAG, Vol. 4. No. 2

## Ⅷ  부록

**인터뷰 개요 1**

인터뷰 대상자: 성북장애인복지관 지역복지과 팀장, 사회복지사 2인 등 총 3명

참석자: 김정현, 황윤하

일시: 2021년 5월 21일 금요일 13:30-14:40

장소: 성북장애인복지관

**인터뷰 개요 2**

인터뷰 대상자: 관악구장애인복지관 지역연계팀 사회복지사

참석자: 황윤하

일시: 2021년


**인터뷰 개요 3**

인터뷰 대상자: 서부장애인복지관 지역연대팀 팀장

참석자: 김정현

일시: 2021년 5월 13일 ~ 5월 21일 중 이메일 교신

# 양천구 소상공인 대상 디지털 뉴딜 추진 방안 분석
## : 양천구 디지털 서포터즈 사업을 중심으로

•


박나은 · 박지후

(서울대학교 사회복지학과 · 서울대학교 경제학부)



이 연구는 양천구 디지털 서포터즈 사업을 중심으로 양천구의 소상공인 대상 디지털 뉴딜 추진 방안을 분석한다. 양천구 디지털 서포터즈 사업에 참여한 양천구청 주무관 1명, 청년 단원 16명, 소상공인 2명을 대상으로 사업 참여 경험에 대한 심층 인터뷰를 실시하고, 지역사회복지실천의 관점에서 해당 사업이 지역사회복지실천으로서 갖는 특성, 성과 및 한계, 개선방안을 검토하였다. 주요 결과는 다음과 같다.

첫째, 양천구 디지털 서포터즈 사업은 지역사회복지 실천모델 중 사회계획모델에 가까웠다. 한편 문제 해결 과정의 효율성과 합리성을 추구하여 전문가를 적극적으로 동원하는 전통적인 사회계획모델과 달리, 양천구 디지털 서포터즈 사업은 강점 관점에 입각하여 지역의 청년 세대를 활용하는 특징이 있었다. 둘째, 양천구 디지털 서포터즈 사업은 소상공인의 디지털 역량 강화, 일부 소상공인의 매출 증가, 양질의 청년 일자리 창출의 성과를 보였다. 한편, 소극적인 소상공인의 태도와 미비한 사업 종료 후 지원책, 낮은 서포터즈 단원의 효능감은 사업의 한계로 남았다. 셋째, 해당 사업의 개선책으로는 참여 소상공인 대상 사전 교육과 사후 지원책 지원, 사업 지원 범위 체계화, 청년 서포터즈 역량 강화를 위한 교육 프로그램 지원이 있었다.

양천구 디지털 서포터즈 사업은 디지털 뉴딜과 코로나19라는 급격한 사회의 변화로 인해 새롭게 생겨난 지역사회문제를 지역사회 내 자원 연계를 통해 해결을 시도하였다는 점에서 새로운 사회 문제에 대한 지역사회복지실천의 가능성을 보여준다.

# I  연구 배경

코로나19 확산 방지를 위해 사회적 거리두기 정책이 시행됨에 따라 대면 거래가 주로 이루어지던 지역 상권은 급격한 매출 감소를 겪었다. 특히 집단감염 속출로 인해 사회적 거리두기 단계가 강화될수록 지역사회 내 소상공인들은 더 큰 피해를 보았다. 소상공인과 영세사업자의 매출 감소에 대응하기 위해 정부는 금융 지원, 세제 혜택 등 소상공인 긴급 지원책을 마련했다. 그러나 코로나19 이후 소상공인 지원 정책에 대한 전반적인 만족도가 그리 높지 않고 소상공인들이 경영 안정 지원금 예산 확대를 추가로 요구하는 상황에 비추어 보았을 때, 소상공인을 위한 정책 지원은 여전히 부족한 실정이다.[1] 또한, 경제적 지원은 일시적인 대안에 불과하며 장기적으로 소상공인의 자생 역량을 키우기 위한 정책이 필요함을 강조하는 견해도 있다.[2]

소상공인의 위기는 이번이 처음이 아니다. 대형 온라인 유통업계가 성장함에 따라 소상공인 및 지역 상권의 입지는 점차 축소되어 왔다. 이에 디지털 신기술 도입을 통해 고객과 시장을 확대해나가려는 노력의 필요성이 두드러졌다. 특히 코로나19로 온라인 소비, 원격근무 등 비대면화가 확산되어 디지털 역량이 국가 경쟁력의 핵심 요소로 부각됨에 따라 과학기술정보통신부는 디지털 뉴딜(Digital New Deal)을 실행에 옮기고 있다. 디지털 뉴딜은 우리나라의 강점인 ICT를 전 산업 분야에 융합하여 경제위기를 극복하고 새로운 일자리를 창출하겠다는 국가 디지

---

1  서울연구원 홈페이지. 2020. "코로나19 사태가 서울경제에 미치는 영향과 소상공인 및 관광업 대응 방안."

2  한국유통학회 홈페이지. 2020. "2020년도 하계융합학술대회 발표논문집."

털 대전환 프로젝트이다.[3] 디지털 뉴딜의 일환으로 정부는 소상공인 경영 교육, 소상공인 제품 판매 촉진을 위한 온라인몰 입점 지원 등 소상공인의 디지털 전환을 지원하기 위한 다양한 정책적 시도를 해왔으나, 그 효과는 아직 뚜렷하지 않은 것으로 나타났다. 실제로 정책 대상자인 소상공인의 경우 디지털 전환에 대한 의지나 기술 수용성이 아직 부족한 것으로 나타났다. 따라서 효과적인 디지털 전환을 위해서는 디지털 전환에 대한 소상공인의 인식과 기술 수용성을 제고하기 위한 정책적 노력이 필요하다.[4]

이는 디지털 뉴딜 정책의 구체적 실천 사례 검토의 필요성을 제기한다. 자치구 차원에서 소상공인 대상 디지털 뉴딜을 실천하는 사례에는 양천구의 '디지털 서포터즈'가 있다. '디지털 서포터즈'는 관내 소상공인들이 디지털 경제 환경을 구축하도록 지원하는 청년 사업단이다. 최근 코로나19로 디지털 마케팅의 역할이 점차 중요해지고 있지만, 1~2인 작은 가게를 운영하는 대부분의 중장년 업주들은 디지털 마케팅에 다가가기도, 이를 활용하기도 쉽지 않은 상황이다. 이에 양천구는 인터넷, 스마트폰 등 온라인 도구를 손쉽게 다루는 청년층의 디지털 기술 역량이 지역 소상공인들의 활로 개척에 도움이 될 것이라는 아이디어에 착안하여 디지털 서포터즈 사업을 구상했다.[5]

양천구의 디지털 서포터즈는 디지털 기술 환경에 익숙한 20명 안팎의 청년으로 구성된다. 이들은 2020년 10월부터 두 달여간 관내 28개

---

**3**　과학기술정보통신부 홈페이지. "디지털 뉴딜."

**4**　김기웅·박재성·김준엽. 2020. "소상공인의 디지털 전환 촉진에 대한 연구: 소상공인의 디지털 전환 영향 요인 실태를 중심으로." 『Korea Business Review』제24권 신년 특별호. pp.146.

**5**　양천구 홈페이지. 2020. "양천구 청년이 간다, '디지털 서포터즈'가 간다."

업소에 디지털 마케팅을 지원했다. 서포터즈 단원들은 지원을 요청한 가게를 직접 방문하여 디지털 마케팅 수요를 파악하고, 블로그 등 SNS 경영활동을 지원하거나 공공배달앱, 전자상거래 등록 등을 지원하며 맞춤형 디지털 환경 구축을 도왔다. 이와 함께 정부의 디지털 뉴딜 정책 등 소상공인을 위한 각종 사업을 실제 현장에 맞춤형으로 전달하는 역할도 맡았다.

청년 디지털 서포터즈는 소상공인 지원은 물론 디지털 역량이 뛰어난 청년 일자리를 늘릴 수 있다는 점, 세대 간 소통을 통해 서로의 관심사를 이해할 수 있다는 점도 장점으로 꼽힌다. 2021년에는 서울형 뉴딜 일자리 사업으로 선정되어 타 지자체에서도 관심 있게 지켜보고 있다. 양천구는 2021년 서포터즈의 운영 기간을 10개월로 확대하여 분기별 20~30개 업소를 선정하고 체계적인 맞춤형 지원에 나설 계획이다.[6]

본 연구에서는 소상공인 대상 디지털 뉴딜을 위한 지역사회복지실천의 사례로 양천구의 디지털 서포터즈 사업을 선택하고, 해당 프로그램이 기반으로 하는 관점, 실천모델, 실천과정 등을 분석하고자 한다. 특히 정부의 디지털 뉴딜 정책이 지역사회 단위에서 어떻게 적용되고 있는지를 살펴볼 것이다. 나아가 양천구 디지털 서포터즈의 성과와 한계를 평가하고, 소상공인 온라인 비즈니스 지원과 관련하여 타 지자체에도 적용할 수 있는 제언을 도출할 것이다. 이상의 논의를 종합하여 본 연구에서 다루고자 하는 연구 문제를 도출하면 다음과 같다.

1. 양천구 디지털 서포터즈 사업은 지역사회복지실천으로서 어떤

---

**6** 김민수. 2021년 2월 19일. "전국에서 택배주문 몰려들어요"…양천구 디지털 뉴딜. 『노컷뉴스』.

특성을 가지는가?

2. 양천구 디지털 서포터즈 사업은 어떤 성과와 한계를 보이는가?

3. 양천구 디지털 서포터즈 사업을 어떻게 개선할 수 있는가?


## Ⅱ 선행연구 검토

디지털 뉴딜의 목표는 크게 D(Data). N(Network). A(A.I.) 생태계 강화, 교육 인프라 디지털화, 비대면 산업 육성, SOC 디지털화로 나뉜다. 그중 '비대면 산업 육성'은 안전하고 편리한 국민 생활을 위해 SOC 핵심 인프라를 디지털화하고, 도시·산업단지·물류 등을 스마트화하는 정책을 말한다. 소상공인의 온라인 비즈니스를 지원하는 사업은 '비대면 산업 육성'이라는 디지털 뉴딜의 목표 아래 추진되고 있다. 그 세부 내용을 표로 정리하면 다음과 같다.

소상공인 대상 디지털 뉴딜은 그 중요성이 최근에 부각되어 축적된 선행연구가 풍부하지 않다. 그중 대표적인 연구들은 주로 정부 차원의 거시적 정책이나 기술적 차원의 방법론을 다루고 있는데, 구체적인 사례는 다음과 같다.

우선 정책적 측면을 주로 다룬 연구에서는 코로나19로 인해 4차 산업혁명이 가속화되어 각종 산업에서 디지털 전환이 필수 요건이 되었음을 밝히며, 각종 통계자료를 통해 소상공인이 디지털 전환에서 뒤처지고 있는 현실을 보이고 있다. 이에 소상공인의 디지털 전환을 높이기 위해 정부가 비즈니스 모델 개발을 지원할 필요가 있고, 기술 중심이 아닌 고객 경험(CX; Customer eXperience) 중심의 디지털 전환이 이루어질 필요가 있으며, 고객 경험에 있어 인공지능 기술 활용을 확대할 필요가 있

**표1** 디지털 뉴딜: 소상공인 온라인 비즈니스 지원

| 정책 | 개요 | 주요 내용 |
| --- | --- | --- |
| 소상공인 온라인 시장 진출 지원 | 비대면 소비 확산에 대응하여 소상공인의 안정적인 온라인 시장 진출 지원 | - 소상공인 대상 온라인 기획전, 쇼핑몰, 라이브커머스 입점 및 상품 개선 컨설팅 등 지원 |
| 소상공인 대상 구독경제 시범사업 추진 | 구독경제 사업을 통한 정기 판로 확보로 소상공인 적기 배송, 자금 안정에 기여 및 온라인 시장 진출 지원 | - 소상공인 제품 정기구독을 위한 전산시스템 구축 및 물류 인프라 임차<br>- '가치삽시다' 플랫폼 내 구독경제관 운영 |
| 스마트기술 적용 소상공인 상점·공방 구축 | 코로나19 이후 소비·유통환경의 급속한 디지털 전환에 대응하여 소상공인의 경영혁신 기반 구축 및 사업장·제조설비 등 스마트화 지원 | - (스마트상점) 소상공인 밀집 상권을 스마트시범상가로 지정하여 스마트미러, 서빙로봇 등 스마트상점 기술 집중 도입<br>- (스마트공방) 소규모 제조업을 영위하는 소공인을 대상으로 포스트 코로나 대비 스마트기술 도입 및 제조 공정의 부분 자동화, 생산관리시스템 도입 등 지원 |
| 소상공인 대상 상권정보시스템 고도화 | AI 기반 매출 예측, 마케팅 전략 등 소상공인 경영에 필수적인 서비스 제공을 위한 상권정보시스템 고도화 | - (데이터 확충) 실시간 데이터 수급체계 마련 및 경영 관련 데이터 확보<br>- (서비스 고도화) AI 기술을 활용하여 소상공인 맞춤형 서비스 강화<br>- (인프라 구축) AI·클라우드 기반의 상권정보 빅데이터 환경 구축 |

출처: 과학기술정보통신부. "디지털 뉴딜."

다고 주장한다.[7] 해당 연구는 소상공인의 디지털 전환을 위한 정부 지원 방향을 제언했다는 데 의의가 있지만, 그러한 지원이 지역사회 차원에서 어떻게 구체화되어야 하는지는 다루고 있지 않다.

---

**7** 김기웅. 2020. "디지털 이슈와 소상공인 디지털 전환". 『한국관광정책』 제82호. pp.48-53.

또한, 기술적 차원에서 소상공인의 디지털 전환을 위해 온톨로지 기반 지식베이스를 구축하는 방법을 다룬 연구를 여럿 찾아볼 수 있었다. 한 연구는 소상공인들이 시장정보, 업종, 직종별 분류체계 등의 다양한 데이터를 활용하여 맞춤형 마케팅과 홍보 전략을 세울 수 있도록 하는 메타 지식베이스를 구축하기 위한 온톨로지의 구성, 인스턴스의 수집에 대해 설명하고 있다.[8] 디지털 소상공인 지원을 위해 온톨로지 데이터를 저장하고 관리할 수 있는 지식베이스 처리 프레임워크 시스템과 사용자가 지식베이스에 쉽게 접근하여 데이터를 저장 및 관리할 수 있도록 하는 웹 인터페이스 시스템을 다룬 연구도 있다.[9] 이러한 연구들은 소상공인의 디지털 전환에 필요한 기술적 체계를 고안하는 데 기여하지만, 지역사회 내 관계를 기반으로 소상공인들이 자생할 수 있는 토대를 마련하는 데는 관심을 두고 있지 않다.

요약하면 소상공인 대상 디지털 뉴딜에 관한 선행연구는 지역사회 차원의 사회적 관계망 및 역량 형성에 대한 고려가 부족한 상황이다. 특히 대부분의 소상공인이 중장년층이며 중장년층의 기술 수용도가 청년 세대에 비해 낮다는 점을 고려할 때, 소상공인 대상 디지털 뉴딜에는 소상공인의 디지털 역량 강화 실천 방안이 포함될 필요가 있다. 이는 일대일 지원 등 구체적이고 체계적인 맞춤형 지원을 요구하기 때문에 중앙정부보다는 지역사회 차원의 접근이 효과적일 수 있고, 지역사회 내 자

---

[8]  최수용·박진성·박성훈·하영국. 2016. "디지털 소상공인 맞춤형 메타지식베이스 구축을 위한 온톨로지 설계와 인스턴스 수집방법." 『한국정보과학학회 학술발표논문집』. pp.437-439.

[9]  이대희·김성민·하영국. 2015. "디지털 소상공인 지원을 위한 온톨로지 지식 처리 프레임워크 및 웹 인터페이스의 설계 및 구현." 『한국통신학회 학술대회논문집』. pp.281-282.

원을 동원하여 문제를 해결할 수 있는 지역사회 역량과도 밀접하게 관련되어 있다. 따라서 지역사회 단위의 실천 사례를 살펴보는 것은 디지털 뉴딜이 소상공인에게 적용되는 구체적인 방식, 그리고 효과와 한계에 대한 이해를 높이는데 기여할 것이다.


## Ⅲ  연구 방법


본 연구는 서울시 양천구를 중심으로 진행되었다. 양천구는 서울시 남서부에 위치하였으며, 연구를 수행한 2021년 5월 기준 약 45만 명의 인구가 거주하는 도시이다.[10] 본 연구는 양천구 디지털 서포터즈 사업의 핵심 참여 주체로 양천구청, 서포터즈 단원, 소상공인을 상정하고 이들을 연구 대상자로 선정하였다. 이에 양천구 디지털 서포터즈 사업을 주관한 양천구청 일자리경제과 담당자, 양천구 디지털 서포터즈 단원 16명, 양천구 디지털 서포터즈 사업에 참여한 양천구 소재 소상공인 2명을 대상으로 심층 인터뷰를 진행하였다.

**표2  심층 인터뷰 참여자**

| 사업 참여 주체 | 인터뷰 대상자 | 비고 |
| --- | --- | --- |
| 양천구청 일자리경제과 | 주무관 | 디지털 서포터즈 담당 |
| 양천구 디지털 서포터즈 단원 | 청년 단원 16명 | |
| 양천구 소상공인 | 소상공인 1 | 만두 가게 운영 |
| 양천구 소상공인 | 소상공인 2 | 스터디 카페 운영 |

* 이 중 2명은 예비 단원으로 사업 참여 경험이 없음

---

10　양천구청 홈페이지. 2021. "2021년 5월 양천구 연령별 인구통계(1세단위&5세단위)."

심층 인터뷰는 연구자가 직접 관찰하기 어려운 현상에 대해 연구대상자의 구체적인 경험과 시각을 물을 수 있고 설문조사보다 풍부한 정보를 획득할 수 있다는 장점이 있다. 디지털 서포터즈 사업은 시범사업의 성격을 지닌 만큼 기존 문헌을 통해 수집할 수 있는 자료가 매우 제한적이다. 따라서 해당 사업 참여자들을 대상으로 심층 인터뷰를 진행함으로써 경험적 자료를 수집하였다. 주무부서 담당자용 질문지는 사업 시행 배경, 계획 수립, 실행 과정 등을 중심으로 구성하였다. 청년 단원과 소상공인용 질문지는 사업에서 맡은 역할, 성과, 개선점에 관한 질문을 중심으로 구성하였다. 양천구청 일자리경제과 담당자와 서포터즈 단원과는 서면 인터뷰를 진행하였다. 소상공인은 양천구 디지털 서포터즈 참여 사업장으로 소개된 5곳에 전화하여 연구 목적을 설명한 후 참여에 동의한 사업장 2곳을 대상으로 대면 인터뷰를 진행하였다. 서면 인터뷰는 2021년 5월 21일부터 5월 26일까지 총 6일간 이루어졌고, 대면 인터뷰는 2021년 5월 25일에 사업장당 40~50분간 이루어졌다. 2021년 5월 말은 양천구 디지털 서포터즈 사업 2기가 종료되는 시점이었으므로 사업참여의 경험과 성과에 관한 각 참여 주체들의 풍부한 의견을 수집할 수 있었다.

## Ⅳ  연구 결과

### 1.  지역사회복지실천의 특성

양천구의 디지털 서포터즈 사업은 자치구 단위에서 시행된 지역사회복지실천의 한 예시로서 그 특성을 분석할 수 있다. 지역사회복지실천의 과정은 ① 문제 확인 ② 지역사회 욕구 사정 ③ 실천계획 수립 및 실행 ④ 평가의 네 단계로 구분할 수 있다.[11] 이 절에서는 지역사회복지실천의 과정을 적용하여 양천구 디지털 서포터즈 사업의 특성을 살펴본다. 그리고 소결에서는 양천구 디지털 서포터즈 사업이 채택한 관점과 실천 모델을 논의한다.

### 1) 문제 확인

문제 확인은 지역사회에 내재하고 있거나 표출된 문제들을 확실히 규명하는 작업이다.[12]

> "양천구는 서울 주요 상권은 아닌 베드타운의 성격이 강해 작년에 코로나19로 오프라인에서 매출에 크게 타격을 입은 소상공인들이 많았어요."(주무관)

사업 담당 주무관은 양천구의 베드타운 성격과 높은 소상공인 비중을 언급하며 문제를 조망했다. 통계청에서 서울시 25개 자치구의 통근 유·출입 통근량 비중을 통해 도시 유형을 분류한 결과, 양천구는 유입비중은 낮으나 유출비중은 높은 베드타운형으로 분류되었다.[13] 이처럼 양천구는 서울의 다른 자치구들에 비해 상업 기능이 약하여 사업장의 규모 역시 영세한 경우가 많다. 코로나19 이전에도 디지털 상권이 점차 확대되는 추세였지만, 상권이 약한 양천구는 그러한 구조적 변동에 민감하지 않았다. 하지만 코로나19로 급속하게 오프라인 상권이 위축되면서

---

11  백종만·감정기·김찬우. 2015. 『지역사회복지론』. 나남. p.152.

12  백종만·감정기·김찬우. 2015. p.152.

13  박시내. 2014. "인구주택총조사 자료를 활용한 도시 간 통근유형 분석." 통계개발원. p.6.

상인들은 디지털 상권의 중요성을 피부로 체감하게 되었다고 한다.

소상공인 문제와 대책 마련에 대한 양천구청장의 관심 역시 디지털 서포터즈 사업 기획에 중요한 역할을 하였다. 2020년 9월에 구청장은 코로나19로 손님이 줄면서 위축된 관내 전통시장을 방문하였고, 지역 내 소상공인들을 만나는 자리에서 코로나19로 인한 어려움을 직접 전해 들을 수 있었다.[14]

양천구 디지털 서포터즈 사업이 시행되기에 앞서 파악된 **지역사회 문제**는 소상공인의 매출이 급격히 감소했다는 점이다. 그리고 해당 문제 는 **특정화** 과정을 거쳐 소상공인에게 디지털 기술에 대한 지식 및 정보 가 부족하다는 문제로 규정되었다. 영세 사업장을 운영하는 상인들은 주 로 중장년층으로, 온라인 판매 및 홍보에 익숙지 않은 경우가 많다. 특 히 코로나19 이후에는 온라인 판로 확보가 소상공인들에게 중요한 과업 이 되었는데, 이에 대한 지식 및 정보가 부족하다면 시장에서 살아남기 어려울 것이다. 따라서 이는 지역사회 문제의 유형 중 **표적집단의 문제**로 분류할 수 있다. 표적집단은 지역사회복지실천의 대상이 되는 동시에 문 제를 내포하고 있어 변화가 필요하다고 간주되는 집단이다.[15] 특정 주민 에게 지식및 정보가 부족하거나 기술이 부족하거나 태도상의 문제가 나 타날 때 표적집단의 문제로 분류할 수 있는데, 양천구 소상공인은 온라 인 판매 및 홍보에 대한 지식 및 정보가 부족한 상황이다.

### 2)  지역사회 욕구 사정

지역사회 욕구 사정은 지역주민에게 어떠한 서비스가 필요한지를

---

**14**  권승현. 2020년 9월 29일. "양천구, 5개 전통시장 방문 직접 장 보며 상인 격려 이벤트." 『문화일보』.

**15**  백종만·감정기·김찬우. 2015. p.154.

살펴보는 과정이다.[16] 코로나19가 장기화되면서 소상공인의 매출 감소 문제가 심화되었고, 양천구는 해당 문제에 대한 대응책을 기획하였다. 이 과정에서 별도의 체계적인 지역사회 욕구 사정이 수행되지는 않았다. 인터뷰를 통해 소상공인들은 사업에 참여하기 전 느꼈던 디지털 역량 강화의 필요성에 대해 다음과 같이 언급했다.

"제가 양천구 이거 하기 전에 배민(배달의 민족)을 해봤거든요. 앱을 깔고 이렇게 하는데, 배달의 민족이 워낙 잘 나가는 회사이기 때문에 어떻게 하라고 문자만 와요. 그러면 제가 컴퓨터나 핸드폰으로 앱을 깔아야 돼요. 그런데 그런 걸 전혀 모르죠. 근데 거기 회사들은 굳이 개개인 집집마다 방문을 안 해도 손님이 넘쳐나기 때문에 저 한 사람 한 사람의 고민 같은 건 전혀 문제가 없는 거잖아요. 내 스스로 해결해야 하는 거잖아요. 그래서 저는 그때 울었었어요. 아, 이게 그동안에 정말 열심히 살았어요. 왜 이렇게 세상이 변해가면서 내가 왜 이러지 하면서, 그때 그 배달의 민족 앱 깔면서 진짜 많이 울었어요. (중략) 그때 이제 디지털이 얼마나 어려운가를 배달의 민족 앱 깔면서 주문이 왔는데도 손님은 홀에 있는데, 배달은 왔는데, 소리는 계속 나는데 끌 줄도 모르고 어찌할 바를 모르니까." (소상공인 1)

"시설을 아무리 잘해놓고 모든 걸 디지털화한다고 해도 애들이 들어오기 전까지의 단계가 중요한데, 그 부분들에 대해서 제가 못 따라가는 부분들이 있었어요. (중략) 더 이상 뭐가 필요한가 했는데, 다 갖춰놔도 여기에 오기까지 홍보가 되게 중요했는데, 나이 드신 분들은 나

---

**16** 백종만·감정기·김찬우. 2015. p.157.

보고 젊다고 할 수 있지만, 아무래도 따라가기 힘든 부분들이 있어요.
인스타라든지.” (소상공인 2)

소상공인 1의 경우 온라인 판매 및 홍보에 대한 지식이 전혀 없는 상태에서 만두 가게 운영을 시작했다. 배달 플랫폼의 사업장으로 등록했을 당시에도 앱 사용 자체에 어려움을 겪어서 당혹감과 좌절감을 느꼈다고 한다. 이는 비단 매출 감소가 아니라 자신이 급변하는 사회의 속도에 적응하지 못하고 있다는 데서 오는 감정이었을 것이다. “그동안에 정말 열심히 살았”던 것을 한꺼번에 부정당하는 경험이었고, 이는 영업을 지속하는 데 걸림돌로 작용했다. 소상공인 2의 경우 영업의 많은 부분을 디지털화했지만, 여전히 실질적인 성과가 보이지 않는 상황이었다. 페이스북을 평소에 자주 활용하긴 하지만, 젊은 세대가 많이 사용하는 인스타그램은 활용해 본 적이 없어 디지털화의 방향성을 찾는 데 난항을 겪었다고 한다. 소상공인 2가 운영하는 스터디 카페는 주 고객층의 연령대가 10~20대라 청년층의 기호가 반영된 마케팅이 절실한 상황이었다.

그리고 소상공인에게 디지털 역량을 전수할 주체인 청년들의 욕구를 확인할 필요가 있다. 서포터즈 단원으로 활동 중인 청년들이 본 사업에 참여하게 된 계기에서 이들이 사업 참여 전 가지고 있던 욕구를 확인할 수 있었다. 이들은 크게 구직, 역량 개발, 사회 공헌 등의 욕구를 가지고 있었다.

“지역사회에 도움이 되기 위해 노력하면서 돈을 받는다는 게 큰 매력이라고 느껴져서 신청하게 되었습니다.” (청년 단원 9)

“새로 구직하던 중 서울시에서 뉴딜일자리 사업을 통해 각종 공공일자리를 제공한다는 것을 알게 되었습니다. 사업공고 목록을 살펴보던 중 우연히 디지털 서포터즈 사업의 공고를 읽어봤는데, 취지와 목적이 눈에 띄었어요. 이 사업이 굉장히 가치 있는 일을 하려고 하고 있고, 개인적인 역량 개발에도 도움이 될 것으로 생각되어서 참여하게 되었습니다."(청년 단원 5)

"정부에서 주관하는 일자리라 어느 정도 믿음이 갔고, 예전에도 뉴딜 일자리에 참여한 적이 있었습니다. 전공인 디자인과 어느 정도 관련이 있다고 생각했고요. 목적으로는 개인적으로 하고 싶은 일을 위한 안정성 확보가 가장 컸습니다."(청년 단원 11)

구직 과정에서는 공공일자리라는 점이 중요하게 작용했다. 10개월 동안만 참여할 수 있는 일자리이긴 하지만, 그 기간에는 안정성과 4대 보험 등의 추가적인 복지 혜택이 보장되기 때문이다. 또한, 본 사업 참여를 통해 온라인 판매, 온라인 홍보, 디자인 등 디지털 시대에 가치가 높다고 평가받는 역량을 향상할 수 있다. 특히 해당 분야를 전공한 학생들에게는 실무 경험을 쌓을 수 있는 기회라는 점이 큰 장점으로 작용했다. 게다가 본 사업은 취약계층인 소상공인의 디지털 전환을 지원한다는 공익성을 지닌다. 평소에 소상공인 문제를 포함한 지역사회 문제에 관심이 있었거나 사회에 도움이 되는 일을 하고 싶다고 생각했던 청년들은 디지털 서포터즈에 참여함으로써 그러한 욕구를 충족시킬 수 있으리라 기대했을 것이다.

### 3) 실천계획 수립 및 실행

양천구 디지털 서포터즈 사업은 구청장이 제안한 아이디어에서 출발했다. 앞서 언급했듯 양천구청장은 소상공인 문제에 지속적인 관심을 보였고, 이를 바탕으로 코로나19로 어려워진 소상공인들의 온라인 역량 강화 지원을 제안했다. 이때 마침 코로나19 대응 긴급 공공일자리 마련을 위한 예산이 확보되었다. 그리고 공공일자리 사업을 추진할 때 아르바이트마저 구하기 어려워진 청년들을 대상으로 삼자는 의견이 더해지면서 지원 대상을 소상공인과 청년으로 좁히게 되었다. 이에 일자리경제과에서 계획안을 마련하고, 사업에 참여할 청년 및 소상공인을 모집했다.

> "구청장님이 소상공인분들을 만난 자리들에서 어려움을 많이 듣고 소상공인들을 도울 수 있는 방안으로 소상공인들의 디지털화를 지원해 보는 것이 어떻겠느냐고 하신 데서 이 사업이 시작하게 되었습니다."
>
> (주무관)

양천구 디지털 서포터즈 사업의 장기적 **변화 목표**는 크게 두 가지이다. 첫째, 소상공인의 측면에서 매출이 유의미하게 증대되고, 이들이 디지털 상거래 시장에서 살아남도록 만드는 것이다. 이는 지역 내 소상공인이 겪고 있는 '매출 감소'라는 문제 상황을 해결하고 '매출 증대'라는 구체적 성과를 달성하고자 한다는 점에서 **과업 중심 목표**라고 할 수 있다. 둘째, 청년들이 민간 일자리에 취업하는 데 필요한 경험을 제공하는 것이다. 이는 청년들의 취업 관련 역량을 개선하고자 한다는 점에서 **과정 중심 목표**라고 할 수 있다. 이를 달성하기 위해 양천구는 '청년들이 소상공인들에게 디지털 역량을 전수하도록 만든다'는 **문제 해결 전략**을 채택했다. 코로나19 이후에 소상공인이 겪는 문제를 집중적으로 해결하기 위해 지역사회의 자원을 동원하고, 지역사회 내 청년과 소상공인 간의 관계를 형성하는 것이다. 디지털 환경에 익숙한 청년층은 소상공인에게

최신 디지털 기술을 전수하는 주체로 적격이었다. 양천구청 담당자와 단원들은 청년의 강점으로 디지털 기술에 대한 지식과 적응력을 주로 꼽았는데, 청년 단원들은 저렴한 임금을 언급하는 경우 또한 적지 않았다.

"청년들에게 안 그래도 어려운 취업이 코로나19로 아르바이트까지 막혀버려 좋은 일자리를 찾기 너무 어려워진 상태라 넓은 의미의 청년 복지로 청년을 위한 양질의 공공일자리가 필요했고, 아무래도 청년층이 디지털 환경에 더욱 익숙하고 마케팅이나 디자인 쪽에도 전공하거나 재능이 있는 경우가 많아 소상공인들의 디지털화를 돕는 데 제격이라 생각했습니다. 또한, 청년들이 소상공인 사장님들과 소통하면서 차후에 민간 일자리로 갔을 때건 사회생활을 더욱 본격적으로 했을 때 커뮤니케이션 능력 발달에도 도움이 되었으면 하는 바람도 있습니다." (주무관)

"청년들의 빠른 습득력과 아이디어가 강점이라고 생각합니다. 트렌드에 민감하고 빠르기도 하고, 새로운 전자기기가 나왔다 해도 몇 분 시간을 주면 금세 오래 적응된 기기처럼 사용이 가능한 점이라고 생각합니다. 아이디어 부분에 있어도 기발한 생각이나 새로운 방법들을 잘 찾아내는 점이 (강점이라고) 생각합니다." (청년 단원 3)

"말씀드리기 조금 그렇긴 한데, 아무래도 인건비 측면에서 강점이 있다고 볼 수 있죠." (청년 단원 6)

현재 활동 중인 디지털 서포터즈 단원들은 식비 포함 없이 1일 85,690원의 임금을 받고 있다. 이는 서울시 생활임금 수준이고, 1일 8시간에 주 5일 근무가 원칙이므로 한 달에 약 171만 원의 임금을 받는 셈이다. 본 사업에 참여하는 일부 청년들은 해당 임금의 액수가 적은 편이고, 이 정도의 임금을 받는 것은 자신이 '청년'이기 때문이라고 생각하고 있다. 이들은 본 사업이 공공일자리 제공뿐만 아니라 청년들에게 사업장 운영 경험을 선사하기 위해 기획되었음을 인지하고 있었고, 이러한 시각이 청년에게 상대적으로 낮은 임금이 주어지는 상황에 반영되어 있다고 이해하고 있었다.

양천구 디지털 서포터즈 사업에는 크게 양천구청, 소상공인, 청년 단원의 세 주체가 관여하고 있다. 각 **참여 주체의 역할**은 다음과 같다. 우선 양천구청의 일자리경제과 사회적경제지원팀에서는 디지털 서포터즈 사업의 전반적인 행정 업무를 담당하고 있다. 구체적으로 담당자는 사업 계획 및 예산 편성, 예산 집행 및 물품 조달, 사업 참여자 근태 및 신상 관리, 사업장 모집 공고 및 사업 참여 신청 접수, 홍보 부서와의 연락 및 홍보 스케줄 조정, 언론 보도자료 제작 및 검수, 사업 경과 보고, 사업장과 서포터즈 참여자 간의 중재 및 지원 등을 수행하고 있다. 직접 사업장에 방문하여 사업 진행 현황을 확인하고, 사업장에 향후 계획을 전달하기도 한다. 따라서 양천구청은 이 사업의 중요한 **행동체계**라고 할 수 있다. 소상공인과의 인터뷰에서 양천구청이 사업장마다 세심히 신경 쓰며 사업을 진행하고 있음을 확인할 수 있었다.

"주무관님이 가끔 오셔요. 맡고 있는 분들이. 가끔 오셔서 어떻게 진행하나 보고, 바로 지난주에도 조금 이 사업이 발전해 나가나 봐요, 어떻게 어떻게 되겠다, 하고 지난주에도 오셔서 어떻게 할 것이다 얘기를 해 주시더라고요." (소상공인 1)

소상공인의 경우 디지털화에 관심을 보이는 사업장들이 우선적으로 선정되었다. 예컨대 마케팅 전반에 대한 지원을 요청한 사업장은 지원 대상에서 제외되었다. 소상공인은 수동적인 사업 대상에만 머물러 있지 않고, 능동적인 변화의 주체로서 디지털 전환 과정에 적극적으로 참여하고 있었다. 또한, 디지털 서포터즈 사업을 통해 배운 지식을 지역사회 내 다른 소상공인들에게 확산하기도 했다.

"이 수업이 정해져 있어서 그렇게 수업하는 게 아니라, 제가 제 필요에 의해서 수업을 하는 거예요. 제가 계속적으로 컴퓨터를 하면서 궁금하고 알아야 할 것들, 예를 들어서 인스타에서 팔로잉이 뭔가, 팔로워가 뭔가 했을 때 문자를 남겨요. (중략) 컴퓨터, 디지털을 가르쳐서 하는 게 아니라, 제가 궁금했던 사항들을 쭉 나열해놓고 선생님이 가르치는 방식으로 수업을 했었어요." (소상공인 1)

"책도 사서 보고, 알려주면 또 궁금한 게 생겨요. 그러면 나 혼자만 지원하는 게 아니기 때문에 바쁠 거라는 생각에 더 알고 싶은 게 있으면 거기에만 의지하지 않고 책 검색해서 보면, 오히려 서포터즈들이 와서 이 정도로 궁금해하는 줄 몰랐다면서 저희 더 가르쳐줄 수 있는데, 이래요. 보통 여기까지 요구하지 않아서 그런 거라고 하면서 되게 좋아하더라고요. 책 같은 거 사놓으면 같이 보기도 하고." (소상공인 2)

"옆에 다른 소상공인들한테도 알려줬어요. 되게 좋아하고, 타 지역에서도 공유하고. (중략) 하다 보면 서로 정보를 공유하고, 하는 방법도 알려주고 그래요. 너무 힘들다 보니까 서로 돕는 분위기인 것 같아요. (중략) 알려줘서 되게 좋아하고 부러워하기도 하고 그래요. (중략) 서

로 경쟁하기보다는 이런 것들이 나중에는 오히려 더 좋은 게 아닌가 싶어요."(소상공인 2)

청년 단원들은 서류 심사와 면접 심사를 통해 선발되었다. 서류 심사에서는 디지털 마케팅 및 디자인 전공, 관련 자격증, 관심도 등을 고려했고, 면접에서는 사업 참여에 대한 의지, 소상공인에 대한 생각, 의사소통 능력 등이 고려되었다. 서포터즈 단원들은 소상공인의 온라인 판매 및 홍보 방식을 교육하고 실무적으로 지원하는 역할을 담당했다. 온라인 판매의 경우 온라인 판로 개척을 도와 사업장에서 판매하는 제품을 스마트 스토어, 오픈마켓 등을 통해 판매할 수 있도록 지원했고, 온라인 홍보의 경우 SNS, 블로그 등 다양한 온라인 채널을 활용하여 사업장과 제품 또는 서비스를 홍보할 수 있도록 지원했다. 이외에 사진 촬영 대행, 간단한 디자인 작업 등의 업무를 수행하기도 했다. 소상공인과 청년 단원은 자신이 처한 상황의 변화를 추구하는 주체이자 목표로 삼은 변화에 영향을 미치는 주체라는 점에서 **행동체계**이면서 동시에 **표적체계**라고 할 수 있다. 참여 주체들 간의 관계를 중심으로 양천구 디지털 서포터즈의 사업 구조를 도식화하면 **그림1**과 같다.

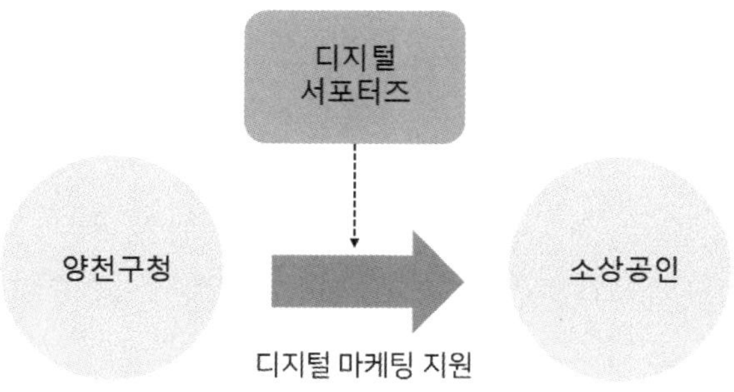


**그림1**  양천구 청년 디지털 서포터즈 사업 구조

양천구 디지털 서포터즈 사업 진행에 기여한 **지역사회 자원**에는 양천 디지털 상상캠퍼스 등의 청년 유관 단체가 있다. 양천 디지털 상상캠퍼스는 디지털 환경을 기반으로 청년들에게 취업 및 창업에 관한 원스톱 서비스를 제공하는 기관이다. 디지털 역량에 관심이 많은 양천구의 청년들이 여기에서 활동 중이어서 양천구청에서는 해당 기관을 통해 디지털 서포터즈 사업을 효과적으로 홍보할 수 있었다. 이를 통해 디지털 기술에 대한 경험뿐만 아니라 심화된 지식을 가진 청년들을 서포터즈 단원으로 선발할 수 있었다. 또한, 해당 기관은 추후에 디지털 서포터즈의 영상 촬영을 위한 공간으로도 활용될 예정이다.

"신청해야겠다고 하다가 나중에 날짜 좀 지나서 청년들이 주로 운영하고 있는 상상캠프 쪽에 문의했더니 진행 중이라고 해서 접수했어요. (중략) 구청 일자리경제과에서 상상캠프로 위탁한 것 같더라고요. 그쪽에서 맡아서 청년들을 배치해서, 양천구에서 활동하는 청년 인력을 많이 가지고 있어서. 그쪽에서 한다 그러면 믿음이 가기도 하고, 거기서 어떤 활동을 하는지 SNS를 통해 봤기 때문에 여기서 맡아서 해주는 건 도움이 되겠다고 생각했어요." (소상공인 2)

### 4) 평가

평가는 지역사회의 변화를 위해 활용된 전략 및 전술의 실행이 개입 결과나 과정에 나타나는 정도를 평가하는 과정이다.[17] 양천구 디지털 서포터즈 사업의 성과 평가는 **양적 평가와 질적 평가**를 통해 이루어지고 있다. 정량 지표로는 지원 업소의 매출이 지원 전에 비해 어떻게 변화

---

17  백종만·감정기·김찬우. 2015. p.174.

했는지를 비교하고(목표 달성 평가), SNS와 블로그의 포스팅 수 및 방문객 수 등을 통해 디지털 마케팅의 횟수를 측정한다(사회지표 평가). 그리고 사업 기간이 끝난 후에는 사업에 참여한 소상공인들을 대상으로 설문조사를 진행하여 지원 내용에 대한 만족도를 평가한다.

### 5) 소결

실천과정을 종합하여 살펴보면, 양천구 디지털 서포터즈 사업은 로스만의 세 가지 지역사회복지실천 모델 중 **사회계획 모델**의 성격이 강한 사업이다. 코로나19로 악화된 소상공인의 매출 상황을 개선하고 디지털 역량을 강화하고자 하는 뚜렷한 과업 중심적 목표 설정과 목표 달성을 위한 지역 전문가의 적극적 개입이 이 사업이 사회계획 모델로서 가지는 뚜렷한 특징이다. 한편, 전통적인 사회계획 모델과는 구분되는 양천구 디지털 서포터즈 사업만의 특징도 있다. 합리적인 문제 해결을 위해 문제 해결 과정에서 전문가 집단을 적극적으로 활용하는 전통적인 사회계획 모델과는 달리, 양천구 디지털 서포터즈 사업은 지역 청년을 적극적으로 활용하였다. 이는 본 사업이 지역사회문제를 바라보는 관점과도 연결된다. 전통적인 사회계획 모델이 지역사회문제를 문제중심적인 관점으로 접근하는 것과 달리, 양천구 디지털 서포터즈 사업은 **강점 관점**으로 지역 자원에 접근하였다. 그 결과 디지털 기술에 대한 청년들의 빠른 습득력과 적응력을 적극적으로 활용한 실천계획을 수립 및 실행할 수 있었다. 또한, 사업에 참여한 소상공인들은 새로운 디지털 기술을 적극적으로 터득하여 자신들이 겪고 있는 매출 감소의 문제를 스스로 타개하고자 했다. 그런 의미에서 디지털 서포터즈는 소상공인들의 의지와 도전 정신을 강점으로 활용한 사업이라고 할 수 있다. 양천구 디지털 서포터즈 사업이 지역사회복지실천으로서 가지는 특성을 종합적으로 정

| 실천모델 | | |
|---|---|---|
| 사회계획 모델 | | |
| **실천관점** | | |
| 강점 관점 | | |
| **실천과정** | | |
| 1) 문제 확인 | 지역사회 문제 | 소상공인 매출 급감<br>→ 소상공인에게 디지털 기술에 대한 지식 및 정보 부족 (표적집단의 문제) |
| 2) 지역사회 욕구 사정 | 지역사회 욕구 | - 소상공인-온라인 판매 및 홍보 방법 터득, 젊은 층의 시각을 반영한 마케팅<br>- 청년 단원-구직, 역량 개발, 사회 공헌 |
| 3) 실천계획 수립 및 실행 | 변화 목표 | - 소상공인-유의미한 매출 증대 (과업 중심 목표)<br>- 청년-민간 일자리 취업에 필요한 양분 제공 (과정 중심 목표) |
| | 변화 전략 | - 청년이 소상공인에게 디지털 역량을 전수하도록 하기 (문제 해결 전략) |
| | 참여 주체의 역할 | - 양천구청-사업 계획 · 진행 · 평가 (행동체계)<br>- 소상공인-온라인 판매 · 홍보 방법 습득 및 적용 (행동체계/표적체계)<br>- 청년 단원-온라인 판매 · 홍보 방법 전수 (행동체계/표적체계) |
| | 지역사회 자원 | 양천 디지털 상상 캠퍼스 |
| 4) 평가 | 양적 평가 | - 지원 업소의 매출 전후 비교 (목표 달성 평가)<br>- 디지털 마케팅 횟수 측정 (사회지표 평가) |
| | 질적 평가 | 지원 내용에 대한 소상공인의 만족도 평가 |

리하면 **표3**과 같다.

## 2. 성과 및 한계

### 1) 성과

　양천구 디지털 서포터즈 사업의 성과는 크게 세 가지로 나타났다. 우선 양천구 디지털 서포터즈 사업에 참여한 일부 소상공인은 직접적인 디지털 역량 강화를 경험하였다. 이들은 사업을 통해 온라인 판로 개척 방법, 홍보를 위한 SNS 활용 전략, 홍보물 제작 방법 등 사업에 필요한 다양한 디지털 기술을 배울 수 있었다. 특히 소상공인은 서포터즈 단원과 활발한 쌍방향 소통을 바탕으로 사업에 필요한 디지털 기술을 배울 수 있는 점을 큰 장점으로 꼽았다. 서포터즈 단원들은 모든 사업장을 대상으로 정해진 디지털 기술을 일괄적으로 지도하기보다, 업종과 소상공인의 요구사항, 선호 등을 반영하여 필요한 디지털 기술을 맞춤형으로 제공하였다. 평소 사업을 하면서 필요하다고는 생각했지만 높은 진입 장벽, 역량 부족 등의 이유로 인해 배우기 어려웠던 디지털 기술을 서포터즈 단원에게 물어보고 일대일로 지도받을 수 있다는 점에 대해 소상공인은 높은 만족도를 보였다.

> "인스타 같은 경우에는 피드에 사진을 올리고 이런 것들이잖아요. 이런 걸 알려주시고, 어떻게 하면 팔로워 수를 늘릴 수 있나. 그런 것들 하고, 스마트 스토어 같은 경우에는 그야말로 완전히 없는 무에서 유를 창조한 거잖아요, 그래서 발주, 확인 그런 걸 전혀 몰랐는데 하나부터 열까지 알려줘가지고. 스마트 스토어 같은 경우에는. 사진을 찍고 올리고 하기에는 두 달 정도 소요되었고, 처음부터 하기까지가. 지금은 웬만큼 스토어에서는 제가 이제 할 수 있을 정도로 그렇게 됐어요." (소상공인 1)

> "SNS 소식통이 중요하다 그래서 나도 그걸 활용했는데 인스타를 하다 보니까 반응이 좀 달랐어요. 학생들이 이모 이모 하면서 인스타 너무 잘 꾸며놨다고. 갈래요, 보고 싶어요 하기도 하고. 좋더라고요. (중략) 되게 배우길 잘했다." (소상공인 2)

또한, 양천구 디지털 서포터즈 사업에 참여한 일부 소상공인은 사업을 통한 매출 증대 효과를 경험하였다. 소상공인 1은 해당 사업을 참여하면서 네이버 스마트 스토어를 개설하는 등 온라인 판로 개척에 성공하였다. 또한, 소상공인 1의 사업장이 페이스북 인플루언서를 통해 소개되면서 온라인 주문이 급증하는 등 디지털 서포터즈 사업을 통한 매출 상승 효과가 유의미하게 나타난 것으로 확인되었다. 소상공인 1은 코로나19 상황으로 인해 오프라인 장사가 많이 어려워지자 온라인 판로 개척을 위해 배달 플랫폼 어플리케이션을 설치하는 등 스스로 온라인 판로 개척을 위해 노력한 적이 있다고 하였다. 그러나 설치부터 가입, 판매까지 오로지 사업장의 몫으로 해결해야 했기 때문에 디지털 기술에 익숙하지 않은 소상공인 1은 많은 어려움을 겪었다고 하였다. 디지털 서포터즈 사업은 소상공인 1에게 단순히 온라인 판로를 개척하는 것을 도와줬을 뿐만 아니라, 이것을 어떻게 운영하고 관리하는지 등 온라인 판로를 관리할 수 있는 역량을 기르는 데 초점을 맞추어 지원하였다. 그 결과 소상공인 1은 성공적으로 온라인 판로를 개척할 수 있었고, 이는 매출 증대라는 가시적인 성과로 이어졌다.

"매출적인 면에서도 좀 이렇게, 한 20~30프로 정도. 한참 많이 피크였을 때, 설에 그럴 때는 60-70% 정도까지 올랐죠. 그리고 일단은 온라인 쪽이 저 같은 경우에는 오프라인만 하다가 온라인에 대해서는 전혀 몰랐잖아요? 몰랐는데도 제가 배움으로 인해서 내가 온라인 쪽에서 뭔가를 할 수 있겠구나, 뭔가를 해야지만 되겠구나, 하는 자신감들이 많이 생긴 것 같고, 만약 양천구 그런 사업이 없었다면 어마어마하게 힘들었을 것 같아요." (소상공인 1)

"작년에 저희가 지원하고 있던 모 만두 가게가 페이스북 인플루언서 페이지에 소개가 되어 온라인으로 주문이 크게 늘어 매출이 크게 늘었던 사례가 있었고, 만두 가게 사장님이 구청에 감사하다며 인사를 오시기도 해서 언론에도 회자가 되었었습니다."(주무관)

마지막으로 양천구 청년 디지털 서포터즈 사업은 지역 청년이라는 지역 자원을 적극적으로 발굴하고, 이들이 지역 문제를 해결해나가는 과정에서 다양한 경험을 할 수 있도록 도모하였다. 청년 서포터즈 단원이 사업에서 맡은 역할로는 전체적인 운영 계획 수립 및 기획, 팜플렛·포스터·로고·배너·메뉴판 등의 디자인 작업, SNS 계정 개설, 네이버 스마트 스토어 개설 등 온라인 홍보 채널 및 판로 개척 등이 있다. 디지털 환경에 익숙한 지역의 청년 자원을 지역 소상공인과 연계하여 소상공인이 직면한 문제를 해결함으로써 서포터즈 단원들은 경제적인 보상을 획득할 뿐만 아니라 뿌듯함을 느낄 수 있었다. 서포터즈 단원에게 사업에 참여하며 가장 보람찼던 순간을 묻는 질문에 대해, 대다수의 서포터즈 단원들이 사업주가 고마움을 표할 때와 자신이 사업주에게 실질적인 도움을 드리고 있다는 것을 체감할 때 보람을 느꼈다고 답하였다.

"소상공인이 도움이 되었다고 하실 때 보람을 느꼈습니다."(청년 단원 1)

"(전략)… 한 업체 사장님께서 고맙다면서 적어주신 장문의 글을 읽었을 때 뿌듯함과 보람을 느꼈습니다."(청년 단원 9)

"결과와는 상관없이 감사하다는 말을 들었을 때와 …(후략)"(청년 단원 16)

2) **한계**

양천구 디지털 서포터즈 사업에는 다음과 같은 세 가지 한계가 존재하였다. 우선 소상공인이 청년 서포터즈 단원이나 디지털 환경 및 기술에 소극적인 태도를 보이는 경우 사업이 원활히 진행되기 어려웠던 것으로 나타났다. 사업 기간에 서포터즈 단원은 사업장에 지속적으로 방문할 뿐만 아니라 사업주와 활발한 쌍방향 소통을 추구하는 만큼 청년 서포터즈 단원과 소상공인의 관계 형성은 해당 사업에 있어 매우 중요한 역할을 한다. 그러나 해당 사업은 소상공인의 디지털 역량 강화라는 성과 중심적 목표에 초점이 맞춰져 있어 디지털 기술에 대한 소상공인의 소극적이거나 부정적인 태도를 개선하기 위한 대응책은 부족하였다. 이는 참여 소상공인의 사업에 대한 관심도나 열정에 따라 사업 성과가 달라질 수 있음을 시사한다.

"디지털 기술을 어려워하며 거부감을 보이는 사업주에게 디지털화의 중요성을 말씀드리며 설득할 때가 어려웠습니다." (청년 단원 4)

"소상공인 사업주님께서 개인적인 소신, 신념, 의견 등이 강하신 경우가 적지 않아서 제안드린 내용을 수용하기를 원치 않으시거나 바쁜 관계로 시간을 내기 어려워서 알려드린 내용을 직접 해보시는 참여도가 떨어지는 문제가 생길 경우 이를 해결하기가 어려워 난감했던 경험이 있기도 했습니다." (청년 단원 5)

"사업 기간 동안 저희와 활발히 소통하며, 적극적으로 임하는 사장님이 계시는 반면, 그렇지 못한 사장님들도 계셨습니다." (청년 단원 8)

또한, 소상공인 문제 해결에 대한 서포터즈 단원의 효능감은 그리 높지 않은 편이었다. 이는 서포터즈 단원이 사업에서 뿌듯함을 느낀 순간이 자신이 소상공인 문제 해결에 기여하고 있음을 체감할 때라는 답변과 상반되는 결과이기도 하다. 부정적인 답변은 '사업 성과를 확인하기에 아직 이른 단계'라는 의견과 '매출 증진 등의 실질적인 도움을 드리기는 어려웠다'는 의견과 같이 과업 중심적인 목표에 근거하여 성과를 평가하는 특징이 있었다. 이는 사업 주체들 간 소상공인 매출 증진과 같은 성과 중심적 목표 이외의 역량 증진, 구조 개선 등의 과정 중심적 목표의 중요성 공유 및 지향의 필요성을 시사한다.

"많이 도움 되지 않은 편이라고 생각합니다. 10점 만점을 기준으로 두었을 때 3점일 것 같습니다. 지원 당시에는 이것저것 도와드린다고 생각은 하지만, 뒤돌아봤을 때는 도와드린 것들이 많지 않은 것 같고 서포터즈의 지원이 끝난 후에 진행 중이던 것들이 완전히 중단되거나 하는 등의 여러 문제가 있어서 문해교육이나 홈페이지 등이 장기간 사용 가능한 것들 외에는 당장 눈앞에 불을 끄는 것과 같아서 크게 도움이 되는 것 같지는 않는 것 같습니다." (청년 단원 3)

"아직은 거의 도움이 되지 않았다고 생각합니다. 사업을 시작하여 진행한 지 얼마 되지 않아 뭔가 결과물을 기대하기에는 시기가 이르지 않나 싶습니다. 그리고 솔직히 말씀드리면, 개인적으로는 저희의 활동이 과연 얼마나 도움이 될 것인지에 대한 의구심이 약간은 있습니다. 아무래도 저희가 전문성을 갖춘 전문인력은 아니니까요. 하지만 사업이 지속적으로 진행되고 저희의 활동과 경험이 쌓이면 나중에는 나름대로의 결과물이 나올 것 같네요." (청년 단원 5)

"소상공인분들이 가장 힘들어하는 것은, 매출 부분이라고 생각합니다. SNS를 다루는 기술이나 온라인적인 면에서 활성화하는 부분은 조금 나아졌을 수 있지만, 매출이 급상승하는 가게는 그리 많지 않았다고 생각합니다. 소상공인분들께서는 사실상 도움이 많이 되었다고 생각하지 않을 수도 있다고 생각했습니다." (청년 단원 16)

마지막으로, 사업에 참여한 소상공인의 경우 사업 기간 종료 후 지원받을 수 있는 사후 지원책이 미비한 것으로 나타났다. 소상공인 1과 소상공인 2 모두 양천구 디지털 서포터즈 사업 1기와 2기 모두 참여하였음에도 사업 종료에 대한 아쉬움을 드러내었다. 특히 소상공인 1의 경우 디지털 기술에 익숙하지 않기 때문에 장기적이고 지속적인 도움을 받고자 하는 욕구를 드러내었다. 현재는 사업에 참여한 소상공인이 사업 종료 후에도 후속 지원을 받을 수 있는 법은 공식적으로 다음 기수의 사업에 재신청하는 방법이 유일하다. 사업에 참여하고자 하는 소상공인이 많고, 구청에서 관리할 수 있는 서포터즈 수는 한정되어있기 때문에 공급이 수요를 따라가지 못하는 현상이 벌어지고 있다. 이에 소상공인 1과 소상공인 2 모두 해당 사업에 대한 지원 확대 및 사업 지역의 전국적 확대를 희망하였다.

"5월 말. 3, 4, 5 했었고, 작년에 2달 했었고, 저보다도 더 필요로 하는 그분들을 가르켜야 하죠. 시간이 한정되어있고 배워야 할 사람은 넘치고. 말일이면 지금까지 배웠던 거는 마무리가 되고, 새로운 사람이 배우나 봐요. 그런 부분은 많이 안타까워요. 양천구 사업이 아니라, 서울시, 정부에서 개입을 해서 크게 확대해야 하는 거 아닌가. 음식점 협회에서 얘기를 좀 해야겠구나. 식당하는 프랜차이즈 같은 경우는 독립점포거든요, 모든 것들을 헤쳐 나가야 하잖아요. 스스로 알아서 해야 하는 건데 이 공부가 누군가 옆에서 해야 하는 거잖아요. 너무 어렵더라구요. 타자 치는 것도 많이 부족하고. 5월 말 정도 되면 수업은 끝나고 새로운 거를 하기 때문에 제 나름 길을 찾아야죠."(소상공인 1)

"2기 활동이 지난주에 끝났어요. 나보다 분명히 필요한 사람들이 있을 것 같아서요. 빈자리가 있다면 무조건 하고 싶은데, 경쟁이 생긴다면 양보해야죠. 1~2기를 받았고 배움에 끝이 없기 때문에 분명히 더 나은 게 있을 텐데, 정 모르겠으면 직접 가서 붙잡고 알려달라 하면 되는 거고요."(소상공인 2)

"이게 서울시 전체로 확대되어도 품이 많이 들겠지만, 분명히 좋은 사업이에요. 깜짝 놀랐어요. 지역사회에 사실 집을 만한 사업이 없어요."(소상공인 2)

## 3.  개선방안

먼저, 소상공인을 대상으로 한 사업 전 사전 교육과 사업 종료 후 사후 지원 프로그램 지원이 필요하다. 소상공인 1과 소상공인 2와 같이 사업에서의 디지털 기술의 필요성에 공감하고 배우고자 하는 의지가 있는 경우 전반적인 사업 진행이나 피드백에 있어 원활히 진행되었다. 반면, 디지털 기술에 대해 거부감을 가지거나 디지털 기술을 배우고 적용하려는 의지가 없는 사업장의 경우 원활한 사업을 진행하기 어려웠다. 이는 본격적으로 사업이 시작하기 전, 참여하는 소상공인을 대상으로 디지털 환경과 기술에 대한 기본적인 문해교육을 실시하여 디지털 환경과

기술에 대한 거부감을 낮추고 이해도를 높이는 과정이 필요함을 시사한
다. 본 사업에서는 청년들이 현장을 직접 방문하여 사업장마다 다른 맞
춤형 교육을 제공한다면, 사전 문해교육에서는 모든 사업장에 보편적으
로 필요한 내용, 예컨대 디지털 전환의 중요성이나 온라인 플랫폼의 종
류 등을 교육할 수 있을 것이다. 이는 이후의 사업 과정을 원활히 진행하
는 데 기여할 뿐만 아니라, 디지털 환경과 기술에 대해 어려움을 느껴 사
업 참여를 고민하고 있는 소상공인에게 사업 참여의 진입 장벽을 낮추
는 효과도 기대할 수 있다.

> "거기다가 지원하는 상당수 업체가 디지털 기기 이용 가능하고 스스
> 로 하려는 업체들도 있지만, 기본적인 스마트폰, 컴퓨터 사용도 어려
> 워하고 있어서 디지털 상권 진입과 장기적인 자립을 위해 디지털 디
> 바이드 해소를 위한 문해교육이 더 중요하지 않을까 하는 문제의식도
> 가진 상태입니다." (주무관)

이와 더불어 사업 종료 이후에도 기존에 사업에 참여한 소상공인과
지속적인 피드백을 주고받을 수 있는 창구를 마련하는 것이 필요하다.
디지털 기술의 특성상 잦은 기능 업데이트로 인해 하나의 플랫폼을 이
용하는 방법을 배웠더라도, 시간이 지나면 사용 방법이 달라지는 등 소
상공인 입장에서는 추가적인 질문이 생기기도 한다. 사업 종료 후에도
소상공인의 디지털 역량을 지속적으로 유지 및 강화하기 위해서는 구체
적인 사후 지원책이 필요하다.

> "아쉬운 점은 이번 말일 되면서 끝나고, 1년이고 2년이고 더 배우고
> 싶은데, 스톱이 될 건지 어떻게 될 건지 모르니까." (소상공인 1)

또한, 사업을 통한 지원 범위를 체계적으로 정립하는 것이 필요하다. 사업 초기인 만큼 사업 참여 주체들 간 '소상공인의 매출 증진과 디지털 역량 강화'라는 사업 목표에 있어 상이한 이해를 하는 문제가 있었다. 이는 소상공인이 서포터즈 단원에게 서포터즈의 역량을 벗어나는 무리한 요구를 하거나 의견 차이를 좁히기 어려운 갈등 상황이 생기는 등 더 큰 문제로 이어지기도 하였다. 심각한 경우 소상공인의 디지털 역량 강화라는 기존의 사업 목표 달성을 저해할 수 있어 사업 목표에 대해 서포터즈 단원과 소상공인을 같은 선상에서 이해하는 과정이 필요하다.

> "작년에 비해서는 자리를 잡고 있긴 하지만, 아직은 사업 진행 초기라서 앞서도 언급한 디지털화 지원 영역에 대한 소상공인 사장님들과 서포터즈 간의 의견 차이, 서포터즈들이 단순히 소상공인 사장님들의 디지털 서비스 용역으로 오해받지 않기 위한 업무 분담 등의 문제가 있습니다." (주무관)

마지막으로 서포터즈 단원의 효능감 제고를 위한 프로그램 제공과 평가 지표 개선이다. 청년 집단은 다른 집단에 비해 디지털 환경에 친숙하다는 강점이 있지만, 단원 개개인의 전공 등 개별 특성에 따라 디지털 기술 역량이 다른 것으로 나타났다. 일부 단원은 디지털 기술에 대한 자신의 부족한 역량에 대해 소상공인에게 많은 도움을 드리지 못한 아쉬움을 드러내기도 하였다. 청년 집단의 강점을 사업에 적극적으로 활용하는 것도 중요하지만, 청년 집단 전체에 대한 접근 너머 개별 청년에 대한 지원도 필요하다. 교육 제공을 통한 서포터즈 단원의 역량 강화는 곧 서포터즈 사업의 질을 높이는 것과 연결되기 때문이다. 또한, 현재 디지털 서포터즈 사업에 대한 평가는 주로 매출이나 디지털 마케팅 횟수 등

양적 지표를 기반으로 이루어지고 있다. 하지만 장기간의 변화와 정착이 필요한 사업의 특성상 즉각적인 매출 증대를 기대하기는 어렵기에 자신의 역할에 대해 효능감을 느끼지 못하는 청년 단원들이 다수 있었다. 따라서 판로 개척, 온라인 마케팅 기술 습득, 영업 과정에서의 자신감 증진 등의 질적 지표를 적극적으로 활용하여 사업의 결과를 정성적으로 평가할 필요가 있다.

"전문적인 지식을 갖추고 있는 청년 인력이 투입되거나, 센터 내에 전문적 지식을 갖춘 분이 들어와야 할 것 같다고 생각합니다." (청년 단원 3)

"서포터즈 집단의 분업화가 된다면 전문성을 더 갖출 수 있을 거라 생각합니다. 또한, 포토샵과 같은 디자인 쪽의 프로그램 지원이 더 이루어진다면 더 좋은 성과를 낼 수 있을 거라 생각합니다." (청년 단원 4)

"다양한 교육을 통해 서포터즈의 전문성을 보다 높이기 (후략)" (청년 단원 8)

"서포터즈가 전문적인 역량을 가진 단체가 아니기 때문에 전문적인 역량에 대한 교육이 필요하다고 생각합니다." (청년 단원 13)

## V  결론

정부의 디지털 뉴딜 도입으로 진행된 소상공인의 디지털화는 코로나19 상황으로 인해 더욱 가속화되는 추세이다. 그러나 성공적인 디지털화를 위한 소상공인의 지원책에 대한 논의는 미비한 실정이다. 이에 양천구는 2020년 지역 청년과 소상공인을 연계하여 지역 소상공인의 디지털 역량을 강화하기 위한 '양천구 디지털 서포터즈 사업'을 기획 및 실행하였다.

양천구 디지털 서포터즈 사업은 양천구청을 중심으로 지역사회의 문제 확인이 이루어졌으며, 이 과정에서 확인된 문제는 코로나19 상황으로 인해 심각해진 지역 소상공인의 매출 감소 문제였다. 양천구 디지털 서포터즈 사업은 체계적인 욕구사정이 진행되지 않았지만, 연구를 통해 확인한 소상공인과 지역 청년의 욕구는 해당 사업의 목표와 합치하는 것으로 나타났다. 소상공인의 경우 디지털 기술을 활용한 판로 개척과 마케팅 등 디지털 기술에 대한 수요가 높았다. 지역 청년의 경우 코로나19 상황으로 심해진 취업난으로 인해 양질의 일자리에 대한 수요가 높았다. 이러한 욕구를 바탕으로 양천구는 소상공인의 매출 상황 개선과 디지털 역량 강화, 지역 문제 해결 과정 참여를 통한 청년 취업을 위한 양분 제공을 목표로 사업을 기획 및 시행하였다. 전자의 목표는 과업 중심적 목표, 후자의 목표는 과정 중심적 목표로 해석된다. 양천구 디지털 서포터즈 단원의 자격을 얻게 된 지역 청년은 정해진 사업장에 주 1회 방문하여 해당 사업장의 디지털 역량 증진을 위해 다양한 활동을 진행하였다. 서포터즈 단원은 전체적인 운영 계획 수립 및 기획, 팜플렛·포스터·로고·배너·메뉴판 등의 디자인 작업, SNS 계정 개설, 네이버 스마트 스토어 개설 등 온라인 홍보 채널 및 판로 개척 등의 작업을 수행하였다. 해당 사업의 평가는 매출 상승분과 같은 양적 측면과 소상공인의 만족도와 같은 질적 측면 모두 이루어지고 있다. 종합하면, 양천구 디지털 서포터즈 사업은 지역사회복지 실천모델 중 사회계획모델에 가깝다. 문제 해결의 효율성과을 추구하고 전문가를 적극 동원하는 전통적인 사회계획모델과 달리, 양천구 디지털 서포터즈 사업은 강점 관점에 입각하여 지역사회 내 청년과 소상공인의 강점을 기반으로 하면서 그들의 문제해결 역량을 강화하고 지역사회 내 사회적 관계망을 강화한다는 특징을 가진다.

양천구 디지털 서포터즈 사업은 소상공인의 디지털 역량 강화, 일부 소상공인의 매출 증가, 양질의 청년 일자리 창출의 성과를 보였다. 해당 사업을 통해 소상공인은 디지털 기술을 활용하여 온라인 판로를 개척할 수 있었고, 다양한 SNS를 활용하여 사업장을 홍보할 수도 있었다. 이는 곧 일부 사업장에 한해 실질적인 매출 증가로도 이어졌다. 더불어 서포터즈 단원들은 소상공인과의 교류 속 자신의 도움에 고마워하는 소상공인의 모습을 보며 뿌듯함과 성취감을 느낄 수 있었다. 한편, 소극적인 소상공인의 태도와 미비한 사업 종료 후 지원책, 서포터즈 단원의 낮은 효능감은 사업의 한계로 남았다. 디지털 환경과 기술에 익숙지 않은 소상공인의 경우 해당 사업과 서포터즈 단원들에게 거부감을 보이는 경우가 있었으며, 이는 원활한 사업 진행의 장애물이었다. 사업이 종료되면 소상공인이 디지털 기술과 관련하여 도움을 받을 수 있는 통로가 사라지는 것에 대한 아쉬움을 표하는 경우도 있었다. 일부 서포터즈 단원들은 자신이 지역사회 문제 해결에 큰 도움이 되지 못하였다고 느끼고 있었다.

양천구 디지털 서포터즈 사업의 장점을 강화하고 단점을 보완하기 위해서는 다음과 같은 개선점이 고려되어야 한다. 우선 사업에 참여하는 소상공인을 대상으로 한 사전 교육과 사후 지원책을 지원해야 한다. 이는 소상공인의 디지털 기술에 대한 거부감을 해소하고, 사업 종료 이후에도 사업을 통해 기른 디지털 기술 역량을 유지 및 강화하는 데 도움이 될 것이다. 또한, 사업 참여 주체들 간의 명확한 목표 공유를 바탕으로 사업 지원 범위를 체계화하는 것이 필요하다. 사업 목표에 대한 참여 주체들의 상이한 이해는 사업 과정에서 주체들 간 갈등을 빚어 원활한 사업 진행에 방해가 되었다. 이를 해결하기 위해서는 본격적인 사업 진행 전 소상공인과 서포터즈 단원 간 사업을 통해 달성하고자 하는 목표를 명확히 하고, 지원 범위를 체계화하는 것이 중요하다. 마지막으로, 청년 서포터즈의 역량을 강화하기 위한 프로그램 지원이 필요하다. 지역 청년은 디지털 환경과 기술에 있어 친숙하다는 강점이 있지만, 이는 청년 세대의 특성이라고 할 수 있다. 개인의 특성에 따라 디지털 역량이 부족한 청년이 있을 수 있기에, 이들의 역량 강화를 위한 전문 교육 프로그램이 필요하다. 서포터즈 단원의 역량 강화는 곧 사업의 질적 개선으로도 이어질 것이다.

본 연구는 양천구 디지털 서포터즈 사업이 지역사회복지실천으로서 가지는 특징, 성과와 한계 그리고 개선방안을 종합적으로 살펴봄으로써 해당 사업이 지역사회 문제와 구성원에게 미친 영향을 검토하였다. 이 사업은 온라인 거래의 활성화와 코로나19로 인한 사회적 거리두기 확산에 따른 급격한 사회의 변화로 인해 생겨난 지역사회문제를 지역사회 내 자원 연계를 통해 해결을 시도하였다는 점에서 새로운 사회문제에 대한 지역사회복지실천의 적용가능성과 유용성을 보여준다.

## Ⅵ  참고문헌


과학기술정보통신부. "한국판 뉴딜: 디지털 뉴딜." https://digital.go.kr/front/intro/introMain.do (검색일: 2021.04.03.)

권승현. 2020년 9월 29일. "양천구, 5개 전통시장 방문 직접 장 보며 상인 격려 이벤트." 『문화일보』. http://www.munhwa.com/news/view.html?no=2020092901030927352001 (검색일: 2021.06.01.)

김기웅. 2020. "디지털 이슈와 소상공인 디지털 전환". 『한국관광정책』 제82호.

김기웅·박재성·김준엽. 2020. "소상공인의 디지털 전환 촉진에 대한 연구:소상공인의 디지털 전환 영향 요인 실태를 중심으로." 『Korea Business Review』 제24권 신년 특별호.

김민수. 2021년 2월 19일. "전국에서 택배주문 몰려들어요"…양천구 디지털 뉴딜. 『노컷뉴스』. https://www.nocutnews.co.kr/news/5503123 (검색일: 2021.04.03.)

박시내. 2014. "인구주택총조사 자료를 활용한 도시 간 통근유형 분석." 통계개발원. http://kostat.go.kr/assist/synap/preview/skin/doc.html?fn=synapview369860_1&rs=/assist/synap/preview (검색일: 2021.06.01.)

백종만, 감정기, 김찬우. 2015. 『지역사회복지론』. 나남.

서울연구원 홈페이지. 2020. "코로나19 사태가 서울경제에 미치는 영향과 소상공인 및 관광업 대응 방안." https://www.si.re.kr/node/63194 (검색일: 2021.04.02.)

양천구청 홈페이지. 2020. "양천구 청년이 간다, '디지털 서포터즈'가 간다." https://www.yangcheon.go.kr/site/yangcheon/ex/bbs/View.do?cbIdx=290&bcIdx=244226 (검색일: 2021.04.03.)

양천구청 홈페이지. 2021. "2021년 5월 양천구 연령별 인구통계(1세단위&5세단위)." https://www.yangcheon.go.kr/site/yangcheon/ex/bbs/View.do?cbIdx=356&bcIdx=250431&parentSeq=250431 (검색일: 2021.06.08.)

이대희·김성민·하영국. 2015. "디지털 소상공인 지원을 위한 온톨로지 지식 처리 프레임워크 및 웹 인터페이스의 설계 및 구현." 『한국통신학회 학술대회논문집』.

최수용·박진성·박성훈·하영국. 2016. "디지털 소상공인 맞춤형 메타지식베이스 구축을 위한 온톨로지 설계와 인스턴스 수집방법."『한국정보과학학회 학술발표논문집』.

한국유통학회 홈페이지. 2020. "2020년도 하계융합학술대회 발표논문집." http://www.kodia.or.kr/board/bbs_view.php (검색일: 2021.04. 02.)

Mondros, J. & Wilson, S. 1994.『Organizing for Power and Empowerment』. New York: Colombia University Press.

## Ⅶ 〈부록-인터뷰 개요〉

인터뷰 대상자: 소상공인 1 ○○○, 지역 내 만두가게 운영
참석자: ○○○, ○○○
일시: 2021년 5월 25일 화요일 17:00~18:00
장소: 대상자 사업장

인터뷰 대상자: 소상공인 2 ○○○, 지역 내 스터디카페 운영
참석자: ○○○, ○○○
일시: 2021년 5월 25일 화요일 18:30~19:30
장소: 대상자 사업장

# 7장   언론정보학과 〈HCI 이론 및 실습〉

## I  수업 소개

### 1.  일반 개요

| 수업명<br>(부재) | HCI 이론 및 실습 | 교수자명 | 이준환 |
|---|---|---|---|
| 대학 명 | 사회과학대학 | 학부/학과 명 | 연합전공 정보문화학 |
| 수업 유형 | 전공필수 | 수강 인원 | 68 |
| 수업 목적 | 인간-컴퓨터 상호작용(HCI: Human-Computer Interaction)은 컴퓨터 과학, 공학, 심리학, 사회과학, 디자인 등 다양한 분야의 전문가들이 중요한 역할을 수행하는 융합 학문이다. 현대 사회에서 사람들은 컴퓨터를 일상 생활의 중요한 도구로 사용하면서 다양한 문제점들에 직면하곤 하는데, HCI는 시스템의 디자인과 컴퓨터 기술이 실제로 사용되는 과정에서 발생하는 문제점을 해결하는 방법론을 제시하는 것을 목표로 하고 있다.<br>이 수업에서 학생들은 먼저 HCI 분야에 대해 전반적인 이해를 하고, HCI에서 사용하는 다 양한 방법론을 통해 문제를 해결하는 능력을 배우게 될 것이다. 그를 위해 디자인 방법론, 태스크 분석 기법, 다양한 평가 방법을 배우고, 좋은 디자인과 나쁜 디자인을 판단하는 방법을 학습한다. | | |
| 주요 교재 | Jenny Preece, Helen Sharp, Yvonne Rogers, Interaction Design, beyond human-computer interaction, 4rd Edition, Wiley<br>기타 ACM SIGCHI 논문 (필요에 따라 제공) | | |

## 2. 수업 일정

<table>
<tr><td rowspan="2">수업<br>일정</td><td>

1주: Introduction to HCI / History of HCI

2주: Foundation of HCI: Understanding and Conceptualizing Interaction Design

3주: Cognition & Interfaces

　　(특강: 미디어의 현재 – 이희정 전 한국일보 미래전략실장)

4주: Social Interaction / Emotional Interaction

5주: Topic Discussion: Future of Media and Media Technology

　　(특강: 미디어의 미래도전 – 이성규 구글 뉴스랩 펠로우)

6주: Data Gathering and Analysis

7주: Process of Interaction Design

8주: Conversational UIs

9주: Prototyping: Paper Prototypes, Mockups, Wizard of Oz & Video Prototypes

10주: Evaluation Methods 1: Think Aloud, Interview & Survey

11주: Evaluation Methods 2: Analytic Evaluations

12주: Evaluation Methods 3: Conducting a User Study

13주: 시험

14주: 팀별 프로젝트 면담

15주: 최종 프로젝트 발표

</td></tr>
</table>

| | |
|---|---|
| **프로젝트 개요** | **미디어의 미래**<br><br>신문과 방송으로 대표되는 "매스미디어"는 다양한 형태로 진화하고 있다. 페이스북, 유튜브 와 같은 새로운 미디어는 "개인미디어"를 탄생시켰고 이에 따라 미디어의 소비자의 요구 또 한 다양해졌다. 이번 수업에서는 전통적인 미디어의 문제를 HCI의 시각에서 분석하고 새로 운 미래의 미디어는 사용자의 어떠한 니즈를 담아낼 것인지를 살펴본다. |
| **프로젝트 결과** | 15개 팀이 미래와 관련한 팀 프로젝트를 진행하였음<br><br>1조: PoliNewsBot<br>2조: 취뽀 – 취업 정보 공유 서비스<br>3조: '리터러시(Literasea)' – 미디어 리터러시를 높이는 서비스<br>4조: 20대를 위한 뉴스 서비스 '뉴게더'<br>5조: Do-IT – IT 서비스 활용 도우미 서비스<br>6조: 주섬주섬 – 문화콘텐츠 추천 서비스<br>7조: 친환경 미디어 서비스<br>8조: 뉴스 탐사대<br>9조: 척척덕후 – 학문 공동체 커뮤니티 서비스<br>10조: Fitme – 내게 맞는 피트니스 미디어<br>11조: 소리식탁 프로젝트 – 레서피 서비스<br>12조: 카톡 팩트체크<br>13조: Tubing – 유튜브 크레에이터를 위한 자료공유 서비스<br>14조: Sentiment – 도서 정보 공유 서비스<br>15조: 디지털 신문기사 팩트 체크 서비스 |

# Ⅱ  수업 주제 해설: 미디어의 미래

**이준환**(서울대학교 언론정보학과 교수)

본 수업은 HCI(Human-Computer Interaction)의 방법론을 서비스 개발에 적용하는데에 목적이 있다. HCI는 컴퓨터 과학, 공학, 심리학, 사회과학, 디자인 등의 다양한 분야의 전문가들이 중요한 역할을 수행하는 융합학문이다.

초기의 컴퓨팅 환경은 전문적인 교육을 받은 사람만이 사용할 수 있을 정도로 복잡했다. 그래서 컴퓨터는 극히 일부의 사람들만이 사용할 수 있었다. 그러나 컴퓨터가 소형화하고 모든 사람이 사용할 수 있는 데스크탑 컴퓨터 형태로 발전함에 따라 컴퓨터 인터페이스에 대한 연구 또한 활발하게 이루어졌다. 그 과정에서 사용자가 인터페이스를 사용함에 있어서 어떠한 문제점을 겪고 있는지, 어떠한 방향으로 개선이 이루어져야 하는지 등에 대한 광범위한 논의가 있었다.

HCI는 이러한 과정에서 탄생한 학문으로 사용자 중심 디자인을 목표로 하고 있다. 사용자 중심 디자인이라는 것은 기능 중심으로 시스템을 설계하는 것이 아니라, 사용자가 필요로 하는 것을 잘 파악하고 그에 걸맞는 효율적인 시스템을 설계한다는 뜻이다. 따라서 기술적인 접근은 물론 사람들의 행동을 관찰하고 이해하는 사회과학적인 연구 방법론이 결합된 융합방법론이다. HCI 방법론은 최근의 여러 대형 시스템을 설계하는데에 적용되었고 최근에는 IT 기반 서비스를 개발하는데 최적의 방법론으로 떠오르고 있다.

이번 학기 수업은 "미디어의 미래"라는 주제로 진행되었다. 주지하다시피 신문과 방송으로 대표되는 "매스미디어"는 다양한 형태로 진화하고 있다. 페이스북, 유튜브 와 같은 새로운 미디어는 "개인미디어"를 탄생시켰고 이에 따라 미디어의 소비자의 요구 또한 다양해졌다. 미디어는 IT 서비스에 보다 더 가까워지고 있으며 전통적인 사회과학 방법론으로 접근하는데에는 한계가 있다. 그래서 이번 수업에서는 전통적인 미디어와 사용자의 문제점을 HCI의 시각에서 분석하고 새로운 미래의 미디어는 사용자의 어떠한 니즈를 담아내며 발전할 것인지 고민하며 프로젝트가 진행되었다.

프로젝트에는 총 15개의 팀이 참여하였다. 원래 수업의 주제는 전통적인 미디어, 즉 신문 또는 방송에 국한되어 제시되었으나 학생들이 개념화한 미디어는 그 보다 범위가 넓었다. IT 서비스를 통해 제공되는 정보 서비스 대부분을 미디어로 인식하여 다양한 서비스 아이디어를 도출하였는데, 예를 들어 '친환경 미디어 서비스'와 같은 것이 대표적인 사례라 하겠다. 이 아이디어는 최근 코로나 이후 대두되고 있는 쓰레기 문제와 환경 오염 문제에 초점을 맞추어 친환경을 위한 정보를 제공하고, 이를 통해 사람들의 행동변화까지 도모하는 미디어를 설계하였다.

최근 이슈가 되고 있는 팩트체크 서비스에 대한 아이디어도 여럿 제안되었다. 서울대에서 운영 중인 SNU 팩트체크 서비스의 데이터를 활용하여 새로운 정보를 접했을 때 해당 정보가 이미 팩트체크가 된 것인지를 활요하는 서비스, 카카오톡 등을 통해 무분별하게 전달되는 가짜 뉴스의 진위 여부를 확인하는 서비스 등이 제시되었다. 또한 인공지능 에이전트와의 대화를 통해 자신이 필요로 하는 뉴스를 선별해서 볼 수 있는 서비스와, 이러한 추천 시스템이 가져올 "필터버블(filter bubble)" 현상을 극복하고 다양한 정보를 고루 습득할 수 있게 도와주는 서비스 또한 제시되었다.

# 친환경 미디어 서비스 챌린져스(Challenge Earth) 프로젝트

•

강수민 · 박호연 · 송유채 · 엄영우 · 채승원

(서울대학교 언론정보학과 · 언론정보학과 · 심리학과 · 언어학과 · 심리학과)

본 연구는 사람들이 환경 문제와 친환경 소비에 대한 정보를 쉽게 찾고 공유하며, 관련 정보의 획득을 실천으로 이어지게 하는 과정을 필요로 한다는 점에 주목하였다. 이에 따라 환경에 관심 있는 MZ 세대에게 일상적인 환경 문제와 친환경 소비에 대한 정보를 체계적으로 전달하고, 구체적인 미션 수행과 포인트 적립을 통해 실천으로 쉽게 이어질 수 있는 미디어 서비스를 기획하였다. 이를 위해 인터뷰를 통해 세 유형의 페르소나를 설정하고, 이를 기반으로 환경 소비 정보의 제공, 관련 뉴스 정보의 크롤링, 실천 미션 제공 및 보상체계, 소셜 커뮤니티 등을 중심으로 하는 '챌린져스' 서비스를 제작하였다. 이 서비스는 친환경 유저 특화 서비스로서, MZ 세대의 특성을 고려하여 환경에 관심이 있는 사람들을 성공적으로 조직화하였다는 점, 그리고 이들의 정보 획득과 실천을 연결해 행동 변화를 유도하는 것까지 나아갔다는 점에서 의의를 가진다.

## I  프로젝트 배경

코로나 19의 확산으로 일회용품 사용량이 크게 늘면서, 환경 문제의 심각성이 어느때보다도 커지고 있다. 며칠만 지나도 집안에 산처럼 쌓이는 플라스틱 용기와 택배 상자는 환경 문제가 더 이상 멀리 있는 일이 아님을 실감하게 한다. 실제로 지난해 서울시 지자체 선별장에서 수거한 쓰레기는 전년 대비 15~20% 정도 증가했는데, 관계자들은 이 수치가 한해 평균 증가량을 훨씬 상회하며, 특히 예전에 비해 일회용품 쓰레기가 늘어났다고 밝혔다. 또한, 환경부에 따르면 지난해 코로나 19의 여파로 음식 배달은 2019년의 같은 기간보다 75%, 택배는 20%가량이 늘면서 폐플라스틱은 14.6%, 폐비닐은 11%가 증가했다고 한다.

코로나 이후로 환경 문제에 대한 관심이 증가하면서, 최근 MZ 세대를 중심으로 친환경 소비 이슈가 화두에 올랐다. 미디어에서는 이들을 흔히 '제비족'이라고 부르는데, 이는 Zero waster와 Vegan의 앞글자를 딴 신조어로 친환경 소비를 통해 쓰레기 배출을 최소화 하고, 채식주의를 실천하면서 환경에 기여하는 MZ 세대를 일컫는 말이다. 이들은 버려지는 물건을 재활용해 만든 업사이클링 제품이나 라벨이 없는 제품을 구매하여 가치 소비를 실현하고 리필 용기를 가져가 주방용품이나 화장품 등의 생활용품을 받아오는 제로 웨이스트 샵을 이용한다. 또한, 음식 포장으로 발생하는 비닐과 플라스틱 쓰레기를 줄이기 위해 배달 주문 시 일회용품을 받지 않기도 하고, 집에 있는 그릇이나 밀폐 용기를 식당에 가져가 음식을 받아오는 캠페인을 전개하며 환경 보호에 앞장서고 있다. 이처럼 환경 문제의 심각성을 인지하고 환경 보호를 실천하는 사람들은 늘고 있지만, 모두에게 이런 관심이 즉각적인 실천으로 이어지는 것은 아니다. 환경 문제가 심각하다는 것은 알고 있지만 어디서 정보를 얻고, 구체적으로 어떤 실천을 해야 하는지 알지 못하는 사람들도 있다. 꼭 이런 이유가 아니더라도, 단순히 돈과 시간이 없거나 의지가 부족해서 적극적인 실천을 하지 못하는 경우도 있다. 이후 인터뷰 파트에서 더 자세하게 설명하겠지만, 조사한 바에 따르면 사람들은 환경 문제와 친환경 소비에 대한 정보를 쉽게 찾고 공유할 수 있는 '플랫폼'과 정보의 획득이 실천으로 이어질 만한 '동기'를 필요로 하고 있었다. 우리는 이와 같은 문제의식을 바탕으로 환경에 관심 있는 MZ 세대에게 일상적인 환경 문제와 친환경 소비에 대한 정보를 체계적으로 전달하고, 이를 보면서 생긴 문제의식이 구체적인 미션 수행과 포인트 적립을 통해 실천으로 쉽게 이어질 수 있는 미디어 서비스를 기획하고자 했다.

## Ⅱ  Data Gathering & Pain Point

본격적인 서비스 기획에 앞서 사용자층의 니즈와 페인 포인트를 파악하고 인사이트를 얻고 이를 기반으로 페르소나와 시나리오를 작성하기 위해 인터뷰를 실시했다. 인터뷰는 MZ 세대를 타겟팅 하고자 한 '챌린저스'에 맞춰 20대 5명을 대상으로 실시했다. 학부 저학년부터 대학원생까지 포괄하던 인터뷰 대상들 사이에는 자취 중인 경우, 부모님과 함께 사는 경우, 자취를 경험해보고 부모님과 함께 사는 경우 등 다양한 거주형태가 나타나 다양한 맥락에서의 니즈 분석을 할 수 있었고, 그만큼 다양한 배경의 페르소나 작성에도 도움이 되었다.

인터뷰에 앞서, 일상에서 가장 많이 접하는 환경 이슈를 일회용품, 분리수거와 같은 일상적 문제와 업사이클링 제품, 녹색 매장 등 친환경 소비 두 부류로 나눠보았고, 이에 맞춰 인터뷰 방향을 설정하였다. 인터뷰는 먼저 인적사항에 대한 정보를 수집하고, 일상, 취미, 비전 등에 대한 질문을 통해 라이프 스타일을 알아본 후 환경 문제에 대한 인식, 일상적 환경 문제에 대한 대응, 친환경 소비에 대한 인식과 실천, 그리고 환경 문제와 친환경 소비에 대한 정보 수집에 대한 질문을 하는 흐름으로 이어졌다.

라이프 스타일 파트에서는 주로 어떤 일상을 보내는지, 그 일상 속에 드러나는 소비패턴, 취미 생활 등을 질문하는데 초점을 두었다. 이를 통해 MZ 세대는 주로 식생활에 지출하는 돈이 큰 비중을 차지하며, 자취생은 물론 최근 코로나 19 사태로 부모님과 함께 거주하는 경우에도 배달음식을 많이 먹어 일회용품 사용량이 크게 늘었음을 알 수 있었다. 이후로는 환경 문제에 대한 인식을 알아보기 위한 질문들이 이어졌다. 흥미로웠던 점은, 환경 문제에 대한 관심과 실천 정도와 무관하게 다들 환경 문제가 심각하다는 것은 인식하고 있었고, 환경 보호에 기여해야 한다는 의식을 가지고 있었다는 것이다. 이 결과는 '챌린져스'가 어떻게 이러한 이용자들의 의식을 실천으로 유도할 수 있을지에 대한 고민으로 이어졌다.

다음은 일회용품, 분리수거와 같은 일상적 환경 문제에 대한 질문들이었다. 각 주거형태 별로 일회용품은 얼마나 사용하는지, 분리수거는 어떻게 실시하고 있는지를 질문했고, 카페에서의 텀블러 사용, 소비를 줄이기 위한 중고거래 사이트 이용 등 각각의 답변에 맞춰 더 자세한 일상적 대응을 파악하기 위한 세부 질문들을 하였다. 이에 대한 답변들을 일상적 환경 문제 분야에 대한 니즈와 페인 포인트 분석에 활용할 수 있었다. 마찬가지로 친환경 소비에 대한 인터뷰도 실시하였다. 친환경 소비에 대해 어떤 인식을 가지고 있는지, 친환경 소비를 한다면 주로 어떤 제품들을 사는지, 그리고 친환경 소비 과정에서 어떤 불편함을 느꼈었는지에 대한 질문들을 하고, 그 답변을 니즈, 페인 포인트 분석에 활용하였다.

마지막으로 미디어로서의 '챌린져스'가 고려해야 할 점을 알아보기 위해 기존에 환경정보를 어떻게 획득하고 있었으며 그 과정에는 어떤 페인 포인트가 있었는지를 질문하였다.

답변들을 바탕으로 환경 문제 관련 정보 제공 서비스가 어떤 점을 가장 우선적으로 고려해야 하는지를 자세히 묻는 것으로 인터뷰를 마무리하였다.

이렇게 수집한 데이터를 MIRO를 이용한 오픈 코딩 작업으로 카테고리에 맞게 분류하였다. 우선, 일상적 환경 문제 대응에 대한 데이터를 정리하며 실천 양상을 세 가지로 나눠볼 수 있었다. 첫 번째 양상은 일상적 환경 문제에 대한 정보를 많이 알고 있고, 이를 실천까지도 적극적으로 이어가는 '적극적 실천' 유형이었다. 비건 식당을 이용하고, 서울시 참새방앗간 캠페인에 참가해 플라스틱 업사이클링 캠페인에 동참했던 경험이 있는 인터뷰이가 이 카테고리에 해당했다. 두 번째 양상은 분리수거 방법 등 일상적 환경 문제에 대해 어느 정도 알고 있고, 카페에 텀블러를 챙겨가거나 마트에 갈 때 에코백을 챙겨 간다고 응답했던 인터뷰이가 속한 '소극적 실천' 카테고리였다. 그러나 환경에 대해 더 많은 정보를 알고 싶어하

고, 기회가 있다면 주변 사람들과 공유를 하고 싶어하는 '적극적 실천' 양상과 달리 '소극적실천' 양상은 추가적인 정보를 구하고, 공유하려는 의지는 보이지 않았다. 마지막 양상은 '수동적 실천' 양상이었다. 환경 문제에 대해 어느 정도 인식은 하고 있으나, 뭔가를 하려는 실천 의지가 매우 적은 카테고리로, 분리수거는 부모님에게 맡기거나 자취의 경우, 그냥 내놓기만 하면 건물 관리인이 대신하는 경우가 이에 해당했다. 또한, 인터뷰 결과를 정리하며 크게 세 가지의 페인 포인트를 파악할 수 있었는데, 첫째는 생활 상 편의를 이유로 환경 문제에 대응하지 않는, 혹은 대응하지 못하는 것이었다. 배달음식은 물론 자취 중 먹을 것을 소분하는 과정에서도 일회용품을 상당량 사용할 수밖에 없는 경우, 혹은 외부에서 일회용기에 담긴 음료를 사먹은 후 번거로움이나 주변 사람들의 눈치 때문에 이를 세척하지 않고 그냥 버리는 경우가 이에 해당했다. 두

번째 페인 포인트는 정보 부족이었다. 분리수거와 같은 경우 분류 항목이 너무 많고 복잡하여 헷갈리기도 하고, 재활용 가능하다고 쓰여 있는 쓰레기들이 실제로 재활용이 가능한 것인지가 불분명한 경우가 많다는 것을 인터뷰를 통해 파악할 수 있었다. 이 두 가지 페인 포인트를 관통하는 인사이트는 현재까지의 환경 문제 대응 서비스는 너무 많은 변화와 노력을 요구하여 사용자들로 하여금 번거로움을 느끼게 만들고, 사용자들이 쉽게 일상의 편리함과 타협하게 만들어 실천으로 이어지는 경우가 적다는 것이었다.

친환경 소비의 실천과 관련하여 우리는 인터뷰이들이 의외로 다양한 분야에서 친환경 소비를 경험해 보았음을 알 수 있었다. 업사이클링 브랜드의 패션 제품이나 제로웨이스트카페, 비건 식당 등은 물론 친환경 세제나 대나무 칫솔, 고체 치약과 같은 일상 용품까지 친환경 인터뷰이들이 경험한 친환경 소비의 폭이 꽤 넓게 나타났다. 그러나 그럼에도 친환경 소비가 '어쩌다 한 번'의 수준에서 더 나아가지 못하는 페인 포인트로 부족한 정보, 희소성, 낮은 접근성, 낮은 가격 경쟁력이 있음을 알 수 있었다. 특히 MZ 세대의 경우 학업이나 취직 준비 등의 이유로 시간을 투자하여 적극적으로 관련 정보를 모으는 것에 부담을 느끼고 있으며 역시 같은 이유로 비슷한 기능을 가지고 있다면 가격대가 더 높은 친환경 제품이 아닌 더 저렴한 일반 제품들을 선택하는 경우가 대부분이었다. 이를 통해 '챌린져스'가 정보를더 효율적으로 전달하면서도, 접근성이나 경제성 측면에서 적절한 보상을 제공하여 사용자들을 실천으로 유도할 수 있게 해야겠다는 목표를 설정할 수 있었다.

환경 관련 정보 수집과 관련하여 인터뷰이들은 지인을 통해서, 개인 활동 차원에서 환경 정보를 얻기도 하지만 MZ 세대답게 인터넷, SNS 등을 통해 접한 기업의 캠페인이나 유명인의 글은 물론 카드뉴스나 유튜브 채널, 인스타그램 계정을 통해서도 관련 정보를 수집함을 알 수 있었다. 그러나 이 과정에 SNS의 상업화로 인한 신뢰도의 하락, 심각성 고발 차원에 그치는 정보로 인한 실천 부재의 문제, 내용이 단편적이고 정량화된 틀에 한정되는 뉴스의 품질 문제와 같은 페인 포인트도 있음을 알아낼 수 있었다. 이 분석을 통해서 작은 실천이라도 이용자들이 직접 무엇인가를 할 수 있는 해결책을 제시해주는 미디어가 필요하다는 인사이트를 얻을수 있었다. 인터뷰이들이 답한 서비스 관련 제언은 크게 자연스럽고 지속적인 정보 제공, 참여로의 유도, 그리고 커뮤니티의 필요성으로 나눌 수 있었다. 사용자들은 꾸준히 정보를 주는 서비스를 원하긴 하지만 대대적으로 이를 주입 시키는 것보다 넛지 식으로 자연스럽게 인식을 심어주는 형태를 선호함을 할 수 있었다. 또한 제도적 변화를 위해 개인의 참여와 연대를 위한 보상이 있으면 좋겠다고 생각하는 모습을 보였으며, 여기에 주변 사람을 기준 삼아 자신을 평가하고, 나 혼자 실천하는 것이 아니라 다 같이 하는 실천임을 알게 해주고 다양한 정보들도 공유할 수 있는 커뮤니티의 필요성을 지적해준 인터뷰이들도 있었다. 이렇게 정리된 정보에서 추출한 니즈, 페인 포인트, 그리고 인사이트들은 가상의 사용자 상정을 위한 페르소나와 시나리오의 작성에 이용되었다.


## Ⅲ Persona & Scenario


앞서 인터뷰와 오픈 코딩을 통해 도출한 타겟 유저들의 페인 포인트와 인사이트를 바탕으로 세 개의 페르소나를 설정하고 각각의 시나리오를 제작하였다. 다음은 세 유형의 페르소나와 시나리오를 요약, 정리한 내용이다.

## 1. 수동적 실천 유형

1) Personal Information

    - A는 21살 남성으로 현재 서울대학교에서 지리학과 환경경영을 전공중이다. 대학교 입학 후 녹두거리에서 자취 중이며, 월 80만원의 소득이 있다. 월세를 직접 납부하기 때문에 소비생활에 있어서 가성비를 우선적으로 고려한다.

2) Eco-friendly Behavior/Action

    - 기본적인 분리수거는 잘 지키려고 노력하는 편이다.

    - 경제적 여건상, 소비나 식생활에 있어서는 환경보다 가격과 편의성을 우선시한다.

    - 환경뉴스를 접하면 관심이 가기는 하지만 자세히 알아보고 실천하기엔 시간과 돈이 부담된다.

3) Customer Needs

    - 정확성: 분리수거와 같은 일상적인 환경 문제에 대한 정확한 정보를 알고 싶다.

    - 접근성: 친환경 소비나 캠페인에 대한 정보를 쉽고 빠르게 얻고 싶다.

    - 실용성: 경제적으로 여유가 없어도 실용적으로 할 수 있는 일들을 알아보고 싶다.

    - 보상 시스템: 귀찮더라도 환경에 도움이 되는 일을 할 동기부여가 있으면 좋겠다.

4) Scenario & Insight

    - A는 카페에서 커피를 주문하며 텀블러를 구경한다. 하지만

가격이 부담스러워 구매하지 않는다. 캠페인에 참여하면 이 벤트로 텀블러를 증정해준다는 문구를 보았지만 링크에 접속해 더 자세히 알아보기엔 시간이 없다고 생각한다. 커피를 다 마신 A는 일회용 컵을 일반 쓰레기통에 버린다. 재활용하기 위해서는 세척해야한다는 것을 알지만 화장실에서 씻고 가려니 귀찮기도 하고 다른 사람들의 시선이 신경쓰였다.

→ 해당 페르소나로 대표되는 수동적 실천 유형은 경제적 유인에 가장 민감하다.

환경 문제에 대해 어느 정도 관심은 있기에, 적절한 인센티브를 제공한다면 친환경 행동으로 이어질 것으로 예상된다.


## 2. 소극적 실천 유형

1) Personal Information

- B는 24살 여성으로 현재 성균관대 미디어커뮤니케이션학과에 재학중이다.

부모님, 여동생과 함께 서울 아파트에서 거주 중이며 부모님께 용돈을 받아 생활 하고 있다. 소비 생활에 있어서 트렌디함과 취향을 우선시하지만, 환경도 고려한 소비를 추구한다.

2) Eco-friendly Behavior/Action

- 에코백과 텀블러를 애용하며, 학교 근처 비건 식당도 종종 방문한다.

- 분리수거를 철저히 하며, 기름기 묻은 일회용품도 깨끗이 세척해 재활용한다.

- 친환경 제품 구매 경험은 있으나, 환경 캠페인에 참여해 본 적은 없다.

3) Customer Needs

- 신뢰성: 친환경 제품에 대한 신뢰가능한 정보를 얻고 싶다.

- 정확성: 환경에 관하여 선별된 정확한 정보를 알고 싶다.

- 편의성: 취향과 가격대가 맞는 제품을 손쉽게 고르고 싶다.

- 연결성: 다른 사람들로부터 환경과 관련된 생활 밀착형 정보를 얻고 싶다.

4) Scenario & Insight

- B는 아침에 화장을 하다 기초 제품이 부족하다는 것을 알게 되었다. 최근 분리 배출 표시가 있어도 대부분의 화장품 공병이 재활용되지 않는다는 기사를 읽었는데, 정확히 어떤 브랜드의 제품이 재활용 가능한지 일일이 찾아보기는 어려워 그냥 리필 가능한 제품으로 바꿀 생각이다.

- B는 친구와 백화점에서 친환경 기업의 제품을 구경했다. 오프라인 매장에서는 실사용 후기를 들을 수 없는 게 아쉬웠다. 하지만 온라인 환경에서는 광고성게시글이 많기 때문에 친환경 제품을 구매하는데 망설여지는 것 같다.

→ 해당 페르소나는 신뢰할 수 있는 정보를 제공받기를 원한다. 따라서 정보제공자가 정보의 신뢰성 및 정확성을 바탕으로 적절한 정보를 골라 제공하여 이용자가 선별된 정보만을 제공받을 수 있도록 하는 것이 중요할 것이다.

## 3. 적극적 실천 유형

1) Personal Information

- C는 26살 여성으로 서울대학교 소비자학과를 졸업했다. 방배동 오피스텔에서 자취를 시작했으며, 취직 후 안정적인 소득

을 유지하고 있다. C는 윤리적이고 건강하며, 지속가능한 삶을 위한 소비를 추구한다.

2) Eco-friendly Behavior/Action
   - 재활용과 텀블러, 장바구니 사용은 물론이고 에너지 절약과 대중교통 이용에도 열심이다.
   - 되도록 친환경 마크가 있는 제품을 구매하거나 환경을 생각하는 브랜드의 제품을 사용하고자 한다.
   - 환경 관련 캠페인을 찾아보고 동참한다.

3) Customer Needs
   - 다양성: 정형화된 틀의 진부한 정보가 아닌, 신선하고 다양한 층위의 환경 정보를 제공받고 싶다.
   - 신뢰성: 광고성 정보가 아닌 신뢰가능한 친환경 제품의 정보를 얻고 싶다.
   - 연결성: 환경 문제에 관심있는 에코 인플루언서들과 소통할 뿐 아니라 실천 의지는 있지만 정보가 부족한 사람들을 위해 정보를 공유하고 싶다.
   - 실용성: 실생활에 도움이 되는 정보를 제공하고 구체적인 실천 방향을 제시하는 지식 서비스가 있었으면 한다.

4) Scenario & Insight
   - C는 친구 생일선물로 친환경 제품을 주고자 인터넷을 검색했지만 내용이 분류가 제대로 되어 있지 않아 원하는 정보를 얻지 못했다. 더욱이 제품의 질적인 면에서 믿음이 가지 않아 결국 SNS에서 팔로우 하는 에코브리티의 콘텐츠를 확인했다. 유빈은 주위의 여러 에코 인플루언서들과 정보를 공유할 수 있다면 더욱 쉽게 원하는 정보를 얻을 수 있을 것이라 생각한다.

→ 해당 페르소나의 유형은 가장 적극적으로 환경 이슈를 탐색하고 강한 실천 의지를 보이는 만큼 새롭고 다양한 콘텐츠를 꾸준히 제공하는 것이 중요하다. 또한, 일방적인 정보 제공을 넘어 이용자 간 활발한 정보 공유를 가능케 하는 커뮤니티 기능 등을 고려해 볼 수 있다.

## Ⅳ  Prototyping

Data Gathering을 바탕으로 만든 Affinity Diagram과 Persona를 통해 발견한 타겟 유저의 특성 및 니즈에 대한 인사이트를 기반으로 서비스의 프로토타입을 구성하였다.

MVP(Minimum viable product) 원리에 입각하여, 본 서비스의 핵심 축인 정보 제공과 미션을 통한 실천, 커뮤니티 기능을 중심으로 프로토타입을 구성하였다.

초기 프로토타입 구성 과정에서 구현한 기능들은 다음과 같다.

- 일상 환경 & 환경 소비 정보 제공
- 신뢰성 있는 뉴스 및 칼럼 크롤링 후 제공
- 유저 근처 지역 기반 환경 정보 제공
- 실천 미션 제공
- 미션 수행 후 인증
- 미션 참여자 수 시각화
- 보상 체계: 미션 수행 후 포인트 제공, 캠페인 참여, 친환경 제품 구매에 활용

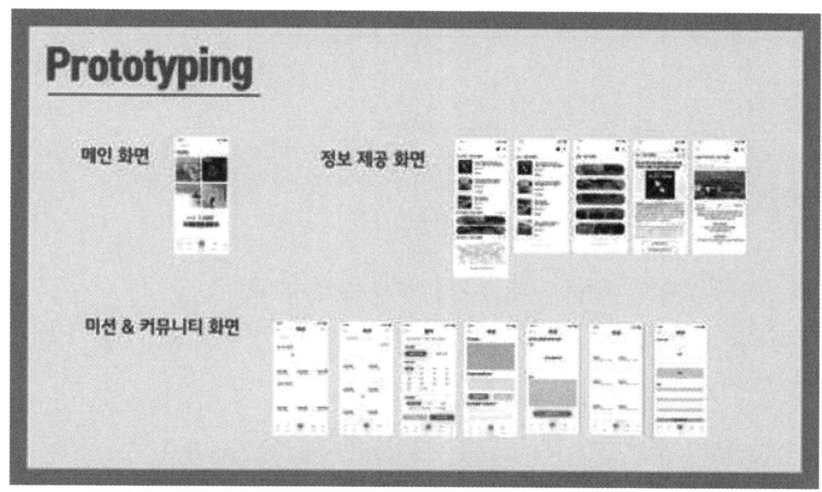


그림1　초기프로토타이핑 via Figma

- 소셜 커뮤니티
- 미션 수행 내용 공유 기능
- 댓글 기능

### Ⅴ Think Aloud & UAR

구축한 프로토타입을 바탕으로 Think Aloud 기법을 활용한 유저 테스트를 실시하였다. 총 5명의 유저를 대상으로 테스트를 실시하였으며, 실제로 서비스를 사용하면서 든 생각과 감정을 자유롭게 발화할 수 있도록 하였다.

테스트 과정에서의 유저의 행동과 발화, 시스템의 작동을 중심으로 작성하였다. 유저의 실제 행동 및 발화를 근거로 서비스에서 나타나는 UX, UI 문제 지점을 파악하였다. 이 과정에서 총 5가지의 개선 포인트를 발견하였다.

1. 미션 수행 완료에 대한 즉각적 피드백 부재
   - 미션 완료 및 포인트 적립에 대한 부가적인 안내 제공
2. 포인트 사용법에 대한 설명 부재
   - 포인트 사용처 및 사용법에 대한 설명 추가
3. 뉴스피드 '전체보기' 항목에서 오는 혼란
   - '전체보기' & '더보기'로 하위 항목 명확하게 구분
4. 미션 수행과 커뮤니티 파트 분리로 인한 번거로움
   - 미션 수행 창 하단에 대표 후기 노출 후 커뮤니티 창으로 연동
5. 토픽 간 이동 및 페이지 구분의 어려움
   - 뉴스피드 창과 미션 창에서 토픽 간 이동에 대한 직관적, 통합적 개선

이후 개선 포인트에 대응할 전략에 대해 논의하였고, UI & UX적인

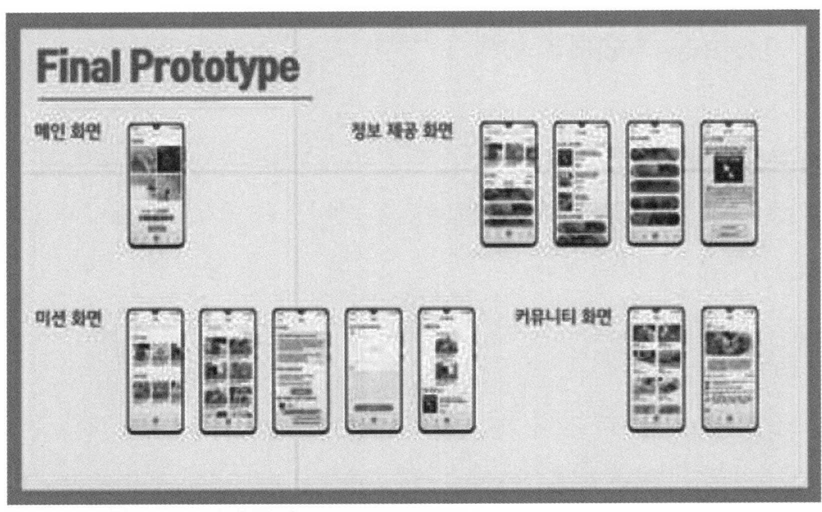



그림2   최종 프로토타입 목업

개선(버튼 분리, 직관성 강화)과 시스템 개선(랜딩 페이지 변경, 튜토리얼 페이지 추가)을 통한 구체적인 개선 방법을 도출하였다.

따라서 개선 사항들을 반영하여 기존 프로토타이핑 레이아웃을 수정하여 최종 프로토타입을 구성하였다. Think Aloud 과정에서 유저가 느낀 문제점들을 효과적으로 개선하고, 친환경 미디어로서 본 서비스가 구현하고자 하는 기능과 가치, 서비스 플로우를 유저가 직관적으고 간편하게 이해할 수 있도록 하는 것을 주요 목표로 설정하였다.

## Ⅵ  Conclusion

디지털 공간 특히 모바일에서 발생하는 모든 경쟁은 한정된 희소 자원인 수용자/사용자들의 시간을 얼마나 점유하느냐의 경쟁이다. 모든 콘텐츠는 모바일 기기에서 앱 혹은 웹으로 소비되는 구조 안에 존재하며 그곳에서 더 많은 에너지를 할당받는 것이 중요한 과제가 되었다. 우리는 미디어 혁신 사례 조사를 통해 일반 대중을 대상으로 하는 레거시 미디어는유저의 다면적 니즈에 대한 고민이 부재하여 수용자의 attention을 장악하지 못한다는 한계를 가진다는 것을 알 수 있었다. 이를 해결하기 위해 우리는 서비스 기획 단계에서 타겟 사용자의 범위를 좁혀 그들에게 가장 알맞은 분야를 선별해내고 이를 깊이 있게 다루고자 하였다. 이어 타겟 유저가 느끼는 니즈와 페인 포인트를 명확하게 분석하여 특수한 환경을 가정한 페르소나를 개발하였고 이를 바탕으로 서비스를 구체화하였다. 이후 유저 테스트의 과정을 통해 UI와 UX, 서비스를 개선하여 최종적으로 '챌린져스' 프로젝트를 완성하였다.

친환경 미디어 서비스인 '챌린져스'는 친환경 유저를 위한 특화된 플랫폼이라는 점에서 의의가 있다. 마이크로 타겟팅을 통해 가치 소비를 중시하는 MZ 세대의 친환경 유저 미디어 집단을 특정하였고, 정보를 통해 같은 목표를 가진 사람들을 성공적으로 조직화하였다.

이들의 페인 포인트와 니즈를 파악하였기에 시간 효율적이고 실질적인 정보와 가치를 제공하는 서비스가 될 것으로 기대 된다.

또한, 단순한 정보 제공에서 그치는 것이 아니라 정보와 실천을 연결해 직접적인 실천 및 행동 변화를 유도한다는 점에서 미디어의 일상화를 구현하고 독자들의 '경험 설계자'로서의 역할을 할 수 있을 것이다. 나아가 서비스와 사용자 간의 상호작용에서 그치지 않고 사용자 간의 상호작용도 유도하여 서비스를 더욱 자연스럽게 활성화할 수 있을 것으로 기대 된다.

# 카톡 팩트 체크

•

두호륜 · 배시연 · 이선호 · 최윤빈 · 황지우

(서울대학교 자유전공학부 · 자유전공학부 · 자유전공학부 · 인지과학전공 · 자유전공학부)

'카톡 팩트체크'는 중장년층을 대상으로 간편하게 뉴스의 진위 여부를 검증하고 쉽게 그 결과를 공유할 수 있는 팩트체크 서비스이다. 이는 모바일 메신처를 통해 유포되는 가짜뉴스에 대한 팩트체크가 부재하며 개인 차원에서 팩트체킹을 하기에는 번거롭다는 문제에 기초하고 있다. 설문조사와 인터뷰를 수행한 결과 응답자들은 대체로 신뢰할 수 있는 서비스와 정보 큐레이션 서비스를 필요로 하는 것으로 나타났다. 이에 기초해 본 연구는 의심스러운 텍스트를 AI를 통해 판단하여 그 결과를 근거자료와 함께 제공하고, 2차적으로 미리 연계된 전문가가 심화된 팩트체크를 하여 역시 채팅창에 보내주는 서비스를 기획하였다. 이에 더해 한 주간 가장 많이 의뢰된 가짜뉴스에 대한 뉴스레터를 제공함으로써, 가짜뉴스를 판별하고자 하는 사용자와 콘텐츠를 보기만을 원하는 사용자의 니즈를 모두 충족시키고자 하였다. 이 서비스는 카카오톡이라는 일상적인 도구를 통해 팩트체크를 진행함으로써 현실성, 접근성, 신속성, 정확성을 높였으며, 이에 따라 가짜뉴스의 전파 속도에 비할 수준의 팩트체크를 제공함으로써 가짜뉴스 차단에 기여할 수 있으리라 기대된다.

## I 서론

"미디어의 미래"라는 주제 하에 프로젝트를 진행하면서 팀원들과 가장 먼저 합의를 본 사항은 타겟 유저를 중장년층으로 하자는 것이었다. 팀원 전부가 20대였는데, 부모세대에게 미디어 이용에 대해 도움을 요청받은 경험이 있었고, 메신저를 통해 가짜뉴스가 공유되는 문화가 있다는 사실을 인지하고 있었기 때문이다. 이러한 관심을 바탕으로 본격적인 사용자조사를 토대로 중장년층의 미디어 이용의 질을 높일 수 있는 결과물을 만들고자 했다.

초기에는 전 세대 간 질문-답변 서비스를 기획했으나, 이는 질문자와 답변자 매칭, 답변자에 대한 보상 등의 문제에 부딪혀 폐기하고 새로이 '카톡 팩트체크' 서비스를 기획하게 되었다. '카톡 팩트체크'는 간편하게 뉴스의 진위 여부를 검증하고 쉽게 그 결과를 공유할 수 있는 팩트체크 서비스이다. 카카오톡과 같은 모바일 메신저 상에서 완결되지 않은 텍스트형식으로 유포되는 가짜뉴스가 많은데, 이에 대한 팩트체크는 부재하며 개인 차원에서 팩트체킹을 하기에는 번거롭다는 문제가 있다는 점에서 우리 서비스의 필요성을 느꼈다. 주요 기능은 1)카톡을 통한 팩트체크 2)뉴스레터 두 가지이다. 먼저 팩트체크의 과정은 다음과 같다. 사용자가 의심스러운 텍스트를 '카톡 팩트체크' 채널의 채팅창에 전송하면 1차적으로 AI가 거짓일 확률을 판단하고 근거자료를 덧붙여 채팅창에 보내주며, 2차적으로 미리 연계된 전문가가 심화된 팩트체크를 하여 역시 채팅창에 보내준다. 두 번째로, 한 주간 가장 많이 의뢰된 가짜뉴스와 그에 대한 검증내용을 모아 뉴스레터로 발행한다. 이로써 가짜뉴스를 판별하고자 하는 사용자와 콘텐츠를 보기만을 원하는 사용자의 니즈를 모두 충족시키고자 하였다.

## Ⅱ 본론

### 1. HCI Process

1) 1st What is wanted

· 사용 대상자 수요 탐색

중장년층 대상 서비스 기획을 위해 Google docs를 통해 중장년층의 SNS 사용 실태를 조사했다. 설문조사는 중장년층의 미디어 소비 및 사용형태와 미디어 선호 형식(텍스트, 음성, 영상)과 관련된 질문으로 이루어졌다. 응답자는 총 74명이었고, 설문조사 결과는 다음의 세 가지로 압축할 수 있었다. (1) 응답자 74명의 90.5%가 매일 SNS를 이용한다. (2) 74개의 응답 중 '카카오톡을 사용한다'는 응답이 34개로, 카카오톡은 중장년층이 주로 이용하는 SNS 중 하나이다. (3) 기존 SNS를 사용하면서 불편했던 점은 '광고가 너무 많다'는 응답이 79.7%로, 중장년층은 SNS 사용 상에서 광고와 팩트를 구분하기 어려워한다. 설문조사 결과를 통해 1차적으로 내린 결론은 다음과 같다. (1) 중장년층은 기존 SNS에 대한 접근도가 높으므로, 중장년층 대상 서비스는 기존의 플랫폼을 활용하는 것이 좋다. (2) 중장년층은 음성 미디어보다는 텍스트 미디어와 영상 미디어에 대한 선호도가 매우 높다. (3) SNS 상의 많은 광고는 중장년층의 SNS 이용 욕구를 떨어트린다. (4)중장년층은 관심 분야에 큐레이팅된 정보만을 얻기 원한다. 이와 같은 결론들을 종합해 '질문-답변 서비스'를 구상하였다.

2) Analysis

a) 인터뷰 진행 및 정리

위의 설문조사에서 인터뷰에 동의한 참여자를 대상으로 유선 인터뷰를 진행했다.

인터뷰 내용은 '질문-답변 서비스' 수요와 뉴스레터 선호도 등이었다. 인터뷰 내용을 Miro로 정리한 후 페르소나를 형성한 결과, '전 세대 간 질문-답변 서비스'를 기획하기로 결정했다.

본 서비스는 특정 분야에 제한을 두지 않아 사용자가 스스로 필요한 정보를 얻을 수 있는 플랫폼이다. 중장년층에게는 정보에 대한 보다 나은 접근성을 부여하고, 청년층에는 기존에 얻기 어려웠던 정보를 중장년층 전문가 집단에게 답변 받을 수 있어 전 세대가 이용 가능한 플랫폼을 지향했다. 질문의 특성에 따라 적절한 질문 및 응답 형식(텍스트, 영상 등)을 질문자/응답자가 추천받거나 선택할 수 있으며, 또한 1:1 매칭 서비스와 인기글, 인증글 등의 추천 시스템을 제공하고, 응답자의 정보뿐만 아니라 질문자의 정보도 응답자가 알 수 있도록 하여 사용자의 좌절 경험을 최소화시키는 등의 부가 서비스를 제공하여 기존의 '질문-답변 서비스'와 차별점을 두었다.

b) 한계점 & 서비스 재구상

서비스 구상 중, 다음과 같은 한계점에 부딪혔다. 중장년층은 답변을 받고자 하는 욕구는 컸으나 답변자로 활동하려는 욕구는 비교적 낮았다. 또한 대다수 영상 미디어를 활용한 답변을 선호하지만 중장년층은 영상 제작에 어려움을 겪는데다, 제공되는 1:1 매칭 서비스에 대한 거부감과 같은 중장년층의 수동적 행동 선호 현상으로 인해 기존 SNS 상의 '질문-답변 서비스'와 차별점을 두기 어려워졌다. 뿐만 아니라 질문자와 답변자의 매칭 문제, 답변을 유도하기 위한 보상 문제와 관련해 의견이 합치되지 않아 결국 초기 서비스인 '전세대 간 질문-답변 서비스'는 폐기하기로 결정했다.

새로운 서비스를 구상하기 위해 설계한 페르소나를 재참고했다. 4
명의 페르소나들의 공통된 수요는 '신뢰할 수 있는 서비스'와 '정보 큐레
이션 서비스' 였다. 이에 따라 신뢰 가능한 정보를 제공하고, 분야별 정
보 큐레이션이 가능한 두 번째 기획인 '카카오톡 팩트체킹 서비스'를 구
상하였다.

### 3) 2nd What is wanted

지금 우리가 사는 세상은 기술이 발달하고 소셜 미디어 사용이 활
성화되면서 정보의 생산 및 공유가 수월해졌다. 이제는 정보의 홍수 속
에 산다고 해도 과언이 아닐 정도로 매일 새로운 정보들이 쏟아져 나오
고 있다. 문제는 이 많은 정보 중 사실이 아닌 '가짜 뉴스'가 많고 사실
을 가려내기가 쉽지 않다는 것이다. 또한 가짜 뉴스의 범주를 한정하기
도 모호하기 때문에 여러 가지 의미가 혼용되어 사용되고 있다. 그러므
로 시작하기에 앞서 가짜 뉴스에 대한 정의를 명확히 하고자 한다.

가짜 뉴스란 흔히 잘못된 정보, 조작된 정보, 악의적 정보를 모두
일컫는 말로 이러한 의미가 혼재되어 사용된다. '잘못된 정보'는 허위사
실이라는 것을 인지하지 못하고 악의없이 유포된 정보를 뜻한다. 의도적
으로 과장된 보도도 이에 포함된다. '조작된 정보'는 의도적으로 허위 정
보를 생산하고 유포한 정보이다. '악의적 정보'는 사실이지만 누군가에게
피해를 주기 위해 악의로 유포한 정보이다. 이 중 잘못된 정보와 조작된
정보가 가짜 뉴스에 해당한다. 의도성이 없는 잘못된 정보를 가짜 뉴스
에 포함할지에 대한 논의가 계속되고 있지만, 본 보고서에서는 의도성에
대한 논의는 뒤로하고 '잘못된 정보'와 '조작된 정보'로서의 가짜 뉴스에
주목한다. 이러한 가짜 뉴스는 사회 전반에 갈등과 혼란을 초래한다. 특
히, 정확한 뉴스와 언론의 신뢰도가 중요한 정치적 사회적 시점에서 가

짜 뉴스가 확산되었을 때, 많은 사람들을 혼란에 빠뜨렸다. 예를 들어, 코로나 음모론이 소셜 미디어를 통해 일파만파 퍼지며 마스크 거부 시위를 비롯해 다양한 대규모 시위를 초래했다. 이 외에도 여론 조작, 이념 갈등 조장, 사기 피해 등의 사회 안정에 위협을 가할 수 있는 위험성이 있어 정보의 진위 파악이 중요하다. ("'가짜뉴스'를 어떻게 걸러낼 것인가?"). 가짜 뉴스는 매체를 가리지 않고 무분별하게 확산되고 있다. 매일 경제가 전국 20~59세 성인 500명 대상으로 설문 조사한 결과, 가짜뉴스를 접한 경로는 "페이스북, 트위터 등 소셜네트워크 플랫폼(47%)과 인터넷 카페 커뮤니티 블로그(44.9%), 카카오톡 라인 등 모바일 메신저(44.4%)이 었으며, 동영상 플랫폼도 32.1%에 달했다"(이선희, 2018).[1]

이 중 우리는 모바일 메신저로 유포되는 가짜 뉴스에 주목했다. 모바일 메신저는 일상적으로 사용하므로 원치 않을 때도 가짜 뉴스에 노출되기 쉽고 전달이 간편하여 확산이 빠르다. 텍스트 편집도 손쉬워 공유 중 내용이 조작, 변경될 가능성도 크다. 더구나 지인사이에 공유되어 정보를 의심을 하지 않게 되고, 폐쇄성이 강해 외부 모니터링에 잘 적발되지 않는다(이선희, 2018). 모바일 메신저를 통해 전파되는 가짜 뉴스의 사실 여부를 사람들이 간단하게 파악할 수 있다면 가짜 뉴스의 확산이 어느 정도 통제가 가능할 것이라 판단한다.

가짜 뉴스는 특히 중장년층의 단체톡방에서 활발하게 공유되고 있다. 젊은 층은 온라인 검색으로 비교적 쉽게 정보의 진위를 판단할 수 있

---

[1]  '가짜뉴스'를 어떻게 걸러낼 것인가? . KOCCA WEBSITE. (n.d.).
http://www.kocca.kr/trend/vol17/sub/s33.html.
이선희. (2018, April 24). "단톡방서 가짜뉴스 받아봤다" 44%…카톡은 규제 사각지대. 매일경제.
https://www.mk.co.kr/news/society/view/2018/04/261836/.

지만, 중장년층은 젊은 층에 비해 디지털 문해력이 낮아 가짜 뉴스에 취약하다. 일단 뉴스라는 형식으로 정보를 받으면 당연히 사실이라고 인식하는 경우가 많고, 게다가 가까운 지인이 공유한 정보에 대해서 신뢰도도 높다. 특히 최근에는 KBS를 사칭하는 등, 언뜻 보면 신뢰성이 높아 보이는 가짜 뉴스가 많기 때문에 해당 정보를 신뢰하고 주변 지인 혹은 다른 단체톡방에 공유한다. 이렇게 공유된 정보는 일파만파 퍼지게 된다. 의심스러운 뉴스에 쉽게 노출되는 것에 비해 이를 개인적 차원에서 검증하고 바로 잡는 것은 상대적으로 더욱 어렵다. 온라인 검색을 하면 쉽게 정보의 진위 여부를 판단할 수 있지만, 중장년층은 디지털 도구 활용이 익숙하지 않아 효과적인 검색 및 평가 능력이 부족하다. 최근 가짜 뉴스 확산의 심각성이 더욱 커지면서 팩트체크 등 정보의 사실성 여부를 판단하는 서비스가 많이 생겨났다. 그러나 대부분의 팩트체크 서비스가 다소 시간이 소요되고 번거로워서 중장년층 뿐만 아니라 많은 사람들이 이를 통해 일부러 진위여부 확인하려고 애쓰지 않는다. 여러 뉴스 매체를 교차 확인하거나 가족이나 지인에게 물어보는 등의 노력을 하는 사람도 있을 테지만, 가짜일 수 있다는 것을 알면서도 그냥 지나치는 경우가 대다수이다. 사람들이 팩트 체크를 손쉽게 할 수 있도록 접근성 높고 효율적인

팩트체크 서비스가 필요하다고 생각했다.


4)  Design

a) 서비스 플로우 설계

디자인의 첫 단계는 종이 프로토타이핑(**그림1**)을 통한 서비스 플로우 설계였으며 이 때 기획한 큰 틀이 최종까지 이어졌다. 팀원 각자가 종이에 구체적인 기능과 화면구성을 그려온 후, 한 장으로 합쳤다. 구체적

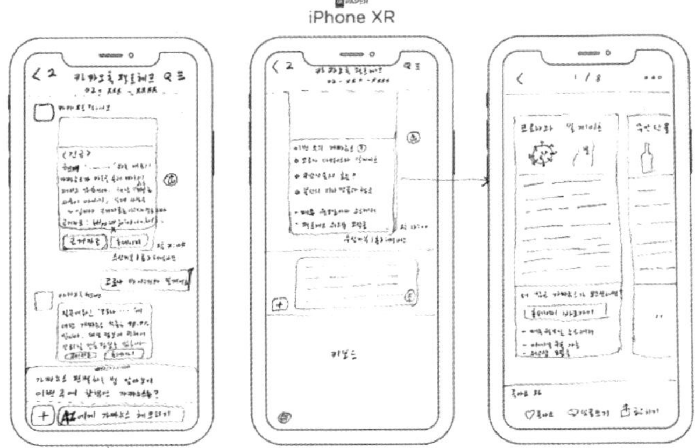


**그림1**    서비스 플로우

으로 살펴보면, **그림1**의 좌측 화면에서 사용자는 '카카오톡 팩트체크'라는 플러스 친구 채널과의 채팅을 통해 팩트체크를 요청하고 있다. 요청 시에는 가짜라고 의심되는 텍스트 전체를 공유하거나 복사 및 붙여넣기하여 전송한다. 또는 관련 키워드를 채팅창에 전송해도 된다. 가짜라고 의심되는 텍스트의 형식이 고정적이지 않을 것이라고 생각하여 검증 요청시의 형태는 유연하게 하였다. 그러면 검증이 두 단계로 나누어 진행된다. 먼저 1차적으로 AI가 검증결과를 5단계(사실/대체로 사실/불명확/대체로 거짓/거짓) 중 하나로 판별해주고 그에 대한 근거, 근거자료의 링크를 답으로 전송한다. AI를 통해 신속하게 결과를 알려주고, 검증에 대한 알고리즘은 홈페이지에 게시하여 투명성을 더한다. 2차적으로는 전문가를 통해 신뢰성 있고 정확한 팩트체킹이 가능하도록 했다. 이 결과들은 카톡의 공유하기 기능을 통해 손쉽게 전달할 수 있으며, 채팅 입력창 바로 위의 슬라이드 식 팝업에 '가짜뉴스 판단하는 법 알아보기', '이번 주에 핫했던 가짜뉴스는?'과 같은 내용을 입력하여 어느 때든 클릭해볼 수 있도록 했다.

또한, **그림1**의 가운데 화면에서 뉴스레터를 볼 수 있다. 뉴스레터는 한 주간 가장 많이 의뢰된 가짜뉴스를 모아 슬라이드 형식으로 만든 포스트이며, 클릭하면 **그림1**의 우측 화면으로 전환된다. 슬라이드 하나당 팩트체크된 뉴스 하나를 보여주고 있으며, 슬라이드를 넘겨보면서 다른 뉴스들을 살펴볼 수 있다. 각 슬라이드에는 '홈페이지 바로가기' 버튼이 포함되어 홈페이지에서 상세하게 볼 수 있도록 했다.

b) Figma 프로토타입

이를 바탕으로 Figma(https://me2.kr/e88xk)에 구체적인 프로토타입 (**그림2**)을 작성했고 홈페이지 프로토타입(**그림3**)도 작성했다. 카카오톡 화면은 종이 프로토타입과 구성이 동일하다. 홈페이지 초기 화면에는 간단한 서비스 소개가 적혀있고, 이메일로 뉴스레터를 구독할 수 있다. 그리고 가장 많이 의뢰된 가짜뉴스 순위대로 목록이 작성되어 있다. 글 하나를 눌러보면 검증내용과 신뢰할 수 있는 근거자료의 링크 등이 나와 있고, 댓글을 작성할 수 있다.

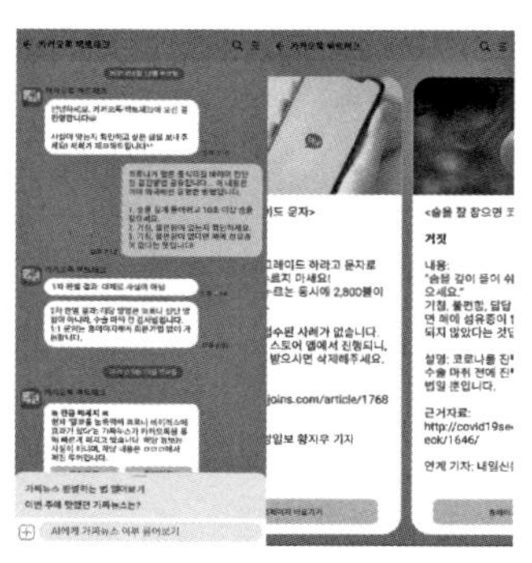
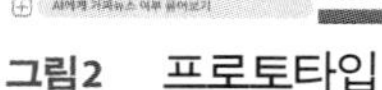

그림2　　프로토타입

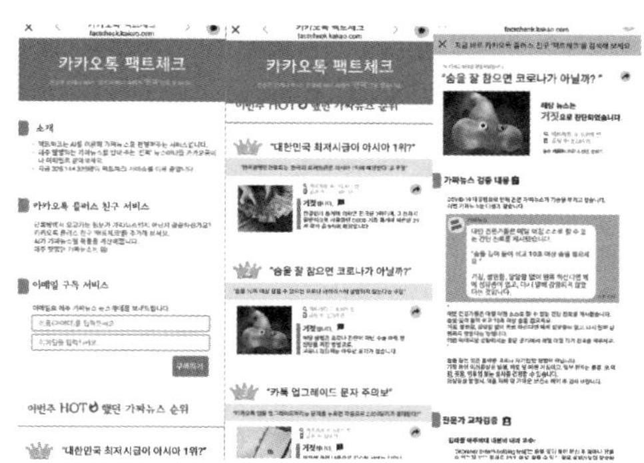

 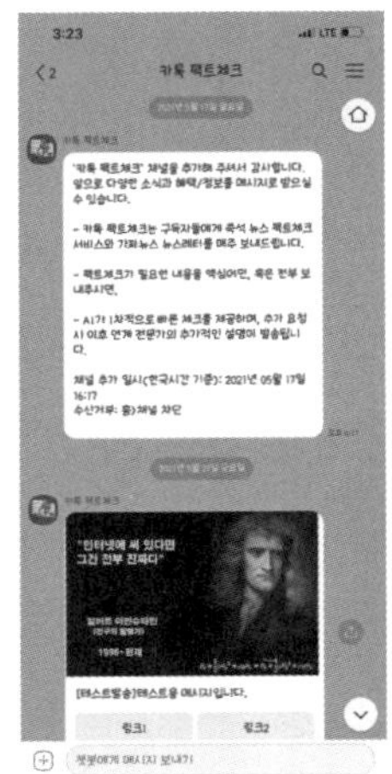 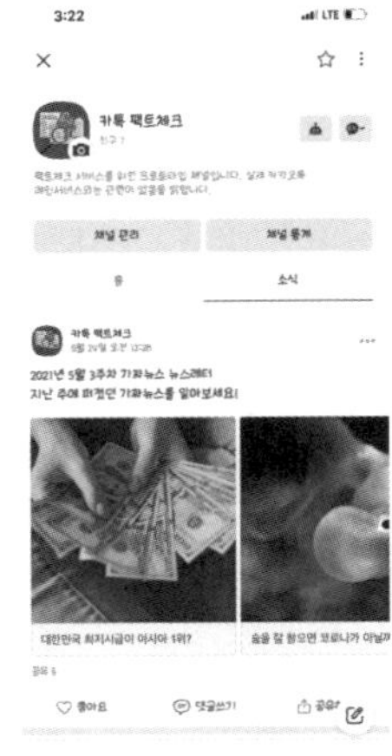

**그림3    카카오톡 채널 개설**

5)    Prototype

a) 카카오톡 채널 개설

위 과정을 거치면서 카카오톡을 중심으로 서비스 구상이 이루어졌기 때문에, 실제 프로토타입 제작에 있어 이미 존재하는 카카오톡 플랫폼을 활용할 수 있었다. Figma를 통해 기획된 주요 서비스 (카카오톡 채널, 뉴스레터, 홈페이지 등)와 서비스 플로우를 실제 카카오톡 플랫폼 상에서 실제로 구현하였다.

먼저 '카카오 비즈니스(https://business.kakao.com)'를 통해 팀원의 카카오톡 계정으로 '카톡 팩트체크'라는 이름의 채널(구 '카카오톡 플러스 친구')을 개설하였다. 원 기획명은 '카카오톡 팩트체크'였으나 카카오 측의 채널명 제한으로 인해 '카카오'가 들어가는 이름은 생성할 수 없었으며, 카카오에서 기획중인 서비스와 동일한 분야의 채널은 개설이 제한될 수 있으나 승인된 것으로 보아 카카오에서 팩트체크 서비스를 기획중이 아님을 추론할 수 있었다.

채널 개설 이후 실제 뉴스레터 서비스 구현을 위해 카카오톡 채널

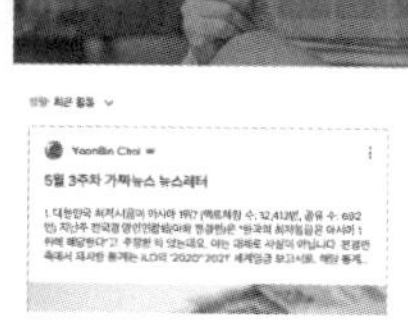

**그림4**　홈페이지 제작 및 연결

내 가짜뉴스 포스트를 작성하였다. 가짜뉴스의 내용은 이전 단계에서 Figma 프로토타입을 제작하면서 참고하였던 '대한민국 최저시급이 아시아 1위?', '숨을 잘 참으면 코로나가 아닐까?', '카톡 업그레이드 문자 주의보'의 셋으로 선정하였다. 이후 자체 테스트 기능을 이용해 Figma에서 구현하였던 슬라이드 방식의 뉴스레터와 각 타입별 뉴스레터 메시지를 내부적으로 제작하였다.

홈페이지 제작은 웹 기반의 홈페이지 제작 툴 'Wix(https://ko.wix.com)'를 이용하였다. 홈페이지 역시도 Figma 프로토타입의 구상에 따라 구독, 가짜뉴스 아카이브, 뉴스레터 아카이브의 기능을 구현했는데, 실제 서비스시 가짜뉴스 판별법이나 팩트체크 교육 등의 다양한 활동이 이루어지는 공간으로 구상하였다. 기초적인 홈페이지를 제작한 이후, 카카오톡 채널에서 만들었던 포스트들에 '홈페이지에서 보기' 등의 버튼을 만들어 홈페이지의 해당 웹페이지와 연결되도록 하였다.

b) 챗봇 제작

이후 진행될 Think Aloud 및 팩트체크 AI의 기초적 구현을 위해 사용자에게 보여질 핵심적 부분인 챗봇을 제작하였다. 카카오에서는 카카오톡 채널 운영자들을 대상으로 자신들만의 챗봇을 만들 수 있는 툴인 'Kakao i open builder(https://i.kakao.com)'의 베타 버전을 제공하고 있다. 이 역시 팀원의 계정과 개설된 채널을 통해 베타 참여 신청을 하였고, 선정되어 기초적인 챗봇의 제작을 시도하였다.

여기에서 카카오톡 챗봇 빌더의 기능을 모두 소개하기에는 무리가 있지만, 간단히 말하자면 카카오톡 챗봇은 기초적으로 받은 정보(텍스트)의 패턴을 머신러닝을 통해 학습하여, 판별된 시나리오에 따른 명령을 수행한다. 가령 사전에 '숨참기로 코로나를 판별할 수 있다'라는 가짜뉴스 시나리오를 생성하려면, 가짜뉴스의 텍스트 해당 가짜뉴스에 들어있는 핵심어(숨참기, 코로나, 대만, 의사 등)들을 설정하고 여러 형식의 텍스트(도치 문장, 문장 일부, 핵심어로만 이루어진 문장 등)를 추가로 입력해 학습시킨다. 이후 챗봇에게 '코로나 숨참기'와 같은 단어의 나열을 입력으로 제공하면, 현재 보유하고 있는 시나리오 중에서 가장 유력한 선택지를 골라 사용자에게 응답하는 방식이다. 챗봇에게 학습시킨 시나리오는 두 개로, '일본 정부의 독도 설문조사에 응답하면 250,000원의 통화료가 결제된다', 그리고 '숨을 10초 이상 참을 수 있으면 코로나에 감염된 것이 아니다'라고 주장하는 가짜뉴스를 선정하였다. 각각 '일본', '독도', '설문조사', '코로나', '숨참기' 등의 특징적인 핵심어로 이루어졌다는 점, 그리고 최근에 전파된 가짜뉴스라는 점에 주목하였다.

6)  Think Aloud & Feedback(UAR)

제작된 카카오톡 채널과 홈페이지를 통해 Think Aloud 사용자 조사가 수행되었다. Think Aloud란 이름 그대로 사용자들로 하여금 자신들의 생각을 실시간으로 입밖으로 말하도록 하는 사용자 조사 방식이다. 이를 통해 실제 제작된 프로토타입에 대한 사용성 문제를 찾아내고, Task-Behavior에 따른 사용성을 개선하는 것을 목표로 한다.

주요 서비스 대상으로 설정하였던 중장년층의 남녀 각 1명을 섭외하여 Think Aloud를 진행하였다. 사전 계획상으로는 제작한 챗봇을 채널과 연결해 자동화된 응답을 제공할 예정이었으나, 채널에 챗봇을 탑재하기 위해서는 카카오 시스템상 해당 채널을 사업자 등록증 등을 첨부해 비즈니스 채널로 인증하는 절차가 별도로 필요해 팀원이 1:1 채팅으로 사용자 모르게 챗봇의 역할을 수행하는 Wizard of Oz 방식을 사용하였다.

사용자들이 Think Aloud 과정에서 수행한 Task는 '카톡 팩트체크' 채널 팔로우하기, 가짜뉴스 팩트체크 수행하여 1차, 2차 총 두 차례의 답변 받기, 홈페이지에서 뉴스레터 구독하기, 가짜뉴스 뉴스레터 다른 사람에게 공유하기 등이었다. 해당 과제를 수행하면서 팀원이 실시간으로 사용자들을 안내하며 생각을 기록하였고, 팀원들의 검토를 거쳐 최종적으로 6개의 UAR(Usability Aspect Report), 간단히 표현해 피드백과 수정사항들이 도출되어 개선되었다. UAR의 내용들은 아래와 같이 카카오톡/모바일 환경에 익숙하지 않은 중장년층의 특징을 다수 포함하고 있었는데, 좌우 슬라이드의 불편함, 익숙하지 않은 질문 입력이 그 사례이며 그 밖에도 AI 분석의 확신 정도, 부연설명의 부족 등 분석의 표현에 대한 내용도 있었다.

Feedback 1

- Problem: 카톡 슬라이드 뉴스레터 열람시 좌우가 아닌 상하 슬라이드를 시도
- Solution: 슬라이드 이미지에 화살표를 표시하거나, 본문 내에 (옆

으로 슬라이드) 표시

Feedback 2

- Problem: 개별 뉴스레터 공유 기능의 부재
- Solution: 카톡 내에서 지원하지 않는 기능으로, 자동 링크복사기능 구현 등으로 해결 가능

Feedback 3

- Problem: 1차 팩트체크 결과에 대한 부연설명 부족
- Solution: AI의 판단 근거(AI Transparency)와 2차 심화 팩트체크에 대한 설명 추가

Feedback 4

- Problem: 단순히 '거짓입니다'와 같은 표현의 불완전성
- Solution: AI 판단에 대한 신뢰도(%) 등 사용자의 판단을 위한 보조적 정보 제공

Feedback 5

- Problem: 홈페이지 내 게시글들의 카테고리 기능 부재
- Solution: 홈페이지 수정

Feedback 6

- Problem: 카카오톡 채널을 통해 질문하는 방식이 불명료(입력하는 채팅창을 찾지 못함)
- Solution: 사용자 화면에 '궁금한 정보를 채팅으로 알려주세요'라는 문구 표기
- 카카오톡 채널 관리자 시스템에 해당 기능이 없어 구현 불가하였음

## 2.  Realization

### 1)  1차 분석: AI 팩트체크 기술 현황과 한계

a) AI를 통한 팩트체크 기술의 원리

팩트체크 알고리즘을 만드는 주된 목적은 실제 정보와 가짜 정보를 구별하는 것이기 때문에 개발자들은 먼저 이러한 알고리즘이 무엇인지 시스템에 가르쳐야 한다. 그로버를 비롯한 AI들은 대부분 각종 가짜뉴스 데이터셋에 기존 기사를 공급해 개발된다. 다음과 같은 데이터셋은 AI가 인간쓰기의 패턴을 학습할 수 있도록 실제 정보와 출처를 담은 거대한 가상 데이터 라이브러리들이다.

- RealNews: 이 데이터세트는 그로버를 훈련시키는데 사용되었고 120GB의 공간이 필요한 5,000개 이상의 정통 출판물을 가지고 있다.
- 카글: 이 데이터 세트는 약 57MB의 디스크 공간을 차지하며 13,000개의 행과 20개의 데이터 열을 포함하고 있다.
- 조지 맥킨타이어: 데이터 시각화 분석가의 이름을 딴 이 가짜뉴스 데이터 세트는 31MB의 디스크 공간이 필요하다.

이러한 과정이 끝나면 AI는 특정 단어가 어떻게 쓰이는지, 서로 다른 개념이 어떻게 연동되는지를 파악할 수 있는 복잡한 모델을 구축할 수 있다.

b) AI 팩트체크 실제 이용 예시

i) Microsoft의 AI framework

마이크로소프트(MS) 연구진은 팩트체크 사이트 GossipCop과 PolitiFact의 전문가들이 주석을 붙인 뉴스 콘텐츠(본문 텍스트와 같은 메타 속성 포함)와 뉴스 기사에 대한 트윗 등 사회적 맥락 정보가 담긴 오픈소스 FakeNewsNet 데이터를 벤치마킹해 이들의 시스템을 벤치마킹했다. 이들은 BBC, Sky News 등 영국 주류 언론사와 RT, Sputnik 등 러시아 영자판 뉴스 등 13개 소식통의 말뭉치를 정치 관련 콘텐츠로 강화했다.

weak labels를 만들기 위해 연구원들은 뉴스 조각을 공유하는 사용자들의 감정 점수를 측정한 다음 그 점수들 사이의 차이를 측정했고, 감정들이 매우 다양한 기사들은 가짜라고 표시했다.또, 이들은 공공 편견이 알려진 일련의 사람들을 생산하고 사용자의 관심사가 그 세트와 얼마나 밀접하게 일치하는지를 바탕으로 점수를 산출해, 편향된 사용자들이 공유하는 뉴스가 가짜일 가능성이 더 높다는 이론을 바탕으로 운영했다.

마지막으로, 소셜 미디어의 메타 정보를 기반으로 사용자를 클러스터링함으로써 신뢰도를 측정하여, 큰 cluster(봇 네트워크나 악의적인 캠페인을 나타낼 수 있음)를 형성한 사용자들을 신뢰도가 낮은 것으로 간주하였다.


ii) 연구진은 시험에서 페이스북의 RoBERTA 자연어 처리 알고리즘을 통합하고 깨끗하고 약한 데이터를 조합해 훈련한 베스트 퍼포먼스 모델이 GossipCop과 PolitiFact에서 각각 80%, 82%의 가짜뉴스를 정확하게 검출했다고 밝혔다. 이는 기본 모델보다 7%포인트 이상 우수한 수준이다.Facebook의 SimSearchNet 거의 실제에 가까운 복제품을 감지하기 위해 특별히 제작된 CNN기반 모델인 SimSearchNet은 이제 이 작업을 더 효과적으로 수행할 수 있도록 도와주고 있다. 일단 독립적인 팩트체커들이 이미지에 코로나 바이러스에 대한 오해의 소지가 있거나 잘못된 주장이 포함되어 있다고 판단한 후, SimSearchNet은 페이스북의 end-to-end 이미지 인덱싱 및 매칭 시스템의 일부로서 거의 중복에 가까운 일치를 인식하여 경고 라벨을 적용할 수 있다.

이것은 특히 중요한데, 팩트체커가 식별하는 각각의 오보 정보에 대해, 수천 또는 수백만 부가 있을 수 있기 때문이다. AI를 사용하여 이러한 일치점을 탐지하는 것은 또한 팩트체크 파트너들이 이미 본 컨텐츠의 거의 동태적인 변화보다는 잘못된 정보의 새로운 사례를 포착하는 데 집중할 수 있게 해준다.

SimSearchNet+++는 작물, 블러, 스크린샷과 같은 보다 다양한 이미지 조작에 탄력적이다. 이것은 인스타그램과 같은 비주얼 우선 플랫폼에서 특히 중요하다. SimSearchNet++의 거리 메트릭은 일치에 대한 예측력이 높아 더 많은 일치 항목을 예측하고 보다 효율적으로 수행할 수 있다. 텍스트가 있는 영상의 경우 OCR(광학문자 인식) 검증을 통해 고정밀도로 매치 그룹화가 가능하다. 가짜뉴스의 콜라주를 그룹화하는 데에도 더 효과적이다.


iii) GANs(GoG)의 GAN

GAN (Generative Adversarial Network)은 딥러닝 모델 중 이미지 생성에 널리 쓰이는 모델이다. 기본적인 딥러닝 모델인 CNN (Convolutional Neural Network)은 일반적으로 어떤 이미지가 개인지 고양이인지 구분하는 이미지 분류 (image classification) 문제에 널리 쓰인다. GAN은 CNN과 달리 개는 라벨 0이 하고, 고양이는 라벨 1이라 하는 것처럼 진행하는 이미지 분류 문제보다 더 복잡합니다. GAN 모델은 데이터셋과 유사한 이미지를 만들도록 하는 것이다. GAN은 딥러닝계의 대가인 Ian Goodfellow가 2014년 논문으로 발표한 아이디어이다. 그는 이미지를 생성하는 원리를 "경찰과 위조지폐범"에 비유하여 설명한다. 위조지폐범은 위조지폐를 진짜 지폐라 속이고 사용할 수 있도록 둘을 거의 비슷하게 만든다. 경찰은 지폐가 진짜인지 위조된 것인지 구분하려 하므로 위조지폐범과 경찰은 적대적 관계에 있다. 위조지폐범(Generator)과 경찰(Discriminator)은 서로 위조지폐를 생성하고 구분하는 것을 반복하는 minmax game을 하고 있다고 할 수 있다.

GAN은 Generator (생성자)와 Discriminator (판별자) 두 개의 모델이 동시에 적대적인 과정으로 학습한다. 생성자 G는 실제 데이터 분포를 학습하고, 판별자 D는 원래의 데이터인지 생성자로부터 생성이 된 것인지 구분한다. 생성자 G의 학습 과정은 이미지를 잘 생성해서 속일 확률을 높이고 판별자 D가 제대로 구분하는 확률을 높이는 두 플레이어의 minmax game의 과정이라고 볼 수 있다.

c) AI 팩트체크의 한계

i) 다국어 리소스 활용

하나의 주장은 약간의 변형을 거쳐 동시에, 또는 시간차를 두고 전 세계의 다양한 지역에 퍼진다. 이는 COVID-19에 대한 의료적 주장과 같은 "국제적 주장"일 수도 있고, 지역적인 이야기일 수도 있다. 이들 주장은 특정 언어로는 사실 확인이 될 수 있으나 다른 언어로는 확인이 힘들 수 있다. 특히 영어의 자원은 풍부하지만 아랍어와 같은 언어는 자원이 확실히 부족하다. 검증 리소스를 조정하고 여러 언어에 걸쳐 사실 확인을 하도록 하는 것은 어려운 과제로 남아있다.

ii) 주장의 모호성

자동적인 팩트체크가 어려운 또 다른 이유는 여러 해석이 가능하다는 점과 관련이 있다. 예를 들면 "COVID 사망률이 증가하고 있다"는 주장은, 사망률에 관한 것인지, 오늘/어제 또는 지난 주/월에 대한 것인지, 전 세계를 지칭하는지, 아니면 특정 지역을 지칭하는지 모호하다. 이러한 경우, 주장을 적절한 틀에 넣고 예상치 못한 해석을 걸러내기 위하여 상황에 대한 지식이 필요하다. 그 후 남은 해석들을 모두 분석해야 하는데, 이는 팩트체커들의 작업을 더디게 할 것이다.


iii) 시스템 편향

기존 시스템의 대다수는 소규모 그룹이 큐레이션한 데이터셋을 사용되며 종종 비전문가도 주석을 달 수 있다. 이는 결과적으로 시스템 개발자들이 어떻게 특정 정보의 사실성을 인식하고 주석 작업을 주석자에게 어떻게 설명했는지에 편향되는 시스템을 초래한다. 실제로 대형 언어 모델에서 편중의 위험이 점점 분명해지고 있으며, 시스템의 목적이 유익하다고 해서 이 문제를 무시해서는 안 된다.


iv) 다중 모드

정보는 일반적으로 텍스트, 이미지, 음성, 비디오, 시간적, 사용자 프로필 및 네트워크 구조와 같은 여러 가지 포맷을 통해 전파된다. 단일한 포맷을 기반으로 이 문제를 해결하는 것은 단지 부분적인 해결책만을 제공하기 마련인데, 예를 들어 딥 페이크 영상 판독기를 이용해 GPT-3 스타일 텍스트 생성을 통해 자동으로 생성되는 가짜 뉴스를 탐지하는 것은 매우 어려운 일일 것이다. 이러한 문제를 피하기 위해서는 여러 유형의 소스에서 동시에 증거를 수집하는 다중 모드 접근법이 해결책이 될 수 있으며, 적절한 모델을 개발하기 위해서는 여러 매체의 특징을 담아낼 수 있는(multimodal) 데이터 셋이 필요하리라 예상된다.

### 2) 2차분석: 전문가 연계방안

AI의 빠른 발전으로 인해 이를 이용한 팩트체크 기술 역시도 빠르게 발달하고 있지만, 가짜뉴스가 많은 사람들에게 미칠 수 있는 영향력과 AI 투명성(AI Transparency)의 측면에서 실제 사람(Human Factor)의 개입과 감독은 불가피하다. 그러나 이 경우 실제로 어떻게 전문가를 섭외할 수 있는지에 대한 실질적인 문제가 제기될 수 있는데, 다른 팩트체크 서비스들의 사례를 통해 어떤 방식으로 이러한 문제를 해결할 수 있는지에 대한 영감을 얻고자 하였다.


a) 팩트체크넷

팩트체크넷(https://factchecker.or.kr)은 2020년 11월 12일 출범한 기자/시민 주체의 팩트체크 오픈 플랫폼이다. 방송통신위원회의 예산지원을 받으며, 방송기자연합회, 한국PD연합회 등의 언론 협업인 단체와 사회적 협동조합 '빠띠'가 컨소시엄으로 참여하고 있다. 팩트체크넷에는 KBS, SBS, 연합뉴스, 한겨레 등 11개 언론사들이 참여중이며, 그 외에 변호사 자문을 통한 법률분야의 사실검증 및 시민 팩트체커들도 활발히 팩트체크를 수행하고 있다. 팩트체크넷의 특징은 정부의 지원을 받아 팩트체크가 이루어져 있다는 점으로, 일종의 정부 인증을 받을 수 있지만, 동시에 정부에서 완전히 독립적이기 어렵다는 제한점을 가진다.


b) 서울대학교 팩트체크 연구소

서울대 팩트체크 연구소(https://factcheck.snu.ac.kr)는 서울대학교의 언론정보연구소에 의해 운영되고 있으며, 이곳 역시 언론사들과 협업해 팩트체크를 수행중에 있다. 팩트체크 연구소의 특징 중 하나는 네이버에서 제공하고 있는 뉴스 서비스와 연계하여 팩트체크 서비스를 제공 중 (https://m.news.naver.com/factcheck/main.nhn)이라는 점인데, 카카오 역시도 뉴스 서비스를 제공 중이므로 이러한 방식의 연계가 가능하리라는 구상이 가능하다.


### 3. 결론

우리 서비스는 카카오톡이라는 일상적인 도구에 기존의 팩트체크 방식을 결합해 현실화 가능성을 높였다는 데 의의가 있을 것이다. 우선 가짜뉴스 데이터는 카카오톡과 연계하면 충분히 구해볼 수 있을 것이라고 예상되며, 팩트체크 방식으로 AI와 전문가 연계라는 기존의 방식을 차용하여 현실성을 높였다. 더불어 타겟으로 삼는 사용자층인 중장년층 대다수가 매일 사용하는 카카오톡에서 서비스를 제공하므로, 접근성과 사용성면에서 우수하다. 그리고 1차 검증과 2차 검증, 판별 알고리즘 공개를 통해 신속성과 정확성을 모두 만족시킬 수 있을 것이다. 일주일에 유포되는 가짜뉴스의 수는 한정적이고 한 번 체크된 가짜뉴스에 대해서 같은 형식의 답변을 제공하게 되기 때문에 운영에 있어서도 효율적일 것이라고 예상한다.

결과적으로 이 서비스에 대해 기대하는 바는 가짜뉴스가 주로 생산되고 전파되는 카카오톡이라는 미디어 내부에서 가짜뉴스에 대한 '항체'로 기능하여 사용자가 이에 대한 검증과 전파를 쉽게 수행하도록 만드는 것이다. 가짜뉴스가 전파되는 속도에 비할 만큼 팩트가 체크된 뉴스

도 빠르게 공유된다면 결국에는 피로할 정도로 만연한 엉터리뉴스들을
쉽게 정화할 수 있으리라고 기대한다.